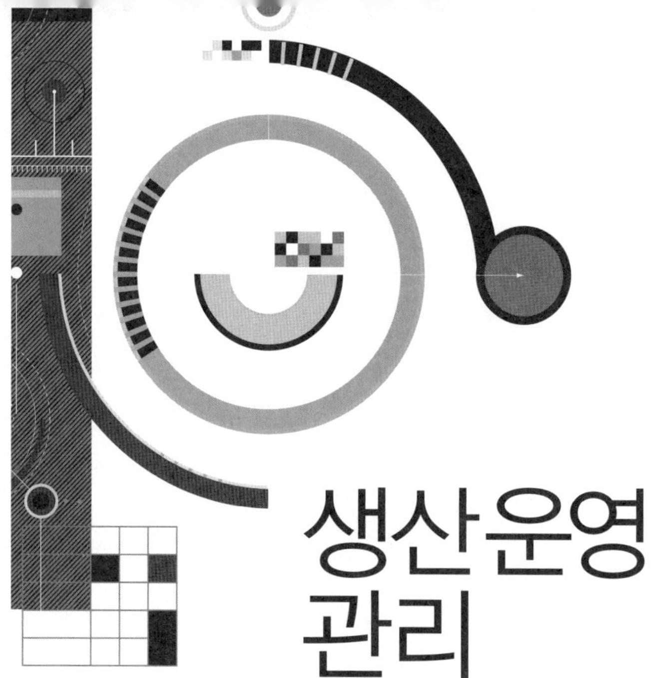

생산운영 관리

생산운영 관리

김성철 지음

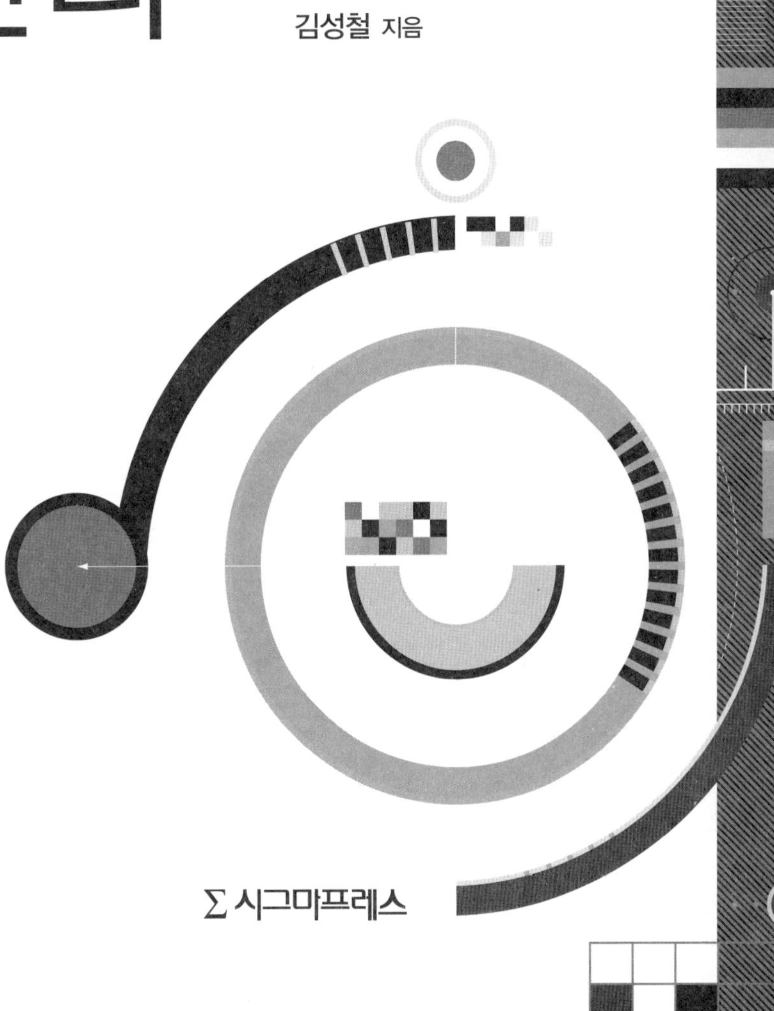

Σ 시그마프레스

생산운영관리

발행일 | 2014년 2월 5일 1쇄 발행

저자 | 김성철
발행인 | 강학경
발행처 | (주) 시그마프레스

등록번호 | 제10-2642호
주소 | 서울특별시 영등포구 양평로 22길 21 선유도코오롱디지털타워 A401~403호
전자우편 | sigma@spress.co.kr
홈페이지 | http://www.sigmapress.co.kr
전화 | (02)323-4845, (02)2062-5184~8
팩스 | (02)323-4197

ISBN | 978-89-6866-118-1

* 책값은 책 뒤표지에 있습니다.

* 이 도서의 국립중앙도서관 출판시도서목록(CIP)은 서지정보유통지원시스템 홈페이지(http://seoji.nl.go.kr)와 국가자료공동목록시스템(http://www.nl.go.kr/kolisnet)에서 이용하실 수 있습니다.(CIP제어번호: CIP2014002011)

머리말

기업의 내외적 환경은 급속히 변화하고 있으며 조직도 생산시스템도 그리고 패러다임도 변하였습니다. 소프트화된 경제구조, 고급화된 고객의 니즈, 그리고 전국에서 글로벌로 확대된 경제활동의 범위 또한 재화와 용역뿐만 아니라 시장의 특성을 변화시켰고 생산 및 거래의 경제성에 있어서도 규모의 경제와 범위의 경제를 넘어 연결의 경제에 의한 디지털경제라는 패러다임을 창조하였습니다. 또한 과거에 공장으로 대변되던 생산시스템은 3D프린터의 상용화에 의하여 아이디어만 있으면 누구라도 공장이 없이도 기업가가 되어 빠르게 맞춤형 제품을 출시할 수 있어 제조업의 새로운 혁명으로 새로운 경제체계를 예견하게 하고 있습니다.

그러므로 우리의 제조업이나 서비스업은 지식이나 아이디어와 같은 고부가가치를 창조하는 능력을 배양하지 않고는 살아남을 수 없습니다. 그러나 우리의 현실은 하드웨어, 완제품, 대기업 중심의 산업구조, 혁신능력 부족, 중국기술력의 추격, 엔화약세, 미국 및 글로벌 경제의 침체, 고비용 사회구조 등 구조적인 어려움에 직면하고 있습니다. 그러므로 지식과 서비스의 생산성에 기초한 글로벌 경쟁력이 배양되고 정치, 경제, 사회, 문화의 모든 영역에서 지식과 기술력을 가치의 근원으로 하는 재조직화가 요구되고 있습니다.

이러한 변화에 수반하여 생산운영관리의 중요영역들에도 새로운 패러다임들이 도입되어 왔습니다. 재래의 생산 활동에 국한되던 기능 중심의 개념은 경영정보, 마케팅, 영업, 재무, 인사, 국제경영 등 기업 내의 모든 부서와 기능이 유기적으로 연결되는 전사적 프로세스의 개념으로 다시 원재료, 중간재, 부분품, 완제품, 시장의 프로세스가 상호 연결된 조직간 프로세스의 결합으로 구성되는 수직적 가치시스템인 공급체인의 개념으로, 그리고 정보기술과 같은 특정 산업에 있어서는 하드웨어, 소프트웨어, 네트워크, 디바이스와 같은 수평적 산업이 하나의 기업집단을 형성하고 공진하는 비즈니스 생태계의 개념으로 확대되었습니다.

그러므로 생산운영관리의 접근방법은 가치사슬이나 비즈니스 생태계를 구성하는 구성원 모두가 참여하는 프로세스 중심의 전략무기로서 이를 설계, 계획, 조직, 운영, 감독, 통제함에 있어서 최우선 목표를 고객만족에 두고 전 종업원이 참여하여 지속적인 혁신과 개선을 추구하는 체계적인 접근이 시도되어야 할 것입니다. 개인과 기업은 이러한 변화를 유도할 수 있는 지식 인프라를 구축하고 비용 우위와 차별화 우위에 의한 협상력과 상대적 효율성을 확보하기 위해서 생산운영관리의 모든 영역이 학습되고 체계화되고 유기적으로 통합되어 개인과 조직에 체화되어야 할 것입니다.

그러므로 첫째, 생산운영관리를 이해하는데 필수적으로 요구되는 기본적인 이론체계를 제시합니다. 특히 한 학기 강의내용으로 가능한 분량을 기준으로 하여 생산운영관리를 구성하는 각 분야에서 가장 기본적인 내용을 이해하기 쉽게 기술하여 객관성과 실천전략을 부여하도록 노력했습니다. 운동선수도 기초체력이 튼튼해야 기술도 발전하고 좋은 결과도 얻을 것입니다.

둘째, 변화하는 내외적 경쟁 환경에 대응하여 새롭게 관심의 대상이 되는 내용들을 포함하려고 노력하였습니다. 예를 들어 '21C에는 공급체인과 공급체인 간의 경쟁력의 차이가 기업의 성패를 결정한다' 라는 새로운 패러다임이 유행한 지 10여년에 불과함에도 정보기술과 같은 특정산업에서는 이미 생태계가 공급체인을 대신하고 있으며 상용화되는 3D컴퓨터는 이미 제3차 산업혁명을 예고하고 있습니다.

마지막으로, 생산운영관리 전반을 고객중심과 시스템 사고를 바탕으로 전략무기화할 수 있도록 유도하려고 노력하였습니다. 그럼으로써 내외적 환경의 실체를 지각하고 지각된 환경을 고려하여 기술과 경쟁관계의 신속한 변화에 대응할 수 있는 능력이 배양될 것이기 때문입니다.

아무쪼록 이 책이 대학이나 산업계에서 생산운영관리에 관심을 갖거나 공부하는 모든 분들에게 실질적인 도움이 되기를 바랍니다. 또한 저의 책의 출판과 개정에 여러 가지로 도움을 주신 ㈜시스마프레스의 강학경대표님, 김경임부장님, 그리고 정성어린 편집으로 수고를 아끼지 않으신 편집부 관계 직원분들께 심심한 감사를 드립니다.

2013년 11월
김 성 철

차례

제1장 생산과 경영활동

제2장 생산시스템의 변천과 생산관리

제3장 제품설계

제4장 수요예측

제5장 직무설계

제6장 작업측정

제7장 설비입지

제8장 설비배치

제9장 총괄생산계획

제10장 일정계획

제11장 프로젝트 일정계획

제12장 재고관리

제13장 자재소요계획

제14장 품질관리

제15장 설비보전과 신뢰도 분석

제16장 적시생산시스템

부록

제 1 장

생산과 경영활동

1. 생산목표
2. 생산관리
3. 생산시스템의 분류
4. 생산전략
5. 생산관리의 발전

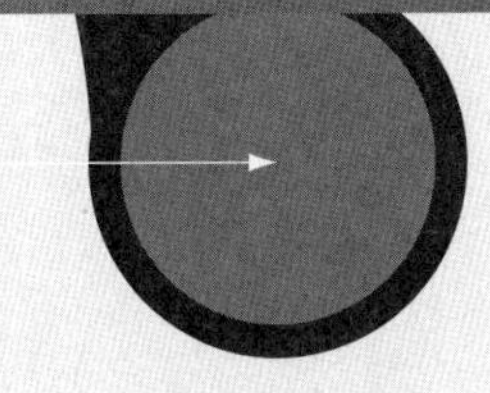

생산이란 기업이나 공공조직이 인간, 자재, 기계설비, 에너지, 정보 등 이용가능한 자원을 유용하게 활용하여 유형의 제품이나 무형의 서비스를 산출하는 변환과정을 말한다. 그러므로 유형 · 무형의 경제재(economic goods)를 산출하는 모든 활동을 생산활동이라고 정의할 수 있으며 1차산업인 자연물 채취, 재배, 사육, 2차산업인 목적물 변환, 그리고 3차산업인 유통, 저장, 금융, 병원, 정보처리제공 등 서비스산업이 모두 생산활동의 대상이 된다. 재무활동, 조달활동, 생산활동, 판매활동으로 구성되는 경영활동의 순환과정에 있어서 생산활동이 가장 기본적인 활동이 되며 재무활동, 조달활동, 판매활동 등과 상호 보완적으로 수행되어야 한다.

1 생산목표

생산활동의 목적은 요구되는 제품이나 서비스를 최소의 투입요소를 가지고 최대의 산출물로 변환시키는 경제적 최적화에 있다. 그러므로 생산활동은 고객이 원하는 제품이나 서비스를 경쟁우위를 갖도록 생산하여야 한다. 이러한 목적을 달성하기 위해서는 적질의 제품이나 서비스를 적절한 시기에 적절한 양만큼 적절한 가격에 공급할 수 있도록 전개되어야 한다. 그러므로 생산목표는 품질, 비용, 납품의 3가지로 정리될 수 있다.

위의 3가지 생산목표를 추구함에도 불구하고 기업이 생산목표를 모두 만족할 만한 수준으로 달성하기는 쉬운 일이 아니며 기업간에도 주어진 생산목표에 대한 상대적 우선순위가 서로 다르다. 고객이 인식하는 제품의 성능 및 특성을 강조하는 기업은 연구개발, 제품설계, 제품품질을 통한 품질의 특성화를 가장 중요한 생산목표로 설정하는 데 반하여, 생산성 향상을 통한 생산단가의 저하를 추구하는 기업은 공정기술과 원가통제 등 일련의 기능별 정책을 통하여 저렴한 비용을 주 생산목표로 한다. 불황시와 일상재의 경우에는 가격이 경쟁의 중요한 수단이 되며 높은 고정비용은 불황시 더욱 심각한 가격경쟁을 초래한다. 차별화를 추구하는 경우에도 비용우위는 중요하다. 또한 주문에 의하여 생산이 수행되는 경우에는 요구되는 시기에 요구되는 양을 공급하는 것이 성과 측정기준이 되며 결과적으로 납기가 중요한 생산목표로 고려될 수 있다. 또한 경영정보시스템과 자동화생산시스템이 서로 융합된 퓨(fusion)시스템으로 유연성과 비즈니스 속도성을 동시에 추구하는 컴퓨터

통합제조시스템(CIM ; computer integrated manufacturing system)에 있어서는 품질, 비용, 납품의 3가지 생산목표를 동시에 추구하기도 한다. 그러므로 생산목표는 기업의 전략, 제품 성장과정, 생산공정의 종류 등 다양한 요소에 의하여 비용, 품질, 납품 중 상대적 우위가 결정되며 고려되는 생산목표에 따라서 이를 달성하기 위한 생산전략적 의사결정도 달라지며 경영의 다른 기능인 마케팅전략, 재무전략 등에도 영향을 미친다.

2 생산관리

생산관리란 생산목표를 달성할 수 있도록 생산활동이나 생산과정을 관리하는 것으로 정의할 수 있다. 이는 기업이 적질의 제품이나 서비스를 적기에 적량을 적가에 효율적으로 생산할 수 있도록 전반적인 과정을 체계적으로 계획, 조직화, 지휘, 통제, 관리하는 활동을 의미하며 인사, 마케팅, 재무 등과 같이 기업의 기능적 영역의 하나인 생산기능을 다루는 경영학의 주요 분야이다.

생산관리의 개념은 운영 중심에서 전략 중심으로, 부분 중심적에서 통합적으로 변화되어 가고 있다. 운영 중심이란 생산시스템의 변환과정의 관리에 중점을 둠으로써 환경의 변화가 관리체계에 흡수되지 못하는 경우를 의미하며, 전략 중심이란 환경의 변화가 관리체계에 흡수되어 환경과 생산시스템의 상호작용으로 생산능력과 시장의 기회를 조화시키고 새로운 가치를 창조하는 경우를 의미한다. 이는 내외적 환경의 불확실성으로 생산시스템의 중요성과 전략적 관심이 증대되고 생산시스템이 경쟁무기로 변환됨을 의미한다. 부분 중심적이란 생산관리가 품질관리면 품질관리, 재고관리면 재고관리, 제조부서면 제조부서, 설계부서면 설계부서의 부분적인 관점에서 관리됨을 말하고, 통합적이란 모든 부서와 공정이 상호연결되어 유기적으로 통합된 생산관리가 필요함을 의미한다. 근래에 그 중요성이 크게 강조되고 있는 CIM, 총괄적 품질경영(TQM ; total quality management) 그리고 공급체인 관리(SCM ; Supply chain management)는 이러한 통합적 관리의 총체적 표현으로 볼 수 있다.

근래에는 생산운영관리라는 용어가 생산관리 대신 사용되고 있다. 이는 생산관

리의 개념이 전통적인 제조업의 생산활동, 즉 유형의 제품생산을 관리하는 개념에서 시작되었으나 서비스산업이 급속히 성장하여 서비스업의 서비스생산도 생산관리의 대상에 포함시킴으로써 용어가 대체된 것이다. 무형의 서비스는 고객과의 접촉도가 높고 생산과 소비가 동시에 일어나며 품질평가가 곤란하고 생산과 수요의 조정이 어려우며 노동집약적인 특성 등에 기인하여 이의 관리는 전통적인 생산관리와 많은 차이를 수반한다.

생산관리의 기본 기능은 다른 경영활동과 마찬가지로 계획, 조직화, 지휘, 통제로 구성된다. 계획은 목적수립을 포함하는 전략계획에서부터 목표를 달성하기 위한 제반활동과 방법을 명시하는 전술계획, 그리고 추진일정과 실행절차에 관한 운영계획들로 구성된다. 조직화는 계획된 목표를 달성하기 위한 인적 · 물적 자원을 시스템화하는 과정으로서 제품생산에 필요한 생산과정을 규명하고 인적 자원의 임무를 정의한다. 지휘는 계획된 목표를 달성할 수 있도록 종업원에 동기를 부여하고 활동을 조정한다. 통제는 운영상태가 계획된 목표와 일치하는지 평가하고 운영상태의 조정이 필요한 경우에는 이에 대한 조치를 취하는 과정을 말한다.

3 생산시스템의 분류

노동력, 자재, 자본, 에너지, 정보 등의 투입물을 제품이나 서비스의 산출물로 변환시키는 기능을 수행하는 일련의 구성인자를 생산시스템이라고 한다. 생산시스템의 변환기능은 제조업에서는 물리적 · 화학적 · 기능적 변환, 유통업에서는 장소적 변환, 창고업에서는 시간적 변환, 의료업에서는 생태적 변환 등으로 특징지을 수 있다.

생산시스템은 생산량과 품종 또는 생산흐름, 수주 및 생산시기 등의 관점에서 다양하게 분류될 수 있다.

1. 생산량과 품종

생산시스템은 생산량과 품종 또는 생산흐름의 관점에서 배치생산(batch

manufacturing)과 대량생산(mass production)으로 분류될 수 있다. 배치생산은 생산되는 제품의 종류는 다양하나 각 제품의 생산량은 적은 경우이고, 대량생산은 생산되는 제품의 종류 수는 극히 제한되나 각 품목의 생산량은 높은 경우이다. 대량생산은 생산성 증대를 통하여 비용우위를 통한 규모의 경제를 실현하고자 하며, 배치생산은 제조시스템(shop)의 극히 낮은 효율성에도 불구하고 다양한 제품을 하나의 제조시스템 내에서 생산할 수 있는 유연성을 특징으로 하고 있다.

1) 대량생산

대량생산을 위한 생산시스템은 제조업의 경우에는 물리적 실체인 제품의 제조순서에 의하여 서비스업의 경우에는 서비스활동의 순서에 의하여 기계설비나 작업장이 배치되며 이를 제품별 배치(product based layout)라고 한다. 모든 작업물의 흐름은 경로변환에 대한 의사결정의 필요 없이 하나의 작업장에서 다음 작업장으로 일관된 형태의 동일한 흐름에 따라 흘러가면서 제품이 완성되며 작업장들은 라인형태로 연결되어 있어 이를 라인생산(line production)으로도 부른다. 제품은 표준화가 잘 되어 있고 연속적으로 반복생산되어 유연성이 낮은 반면 생산성이 높으며 생산라인은 자동화되어 자본집약도가 높다. 제품별 배치에 의하여 설계된 생산시스템은 각 작업장에서의 작업소요시간이 일정한 경우에는 트랜스퍼 라인(transfer line) 그리고 각 작업장에서의 공정소요시간이 일정하지 않고 분포를 갖는 경우에는 플로 라인(flow line)으로 구분한다.

대량생산의 라인생산은 연속생산(continuous production)과 반복생산(repetitive production)으로 분류된다. 연속생산은 원자재 투입에서부터 완제품까지의 생산이 거의 자동화되어 있고 항상 계속적으로 운영되는 생산형태이다. 일반적으로 생산되는 제품은 소품종에 국한되며 대규모 설비투자가 요구되는 장치산업에서 볼 수 있는 제조형태로, 가동이 중단되어 다시 가동준비를 하려면 많은 시간과 비용이 필요한 경우가 대부분이다. 철강, 석유화학, 제지, 비료, 전력 등이 이에 해당된다. 반복생산은 표준제품을 큰 로트로 대량·반복적으로 생산하는 제조형태로 보통은 조립라인(assembly line) 형태의 생산방식을 취한다. 자동차, 전자제품, 기성복, 장난감 등이 이에 해당된다.

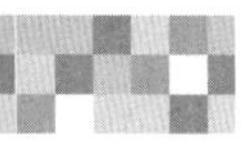

2) 배치생산

배치생산 체제하에서는 다품종의 제품이 소규모의 배치(batch)나 로트(lot)로 일정한 시간을 두고 생산된다. 그러므로 개개의 제품은 서로 다른 작업내용과 작업순서를 가지며 결과적으로 작업물의 흐름이 원활하지 못하여 단속생산(intermittent production)으로도 불리우며 표준화가 어렵다. 그러므로 동일한 기능을 수행하는 작업자나 기계설비가 동일한 장소에 배치되어 하나의 작업공간을 형성하며 제품이나 서비스는 공정의 필요에 따라 필요한 작업장으로 이동하게 되어 제품별로 각각의 고유한 경로를 갖게 된다. 개개의 제품이나 서비스의 흐름은 불규칙하고 원활하지 못하며 각 작업장에서의 작업물의 대기시간이 길고 재공품(work-in-process) 재고가 높다. 결과적으로 유연성은 높으나 생산성이 낮으며 각 작업장은 범용설비나 다기능 작업자로 구성되며 제조시스템의 효율성이 낮고 효율적인 생산계획의 수립이 매우 중요하다. 이러한 설비배치 방법을 공정별 배치(process based layout)라고 하며 공정별 배치에 의하여 설계된 생산시스템을 잡샵(jobshop)이라고 한다.

배치생산의 단속생산은 개별생산(individual production)과 배치생산으로 재분류될 수 있다. 여기에서 배치생산은 로트생산(lot production)으로 명명되기도 하나 소규모 로트생산은 배치생산을, 대규모 로트생산은 반복생산을 말한다. 개별생산은 일반적으로 시장의 불특정적인 주문에 의하여 개개의 제품을 생산하는 경우로서 범용 설비나 숙련도가 높은 작업자에 의하여 공정이 수행되며 수량의 변동에 탄력적이나 효율적인 생산계획의 수립이 곤란하다. 공작기계, 조선, 정비공장, 종합병원 등이 있다. 배치생산은 개별생산에 비하여 생산품목의 종류가 어느 정도 제한되어 있으며 특정제품이 주기적으로 일정량 생산된다. 구두 제조업, 금속 가공업, 가구 제조업, 의료기기 제조업 등이 여기에 해당된다.

2. 프로젝트형 생산

프로젝트형 생산은 생산량과 품종이나 생산흐름에서 전술된 라인생산이나 배치생산과 구분되어 일반적으로 일회적, 비반복적 성격을 갖는 단일단위제품을 생산하는 것을 말한다. 제품의 표준화 정도가 매우 낮고 제품의 유연성이 높으며 제품의 흐름이 없는 반면 범용설비에 대한 자본투자가 낮다. 프로젝트형 생산은 구성활동

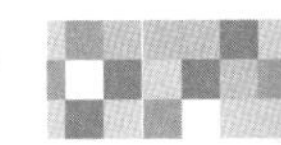

들의 선후관계에 의하여 계획 · 통제되나 공정상의 불확실성이 높고 계획 · 통제가 상대적으로 어려운 경우가 많다. 빌딩, 댐, 고속도로 등의 대규모 공사, 미사일 개발, 타당성 조사와 같은 서비스활동, 영화제작 등을 예로 들 수 있다.

3. 수주 및 생산시기

주문에 의하여 생산하는가, 수요예측에 의하여 생산하는가에 따라 주문생산(production to order)과 계획생산(production to stock)으로 분류할 수 있다.

주문생산은 수요자의 주문에 의하여 생산이 진행되는 생산방식으로 수요자의 주문에 제품의 사양과 수량이 명시되고 생산자는 수요자의 요구에 근거하여 가격과 납기를 결정한다. 주문생산에 있어서는 일반적으로 범용설비나 숙련된 작업자가 요구되며 생산계획과 통제가 주문별로 수립되므로 납기의 관리 및 통제가 매우 중요한 요소가 된다. 모듈화된 구성품을 구비하여 최종제품만 수요자의 주문에 의하여 조립생산하여 소품종 대량생산으로도 다양한 제품을 제공할 수도 있다.

계획생산은 시장의 불특정 다수의 수요자를 대상으로 기업이 자체적인 규격제품에 대한 생산계획을 수립하여 생산수량을 결정하고 이에 의하여 생산이 진행된다. 그러므로 주문생산에 비하여 가격이 낮고 더 표준화된 제품이 생산되며 생산과 수요와의 불일치는 재고에 의하여 완충되므로 재고관리가 중요한 기능을 수행하게 된다. 일반적으로 안전재고를 유지함으로써 품절에 대비하여 고객에 대한 서비스 수준을 높인다. 그러므로 수요예측, 생산계획, 그리고 재고관리가 계획생산의 기본적인 관리기능이 된다.

4 생산전략

기업은 중장기적 성장과 단기적 이익확보 등의 목적를 달성하기 위하여 환경으로부터의 기회와 위협을 잘 포착하고 기업의 자원과 능력이 제공하는 강점과 약점을 최대한 효과적으로 이용하여 대처해야 한다. 경영전략은 변화하는 환경에 대처하여 그 자원을 유효하고 능률적으로 전개하도록 하는 일련의 목적 및 계획, 결정으로서 의사결정 과정에 중점을 둔 경영자 역할을 총괄한다. 시장의 불확실성이 증대

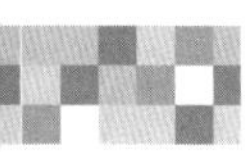

하는 현실에서 시장에서 경쟁우위를 확보하기 위한 수단으로서의 경영전략은 그 중요성이 더욱 강조되고 있다. 기업이 경쟁세력인 경쟁기업, 진입기업, 대체산업, 구매자, 공급자에 대하여 우위를 위한 결정적 수단을 가질 경우 그 기업은 시장에서 경쟁우위에 있다고 한다.

다각화된 기업에서 경영전략은 조직구성과 의사결정 체계에 따라 전사적 전략(corporate strategy), 사업부 전략(business level strategy), 기능별 전략(functional strategy)으로 계층화될 수 있다.

① **전사적 전략 :** 전사적 전략은 기업 전체의 사명과 목적설정, 사업 포트폴리오 구성, 자원의 획득과 배분에 관한 전략을 말한다. 즉 사업범위 결정, 조직 구조의 기본설계, 사업간 자원분배 등이 주요 관심의 대상이 된다.

② **사업부 전략 :** 전사적 전략의 하위 전략으로 각 사업단위에서 사업부 전략이 수립된다. 사업부 전략은 기업이 여러 사업단위를 가지고 있는 경우 주어진 사업영역에서 변화하는 환경에 대처하고 경쟁에서 우위를 점할 수 있도록 주어진 가용자원을 활용하는 경쟁방법을 결정하는 전략이다.

③ **기능별 전략 :** 기능별 전략은 사업부 전략의 하위 전략으로 마케팅, 재무, 생산 등 각 기능부문에서의 목표의 설정과 경쟁력 제고방안에 대한 전략이다.

이외에도 경영전략은 성장전략, 안정전략, 축소전략 등 다양한 관점에서 다양하게 논의될 수 있다. 모든 경영전략은 기업경영의 속성으로서 통일성, 통합성, 포괄성을 구비하여야 한다. 이는 경영전략은 조직의 모든 하위단위들을 하나로 연결하고 모든 계층상의 전략들이 일관성 있게 조화되어야 하며 기업경영의 모든 측면을 포괄하여야 함을 의미한다. 과거의 경영전략은 마케팅전략이나 재무전략이 주도하기도 하였으나 생산전략의 중요성 또한 부각되었으며 시장에서 여러 경쟁요인에 효과적으로 대처하고 경쟁우위를 확보하기 위해서는 생산전략이 마케팅전략이나 재무전략을 선도해 나가야 할 것이다.

생산전략은 기업의 기능별 전략의 하나로서 기업이 생산목표를 동시에 달성할 수 없다는 인식에서 출발한다. Porter는 총체적 비용우위(overall cost leadership) 전략, 차별화(differentiation) 전략, 집중화(focus) 전략을 본원적 전략(generic strategy)으로 제시하였다.

① **총체적 비용우위 전략 :** 생산성 향상을 통한 생산단가 저하를 위한 일련의 기능별 정책을 통하여 산업 내에서 원가 면의 우위를 달성하고자 하는 전략으로 공정 엔지니어링 기술, 원가통제가 중요한 요소가 된다.

② **차별화 전략 :** 고객이 인식하는 제품이나 서비스의 특성을 차별화함으로써 그 기업에 대한 독특한 이미지를 형성하여 시장에서 우위를 달성하고자 하는 전략으로 연구개발, 제품설계, 품질에 대한 기술과 마케팅 능력이 필요하다.

③ **집중화 전략 :** 특정시장, 특정고객을 대상으로 비용집중이나 차별화집중을 추구하는 것으로 좋은 전략시장이나 고객을 중점적으로 공략하는 전략을 말한다.

생산전략은 환경, 기업전략, 생산과업, 그리고 생산정책과 상호유기적으로 결합되어 조화되어야 한다. 이의 기본 기능은 기업이 장기적으로 존속하고 성장하기 위하여 경쟁우위를 추구할 수 있도록 일련의 생산제조 능력을 개발 · 통합하는 데 있으며 제품, 용량, 시설, 공정기술 등의 구조적 요소와 이에 대한 하부구조로서 구매, 생산계획, 재고관리, 조직구조, 인력관리, 통제, 그리고 정보시스템에 대한 의사결정으로 구성된다.

5 생산관리의 발전

생산관리는 인간의 역사와 함께 발달하여 오늘날의 환경지향적이며 시스템 · 통합적인 생산관리를 추구하는 단계로까지 성장하였다.

1) 경험지향 생산관리

18세기 후반 영국은 증기기관과 방적기가 발명됨에 따라 산업혁명과 공장제공업을 이룩하게 된다. 이와 때를 같이하여 Smith는 국부론(1776)에서 분업의 중요성을 강조하였으며 이는 미국에서의 자유방임주의 경제원리의 기초가 된다. Babbage는 분업이론을 계승하여 노동의 전문화와 이에 따른 시간연구를 수행하였고(1832) 조직 계획, 생산, 인간관계, 원가, 판매로 공장의 기본 관리기능을 분류하고 관리원칙을 제시하였다.

2) 분석지향 생산관리

영국에서 시작된 근대 생산관리는 미국에서 본격적인 태동을 맞게 된다. 남북전쟁 후 심화된 불황은 기업간의 가격인하 경쟁을 유도하였고 경영자의 성과급제에 의한 임금절하는 근로자의 조직적인 태업을 초래하였다. Taylor는 표준작업조건, 표준작업방법, 표준작업량을 설정하여 차별적 성과급제에 의한 과업관리를 시도함으로써 과학적 관리법(1911)을 태동시켰는데, Taylor의 이러한 연구는 Gilbreth 부부가 심리적 · 생리적 분석까지 작업환경에 포함시킴으로써 계승 · 발전되었다. Society to Promote the Science of Management(1910), Industrial Relations Association of America(1910), Society of Industrial Engineers(1917) 등의 전문적인 생산관리학회가 이 시기에 출현하였으며 과학의 개념과 절차가 정형화되고 관리가 과학으로 발전할 수 있는 과학적 관리의 기초가 형성된다.

3) 인간지향 생산관리

1927~1932년에 수행된 호손 연구(Hawthorne Studies)는 작업환경이 생산성에 미치는 영향에 대한 연구로 시작되었으나 결과적으로 동기부여가 생산성에 미치는 영향을 제시하였다. Mayo의 연구는 인간관계학파의 효시가 되어 기술적인 면을 강조하는 과학적 관리법과 다른 관점에서 인간관계를 중심으로 한 관점에서의 관리법으로 발전되었다.

4) 과학지향 생산관리

또한 이 시기에는 기업의 규모가 확대되고 의사결정 문제가 복잡다양하게 되어 통계 및 수학적 기법을 이용한 계량적 방법들이 도입되기 시작했는데 Harris의 경제적 주문량 모형(1915), Shewhart의 통계적 품질관리기법(1931), Tippet의 샘플링에 의한 작업측정기법(1934) 등이 있다. 제2차 세계대전의 성공적 실제 적용을 시작으로 하여 전후 Dantzig의 선형 계획법의 심플랙스 해법(1947)을 위시하여 여러 가지 경영과학적 · 계량적 접근방법이 개발되었고 컴퓨터의 발전은 의사결정문제에 경영과학의 적용을 촉진시켰다. 1950년대에 생산관리가 경영학 및 산업공학의 전공과목으로 개설되었으며 주요 대학들이 경영학의 필수과목으로 인정하기 시작하였다.

5) 통합지향 생산관리

1980년대의 일본의 경제적 호황으로 일본의 품질관리기법과 적시 생산시스템 등에 대한 구미의 관심이 확산되기 시작하였으며 경영전략에 있어서 생산전략의 중요성이 강조되기 시작하였다. 특히 컴퓨터와 통신으로 대별되는 정보기술의 발전은 생산시스템을 조직 내의 모든 하위시스템의 기능들과 통합하여 생산활동을 보다 효율적으로 수행할 것을 요구하였다. 이러한 정보기술을 바탕으로 하는 통합화는 기업시스템의 설계에서 기업의 유연성과 비즈니스 속도성이 강조되고 통합업무처리시스템, 표준업무 프로세스, 호환성을 기반으로 기업의 모든 정보, 자금, 자원을 전사적으로 통합하고 실시간으로 관리하는 전사적 자원관리(ERP ; enterprise resource planning)가 추구되었다.

또한 기업 내부뿐만 아니라 공급체인을 구성하는 주체들 사이의 인터페이스를 통합 · 관리함으로써 정보와 물류의 흐름을 원활히 하는 CIM과 SCM으로 발전하였다. 21세기의 기업 성패는 기업과 기업 간의 경쟁력이 아니라 공급체인과 공급체인 간 또는 생태계와 상태계 간의 경쟁력에 의하여 결정될 것이며 연결의 경제(economy of network)를 추구하는 통합지향 생산관리는 중요성을 더해갈 것이다.

6) 환경/윤리지향 생산관리

오늘날의 생산관리는 환경과 윤리에 대한 새로운 관심을 요구하고 있으며 환경보존 및 기업윤리가 중요한 이슈로 대두되었다. 그러므로 생산활동이 환경에 미치는 영향에 대한 보다 깊은 연구가 요구되고, 주어진 환경에서 사회적 책무를 다하는 것 또한 생산관리의 중요한 영역이 되어야 할 것이다.

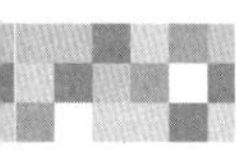

연습문제

1. 생산관리의 새로운 방향에 대하여 기술하시오.
2. 제조업과 서비스업에서의 생산목표를 비교하여 보시오.
3. 생산시스템을 제품의 다양성과 생산량과 관련지어 분류하고 제조철학, 배치형태, 특징을 비교하시오.
4. 생산흐름에 따라 생산시스템을 분류하여 보고 각 생산시스템에서의 예를 들어보시오.
5. 계획생산과 주문생산을 생산목표의 관점에서 비교하시오.
6. 생산전략을 계층적으로 분류하고 그 주요 기능을 정리하시오.
7. Porter의 세 가지 생산전략을 Texas Instrument와 Hewlett Packard를 예로 들어 비교 설명하시오.
8. 생산관리의 발달과정을 정리하시오.
9. 공급체인관리를 정의 설명하시오.

제 2 장

생산시스템의 변천과 생산관리

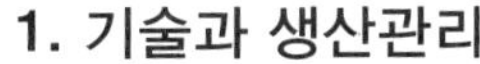

1. 기술과 생산관리
2. 자동화 생산시스템의 발달과정
3. 자동화 생산시스템의 경영학적 의의

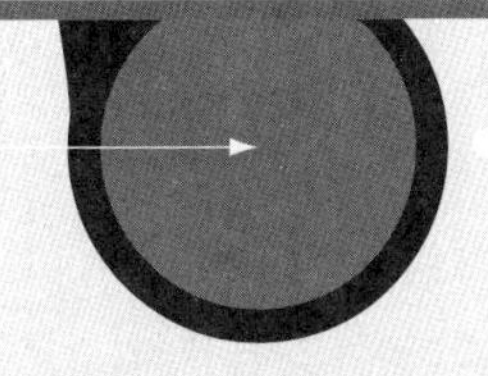

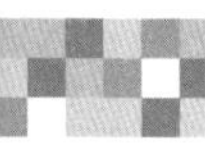

Schumpeter는 기술의 혁신이 산업의 진화나 발전에 중요한 원동력으로 경쟁의 근본요소이며 이러한 기술혁신으로 산업구조는 빠르게 변화하는 창조적 파괴의 과정을 반복한다고 하였다. Kondratieff 주기의 하나의 주기에 해당하는 지난 50년 동안 급속한 발전을 거듭한 정보기술(IC ; information technology)은 생산시스템에 있어서도 정보기술을 근간으로 하는 자동화 생산시스템을 가능케 하였고 이러한 자본집약적인 생산시스템의 효율적 관리는 생산관리의 매우 중요한 내용이 될 것으로 예상된다. 그러한 의미에서 본 장에서는 기술의 발전에 수반하는 생산시스템의 발전 및 이에 따른 관리기법의 변화에 대한 내용을 살펴보고자 한다.

1 기술과 생산관리

생산시스템의 발전은 이를 가능케 했던 기술의 발전에 기인한다. 특히 자동화 생산시스템은 컴퓨터 기술의 발전과 더불어 생산시스템에 있어서 높은 생산성을 요구하는 경제적 요구의 종합적 산물이라고 할 수 있다. 높은 자본집약화에 의한 이러한 새로운 제조기술은 이의 경제적 효율성이 매우 중요한 문제가 되며 이는 새로운 경영관리기술에 의하여 성취될 수 있다고 할 수 있다. 이러한 관점에서 생산시스템에 있어서 기술의 발전은 생산시스템에 있어서 새로운 경영관리기법을 필요로 할 뿐만 아니라 생산시스템의 수행도를 평가하는 측정치로서의 생산성의 개념에도 변화를 수반한다고 할 수 있다. 그러므로 본 절에서는 생산관리에 있어서 기술, 관리기법, 그리고 수행도의 변화를 예를 들어 제시함으로써 상황 적응적인 관리의 필요성을 보고자 한다.

1. 생산시스템과 기술

산시스템의 발전은 크게 분류하여 수공업, 기계화(mechanization), 자동화(automation), 컴퓨터화(computerization), 그리고 네트워킹(networking)의 5단계로 나누어 볼 수 있다.

1) 수공업

기단계인 수공업에 있어서는 모든 것이 인간에 의하여 만들어졌다.

2) 기계화

인간의 힘과 기술에 의한 제품생산은 18세기 후반 증기기관과 방적기의 발명을 기초로 한 산업혁명을 계기로 기계화의 단계로 접어들었으며 기계는 인간의 노동활동을 기계활동으로 대치하였을 뿐만 아니라 인간의 힘과 기술을 배가시켰다. 또한 시대적으로는 정치적 안정, 자본의 축적, 풍부한 지하자원, 넓은 해외 식민지, 교통 · 통신의 발달 등으로 당시 서유럽은 산업과 사회가 발전하고 공장제 공업의 산업사회로의 이행 등 많은 변화를 수반하였다.

3) 자동화

자동화라는 단어는 1946년 Ford사의 Harder에 의하여 처음으로 사용되었다. 여기에서의 생산설비의 자동화는 소품종 대량생산에 적합한 고정형(fixed, dedicated) 자동화로서 생산설비의 배치가 처리공정의 순서에 따른 제품별 배치에 의하며 한 번의 가동준비(setup)에 의하여 자동화된 생산설비는 하나의 부품(part)이나 제품을 대량으로 생산함으로써 높은 생산율과 낮은 생산단가를 목적으로 하는 규모의 경제(economy of scale)를 추구한다.

4) 컴퓨터화

다음 단계는 프로그램형(programable) 또는 탄력형(flexible) 자동화로 이 단계를 컴퓨터화 단계라고 명명한다. 이 단계에서의 생산설비는 컴퓨터에 의한 프로그램으로 제어되어 다양한 제품의 생산이 가능하도록 다양한 공정을 수행할 수 있는 매우 자본집약도가 높은 기계들로 구성되어 있다. 이러한 생산설비는 다품종 소량생산의 유연성과 더불어 높은 생산성을 동시에 추구하는 범위의 경제(economy of scope)를 기반으로 한다.

5) 네트워킹

네트워킹은 통신기술의 발달에 기인한다. 1837년 발명된 전신에서부터 시작된 통신기술은 1969년 미 국방성에서 구성한 ARPA(Advanced Research Project Agency)를 시초로 인터넷(internet)으로 발전하고 1986년 종합정보 검색도구인 웹(WWW; World Wide Web)에 의하여 멀티미디어 정보의 교환이 가능하게 되었다.

이러한 정보통신기술은 CIM, ERP, SCM, 생태계 등을 통하여 시간장벽, 지리적장벽, 비용장벽을 제거하고 나아가 조직간의 장벽을 제거하여 가치시스템으로서의 생산시스템에 있어서 연결의 경제를 추구한다.

2. 시스템 경영기법

생산기술의 변화는 생산시스템에 있어서의 경영관리기법의 변화를 수반한다.

1) 테일러리즘

산업혁명을 계기로 산업구조는 산업사회의 생산형태로 변화하기 시작하였으며 경영관리의 필요성도 인식되기 시작하였다. 기계화 단계의 대표적인 관리기법인 테일러리즘(Taylorism)은 과학적 관리법, 고전적 산업공학으로도 불리며 이의 주요 내용은 다음과 같다. 남북전쟁 후 미국은 깊은 불황과 가격경쟁 속에서 생산단가의 절감을 추구하는 경영자와 임금인상을 요구하는 근로자의 요구가 서로 상충하고 있었다. 특히 성과급제에 의한 임금절하는 근로자의 조직적 태업을 초래하는 노동문제를 초래하였다. Taylor는 이러한 노동문제를 해결할 수 있는 접근방법으로 작업조건, 작업방법, 작업시간의 표준화를 통해 차별적 성과급제에 의한 고임금과 저노무비를 목표로 하는 작업시스템을 추구하였다. Taylor의 이러한 접근방법은 여러 추종자에 의하여 계승 · 발전되었다.

2) 포디즘

자동화 단계에서 고려될 수 있는 시스템 관리기법인 포디즘(Fordism)은 디트로이트 라인(Detroit line) 개념으로도 불리며 대량생산의 기본 철학으로서 생산, 물류, 통제를 동시화함으로써 생산성을 높이고 더 저렴한 가격으로 생산품을 사회에 공급하여 사회에 봉사하는 것을 목표로 하고 있다. 디트로이트 라인 개념은 생산품의 단순화(simplification), 부품의 표준화(standardization), 그리고 기계공구의 전문화(specialization)를 기본 개념으로 하는 3S로 표현될 수 있다. 그러나 디트로이트 라인 개념에 입각하여 모델을 단순화하고 생산성을 추구하던 Ford사는 다양화된 시장수요의 환경변화에 적절히 대처하지 못하고 다양한 모델을 추구하던 GM사에 곧 시장을 잠식당하였다.

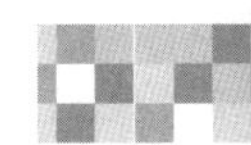

3) 시스템 분석 및 설계

자동화 단계에 고려될 수 있는 또 하나의 관리기법인 시스템 분석 및 설계(system analysis and design)의 개념은 추구하는 목적을 달성하기 위하여 사람, 돈, 설비, 재료를 어떻게 통합하여 설계 · 관리할 것인지를 다루는 통합된 절차들이라고 할 수 있다. 이는 방대하고 복잡한 현대조직의 의사결정을 위하여 문제의 해결을 위한 주요 요소들을 파악하고 그들의 관계와 우선순위를 결정하여 이를 설계, 계획, 운영, 그리고 제어 등에 활용하는 과학적 접근방법이다.

시스템은 추상적(abstract) 시스템과 물리적(physical) 시스템으로 구분된다. 추상적 시스템은 하나의 독립적 개념에 대한 체계적 정리이다. 예를 들어 신학은 신과 인간과의 관계를 체계적으로 정리한 것이다. 물리적 시스템(앞으로 시스템으로 언급함)은 특정한 목적을 성취하기 위하여 여러 구성인자(entity)가 유기적으로 연결되어 상호작용하는 것이다. 그러므로 시스템은 투입을 산출로 변환시키는 변환자(processor)이다. 시스템의 목적은 시스템의 경계(boundary)를 설정하여 시스템을 환경과 구분 짓는다. 환경과 정보, 에너지, 물질 등을 교환하고 영향을 주고받는 시스템을 개방적 시스템(open system)이라고 하고 시스템 내부에서 모든 것이 통제되는 시스템을 폐쇄적 시스템(closed system)이라 한다. 그러므로 폐쇄적 시스템은 환경으로부터의 유입, 환경으로의 유출이 없으며 환경과의 유통이 없으므로 시간이 흐르면 소멸한다.

시스템은 계층적 구조(hierarchical structure)를 갖는다. 즉 하나의 시스템은 몇 개의 하위시스템으로 분해(decomposition/factoring)될 수 있으며 하위시스템도 하나의 독립적인 시스템이 될 수 있다. 그러므로 시스템은 다른 시스템의 하위시스템이 된다. 하위시스템간에는 응집력(coupling)과 인터페이스(interface)가 존재하며 시스템의 효율적인 운영을 위해서는 이러한 하위시스템간의 응집력을 이완(decoupling)시켜 각각의 하위시스템이 얼마만큼 독립성을 유지시키는 것이다. 예를 들면 제조시스템은 자재조달시스템에 종속하여 자재조달의 지연은 제조시스템의 문제가 된다. 그러므로 자재조달시스템과 제조시스템의 응집력을 이완시키기 위해서 재고를 유지하고 표준화를 적용하여 효율성을 높일 수 있다.

그림 2.1 시스템의 계층적 구조

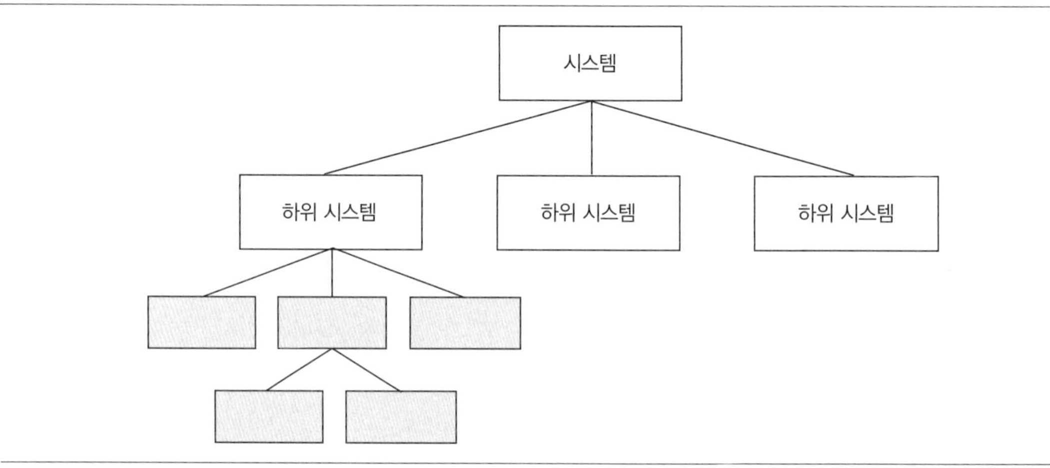

4) 계층적 계획 및 통제

컴퓨터화 단계에서는 생산설비의 자본 집약도가 더욱 높아지고 제품구성과 부품(part) 경로가 다양해지며 기계의 예기치 않은 고장 등에 의하여 이의 관리운영 문제가 더욱 복잡해진다. 그러므로 컴퓨터화 단계에서는 값비싼 장비의 효율적 운영을 위한 의사결정은 더욱 복잡해지고 경영관리 문제는 더욱 어려워지며 이러한 관점에서 새로운 생산계획 및 통제기법의 예로서 계층적 계획 및 통제의 개념(hierarchical planning and control)이 생겨났다.

재래의 생산 계획과 달리 새로운 생산시스템 하의 계층적 계획 및 통제는 생산 전 계획(preproduction planning), 투입통제(input control), 운영통제(operational control)의 3단계로 구성되어 있다. 생산 전 계획은 재래의 생산계획과 동일한 개념으로 생산능력과 제약조건을 파악하고 생산량과 작업배분 및 순서를 결정하는 단계로 총괄생산계획(aggregated production planning), 주 일정계획(MPS ; master production schedule), 그리고 세부일정계획(scheduling)으로 구성되어 있다. 투입통제는 시스템에 유입되는 작업물(job)을 통제한다. 이러한 투입통제의 한 예로서 한계(threshold)통제를 들 수 있다. 한계통제는 제조시스템 내의 총작업물 또는 부품수의 상한을 설정하고 시스템 내의 작업물의 수가 설정된 상한보다 적은 경우에만 외부나 상위 생산시스템으로부터의 작업물을 유입시키는 방법으로 생산시스템 내

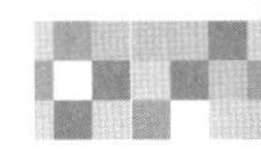

의 혼잡에 의한 수행도의 저하를 방지하기 위한 방법이다. 운영통제는 작업물의 경로변환(routing)과 작업순서를 실시간(real time)으로 통제하는 방법이다. 운영통제의 하나인 경로변환의 실시간 통제는 최단 대기길이 경로변환(shortest queue routing), 확정적 경로변환(deterministic routing), 그리고 엔트로피(entrophy) 경로변환 등에 의하여 적용될 수 있다.

컴퓨터화 단계에서의 제조설비는 작업물 자동착탈, 공구 자동교환 등의 기능에 의하여 하나의 공정은 몇 개의 대체작업장(station)에서 공정수행이 가능하다. 최단 대기길이 경로변환은 주어진 대체작업장 중에서 가장 작업물의 대기길이가 짧은 작업장으로 작업물의 경로를 결정하는 방법이다. 엔트로피 경로변환은 경로변환의 유연성을 가능한 한 최대화시키려는 목적으로 작업물의 대체작업장을 가능한 한 많이 유지시키려는 경로변환의 방법으로 대체작업장이 가장 적은 공정을 먼저 수행하는 방법이다. 확정적 경로변환은 확률적 경로변환을 확정적으로 치환하여 작업물의 경로를 지정하는 방법이다.

5) CIM

네트워킹 단계의 예로서 CIM은 자동화 생산시스템이 정보시스템과 결합되어 유연성과 비즈니스 스피드를 동시에 추구하는 제조업의 전략정보시스템이다. 이는 제품수주, 설계, 개발, 생산, 판매, 인도, 서비스가 정보시스템으로 통합되어 자동화 생산시스템의 활용성을 보장해 주는 토대가 된다.

6) SCM

네트워킹 단계의 다른 예로는 SCM이다. Toyota는 부분품의 70%를 외주(outsourcing)하고 있으며 보잉의 하청업체의 수는 15,000에서 17,000개 업체에 이른다. 그러므로 기업의 경쟁력은 고객, 공급업체, 유통업체 간의 유기적인 관계에 의해서 결정되며 SCM은 공급체인을 구성하는 주체들 사이의 인터페이스를 통합 · 관리하여 정보와 물류의 흐름을 원활히 하고 효율성을 증대시키는 것을 목적으로 한다.

성공적인 공급체인관리는 기업 내부에서는 ERP, 기업 외부에 대해서는 고객관계관리(CRM ; customer relationship management)를 병행한다. ERP는 생산, 인사, 마케팅, 영업, 재무회계, 경영정보 등 각 업무와 관계되는 모든 정보, 자원, 자금이 정보기술을 바탕으로 전사적으로 통합되어 실시간으로 관리된다. CRM은 기업이 데이터베이스(DB ; data base)를 기초하여 구매특성, 취향, 관심분야 등에 의하여 고객의 특성을 파악 분류하여 각 고객에게 특화된 정보 및 서비스를 제공하여 지속적인 고객관계를 추구하는 통합적이고 전사적인 마케팅시스템이다. 그러므로 CRM은 고객중심의 사고 위에 정보기술을 기반으로 DB 마케팅활동을 경영 전반에 걸친 관리체계의 일환으로 전략방향과 일치시키는 것을 말한다.

7) 생태계

특정산업에서는 여러 산업을 융합하여 건전한 생태계 기업집단을 구성하는 것이 경쟁력을 강화하는 필수조건이 되고 있다. 재래에는 각 산업이 독립적인 수직의 공급체에 관심을 두었으나 타 산업과의 상호의존성이 높아지고 그 결과로 여러 산업이 융합하여 공동으로 진화하는 수평구조화 현상에 대응하여 하나의 산업에 집중된 공급체인보다는 유기적이고 통합적인 생태계가 관심의 대상이 되고 있다. 그러므로 생태계는 다양한 산업이 서로 협력하여 공동의 혁신을 창조하는 공진(co-evolution)을 통하여 다양한 제품, 서비스, 비즈니스 모델을 창출하며 발전하는 새로운 현상을 설명하는 도구가 되고 있다.

3. 생산성

지금까지는 기술의 발달이 생산시스템의 관리기법에 주는 영향을 살펴보았다. 기술의 변화는 또한 생산성(productivity)의 개념에 변화를 유도한다. 생산성은 시스템의 기본적인 수행도 측정치로서의 생산성은 입력요소에 대해서 처리과정을 거친 산출물의 비율로 정의된다.

$$생산성 = \frac{산출요소}{투입요소}$$

이는 총투입요소에 의한 수행도 측정치뿐만 아니라 노동생산성, 기계생산성, 자본생산성, 또는 부가가치 등과 같이 부분적 투입요소에 의한 측정치도 가능하다.

수공업 단계에 있어서 생산성의 척도는 물론 노동생산성이었다. 기계화 과정을 통하여 노동생산성은 현저한 증가를 가져왔다. 컴퓨터와 네트워킹의 단계에 이르러서는 자본집약도가 현저히 증가하는 반면에 인간에 의한 노동력의 수요는 현저

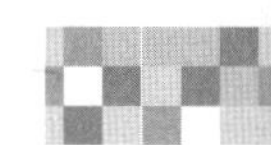

하게 감소된다. 24시간 운영되는 대규모 생산시스템이 통제실 내에 존재하는 소수의 작업자에 의하여 운영되는 경우도 있다. 이러한 상황에서 기본적인 생산성의 척도로 적용되어 오던 노동생산성은 더 이상 중요한 의미를 가지지 못하며 생산성의 개념은 노동집약화에 기초한 생산성의 개념으로부터 자본집약화에 따른 생산성의 개념으로 전이된다. 그러므로 투하자본수익률 등으로 적용되는 자본생산성과 부가가치 등이 더욱 중요한 의미를 갖게 된다. 그러므로 기술의 발전은 경영관리기법뿐만 아니라 생산성의 개념에도 동시적인 변화를 수반하게 한다.

2 자동화 생산시스템의 발달과정

지금부터의 자동화 생산시스템은 컴퓨터화 단계의 생산시스템을 의미한다. 특히 여기에서는 자동화 생산시스템과 CIM의 핵심이 되는 유연 생산시스템(FMS ; flexible manufacturing system)의 발달과정을 살펴보기로 한다.

1. NC

유연 생산시스템의 기원은 NC(numerical control)이다. NC는 제조공정이 숫자, 문자, 부호로 구성된 프로그램에 의하여 컴퓨터로 제어되는 프로그램형 자동화이다. 1948년 Parsons는 좌표 위치에 관한 자료가 표시된 펀칭카드로 기계공구를 제어하는 방법에 대하여 생각하였다. 이 개념은 미 공군에 제시되었고 제2차 세계대전 후 비행기의 제조에 지대한 관심을 갖던 미 공군은 MIT 자동제어연구소에 연구를 의뢰 · 지원함으로써 1952년 처음으로 밀링(milling) 기계에 적용된 NC 개념이 제시되었으며 1953년 유용성이 입증되었다. 그로부터 기계공구 제작자들은 자신의 필요에 의하거나 상업용으로 도입될 수 있는 NC 기계를 독자적으로 연구 개발하기 시작하였으며 미 공군은 MIT에 NC 기계에 활용되는 프로그래밍 언어를 개발하도록 지원을 계속하여 APT(automatically programmed tools)라는 NC 언어가 개발되었다. APT는 NC 언어로 지금도 사용되고 있으며 다른 많은 NC 제어언어의 기초가 되었다.

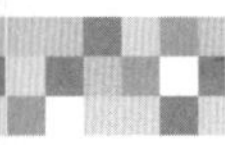

그림 2.2 NC 기계의 구성요소

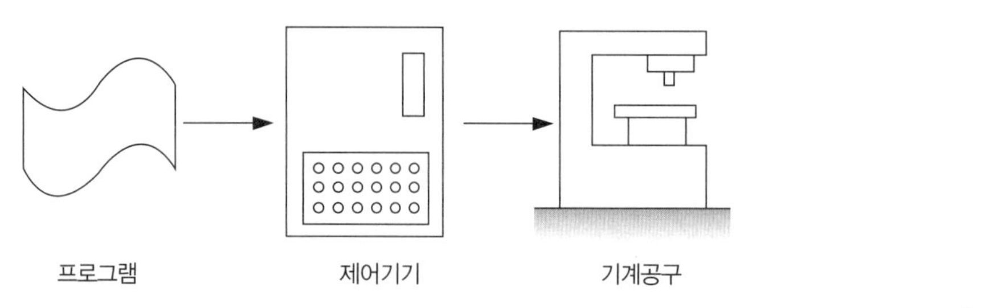

NC 기계는 프로그램, 제어기기 또는 제어단위, 기계공구나 제어되는 과정의 세 가지 요소로 구성된다. 프로그램은 기계공구에 지시될 일련의 세부적인 지시어들의 집합으로 입력매체에 의존하여 입력되며 제어기기는 이를 읽고 해석하여 이를 기계공구의 기계적 행동으로 변환시키고, 기계공구나 제어되는 과정은 이를 실제적으로 실행하게 된다.

NC 프로그램에 의하여 제어되는 NC 기계는 공구의 자동착탈 및 교환, 고정구(fixture) 및 팰릿(pallet)의 자동착탈, 컴퓨터에 의하여 제어되는 작업 등 다양한 작업수행능력으로 다양한 새로운 작업에 대한 가동준비시간을 현저히 감소시켜 생산성을 저하시키지 않고도 제조시스템에 유연성을 제공하여 생산시스템이 환경의 불확실성에 대응하는 토대가 된다.

시대적으로 NC 기계가 개발된 시점은 최초의 자동식 전자디지털컴퓨터인 ENIAC(electronic numerical integrator and calculator)과 Neuman의 프로그램 내장방식에 의한 최초의 컴퓨터(stored program computer)인 EDVAC(electronic discrete variable automatic computer), 컴퓨터 1세대의 효시를 이루는 최초의 상용컴퓨터 UNIAC(universal automatic computer) 등이 개발되던 시기이다.

2. DNC

DNC(direct numerical control) 개념은 1968년 영국 런던 Deptford의 Molins 담배회사의 제조시스템에서 처음으로 소개되었다. 이 시대의 컴퓨터는 아직도 규모가 매우 크고 고가였으므로 여러 대의 기계공구를 제어하기 위해서는 하나의 거대

그림 2.3 DNC 구성 요소

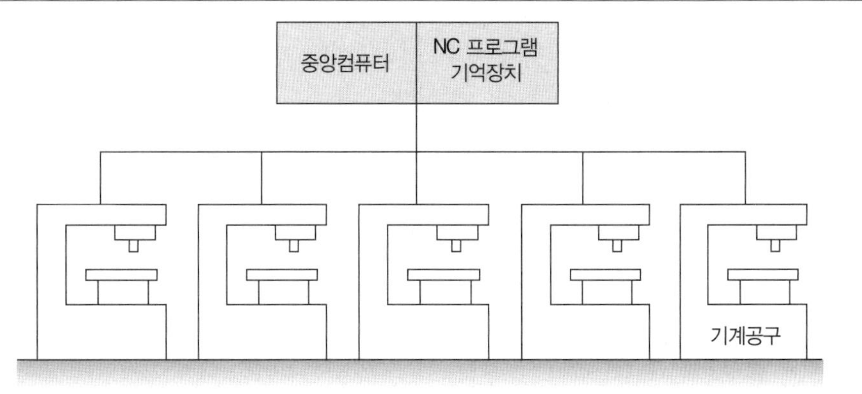

한 컴퓨터를 시분할 방식으로 사용할 수밖에 없었으며 이것이 DNC의 개념이 되었다. 그러므로 DNC는 다수의 기계공구가 하나의 컴퓨터에 직접 연결되어 실시간으로 제어되는 수치제어시스템을 말한다. 그러므로 컴퓨터와 기계공구 사이에는 항상 의사소통이 가능하여 작업지시, 자료수집, 그리고 자료처리가 가능해야 하며 결과적으로 DNC는 제조시스템 내의 정보의 흐름이 통합되는 중요한 전기가 된다.

DNC는 중앙컴퓨터, NC 프로그램이 저장된 기억장치, 통신라인, 기계공구의 네 가지의 요소로 구성된다.

3. CNC

디지털 컴퓨터의 급속한 발전과 제어장치의 경량화, 고속화, 대용량화, 저가화에 힘입어 하나의 기계공구에 프로그램이 내장된 소규모 제어기기를 탑재한 컴퓨터가 나옴으로써 1960년대 중반 CNC(computer numerical control)가 탄생되었으며 상업적으로는 1970년대에 처음으로 소개되었다. 그러므로 CNC는 NC 기능을 수행하기 위하여 기계공구에 지정된 프로그램 내장방식의 컴퓨터를 활용하는 프로그램과 제어기기가 통합된 NC 시스템이다. 컴퓨터의 발달과 더불어 오늘날에는 마이크로(micro) 컴퓨터를 CNC의 제어기기로 사용하고 있다.

그림 2.4 CNC 구성요소

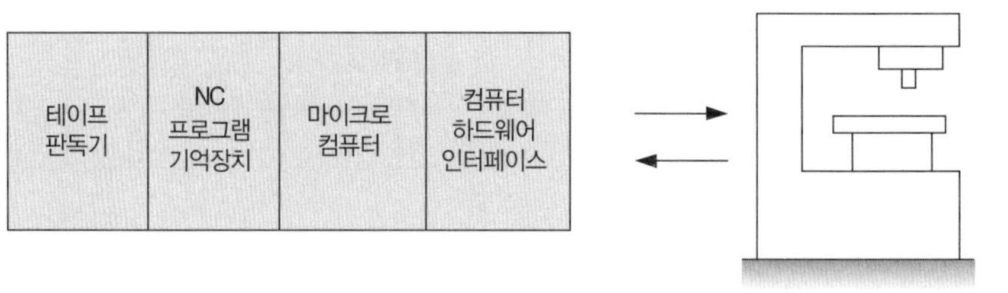

4. FMS

FMS는 DNC에 자동화된 자재운반시스템(MHS ; material handling system)을 결합하여 생성된다. 이는 NC 기계공구가 자재운반시스템과 통합되어 모든 기계공구와 자재운반시스템이 컴퓨터에 의하여 제어되는 시스템이다. 그러므로 DNC가 정보의 흐름을 통합한다면 FMS는 경영관리의 관점에서 고려될 수 있는 조직 내의

그림 2.5 FMS의 예

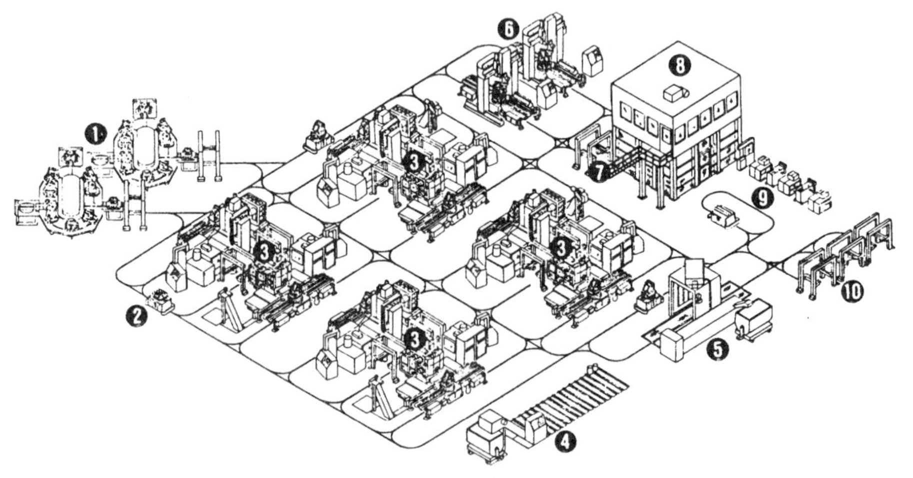

❶ 적재하역작업장
❷ 고정경로 AGV
❸ CNC 공작센터
❹ 부스러기 제거작업장
❺ 세척작업장
❻ 검사작업장
❼ 수동검사작업장
❽ 중앙제어컴퓨터실
❾ AGV 보전작업장
❿ 대기공간

두 가지 흐름, 즉 정보와 자재의 흐름을 통합하는 생산시스템으로 언급될 수 있다.

유연생산시스템의 실제적인 도입과정은 다음과 같다. 1965년 자동화된 MHS가 Sunstrand사에 의하여 처음으로 소개되었다. 기계공구 제작회사인 미국의 Kerney & Trecker가 1970년 처음으로 FMS를 설계하였으며 이는 1977년 Fuji Xerox사에 도입되어 일본에 전파되었고 러시아에는 Stanki-72 박람회에서 처음으로 소개되었다.

FMS는 재래의 제조시스템의 두 가지 제조철학, 즉 소품종 대량생산의 생산성과 다품종 소량생산의 유연성을 동시에 추구하는 생산시스템이다. 높은 생산량과 생산율의 라인생산은 제조 가능한 제품의 종류가 국한되어 있는 반면 높은 제품 유연성을 갖는 잡샵은 제조시스템의 효율성과 생산성이 매우 낮다. 따라서 FMS는 다품종 소량생산의 비효율성을 극복하기 위한 방법으로 개발되었으며 제품의 변화에 따른 짧은 가동준비시간과 작은 배치에 대하여도 높은 생산율을 유지할 수 있어야 한다. FMS는 다양한 수요에 대한 혼합생산이 가능하므로 재공품 재고와 완제품 재고를 줄일 수 있으며 조달기간은 단축된다. 결과적으로 FMS는 대량생산의 규모의 경제를 배치생산에서도 추구할 수 있도록 범위의 경제를 추구하는 제조시스템이다.

그림 2.6 FMS 응용

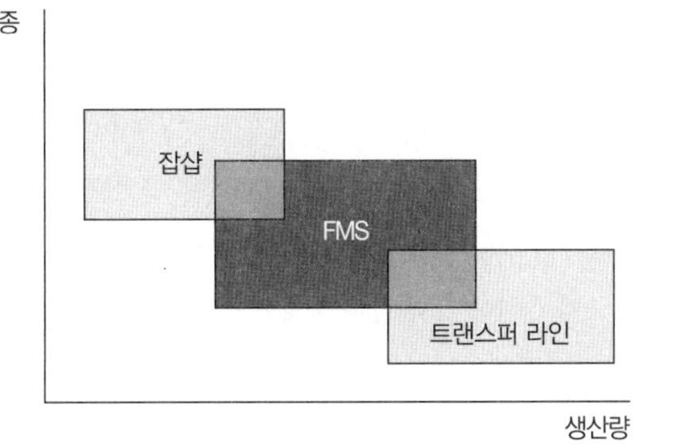

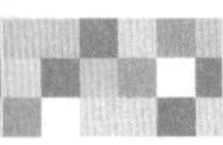

5. CIM

CIM은 FMS와 정보시스템이 통합된 제조업의 기본전략 정보시스템으로 주문, 설계, 개발, 생산, 판매, 서비스를 정보시스템으로 통합하여 유연성과 비지니스 속도성을 제공 범위의 경제와 연결의 경제를 추구하여 FMS의 활용성을 제공한다. 고객의 다양한 주문사양과 옵션은 자동입력되어 규격이 명시되고, 최적의 구성으로 설계되고 자재명세서와 조립도면이 작성되고 공구와 공정이 계획되어 자동생산되고 인도된다.

6. 3D프린터

3D프린터는 프로그램된 입체모양을 모양 그대로 3차원의 입체감 있는 물체로 찍어내는 프린터이다. 프로그램이 설치된 PC에서 자신이 만들고 싶은 모형을 평면에 그림 그리듯 표현하고 프린트 버튼을 누르면 입체모양이 만들어진다. 3D프린터에는 특정한 재료가 들어 있어 프로그램이 지시하는 대로 재료가 분사되거나 재단되어 뿌려져 겸겹이 쌓여지며 자나선, 레이저, 전자빔 등이 서로 하나가 되어 굳어지게 하여 원하는 3차원의 물체가 만들어진다. 사용되는 재료로는 특수잉크, 고무, 플라스틱, 세라믹, 나무, 액화금속 등 150여 소재가 포함된다. 자동차, 완구, 항공기, 건축, 치의학, 식품, 방위산업, 배아줄기세포, 바이오, 교육, 식품 등에서 다양한 부품이나 제품을 만들어 내는 데 사용되고 있다.

3D프린터는 누구라도 아이디어가 있는 사람은 3D프린터를 이용하여 소량의 제품을 빠르게 맞춤형으로 만들어 낼 수 있게 하여 아이디어가 있는 사람은 스스로가 기업가가 되어 1인 제조업 시대를 선도할 수 있다. 그러므로 3D프린터는 제조업의 새로운 혁명이며 제3차 산업혁명의 주역으로 여겨지고 있으며 미국이나 영국 등 선진국에서는 국가차원에서 투자를 확대하고 있다.

3 자동화 생산시스템의 경영학적 의의

세계의 경제전쟁은 더욱 심화되어 우리는 적도 동지도 없는 무한경쟁시대에 살고 있다. 무한경쟁의 성패는 생산시스템의 경쟁력에 달려 있다고 해도 과언이 아니며 생산시스템의 중요성은 어느 때보다도 중요하다고 할 수 있다. 기존의 제조업에 있어서도 생산시스템은 기업 자산의 80%를 차지하였으며 컴퓨터화 단계의 제조시스템은 더욱 높은 비중을 차지한다.

우리 제조업의 현실은 더욱 어려워지고 있다. 글로벌 경제의 저성장과 장기침체로 우리의 주요 산업은 정체되고 잠재성장율은 하락하고 수출과 생산증가율도 둔화되고 있으며, 경기가 회복되는 시점을 예측하는 것도 어려운 상황이다. 이에 반하여 수요는 위축되고 원료, 에너지, 노동비용은 증대되고 있으며, 엔저현상에 따른 경쟁력 악화, 사회 제비용의 증대, 생산인구 감소, 투자 감소, 후발국의 저비용과 기술 증대에 따른 대외시장 잠식 등으로 상황은 더욱 악화되고 있다. 제조기업이 창출하는 부가가치가 이윤은 낮아지고 우리의 제조경쟁력은 추월당하고 있으며 제품 차별화와 차세대 기술은 한계에 다다르고 있다. 기업은 지식생태계를 구축하여 지속적인 제품과 서비스의 혁신으로 새롭고 획기적인 비즈니스 모델을 지속적으로 개발하지 않는 한 앞으로의 생존을 보장받기 힘들며 경쟁무기로서의 제조시스템의 경쟁력 증대가 절실한 상황이다.

반면에 사회는 급속도로 발전 · 변화하고 있다. 생산활동의 근로환경은 고령화, 근로자의 고학력화, 근로시간의 단축, 여성의 사회진출 욕구, 제조업을 외면하는 추세 속에서 인간성 중시 요구는 증대되는 반면 투자는 감소하고 고용 없는 성장의 어려움을 겪고 있다. 제품 측면에서는 수명주기가 짧아지고 수요는 다양화되었으며 소비자는 좀더 좋고 효율적인 제품을 좀더 저렴한 가격에 구입하고자 한다. 더욱이 일부에서는 생산자 주도형에서 소비자가 원하는 제품을 가격에 관계없이 구입하고자 하는 소비자 주도형으로 변화되어 가는 경향이 늘어가고 있다. 이러한 시점에서 다품종 소량 · 중량 생산기술의 중요성이 더욱 증대되고 있다.

가장 고전적인 관점에서 NC가 처음 시도되었던 금속 가공업을 예로 들자. 미국의 GNP를 보면 서비스산업이 60%, 생산이 34%이며 생산에 있어서 11%는 건설, 23%는 제조분야이다. 제조분야 중에서 배치생산이 주된 금속 가공업이 15%를 차지하며 기어, 축(shafts), 기어케이스 등을 생산한다. 그들은 형, 모양, 크기에 있어서 매우 다양한 수백만의 최종 제품을 형성한다. 기술적으로 금속 가공업에 있어서 하나의 제품을 연간 10만 개 이상 생산할 때 이를 대량생산이라 하며 그 이하를 배치생산이라 한다. 일반적인 인식과는 다르게 과반수 이상의 제품이 연간 50개 이하의 적은 양으로 생산되며 금액 면에서도 대량생산은 전체의 30%에 미치지 못하여 실제적으로 소중량 배치가 주된 제조대상이 된다.

그러면 재래의 배치생산을 보자. 배치생산시스템으로서 잡샵의 경우의 발표된 통계치에 의하면 제조시스템 내에서 하나의 작업물의 총 체재시간 중 작업물이 기계에 존재하는 시간의 비율은 실제적으로 5%에 불과하며 나머지 95%의 시간은 작업물의 이동이나 대기 시간으로 소비된다. 또한 언급된 5%의 시간 중에서 실제 공정에 소요되는 시간은 1.5%에 불과하며 나머지 3.5%의 시간은 작업물의 위치고정, 기계공구 변환, 기타의 가동준비시간으로 소요된다. 그러므로 수치제어 기계가 재래의 기계를 대체한다고 하더라도 단지 총체재시간 중 3.5%만이 생산성 증대에 기여할 수 있는 대상이 되며 나머지 95%의 불필요한 시간에는 아무 영향을 주지 못한다. 그러므로 실제적으로 제조시스템의 공간을 점유하고 운전자본을 묶어 두며 작업물의 이동대기에 소요되는 95%의 시간이 생산성 향상의 주원천이 된다.

이러한 제조환경 하에서 유연성과 비즈니스 속도성은 중요한 제조전략의 하나로 인식되고 있다.

1. 유연성

유연성은 생산시스템의 내외적 환경으로서 투입요소, 제조과정, 시장으로부터의 불확실성에 대처하여 경쟁적 시장에 대응할 수 있는 능력으로 범위의 경제를 통한 경쟁력의 원천이 되며 소비자 수요 변화, 수요의 확률성, 계절성, 다양성, 원료 및 재료가격의 변동성, 새로운 제품의 연속적 등장, 제품설계의 복잡성 등에 기인하는 환경의 변동성, 다양성, 복잡성 등에 대처하기 위한 수단이다. 이는 NC 기계공구의 다양한 작업수행능력에 기초하여 생산되는 제품의 종류 및 범위, 생산에 소요되

는 시간, 공정의 다양성, 돌발사태 대처능력, 시스템 확장능력 등을 포함한다.

유연성은 다음과 같은 전략적 의미를 수반한다.

① 환경의 불확실성에 대한 상황 적응적인 대응에 국한되지 않고 경쟁자에게 상대적인 불확실성을 제공한다.
② 자동화 생산시스템은 유연성을 제공하는 수단의 하나일 뿐이다.
③ 불확실성의 성격에 따라 필요한 유연성도 달라진다.
④ 범위의 측면에서뿐만 아니라 시간에 있어서도 유연성을 제공한다.
⑤ 환경의 불확실성이 증대될수록 유연성의 중요성도 더욱 강조될 것이다.

2. 비즈니스 속도

급변하는 경영환경에 신속하게 대처하기 위하여 요구되는 또 하나의 개념은 시간에 기초한 경영(time based management), 즉 비즈니스 속도이다. 환경의 변화를 전략의 전개에 적용시키는 시간, 소비자 요구를 파악하여 제품화까지 걸리는 시간, 연구개발에서 제품화까지 걸리는 시간, 그리고 제품화된 것을 양산화하는 데 소요되는 시간을 먼저, 빨리, 제때, 자주 하는 것으로 정리될 수 있다. 이러한 비즈니스 속도는 자동화에 의한 생산활동과 더불어 연구개발활동, 판매활동 등 제조기업의 기본 활동을 기업 전체의 관점에서 하나의 정보시스템으로 통합하여 이를 전략화함으로써 추구될 수 있다. 그러므로 전술된 유연성이 FMS를 특징으로 하는 자동화 생산시스템에 주안점이 주어진다면 비즈니스 속도의 개념은 제조업 전체의 관점에서 판매, 개발, 제조, 보전에 이르는 여러 활동과 이에 수반되는 정보의 흐름을 컴퓨터와 통신에 의하여 통합처리하는 시스템을 특징으로 할 수 있으며 이는 제조업의 기본전략 시스템으로서 CIM, SCM 등으로 실현될 수 있다.

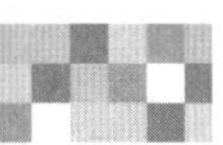

연습문제

1. Fordism에 적용되는 세 가지 기본원칙(3S)을 기술하시오.
2. NC의 구성요소를 기술하시오.
3. DNC의 생성배경을 기술하시오.
4. 기술변화에 따른 생산성 개념의 변화에 대하여 기술하시오.
5. 기술변화에 따른 관리기법의 변화를 정리하시오.
6. 재래의 소품종 대량생산의 단점을 종합하시오.
7. 물리적 시스템을 정의하시오.
8. 시스템 분석과 설계에 있어서 이완에 대하여 설명하시오.
9. 계층적 계획 및 통제에 대하여 설명하시오.
10. 유연생산시스템의 구성요소를 생각해 보고 생산시스템의 수행도와 관련하여 유연생산시스템의 기능을 적으시오.
11. 경영관리 측면에서 고려되는 조직 내의 중요한 두 가지 흐름과 관련하여 유연생산시스템의 기능에 대하여 적으시오.
12. 재래의 잡샵의 단점과 비효율성에 대하여 적으시오.
13. 유연성의 형태를 생각해 보시오.
14. 생산시스템에 있어서 유연성의 근원에 대하여 생각해 보시오.
15. 비즈니스 속도의 개념을 요약하시오.
16. CIM의 두 가지 기본 철학을 생각해 보시오.
17. 생산시스템에서 요구되는 21세기의 새로운 기술에 대하여 생각해 보시오.
18. 새로운 기술도입에 있어서 실행간격(implementation gap)의 의미를 기술하시오.

제 3 장

제품설계

1. 신제품 개발전략
2. 신제품 개발절차
3. 서비스설계
4. 모듈러설계
5. 동시공학
6. 제품수명주기
7. 가치분석
8. 생산능력결정

제품은 생산시스템의 산출물이며 소비자의 수요에 대응하여 시장에서 판매될 수 있는 재화와 서비스로서 외적으로는 고객과 관계를 맺어 주고 내적으로는 기업의 생존과 장기적 발전의 근본이 된다. 따라서 외부 수요의 변화에 효율적으로 부응하고 나아가서는 새로운 수요를 창출하여 시장에서 경쟁우위를 점할 수 있도록 제품이 설계되고 유지되어야 한다.

제품개발은 시장에서 새로운 기회를 얻기 위한 활동으로서 전략적 관점에서 추진되는 데 마케팅 기능, 생산 기능, 엔지니어링 기능, 디자인 기능, 그리고 사후유지 등 조직의 모든 기능이 통합 · 적용되고 자금, 기술, 능력, 자원 등의 제반 제약조건이 만족되어야 한다. 제품개발의 최종 단계는 생산이며 또한 새로운 제품의 도입은 공정, 생산능력, 재고, 품질, 노동력 등의 영역에 영향을 준다.

특히 서비스는 유형의 제품과는 달리 무형의 서비스와 유형의 재화가 혼합 구성되며 생산과 소비가 동시에 전개되어 수요지에 근접하고 고객접촉도가 높아 불확실성이 높다. 또한 재고를 유지할 수 없고 품질평가가 어려운 특징으로 인하여 이의 품질이 서비스의 범위, 내용, 종류, 시기, 장소 등과 관계되며 물리적인 것뿐만 아니라 감각적, 심리적인 요소들도 중요하게 고려되어야 한다. 이러한 요소들의 적절한 배합을 위해서는 고객과 생산자 사이의 지속적인 상호작용이 요구되며 고객의 기호와 일치되지 않은 경우에는 낭비와 더불어 위험부담이 수반된다.

1 신제품 개발전략

신제품은 다양한 기능이 총체적으로 고려되어 결정되나 시장잠재력과 생산기술은 신제품 결정에 있어서 중요한 요소로 분류된다.

① **시장잠재력에 의한(market-driven) 관점 :** 시장에서 원하는, 즉 팔 수 있는 제품을 개발하려는 전략으로 마케팅 부서가 신제품 결정에 있어서 중요한 기능을 수행한다. 제품의 기능이나 디자인에 있어서 고객의 요구나 취향에 대한 철저한 시장조사가 요구된다.

② **기술적 가능성에 근거한(technology-driven) 관점 :** 생산가능한 제품, 즉 만들 수 있는 제품을 개발하려는 전략으로 이 경우에는 생산부서가 신제품 결정에 중요한 역할을 수행한다. 공정이나 생산기술, 보유하고 있는 생산라인 등에 의하여 신제품이 결정되며 마케팅 부서는 결정된 제품을 판매하는 책무를 갖게 된다.

③ **다기능적(inter-functional) 관점 :** 시장잠재력으로 표현되는 시장기능이나 공정 또는 생산기술에 의한 기술적 요소가 신제품 결정에 가장 중요한 요소로 부각되는 경우도 있으나 실제적으로 신제품은 마케팅기능, 생산기능, 엔지니어링기능, 디자인기능, 재무기능 등이 상호 조정되어 통합적 관점에서 결정되어야 한다. 이러한 관점을 다기능적 관점이라고 한다. 또한 수요나 기술의 관점에서 신제품 개발이 결정된 경우에도 예비설계에 들어가기 전에 다기능적 관점에서의 타당성 검증이 필수적이며 시장의 요구와 생산기능과의 양립이 가능한 것이어야 한다.

신제품은 매트릭스 조직, 테스크 포스 등 신제품 개발을 위한 별도의 조직에 의하여 개발되는 것이 더 효율적이며 각 기능간의 불협화음을 최소화하고 상호 보완적으로 운영되어야 한다.

2 신제품 개발절차

신제품 개발은 일련의 활동들로 구성된 프로젝트형 과업으로 구체적 접근방법은 기업에 따라 다르게 진행되나 일반적으로 다음과 같은 단계로 정리될 수 있다.

① **아이디어 창출 :** 새로운 제품이나 서비스에 대한 아이디어는 새로운 시장환경이나 기술에서 생겨날 수도 있고 기존의 제품에서 생겨날 수도 있다. 집적회로를 예로 들면 새로운 제품으로 PC나 게임기를 창출하였고 로봇이나 인공위성이 가능해졌으며 전기밥솥, 세탁기, 냉장고 등에서 아이디어 상품을 개발해 부가가치를 증대시켰다. 새로운 제품에 대한 아이디어를 얻기 위해서는 마케팅 부서, 연구개발 부서 등과 제품개발에 관련된 정보가 수시로 교환하며 외부의 발명가도 활용한다.

② **아이디어 검증 :** 새로운 제품에 대한 아이디어는 검증단계를 거쳐 최상의 아이디어를 도출하고 제품의 골격이 정의된다. 아이디어는 시장잠재력에 대한 검토, 생산기술적 검토, 개발 및 생산비용에 대한 재무적 검토 등 광범위한 분석이 요구되며 이러한 분석을 통하여 제품기능과 시장이 정의된다. 아이디어 검

증에 의하여 최상의 아이디어를 파악할 수 있으나 분석과정은 주관적일 수밖에 없어 주의가 필요하다. 가중치에 의한 요인분석법 등이 적용될 수 있다.

③ **예비제품설계 :** 제품아이디어가 검증되면 제품사양과 디자인에 대한 세부적인 분석과 조사를 하여 제품과 부품의 크기, 형태 등이 표시되고 기능이나 신뢰도 등도 경제적 가능성과 함께 검토된다. 제품이 고객에게 만족을 주고 기업에 이윤을 줄 수 있도록 비용, 품질, 성능 간의 상보관계를 고려하여 최상의 설계를 개발한다. 신속하고 정확한 설계를 위해서 CAD(computer aided design)나 CAE(computer aided engineering) 등이 사용되고 전문가의 도움을 받기도 한다.

④ **모형제작 :** 신제품에 대한 모의모형을 만들어 보는 단계이다. 간단한 형태로는 디자인을 진흙으로 빚어 볼 수도 있고 제품과 같은 기능을 갖도록 소형으로 제작하여 볼 수도 있으며 서비스의 경우에는 동일한 서비스를 어느 한 곳에서 시행해 볼 수도 있다.

⑤ **평가 :** 제품개발의 성공여부를 판단하는 단계로 원형제품을 만들어 일정기간 검사시장에 공급하여 마케팅 및 기술상의 성과를 확인한다. 특히 판매량과 품질이 중요한 판단기준이 되며 더 나아가 설문지, 전화, 또는 방문을 통하여 새로운 제품에 대한 계량적 자료를 얻을 수 있다.

⑥ **최종설계 :** 최종설계에서는 제품의 사양, 즉 도면과 명세서를 완성한다. 제품의 사양에는 부품의 크기, 형태, 재료, 재질 등을 포함한다. 평가의 결과는 적절한 시험의 단계를 거친 후 최종설계에 반영되어야 한다.

신제품 개발과정은 여과(filtering)과정으로 다양한 아이디어들이 각 단계를 거치는 동안 소멸되고 최종제품으로 시장에 도입되는 아이디어는 불과 몇 가지인 경우가 대부분이다. 그러므로 신제품 개발과정이 효율적이기 위해서 아이디어 검증단계에서 정확한 분석이 필수적이다. 또한 생산부서나 엔지니어링 부서는 개발과정에 적극 참여함으로써 신제품 개발에 따른 공정설계에서 일어날 수 있는 비용이나 기술적 문제에 효율적으로 대처할 수가 있다.

그림 3.1 신제품 개발과 여과 과정

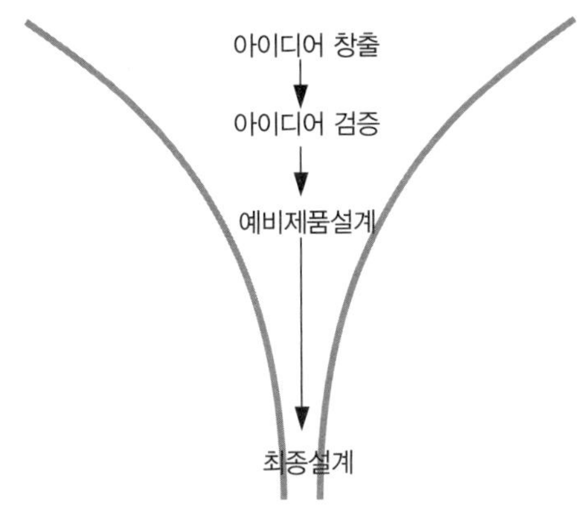

3 서비스설계

일반적으로 상품은 유형인가 무형인가에 따라 제품과 서비스로 구분된다. 그러나 모든 상품은 무형과 유형의 부분을 공유하며 유형과 무형의 두 부분 중 어느 부분을 더 많이 포함하는가에 따라 제품과 서비스로 구분된다. 예를 들어 제품인 승용차의 경우 신용판매, 품질보증 등의 판매방식이나 애프터서비스 등은 무형이며 서비스를 제공하는 레스토랑의 경우에도 시설, 음식, 음료수 등은 유형의 부분으로 또한 중요한 요소가 된다. 제품과 서비스에는 많은 차이점이 존재하며 서비스설계에 있어서는 다음의 내용들이 제품과 구분된다.

제품은 생산과 수요의 차이를 재고나 추후납품(back order)으로 조절할 수 있으나 서비스의 경우에는 그렇지 않다. 서비스의 경우에는 수요와 공급이 일치하는 경우에만 서비스가 이루어져 여분의 능력은 사장되고 초과수요는 손실되어 서비스 능력결정이 더욱 중요해지며 빠른 서비스제공에 대한 고려가 필수적이다.

서비스는 제품과는 달리 운반이 어려우므로 수요에 근접하여 제공되어야 하며 생산과 소비, 즉 생산과 마케팅이 동시에 수행된다. 그러므로 서비스설계에 있어서는 고객과의 지속적인 관계에 의한 고객참여와 피드백이 매우 중요하다. 고객을 서비스설계나 생산에 참여시킴으로써 서비스의 질을 높일 수 있을 뿐만 아니라 고객

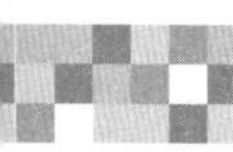

과의 지속적인 관계를 유지시킨다.

서비스설계에 있어서 무형적 요소를 유형적 요소, 즉 잠재지를 형식지로 명시하는 것이 필요하다. 서비스절차를 유형화하고 표준화함으로써 각 절차의 기술을 개발하고 자원을 효율적으로 활용할 수 있으며 높은 질적 서비스수준을 유지하고 고객의 신뢰감을 확보할 수 있다. 예를 들어 햄버거는 각 햄버거 재료의 양, 배합비율, 배합절차, 요리절차 및 시간, 요리시 사용하는 기름의 질과 양, 포장방법 등 다양하게 유형화되고 표준화될 수 있다.

결과적으로 서비스설계에 있어서는 서비스의 범위, 종류, 내용, 시기, 장소 등이 모두 중요하므로 물리적 요소, 심리적 요소, 감각적 요소 등이 모두 고려되어야 한다.

4 모듈러설계

모듈러설계(Modular Design)는 제품은 다양하면서도 생산원가를 낮추기 위해 제품을 이루는 구성요소를 표준화시키는 방법으로 제조과정에는 대량생산에 의한 규모의 경제를, 최종조립단계에는 제품을 다양화하여 제품차별화를 이루어 비용 우위와 차별화를 동시에 추구하는 제품설계의 접근 방법이다. 여기에서 모듈이란 표준화된 기본 구성품이나 중간 조립품으로 정의할 수 있으며 적은 종류의 모듈을 조합하여 많은 종류의 최종제품을 생산할 수 있도록 한다. 그러므로 모듈러설계에 있어서는 구성모듈의 설계가 제품설계에 있어서 매우 중요하다. 모듈러설계에 의한 대표적 예로는 자동차, 자전거, 컴퓨터, 텔레비전, 침대 등 다양한데 이중 자전거를 이루는 구성요소를 핸들, 바퀴, 프레임, 페달로 제한할 때 핸들이 6종류, 바퀴가 4종류, 프레임이 5종류, 페달이 3종류인 경우 모듈의 수는 18종류이나 최종제품은 360종류로 조립될 수 있다. 그러므로 모듈러설계에 있어서 제조공정은 매우 단순화될 수 있으며 제품라인에서 제조될 수 있는 공통의 모듈들이 설계되어야 한다.

5 동시공학

동시공학(CE ; concurrent engineering)은 제품계획에서부터 사후관리까지 제품설계와 관련된 전 과정을 동시화하여 생산리드타임을 획기적으로 단축시키는 리엔지니어링(reengineering)과 시간에 의거하여(time-based) 경쟁우위를 추구하는 혁신기법이다. 과거에는 제품기획, 연구개발, 공정설계, 생산설계, 검사설계, 출하설계에 이르는 모든 개발과정은 직렬로 구성되고 순차적으로 수행되었다. 동시공학에서는 제품개발이 시작되는 처음부터 관련된 모든 사람이 참여하여 전 과정을 병렬로 병행하여 개발하여 생산리드타임과 비용을 획기적으로 줄이고 동시에 시행착오를 현저히 감소시키는 것이다. 그러므로 동시공학에서는 고객의 요구사항, 품질, 비용 등 모든 내용에 대하여 제품개발 초기부터 제품수명주기 전 과정에 대하여 관련 부서가 모두 참여하여 함께 검토하고 기획 · 설계하여 일관적, 동시적, 체계적, 병행적으로 제품과 서비스를 개발함으로써 성과를 추구한다.

6 제품수명주기

각각의 제품은 고유의 제품수명주기를 가지며 시장여건과 기술변화에 따라 끊임없이 재개발되고 변경되는 과정을 통하여 성장하고 쇠퇴한다.

도입기에는 불확실한 시장여건과 기술진보로 성능증대를 위한 끊임없는 재개발이 이루어져 제품혁신이 빠르고 제품은 변화가능성이 높다. 생산공정도 유동적으로 제품변화에 적응할 수 있도록 범용설비가 활용되며 소량을 생산하며 비효율적으로 운영된다.

성장기에는 점차 시장에서 경쟁상태에 놓이게 되며 판매량 증대 및 비용 절감을 위한 필요성이 대두되고 생산계획 및 통제의 관리기능이 강조된다. 공정기술에 대한 관심이 높아지고 공정은 기능적으로 표준화, 전문화되고 부분적으로 자동화되며 흐름은 통합된다.

성숙기의 제품은 기술적으로 경화기에 접어든다. 제품혁신은 더욱 많은 노력과

그림 3.2 제품수명주기

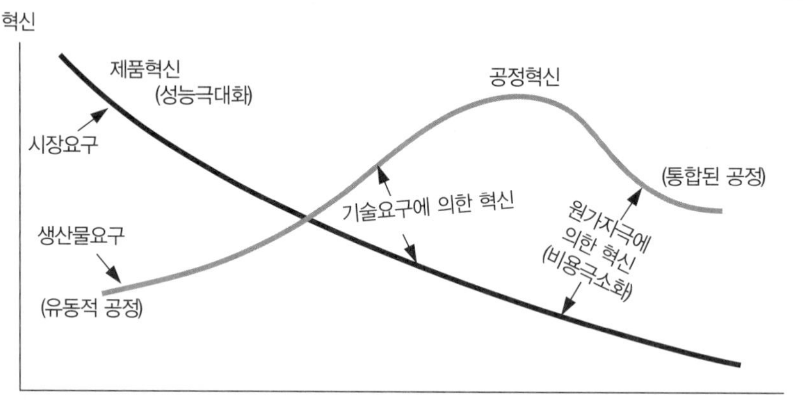

비용을 수반하며 시장에서의 가격경쟁은 더욱 치열해져서 생산비 절감을 위한 표준화, 규격화가 더욱 요구된다. 조직은 수직적 관료체제가 되며 공정은 고도로 자동화 통합되어 대량생산체제가 된다.

그러므로 제품은 성장단계를 통하여 제품혁신은 점차 쇠퇴하는 반면 원가자극은 증대되어 제품의 규격화, 표준화가 강조되고 공정은 자본집약도가 높아지고 자동화되어 대량생산의 수직적 통합체제로 변화되어 간다.

7 가치분석

제품이나 공정의 혁신을 통하여 제품이나 서비스의 가치를 높이는 기능을 수행하는 방법 또는 기법으로 Miles에 의하여 제안된 가치분석(value analysis) 또는 가치공학(value engineering)을 들 수 있다. 가치분석은 원가절감을 통한 경쟁력 유지를 목적으로 제품이나 서비스의 기능을 규정하고 이들 기능이 가지는 가치를 설정하여 주어진 기능을 최소의 비용으로 제공할 수 있도록 도움이 되지 않는 어떠한 요소도 제거하거나 보완하는 것을 그 기본 이념으로 하는 체계적 접근방법이다. 여기에서 가치라 함은 어떤 제품에 대하여 소비자가 주관적으로 부여하는 금전적 유용성으로서 $\frac{\text{기능}}{\text{비용}}$으로 표시될 수 있다.

가치공학과 가치분석은 엄격한 의미에서 구분된다. 가치공학은 제품을 구성하는

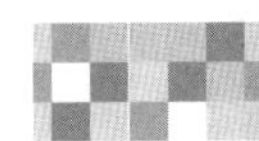

부품이 주어진 기능에 적합한가를 분석하고 기능을 최소의 비용으로 제공할 수 있는 설계변경 가능성을 탐색하는 기법으로 제품과 공정의 설계에 주안점을 두는 반면 가치분석은 설계는 그대로 두고 부품의 가격과 기능을 분석하여 부품변경의 가능성을 탐색하는 구매품이나 하청품의 원가분석기법이다. 하지만 일반적으로 가치분석이라는 용어를 사용한다. 가치분석은 '이 부품은 왜 필요한가?', '이 부품은 다르게 만들 수 없는가?' 에 대답하기 위하여 비용, 용도, 유용성, 표준화, 용량, 무게, 허용오차, 가공방법, 품질, 구매방법, 운반비, 포장비 등 부품의 모든 요소에 대한 분석을 시행하여 설계 변경, 제조공정 개선, 제조방법 변경, 재료 개선, 서비스 개선 등의 결과를 추구한다.

가치분석에 있어서 기능분석은 매우 중요하다. 기능은 주어진 목적달성을 위한 일차적 기능과 이차적 기능으로 설명될 수 있다. 일차적 기능은 목적달성을 위한 기본적 기능으로 예를 들어 한 지점에서 다른 지점으로의 운반을 들 수 있다. 이차적 기능은 일차적 기능을 지원하는 보조기능으로 한 지점에서 다른 지점으로 운반하기 위해서는 여러 가지 보조수단을 활용할 수 있다. 일차적 기능과 이차적 기능을 파악하여 이차적 기능의 통합, 수정, 삭제 등의 여러 가지 대안을 가능케 하며 이는 실행가능성, 비용, 유용성 등에서 평가되어 가치에 기여할 수 있는 창조적 대안으로 발전되어야 한다.

8 생산능력결정

기업은 어느 활동은 외부화하고 어느 활동은 내부화할 것인가를 결정해야 한다. 기업이 시장에 의존하기보다는 기업조직을 통하여 생산활동을 수행하기로 결정한다면 생산활동이 이윤을 극대화하도록 생산활동을 조정하고 수행해야 한다.

생산능력은 생산시스템의 용량을 산정할 수 있는 측정치로서 특정 생산시스템에서 일정 기간 생산되는 최대 산출률을 의미한다. 생산시스템은 높은 자본지출을 수반하여 조직능력에 대한 하나의 측정치가 되므로 생산능력은 장기적 수요예측과 기업전략의 상호작용에 의하여 결정되어야 한다. 이는 현재의 수요뿐만 아니라 미래의 수요에 대한 대비도 필요함을 의미하며 고객의 수요변화에 대응할 수 있도록 생산량, 제품 다양성, 신제품 수용능력, 확장능력 등의 유연성도 동시에 고려되어야 함을 뜻한다. 또한 높은 자본지출의 필요성에 대한 자금흐름의 검토가 필수적인데 경쟁력을 유지하고 기업목표를 달성할 수 있도록 기업전략을 뒷받침해 줄 수 있어야 한다.

미래의 시장에서 성장가능성이 높거나 적극적인 시장점유의 의지가 높은 기업에서는 생산능력의 결정에 여유용량을 고려하여 융통성과 대응성을 추구한다. 여유용량을 갖고자 하는 전략은 초기 자본투자와 효율적인 생산계획 및 통제의 필요성이 높고 기술의 진부화와 불황시 고정비 압박에 따른 위험부담이 따르는 반면 미래의 용량확장에 따른 인플레 효과를 감소시킬 수 있고 고객유치에 도움이 될 수 있는 장점도 있다. 하지만 수요의 성장률과 기술의 안정성에 대한 평가가 선행되어야 여분의 투자에 대한 위험부담을 줄일 수 있다. 반면에 여유용량을 고려하지 않고 용량부족으로 인하여 생산량이 수요에 미치지 못하는 확률이 높도록 하는 전략의 경우에는 생산시스템의 가동률이 높아지고 이에 따라 설비투자에 대한 수익률이 높아지므로 가격경쟁에 유리하며 생산계획 및 통제가 수월하나 수요에 대응하지 못하여 잠재매출과 고객손실의 위험이 존재하고 규모의 경제에 의하여 가격경쟁에 불리함도 수반한다.

생산능력은 입력단위나 출력단위로 표시된다. 출력단위는 주로 제조업의 경우에 해당되는데 예를 들어, 정유공장은 단위기간당 정유생산량, 전력회사는 전력생산량, 자동차공장은 자동차 생산대수 등으로 표시된다. 생산되는 제품의 수가 다양한 경우에는 제품구성에 따른 용량의 변화에 주의가 필요하다. 반면에 입력단위는 서비스업의 생산능력의 측정치로 이용된다. 예를 들어, 병원의 경우에는 침상수, 항공회사는 좌석수, 테니스장은 코트수 등이다.

연습문제

1. 신제품 개발전략의 세 가지 관점을 열거하고 장단점을 기술하시오.
2. 제품과 서비스를 구분하시오.
3. 신제품 개발에 있어서 아이디어 검증단계에 적용될 수 있는 요인분석법을 설계해 보

시오.

4. 새로운 제품개발에 기여한 새로운 발명품이나 제품을 생각해 보시오.

5. 제품의 다양성을 마케팅부서, 재무부서, 생산부서의 관점에서 비교 정리하여 보시오.

6. 설계표준화에 대하여 설명하시오.

7. 제품수명주기에 따른 제품의 다양성, 공정, 표준화, 원가에 대한 변화를 종합해 보시오.

8. 가치분석과 가치공학을 비교하시오.

9. 가치분석에 비용을 절감하고 가치를 높이기 위하여 질의 가능한 질문들을 열거하시오.

10. 대학의 생산능력에 대하여 생각해 보시오.

11. 생산능력에 있어서 공칭생산능력, 피크생산능력, 유지생산능력을 정의하고 그것을 적용한 예를 보이시오.

12. 생산능력의 결정을 전략적 의미와 관련하여 정리하시오.

13. 생산능력의 효율과 비효율에 대하여 설명하시오.

14. 생산능력에 소요되는 고정비용의 규모와 관련된 다양한 의미들을 생각해 보시오.

15. 새로운 공장의 건립을 위하여 소형과 대형의 두 가지 공장규모를 고려했을 때 장래 수요에 대한 확률과 예상이익은 다음의 성과표와 같다.

수요		저	중	고
확률		0.3	0.5	0.2
규모	소	8억	7억	10억
	대	−2억	10억	15억

1) 주어진 성과표를 의사결정수(decision tree)로 다시 작성하시오.
2) 기대예상이익이 높은 대안을 선택하시오.

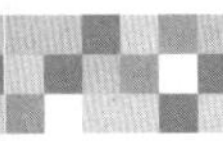

16. 다음 성과표를 보고 기대이익이 가장 큰 대안을 선정하시오.

수요		저	중	고
확률		0.4	0.5	0.1
규모	소	1,000만원	800만원	500만원
	중	6000만원	1,200만원	300만원
	대	−400만원	300만원	1,500만원

제 4 장

수요예측

1. 의사결정과 수요예측
2. 예측기법
3. 정성적 예측기법
4. 인과형 예측기법
5. 시계열 예측기법
6. 예측오차

기업활동에 관련된 동태적 의사결정은 예측활동에서 시작된다. 기업은 시장에 판매하기 위하여 제품을 생산하므로 시장에 관련된 자료를 수집 · 분석하여 앞으로의 수요를 예측하는 것은 필수적인 경영활동의 하나이다. 시장에서 팔리지 않는 제품을 생산한다거나 수요보다 많거나 또는 적게 생산을 하는 일들은 모두 바람직한 일이 아니다. 그러므로 수요예측은 제품계획, 시설계획, 인력계획, 생산계획, 재무계획 등 모든 경영활동을 수행함에 있어서 불확실성을 감소시키고 위험부담을 줄여 경영효과를 얻는 데 기본이 된다. 수요와 관련된 여건을 정확히 파악하지 못하는 경우에는 시설설비의 과투자, 잘못된 인력계획, 과잉재고, 매출손실 등 기업에 바람직하지 않은 여러 가지 결과를 초래한다. 그러므로 본 장에서는 기업에서 의사결정의 기본이 되는 수요예측에 대하여 다루기로 한다.

1 의사결정과 수요예측

오늘날의 사회는 복잡성과 동태성을 특징으로 하므로 수요에 영향을 주는 모든 요인들을 분석하여 정확한 예측을 수행하는 것은 어려운 일이다. 이러한 불확실성은 예측기간이 길어질수록 더욱 증대되어 예측의 정확도는 상대적으로 감소하게 된다. 이러한 예측의 한계성에도 불구하고 경영활동의 성과를 높이기 위해서는 예측대상이 되는 제품과 고객에 대하여 예측기간과 대상지역의 범위를 명확히 하고 최대한의 정보에 기초하여 가장 적절한 예측기법을 활용함으로써 가능한 한 정확한 예측을 수행하는 것이 필수적이다.

정확한 수요예측을 위해서는 경제환경, 사회환경, 문화환경, 정치환경, 기술환경, 정부의 정책 등에 대한 진단 및 예측 또한 필요하다. 예측의 정확성은 이러한 환경이 시장에 미치는 영향에 대한 적절한 분석이 전제되어야 가능하기 때문이다.

경제환경은 개개의 기업에 있어서 시장의 본질과 방향을 결정하는 데 매우 중요하다. 회복기, 호황기, 후퇴기, 불황기로 대별되는 경기순환과정, 경제성장률, 환율, 실업률 등은 기업의 중장기 경영계획의 수립에 필히 고려되어야 할 자료가 될 뿐만 아니라 수요에 직접적인 영향을 미친다. 제품 자체에 있어서도 제품수명주기에 대한 고려는 매우 중요하다. 예를 들면 도입기, 성장기, 성숙기, 쇠퇴기에 있어서 수요의 변화는 서로 다른 양상을 가지기 때문이다.

사회환경은 시장규모를 결정하는 데 중요한 요소로서 인구, 연령, 성별, 가족규모, 직업, 수입, 교육수준, 종교 등 인구 통계학적 자료와 사회현상은 각각의 산업

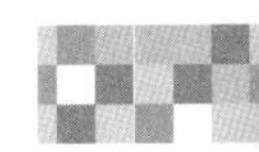

에서 수요와 시장의 규모에 영향을 준다.

기술환경은 지식의 총체적 표현으로 기술의 발전 또한 새로운 제품이나 제품혁신의 가능성을 제시함으로써 수요에 영향을 주어 기업을 성장시킬 것이며 새로운 기술의 대두는 진부한 대규모 설비에 대한 투자를 무의미하게 하여 기업의 생존을 위협할 것이다. 특히 급속히 변화하는 산업에서는 기술의 발전에 따라 산업구조, 경쟁방식, 기업의 생존이 더불어 급속히 변화함을 인식해야 한다. 그러므로 기술의 발전에 대한 끊임없는 분석과 대비도 필요하다.

2 예측기법

예측은 대상예측기간에 따라 장기예측, 중기예측, 단기예측으로 분류될 수 있다. 일반적으로 장기예측은 예측 대상 기간이 2년 이상인 경우로 고려할 수 있으며 제품계획, 능력계획, 입지결정 등 주로 전략적 의사결정과 관련된 경우에 활용된다. 예측기간이 길기 때문에 환경예측에 근거한 주관적 판단이 많이 이용되며 정확도가 상대적으로 낮다. 중기예측은 보통 6개월에서 2년을 대상기간으로 하며 계량적 접근이 가능하고 전문가의 의견도 많은 도움이 된다. 단기예측은 보통 6개월 이내의 분기별, 월별, 주별, 일별예측을 말하며 상대적으로 정확한 예측이 가능하다.

또한 수치를 이용한 계산방법이 중심이 되는가 안 되는가에 따라 크게 정성적 예측기법(qualitative method)과 정량적 예측기법(quantitative method)으로 분류된다. 정량적 예측기법은 다시 인과형 예측기법(causal forecasting method)과 시계열 예측기법(time series analysis)으로 분류된다.

정성적 예측기법은 주로 중장기 예측에 적용되는 기법으로서 경제, 정치, 사회, 기술 등의 외부환경요인의 변화에 따라 시장잠재력이 변화되므로 주관적인 판단이나 의견에 기초하여 수요를 예측할 수밖에 없게 된다. 또한 과거의 자료가 충분하지 않은 경우에도 정성적 기법은 유용하게 적용될 수 있다. 정성적 예측기법에는 델파이(delphi)법, 시장조사(market research)법, 판넬동의(panel consensus)법 등이 있으며 전문가나 외부기관으로부터의 정보가 중요하게 활용될 수 있다.

시계열 예측기법은 과거의 수요를 분석하여 시간에 따른 수요의 패턴을 파악하고 이의 연장선상에서 미래의 수요를 예측하는 방법이다. 즉 과거의 수요의 흐름으로부터 미래의 수요를 투영하는 방법으로서 과거의 수요패턴이 미래에도 지속된다는 시장의 안정성이 기본적인 가정으로 필요하다. 그러나 과거의 수요패턴이 항상 계속적으로 유지된다고 할 수 없으므로 시계열 예측기법은 주로 중단기 예측에 이용되며 적은 자료로도 비교적 정확한 예측이 가능하다. 목측법, 이동평균(moving average)법, 지수평활(exponential smoothing)법, 최소자승법(least square method), 박스제킨스(Box-Jenkins)법 등이 있다.

인과형 예측기법은 수요에 영향을 주는 환경 요인들을 파악하고 수요와 이 요인들간의 인과관계를 파악함으로써 미래의 수요를 예측하는 기법이다. 그러므로 인과형 예측기법에서는 수요를 종속변수로 하고 수요에 영향을 주는 요인들을 독립변수로 하며 GNP, 경쟁업체의 판매정책, 출생률 등 기업 외적환경 변화와 관련된 요인들과 광고나 판촉활동, 품질, 신용정책 등 기업 내적요인들이 모두 모형에 반영될 수 있다. 인과형 예측기법으로는 회귀분석(regression analysis), 산업연관분석, 투입산출모형(input output analysis), 선도지표법(leading indicator method) 등이 있다.

수요에 대한 불확실한 예측은 이에 따른 많은 비용을 수반하므로 각 예측기법의 특성과 장단점을 인식하고 기법적용에 따른 시간과 비용, 정확도를 포괄적으로 고려하여 선택 · 적용해야 한다.

3 정성적 예측기법

정성적 예측기법은 중장기적 예측에 적합한 예측기법으로 일반적으로 예측기법의 적용에 소요되는 시간과 비용이 높다. 제품개발, 기술예측, 시장전략, 공장입지 선택과 같이 중장기적 전략결정에 적용될 수 있다.

1. 시장조사법

대상시장에 대하여 설문지, 전화, 또는 개별방문을 통하여 자료를 수집하고 이에

기초하여 예측하거나 가설을 설정하고 검정한다. 통계적 분석방법을 위시한 정량적 방법들이 활용되기도 하여 정성적 예측기법 중 가장 정량적이며 시간과 비용이 많이 소요된다.

2. 델파이법

미래상황에 대하여 전문가나 담당자로 구성된 위원회를 구성하고 개별적 질의를 통해 의견을 수집하여 이를 종합, 분석, 정리하고 의견이 일치될 때까지 개별적 질의과정을 되풀이하는 방법이다. 분석, 정리된 질의결과는 다음 질의 시 응답자에게 제시되어야 한다.

3. 패널조사법

전문가, 담당자, 소비자 등으로 위원회를 구성하여 자유롭게 의견을 개진케 함으로써 결론을 유도하는 방법으로, 델파이법이 비공개적임에 반하여 패널조사법은 공개적으로 진행된다.

4 인과형 예측기법

인과형 예측기법은 회귀분석, 계량경제모형, 산업연관분석, 투입산출분석, 수명주기분석, 선도지표법 등 여러 가지가 있다. 여기에서는 회귀분석을 주로 다루며 여타의 예측기법에 대해서는 기존의 관계되는 저서를 참고하기로 한다.

회귀분석은 수요에 영향을 주는 요인들을 독립변수로 수요를 종속변수로 하고 독립변수에 대한 함수로서 수요를 통계적으로 모형화한 것이다. 모형화된 함수를 회귀방정식이라 하며 독립변수들의 값이 주어지면 회귀방정식을 통하여 수요의 예측값을 산정한다. 이때 독립변수들에 대하여 수요반응은 선형으로 모형화가 가능하다. 독립변수가 하나면 이를 단순 회귀분석이라고 하며 둘 이상인 경우에는 다중회귀분석이라 한다. 독립변수에 대한 수요의 반응이 비선형으로 모형화되는 경우

에는 비선형 회귀분석이라 한다. 다중 회귀분석과 비선형 회귀분석은 전개과정이 수학적으로 복잡하므로 단순 회귀분석에 의하여 그 의미를 살펴보기로 하자.

수요에 영향을 미치는 요인을 x라고 하고 수요를 $\hat{y}$라고 하면 회귀방정식은 다음과 같다.

$$\hat{y} = a + bx$$
$a = \hat{y}$의 절편, $x = 0$에서 $\hat{y}$의 값
b : 기울기 (4.1)

독립변수 x에 값이 주어지면 종속변수 $\hat{y}$값이 산정되어 요인의 특정값에 대한 수요의 예측치가 된다. 회귀분석은 주어진 요인 x에 대한 수요의 확률적 변화를 잘 반영하도록 회귀방정식을 결정하는 절차가 필요하며 수요와 요인의 값에 대한 과거의 자료로부터 유도된다. 여기에서는 최소자승법에 의하여 회귀방정식을 유도하는 방법을 살펴보기로 한다.

최소자승법은 자료의 수요값들과 회귀방정식에 의한 수요값들의 차의 제곱이 최소가 되도록 회귀방정식을 결정한다. 여기에서 자료의 수요값과 회귀방정식에 의한 수요값의 차를 오차라 한다. 특정 요인과 실제 수요에 대한 n개의 자료를 (x_1, y_1), (x_2, y_2), $\cdots$, (x_n, y_n)이라 하고 회귀방정식으로부터 산정된 수요를 $\hat{y}_i$ $(i = 1, \cdots n)$이라고 하자. 오차의 자승의 합을 SSE(sum of square errors)라고 하면 다음과 같이 정의된다.

$$\begin{aligned} \text{SSE} &= \sum_{i=1}^{n} (y_i - \hat{y}_i)^2 \\ &= \sum_{i=1}^{n} \left[y_i - (a + bx_i) \right]^2 \end{aligned}$$

SSE가 최소가 되도록 식 (4.1)의 a와 b를 결정한다. SSE를 최소로 하는 a와 b는 다음에 의하여 산정될 수 있다.

$$\frac{\partial}{\partial a} \text{SSE} = 0$$
$$\frac{\partial}{\partial b} \text{SSE} = 0 \qquad (4.2)$$

SSE는 a와 b에 대하여 아래로 볼록한(convex) 함수임이 증명될 수 있으며 식 (4.2)는 아래로 볼록한 함수의 특성에 의한다. 그러므로 구하는 a와 b는 다음과 같다.

$$a = \frac{\sum_{i=1}^{n} y_i - b\sum_{i=1}^{n} x_i}{n}$$

$$b = \frac{n\sum_{i=1}^{n} x_i\, y_i - \sum_{i=1}^{n} x_i \sum_{i=1}^{n} y_i}{n\sum_{i=1}^{n} x_i^{2} - \left(\sum_{i=1}^{n} x_i\right)^2} \tag{4.3}$$

예를 하나 들어 보자. 고속도로에 위치한 어느 주유소에서는 고속도로 혼잡이 가중되는 상황에서 휘발유 주문에 필요한 자료의 하나로 그 다음 주유소까지 승용차로 운행하는 데 소요되는 시간과 이에 따른 휘발유 소비량에 대한 회귀방정식을 유도하고자 한다. 이 구간을 운행한 10대의 승용차에 대한 조사결과는 표 4.1과 같다.

표 4.1 운행소요시간과 휘발유 소비량

승용차	소요시간 (분)	휘발유 소비량 (리터)
1	35	7
2	45	10
3	30	5
4	50	8
5	75	13
6	28	6
7	42	7
8	54	10
9	61	12
10	33	6

회귀방정식을 추정하기 위하여 소요시간을 x로 휘발유 소비량을 y로 놓고 표 4.2를 계산한다.

그러므로 식 (4.3)에 의하여 $a = 0.654$, $b = 0.171$이 산정될 수 있으며 구하는

표 4.2 계산도표

i	x_i	y_i	x_iy_i	x_i^2	y_i^2
1	35	7	245	1225	49
2	45	10	450	2025	100
3	30	5	150	900	25
4	50	8	400	2500	64
5	75	13	975	5625	169
6	28	6	168	784	36
7	42	7	294	1764	49
8	54	10	540	2916	100
9	61	12	732	3721	144
10	33	6	198	1089	39
계	453	84	4152	22549	772

회귀방정식은 다음과 같다.

$$\hat{y} = 0.654 + 0.171x$$

또한 소요시간과 휘발유 소비량, 회귀방정식을 그래프로 표시하면 그림 4.1과 같다. 주어진 회귀방정식은 자료와 회귀방정식으로부터 얻어지는 값과의 차이, 즉 오

그림 4.1 실제자료와 예측치

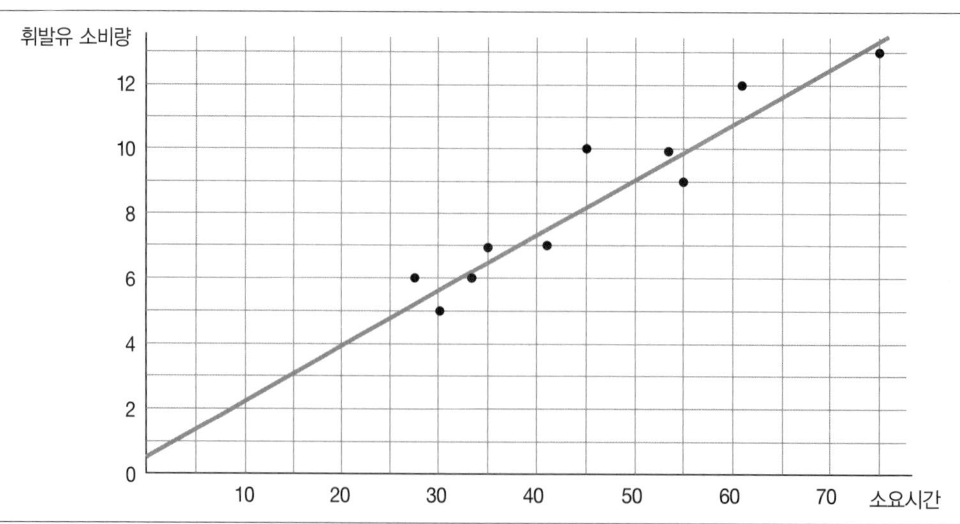

차의 크기에 대한 정보를 제공하지 못하며 자료의 산포도가 서로 다른 경우에도 동일한 회귀방정식이 유도된다. 그러므로 독립변수와 종속변수의 선형의 관계를 설정할 수 있는 측정치가 필요한데 이러한 측정치로 결정계수 γ^2가 있다. 결정계수는 독립변수 x가 종속변수 y를 설명하는 비율을 의미하며 $1-\gamma^2$은 독립변수 x 이외의 다른 요인이나 우연에 의하여 유래되는 변동의 비율을 나타낸다.

결정계수의 제곱근 γ을 상관계수라고 한다. 상관계수 γ은 −1과 +1 사이에 존재하며 상관계수가 0인 경우에는 직선의 상관관계가 없음을, 상관계수가 −1이나 +1인 경우는 완전한 선형의 상관관계를 의미한다. 그러므로 상관계수가 −1이나 +1에 가까워질수록 두 변수의 선형의 상관관계는 커진다. 이는 상관계수의 부호가 양이면 독립변수가 증가할 때 종속변수도 증가하고 부호가 음이면 독립변수가 증가할 때 종속변수는 감소함을 의미한다. 상관계수 γ은 다음과 같다.

$$\gamma = \frac{n\sum_{i=1}^{n} x_i y_i - \left(\sum_{i=1}^{n} x_i\right)\left(\sum_{i=1}^{n} y_i\right)}{\sqrt{\left[n\sum_{i=1}^{n} x_i^2 - \left(\sum_{i=1}^{n} x_i\right)^2\right]\left[n\sum_{i=1}^{n} y_i^2 - \left(\sum_{i=1}^{n} y_i\right)^2\right]}} \tag{4.4}$$

주어진 예제에 이를 적용하면 상관계수 $\gamma = 0.945$가 되며 결정계수 $\gamma^2 = 0.893$이 되어 휘발유 소비량이 소요시간에 의하여 결정되는 비율은 89.3%라고 할 수 있다.

수요에 영향을 주는 여러 요인을 현실적으로 모형에 반영하기 위해서는 복수의 독립변수가 필요하다. 복수의 독립변수를 갖는 경우에는 다중 회귀분석으로 모형화되며 m개의 독립변수를 갖는 회귀방정식은 다음과 같이 정식화된다.

$$\hat{y} = a + b_1 x_1 + b_2 x_2 + \cdots + b_m x_m \tag{4.5}$$

또한 주어진 요인에 대한 수요의 변화가 선형의 조건을 만족시키지 못하는 경우에는 비선형 회귀분석으로 모형화된다. 간단한 하나의 독립변수에 의한 비선형 회귀방정식의 예는 다음과 같다.

$$\hat{y} = a + bx + cx^2 \tag{4.6}$$

다중 회귀분석이나 비선형 회귀분석은 더 복잡한 계산 절차를 요하며 이에 대한 내용은 이에 관한 여타의 저서를 참고하기로 한다.

5 시계열 예측기법

시계열이란 변수값의 순차적 배열을 의미하는데 시간의 흐름에 따른 변수값을 일정 시간의 간격으로 정리하여 놓은 것이다. 그러므로 시계열 예측기법은 과거의 수요패턴의 연장선상에서 미래의 수요를 예측하는 방법인데 이를 적용하기 위해서는 과거의 수요에 대한 자료만이 필요하며 자료를 얻는 데 필요한 노력이 여타의 예측기법에 비하여 매우 간단하고 쉽게 적용이 가능하나 수요패턴에 변화가 예상되거나 장기간의 예측에는 부적절하다.

시계열 자료는 경향, 순환, 계절, 우연 등 시계열을 구성하는 몇 가지 변동으로 나누어질 수 있다.

① **경향변동 :** 수요의 장기적 변화의 전반적 경향으로 증가하거나 감소하는 전반적 추세를 나타낸다.
② **순환변동 :** 경기변동과 같이 정치, 경제, 사회적 요인에 의한 변화로서 장기적인 수요의 순환적인 변화현상을 의미한다.
③ **계절변동 :** 계절에 따른 수요의 변화로 1년 단위로 되풀이된다.
④ **우연변동 :** 설명될 수 없는 요인 또는 돌발적인 요인에 의하여 일어나는 변화를 의미한다.

이러한 요인들은 단일 또는 복합적으로 시계열적 변화에 영향을 준다. 그러므로 시계열 분석기법은 이러한 요인들에 대한 분석을 포함한다. 그림 4.2는 이러한 요인들을 나타낸다.

본 서에서는 다양한 시계열 예측기법 중 이동평균법, 추세분석법, 시계열분해법, 지수평활법에 대하여 살펴보고자 한다. 특히 독자적으로 예측기법으로 활용되는 이동평균법과 추세분석법은 시계열분해법에 의한 예측기법의 적용에 있어서 과정으로 포함되어 우연변동을 평활화(smooth out)시키고 추세선과 순환변동을 산정하는 데 이용되기도 한다. 그러므로 이동평균법, 추세분석법, 시계열분해법, 지수평

그림 4.2 시계열 변동 요인

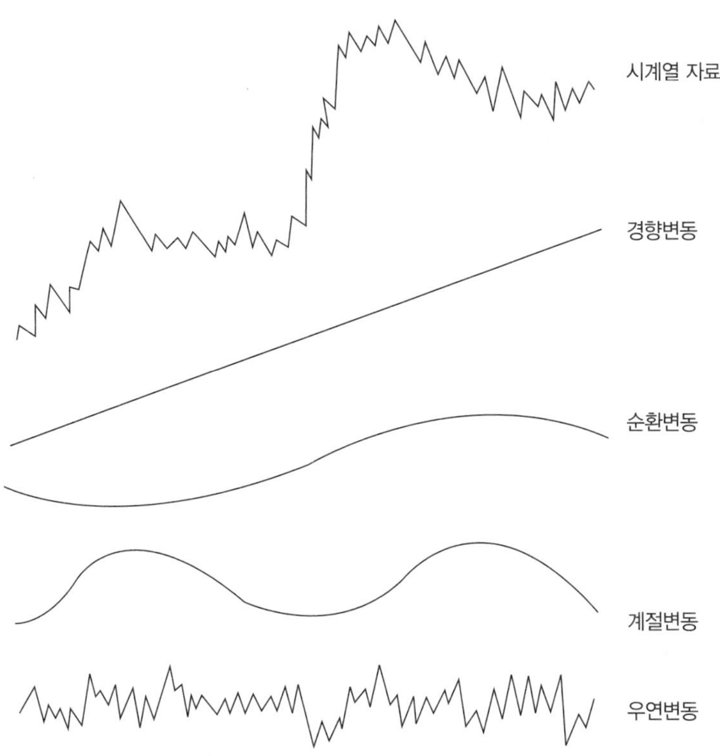

활법의 순으로 예측기법을 설명하기로 한다.

시계열 분석기법은 일반적으로 전술된 네 가지 변동요인을 승법형과 가법형의 두 가지 형태로 적용한다. 승법형의 경우는 다음과 같다.

$$\text{수요} = \text{추세에 의한 예측량} \times \text{순환지수} \times \text{계절지수} \times \text{우연지수} \quad (4.7)$$

가법형의 경우는 다음과 같다.

$$\text{수요} = \text{추세에 의한 예측량} + \text{순환변동폭} + \text{계절변동폭} + \text{우연변동폭} \quad (4.8)$$

승법형과 가법형의 차이점을 표 4.3을 참조하여 살펴보자. 2012년도 총수요는 220이며 분기당 평균 수요는 55이다. 각 분기의 분기변동폭, 즉 계절변동폭은 실제 수요와 평균 수요의 차이며 계절지수는 실제 수요를 평균 수요로 나눈 값이다.

표 4.3 가법형과 승법형에 의한 수요예측자료

분기(2012년)	수요	계절변동폭	계절지수
1/4분기	50	-5	0.909
2/4분기	80	25	1.455
3/4분기	60	5	1.091
4/4분기	30	-25	0.545

2013년도의 수요는 2012년도보다 20%의 증가할 것으로 예측되고 있다. 그러므로 총수요은 220 × 1.2 = 264가 되고 분기별 평균 수요는 264/4 = 66이 된다.

이제 2013년도 2/4분기 수요를 예측한다고 하자. 승법형에 의한 수요예측치는 평균 계절수요예측치 × 계절지수로서 66 × 1.455 = 96이 되고 가법형의 경우의 수요예측치는 평균 계절수요예측치 + 계절변동폭으로 산정되어 66 + 25 = 91이 된다.

그러므로 가법형의 경우에는 과거 자료에 내포된 평균 계절변동폭과 같은 값이 예측치에 포함되나 승법형의 경우는 수요가 증가하거나 감소하는 경향을 가질 때 계절변동폭에 수요증가율이나 감소율을 포함하여 반영하게 된다. 가법형의 경우에 수요증가율이나 감소율을 계절변동폭에 포함하여 적용할 수도 있으나 실제 적용에 있어서 수요의 동적 변화를 고려할 때 어려움이 있다. 일반적으로 승법형이 가법형보다 현실을 더 정확히 반영한다고 할 수 있으며 실제적으로 더 많이 적용된다.

다음에 제시되는 대한철강 주식회사의 2010년도부터 2012년도의 냉연철강 연도별 수요량을 참고하여 예측기법에 대해 더 자세히 알아보자.

표 4.4 대한철강 주식회사의 냉연철강 수요

1분기	10/1	10/2	10/3	10/4	11/1	11/2	11/3	11/4	12/1	12/2	12/3	12/4
수요량(ton)	38	52	66	60	50	62	80	72	56	70	88	78

1. 이동평균법

이동평균법은 시계열 예측기법 중 가장 쉽게 적용될 수 있는 방법으로 시계열 자료에 추세, 순환변동, 계절변동이나 급격한 변화가 없고 우연변동만 존재하는 경우에 수요예측에 유용하게 적용될 수 있다. 또한 이동평균법의 개념은 시계열 변동 요인이 존재하는 경우에는 추세나 계절지수를 산정하는 데도 이용된다.

이동평균법은 시계열에서 가장 최근의 일정기간의 자료를 단순평균하여 예측치를 산정한다. 즉 기간 t의 시계열 값을 D_t, 기간 t에 대한 예측치를 F_t, 이동평균기간을 n이라 하면 수요예측치 F_t는 다음과 같다.

$$F_t = \frac{\mathrm{D_{t\text{-}1} + D_{t\text{-}2} + \cdots + D_{t\text{-}n}}}{\mathrm{n}} \tag{4.9}$$

이동평균기간을 4분기, 즉 1년으로 하는 경우에는 이동평균법에 의한 대한철강주식회사의 2013년도 1/4분기 냉연철강의 수요예측치는 다음과 같다.

$$F_{13/1} = \frac{56 + 70 + 88 + 78}{4} = 73$$

표 4.4에 주어진 자료에 의하면 대한철강의 냉연철강에 대한 수요는 증가하는 추세뿐만 아니라 계절변동도 포함하고 있으며 이러한 경우에 단순히 이동평균법만을 적용하는 것은 많은 예측오차를 포함한다고 할 수 있다.

적용된 이동평균법은 일정기간의 실제 수요를 단순 이동평균하여 미래 수요를 예측함으로써 이동평균기간 동안 각 분기의 수요가 동일한 가중치로 수요예측치에 반영되어 이를 단순 이동평균법이라 하며, 이동평균기간을 구성하는 각 단위 기간의 수요를 가중 평균하여 미래 수요를 예측하는 경우에는 가중 이동평균법이라 한다. 가중 이동평균법의 경우에는 이동평균기간의 각 단위기간에 가중치가 부여되며 ω_i를 기간 $t\text{-}i$에 부여된 가중치라고 하면 기간 t의 수요예측치는 다음과 같다.

$$F_t = \omega_1 D_{t\text{-}1} + \omega_2 D_{t\text{-}2} + \cdots + \omega_n D_{t\text{-}n} \tag{4.10}$$

여기에서 $\sum_{i=1}^{n} \omega_i = 1$이 된다. 그러므로 단순 이동평균법은 이동평균기간의 모든 단위기간의 가중치가 $1/n$인 가중 이동평균법과 같다. 가중 이동평균법은 최근의 자료에 더 큰 가중치를 부여함으로써 단순 이동평균법보다 수요의 변화를 모형에 더 반영하고자 하는 예측기법으로 볼 수 있다.

이동평균법의 개념은 계절변동을 산정하는 데 필요한 계절지수와 추세분석을 위한 기초 자료를 얻는 데 활용될 수 있으며 이로부터 산정된 계절지수와 추세분석선은 다음의 시계열분해법에 적용된다. 그러므로 지금부터는 시계열분해법과 관련하여 설명한다. 이를 위하여 대한철강 주식회사의 자료를 이용하며 계절적 변화의 순환 기간이 1년, 즉 4분기로 구성되므로 이동평균기간은 4분기로 한다. 그러나 추세를 분석하기 위한 경우에는 이동평균치가 미래 수요의 예측치로 활용되는 것이 아니고 이동평균기간을 구성하는 단위기간 중 가운데에 위치하는 단위기간의 이동평균수요를 계산하는 방법으로 활용된다. 그러나 예를 들어 대한철강 주식회사의 경우 2011년도의 1/4분기에서 4/4분기까지의 이동평균을 고려할 때 이의 평균 분기수요치가 2011년도 2/4분기와 3/4분기 중간에 위치하게 되며 이의 적용에 문제가 발생한다. 그러므로 실제 적용에 있어서는 5분기의 자료를 취하고 첫 분기와 마지막 분기의 수요는 절반씩만 취한다. 그러므로 2011년도 3/4분기의 이동평균 분기수요치를 산정하기 위해서는 2011년도 1/4분기부터 2012년도 1/4분기까지의 자료를 취하며 이의 이동평균 분기수요치는 {(50/2) + 62 + 80 + 72 + (56/2)}/4 = 66.75가 되고 계산결과는 표 4.5와 같다.

표 4.5 대한철강 주식회사의 이동평균 분기수요

연도/분기	10/1	10/2	10/3	10/4	11/1	11/2	11/3	11/4	12/1	12/2	12/3	12/4
수요	38	52	66	60	50	62	80	72	56	70	88	78
이동평균 분기수요			55.5	58.25	61.25	64.5	66.75	68.5	70.5	72.25		
계절지수			1.189	1.030	0.816	0.961	1.199	1.051	0.794	0.969		

각 분기의 계절지수는 각 분기의 수요를 이동평균 분기수요로 나누어 구할 수 있다. 예를 들어 2011년도 1/4분기의 계절지수는 50/61.25 = 0.816으로서 2011년도 1/4분기 수요는 이동평균 분기수요의 0.816배가 됨을 의미한다. 계절지수의 산정 결과는 표 4.5와 같다. 주어진 계절지수를 이용하여 분기별 평균 계절지수가 산정된다. 이는 주어진 분기의, 예를 들어, 1/4분기이면 1/4분기에 해당되는 모든 산정된 계절지수를 더하여 산정에 포함된 계절지수의 수로 나누면 된다. 즉 1/4분기의 평균 계절지수는 (0.816 + 0.794)/2 = 0.805로 계산된다. 평균 계절지수 산정결과는 표 4.6과 같다.

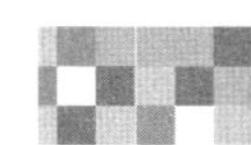

표 4.6 분기별 평균 계절지수

연도/분기	1/4분기	2/4분기	3/4분기	4/4분기
2010			1.189	1.030
2011	0.816	0.961	1.199	1.051
2012	0.794	0.969		
평균 계절지수	0.805	0.965	1.194	1.041

주어진 계절지수를 시계열분해법에 적용하려면 표 4.6에 주어진 평균 계절지수의 조정이 필요하다. 계절지수로 적용되기 위해서는 계절지수의 합이 4.0이 되어야 하며 그렇지 않은 경우에는 다음과 같이 조정한다. 표 4.6을 예로 설명하면 $0.805+0.965+1.194+1.041=4.005$가 되므로 계절지수의 조정을 위하여 각 분기별 평균을 산정하고 1에서 초과하거나 부족한 값을 평균 계절지수에서 빼거나 더한 값이 실제 적용가능한 계절지수가 된다. 즉 $4.005/4 \fallingdotseq 1.001$에서 $1.001-1=0.001$을 얻을 수 있으며 이를 평균 계절지수에서 뺀다. 조정된 계절지수는 표 4.7과 같으며 이의 적용은 시계열분해법을 참조하기 바란다.

표 4.7 조정된 계절지수

분 기	1/4분기	2/4분기	3/4분기	4/4분기
계절지수	0.804	0.964	1.193	1.040

2. 추세분석법

추세분석법은 그 접근 방법이 근본적으로 회귀분석과 같으며 시간에 따른 시계열 자료의 추세선을 유도함으로써 그 추세선상에서 미래의 수요를 예측하는 방법이다. 그러므로 시계열 분석기법으로서 추세분석법은 인과형 모형에서 전술된 단순 회귀분석에서 특정한 요인을 독립변수로 고려하는 대신 시간을 독립변수로 놓고 회귀방정식, 즉 추세선을 구하는 방법이다. 주어진 시계열 자료가 시간의 흐름에 있어서 선형의 관계를 가지면 단순 회귀분석을, 비선형의 관계를 가지면 비선형 회귀분석을 실시하게 된다. 여기에서는 단순 회귀분석만을 고려하기로 한다. 그러므로 과거 기간의 수요에 관한 자료에 대하여 추세선은 다음과 같다.

$$\hat{y}_t = a + bt \tag{4.11}$$

t : 기간(t = 1, 2, 3, ⋯)

$\hat{y}_t$: 기간 t의 시계열 값의 예측치

a : t = 0일 때 $\hat{y}_t$의 값, 즉 $\hat{y}_t$축의 절편

b : 추세선의 기울기

인과형 모형에서의 회귀분석과 같은 최소자승법을 적용하여 식 (4.3)과 같은 다음의 결과를 유도할 수 있다.

$$a = \frac{\sum_{t=1}^{n} y_t - b\sum_{t=1}^{n} t}{n}$$

$$b = \frac{n\sum_{t=1}^{n} t\ y_t - \sum_{t=1}^{n} t \sum_{t=1}^{n} y_t}{n\sum_{t=1}^{n} t^2 - \left(\sum_{t=1}^{n} t\right)^2} \tag{4.12}$$

수요의 패턴이 계절적 요인에 의한 수요 변동을 갖는 경우에는 계절변동을 먼저 제거하는 전술된 이동평균 분기수요를 적용하면 효율적인 추세선을 산정할 수 있다. 즉 계절변동을 제거하기 위해서는 표 4.5와 같이 이동평균법의 개념을 적용하여 단위기간의 이동평균수요를 산출하고 이를 해당 분기의 수요로 고려한다.

대한철강 주식회사의 이동평균 분기수요를 주어진 분기의 수요로 보고 추세분석법에 의한 수요의 추세선을 유도하면 다음과 같다. 기본 자료는 표 4.5에 의하며 적용을 위한 계산절차는 표 4.8에 의한다.

$$\hat{y}_t = 53.843 + 2.41\ t \tag{4.13}$$

그러므로 표 4.8에 주어진 수요에 관한 자료는 매 분기마다 수요가 2.41톤씩 증가하는 추세를 갖는다고 할 수 있다. 주어진 추세선에 의하여 2013년도 1/4분기 수요는 다음과 같이 예측된다.

표 4.8 추세선 산정을 위한 계산표

연도/분기	기간(t)	수요(y_t)	ty_t	t^2
10 3/4	1	55.5	55.5	1
4/4	2	58.25	116.5	4
11 1/4	3	61.25	183.75	9
2/4	4	64.5	258	16
3/4	5	66.75	333.75	25
4/4	6	68.5	411	36
12 1/4	7	70.5	493.5	49
2/4	8	72.25	578	64
3/4				
4/4				
합계	36	517.5	2430	204

$$\hat{y}_{11} = 53.843 + 2.41 \times 11 = 80.353\text{ton} \tag{4.14}$$

이는 표 4.4에 주어진 대한철강 주식회사의 냉연철강 수요에 있어서 그 추세요인만 고려할 경우의 냉연철강 수요예측치이기도 하다. 여기에서 2013년도 1/4분기는 11번째 기간이 된다는 것에 유의하자.

3. 시계열분해법

우리는 이미 계절지수를 계산함으로써 시계열 자료로부터 계절변동을 분해하는 과정을 다루었으며 그 결과로부터 추세선을 구하는 경우도 보았다. 이와 같이 시계열분해법은 시계열 자료로부터 추세, 순환 변동, 계절변동을 확인하여 분해함으로써 단순한 이동평균법이나 추세분석법, 또는 뒤에 소개될 지수평활법과는 달리 좀더 정확한 예측을 시도하는 예측기법이다. 그러므로 시계열분해법은 이미 우리가 이동평균법과 추세분석법에서 적용해 온 내용과 같이 시계열 자료로부터 추세, 순환요인, 계절적 요인을 확인하는 것으로부터 시작된다. 그러므로 이번에도 그 연장선상에서 추세와 계절적 요인만을 고려하여 설명하고자 한다.

첫 단계로서 계절적 요인의 제거는 전술된 바와 같이 계절지수를 구하여 분해될 수 있으며 둘째 단계로서 추세선은 이때 얻어진 이동평균 단위기간수요를 기초 자료로 하여 추세분석법에 의하여 유도된다. 마지막 단계로서 미래의 수요는 유도된 추세선에 의하여 미래의 특정 단위기간의 이동평균수요, 즉 추세치를 산정하고 추세치에 계절지수를 곱하여 예측될 수 있다. 이를 대한철강 주식회사의 냉연철강의 수요에 관한 첫 단계로서 이동평균법에서 제시된 결과와 둘째 단계의 추세분석법에서의 결과에 연장하여 적용하면 2013년도 1/4분기의 냉연철강의 수요예측치는 식 (4.14)의 추세선에 의한 예측치와 표 4.7에 계산된 조정된 계절지수를 이용하여 다음과 같이 나온다.

$$\begin{aligned} F_{11} &= \text{1/4분기의 조정된 계절지수} \times 80.353 \\ &= 0.804 \times 80.353 = 64.404\text{ton} \end{aligned} \qquad (4.15)$$

이 된다. 여기에서 F_{11}는 최종 수요예측치를 의미한다.

시계열분해법을 적용하기 위해서는 시간의 흐름에 따라 수요에 관한 최신 자료를 정기적으로 분석에 포함시켜 이동평균 단위기간수요를 계산하고 이에 따라 조정된 계절지수를 갱신하고 새로이 추세식을 유도해야 한다. 특별한 불규칙한 변동이 없는 한 장기간의 자료에 의한 분석이 더 적절하다고 할 수 있다.

4. 지수평활법

지수평활법은 최소의 자료로 단기예측활동에 유용하게 활용할 수 있는 예측기법으로, 시계열 자료가 추세, 순환 변동, 계절변동이 크게 작용하지 않고 비교적 안정되어 있는 경우에 적합하다. 또한 단기예측은 특성상 이러한 시계열 요인들이 중요하게 작용을 하지 않으며 이러한 의미에서 지수평활법은 가장 최소의 자료를 가지고 폭넓게 활용될 수 있는 예측기법 중의 하나이다. 특히 이러한 시계열 자료의 요인들을 직접적으로 모형에 반영하는 경우에는 추세조정 지수평활법이나 계절변동조정 지수평활법의 요인조정 지수평활법을 적용할 수 있으며 이에 반하여 이러한 요인이 직접 모형에 반영되지 않는 모형을 단순 지수평활법이라 한다. 여기에서는 단순 지수평활법만을 소개하기로 한다.

단순 지수평활법(지수평활법이라 함)은 다음과 같이 간단히 모형화될 수 있다.

$$F_{t+1} = \alpha D_t + (1 - \alpha)F_t$$
$$= F_t + \alpha(D_t - F_t)$$

F_t : 기간 t에서의 시계열 예측치

D_t : 기간 t의 시계열 자료의 실측치

α : 평활상수로서 $0 \leq \alpha \leq 1$

$D_t - F_t$: 예측오차 (4.16)

그러므로 지수평활법은 기간 t의 시계열 자료의 실측치 D_t에 가중치로 평활계수 α를 부여하고 같은 기간 t에 적용된 예측치 F_t에 가중치 $1 - \alpha$를 부여하여 가중평균한 값으로 기간 $t + 1$의 예측치를 산정하는 예측기법이다. 이는 기간 t의 예측치 F_t에 $\alpha \times$ 예측오차만큼 수정을 가하는 방법으로 기간 $t + 1$의 예측치를 산정하는 방법으로도 설명될 수 있다. 그러므로 지수평활법을 적용하는 경우에는 주어진 기간의 시계열 값과 그 기간의 예측치만 있으면 다음 기간의 예측치를 산정할 수 있으며 매우 간단하게 다음 시계열 값을 예측할 수 있다.

지수평활법을 처음으로 적용하고자 할 경우에는 초기 예측치가 필요하나 초기 예측치가 존재하지 않을 경우에는 지난 기간 동안의 시계열자료를 단순 이동평균하거나 가중 이동평균하여 초기 예측치로 활용할 수 있다. 이때 필요한 시계열 자료는 $2/\alpha-1$을 계산하여 반올림한 수만큼 필요하나 보통 4, 5 단위기간의 자료를 이용할 수 있다.

예를 들어보자. 초기 자료로서 대한철강 주식회사의 냉연제품에 대한 2012년 7월부터 2012년 12월까지의 6개월간의 수요량이 다음과 같이 주어져 있다.

표 4.9 대한철강 주식회사 냉연제품의 수요

연/월	12/7	12/8	12/9	12/10	12/11	12/12
수요	120	135	110	128	138	120

평활상수 α = 0.4를 적용하여 2013년도 1월의 수요를 예측하고자 한다. 2012년 12월의 수요예측치가 존재하지 않으므로 과거 얼마간의 수요를 단순 이동평균

하여 대치하고자 한다. 이때 필요한 자료의 수는 $2/\alpha - 1 = 2/0.4 - 1 = 4$개월이 되며 초기예측치는 다음과 같다.

$$F_{12/12} = (110 + 128 + 138 + 120)/4 = 124$$

가 된다. 그러므로 2013년도 1월의 예측치는 다음과 같이 산정된다.

$$F_{13/1} = 0.4 \times 120 + 0.6 \times 124 = 122.4$$

만약 2013년 1월의 실제 수요가 112가 되었다고 하면 2013년 2월의 수요예측치는

$$F_{13/2} = 0.4 \times 112 + 0.6 \times 122.4 = 118.24$$

그림 4.3 시계열 자료값과 α값에 따른 예측값

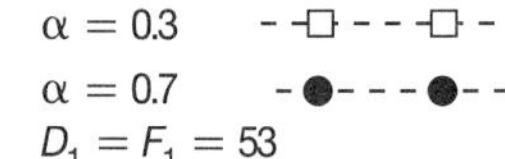

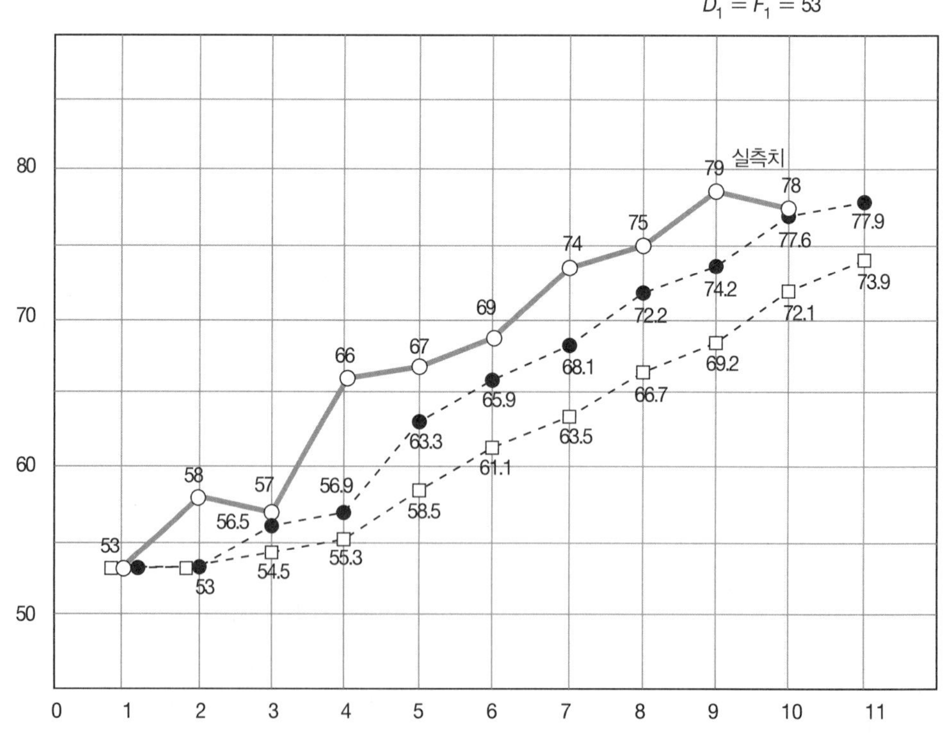

가 된다.

지수평활법을 적용하기 위해 하나 결정되어야 할 값은 평활상수 α이다. 식 (4.16)에서 알 수 있듯이 α값이 클수록 실제 수요가 예측치에 더 많이 반영된다.

그러므로 시계열 자료가 증가하거나 감소하는 추세를 갖는 경우에는 α값을 크게 하여 실제 수요에 더 큰 비중을 둠으로써 시계열 자료의 변화에 더 접근할 수 있으며 반대로 수요가 안정되어 있는 경우에는 α값이 크게 문제가 되지 않는다. 그림 4.3은 추세가 존재하는 시계열 자료에서 α값에 따른 예측치의 변화를 표시한 것이다.

그림 4.3에서 알 수 있듯이 뚜렷한 추세를 보이는 경우에는 평활상수가 클수록 시계열 자료의 변화에 예측치가 더 접근한다고 할 수 있으나 이러한 경우에는 추세를 직접 고려한 추세조정 지수평활법을 적용하는 것이 더 효과적이다. 이러한 요인조정 지수평활법에 대하여는 필요시 여타의 저서에 의존하기로 한다.

지수평활법에서는 최근에 가까운 자료일수록 과거의 자료보다 지수적으로 더 높은 가중치가 부여되어 예측치에 반영된다. 이를 위하여 식 (4.16)을 다음과 같이 변형한다.

$$\begin{aligned} F_{t+1} &= \alpha D_t + (1-\alpha)F_t \\ &= \alpha D_t + (1-\alpha)\,[\alpha D_{t-1} + (1-\alpha)\,F_{t-1}] \\ &= \alpha D_t + \alpha(1-\alpha)\,D_{t-1} + (1-\alpha)^2\,F_{t-1} \\ &= \alpha D_t + \alpha(1-\alpha)D_{t-1} + \alpha(1-\alpha)^2 D_{t-2} + \alpha(1-\alpha)^3 D_{t-3} + (1-\alpha)^4\,F_{t-3} \\ &\;\;\vdots \\ &= \alpha D_t + \alpha(1-\alpha)\,D_{t-1} + \cdots + \alpha\,(1-\alpha)^{n-1}D_{t-(n-1)} \\ &\quad + (1-\alpha)^n\,F_{t-(n-1)} \end{aligned} \tag{4.17}$$

여기에서 $\alpha \geq \alpha(1-\alpha) \geq \cdots \geq \alpha(1-\alpha)^{n-1}$이 되어 F_{t+1}은 과거 시계열 자료에 대한 지수적 가중 이동평균치로서 최근의 자료가 예측치에 더 많이 반영됨을 알 수 있다.

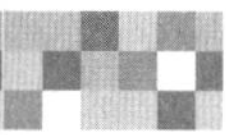

6 예측오차

복잡성과 동태성을 특징으로 하는 예측환경에서 정확한 예측은 매우 어려운 일이다. 그러므로 효율적인 예측을 위해서는 예측치가 실제 수요를 어느 정도 반영하는가를 측정할 수 있는 척도가 필요하다. 이러한 측정치는 예측기법의 신뢰도를 제시할 뿐만 아니라 적절한 예측기법을 선택하는 데도 활용될 수 있다. 그러나 본서에서는 이러한 측정치에 대한 내용은 기술하지 않기로 하며 필요한 경우에는 여타의 저서를 참고하기로 한다.

연습문제

1. 수요예측방법을 대별하여 기술하시오.
2. 3가지 기본적인 예측기법을 예측기간, 비용, 소요시간과 관련하여 비교하시오.
3. 시계열 예측기법에 있어서 가법형 모형과 승법형 모형의 장단점을 비교하시오.
4. 추세분석과 회귀분석의 차이점을 기술하시오.
5. 다음 도표는 학생들의 신장과 몸무게를 조사한 것이다.

신장 (cm)	164	157	172	165	180	152
몸무게 (kg)	64	60	75	57	78	55

   1) 키와 몸무게에 대한 회귀방정식을 구하시오.
   2) 결정계수를 산정하여 의미를 설명하시오.

6. 제일기획이 생산하는 겨울 스키용품을 시계열 예측기법에 의하여 수요예측을 하고자 한다. 수요와 관련된 자료는 아래와 같다.

연도/분기	11/1	11/2	11/3	11/4	12/1	12/2	12/3	12/4
수요	48	64	102	40	52	66	126	48

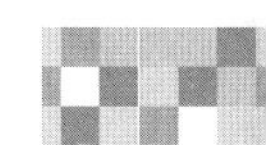

1) 이동평균법에 의하여 2013년도 1/4분기 수요를 예측하시오.
2) 이동평균분기수요, 계절지수, 추세선을 산정하는 시계열분해법에 의하여 2013년도 1/4분기 수요를 예측하시오.
3) 주어진 자료에 대하여 평활계수 $\alpha = 0.3$과 $\alpha = 0.7$인 단순 지수평활법을 적용 2013년도 1/4분기 수요를 예측하고 두 경우를 서로 비교하여 그 의미를 설명하시오. 2012년도 4/4분기 예측치는 4분기 수요를 단순 이동평균하여 대치하시오.

7. 기흥우유에서 생산하는 요구르트의 분기별 수요량에 관한 자료는 아래와 같다. 시계열 분해법을 적용하는 다음의 각 내용에 답하시오.

연도/분기	10/1	10/2	10/3	10/4	11/1	11/2	11/3	11/4	12/1	12/2	12/3	12/4
수요	30	42	55	100	35	46	59	120	43	57	71	142

1) 이동평균 분기수요를 구하시오.
2) 계절지수를 구하시오.
3) 이동평균 분기수요의 추세선을 구하시오.
4) 시계열분해법에 의하여 2013년도 1분기의 수요를 예측하시오.

8. 제품의 분기별 수요에 대한 자료는 다음과 같다. 시계열분해법에 의하여 2013년도 1/4분기 수요를 예측하시오.

연도/분기	10/1	10/2	10/3	10/4	11/1	11/2	11/3	11/4	12/1	12/2	12/3	12/4
수요	107	225	190	125	122	234	210	145	141	264	242	151

9. 주유소에서 휘발유 판매량에 대한 이번주 예측치는 19,000리터, 판매량은 20,000리터였다. 평활상수 $\alpha = 0.3$일 때 단순 지수평활법에 의하여 다음 주의 판매량을 예측하시오.

10. 다음은 제품의 6개월간의 매출액을 정리한 것이다.

월	1	2	3	4	5	6
매출액	104	136	128	145	162	188

1) 평활상수 $\alpha = 0.3$과 $\alpha = 0.7$에서 1월의 예측치가 120일 때 2월부터 7월까지의 매출액의 예측치를 산정하시오.
2) 평활상수가 예측치와 관계에 대하여 설명하시오.

제 5 장

직무설계

1. 작업인력관리
2. 경력개발제도
3. 학습곡선
4. 작업환경설계
5. 작업방법 설정기법

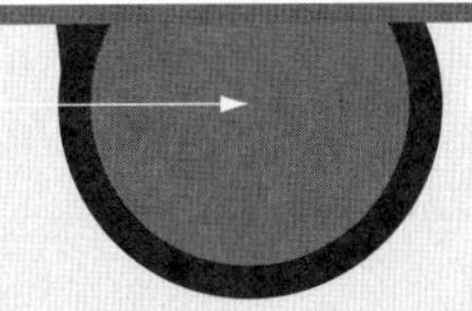

생산공정의 자동화와 더불어 생산설비의 자본집약도가 높아지고, 이에 따른 상대적인 작업인력의 감소에도 불구하고 제조시스템에 있어서 휴먼웨어는 다시 강조되고 있다. 서비스산업의 확대도 서비스업에서 종사하는 인원을 증가시키고 있다. 사람은 제조업이나 서비스업에서 필요한 작업을 직접 수행할 뿐만 아니라 프로그램을 작성하고 이를 지휘 · 통제할 수 있는 지능과 창의성을 제공하고 새로운 가치를 창조하는 주체이므로 제조업이나 서비스업에서 가장 중요한 자원이며 이의 효율적인 관리는 필수적이라고 할 수 있다. 실질적으로 경영이란 사람을 통하여 일을 성취해 가는 과정으로서 인력관리는 조직의 중심 과제이기도 하다.

이러한 인력관리를 위한 계획, 충원, 훈련, 지휘 등은 인사관리에 보다 적합한 문제들이지만 또한 생산관리의 주요 대상이기도 하므로 여기에서는 인력관리와 관련된 여러 문제 중에서도 특히 작업을 효율적으로 수행할 수 있는 직무내용, 작업방법, 작업환경의 설계에 관련된 문제와 설계된 직무시스템에서 수행되는 작업의 관리와 관련된 문제를 중점적으로 다루기로 한다.

1 작업인력관리

경영이란 사람을 통하여 일을 성취해 가는 과정이라 할 때 사람은 생산시스템을 구성하는 불가결의 요소이다. 사람은 생산시스템에서 경제적 목적을 달성하기 위하여 생산활동을 직접 수행할 뿐만 아니라 창의성을 제공하여 새로운 가치를 창조함으로써 조직의 목적을 달성하는 데 가장 중요한 자원이 된다.

그러므로 효율적인 인력관리를 위한 기본 접근방법은 기술적인 측면과 함께 사회적인 측면도 고려되어야 한다. 인간은 경제적 생산성이나 효율성을 높이기 위한 생산과정의 투입요소로서뿐만 아니라 자기발전을 통하여 새로운 가치를 창조하고 조직발전에 기여할 수 있도록 관리되고 통제되어야 한다. 이는 또한 인간이 경제적 보상 외에도 심리적 · 사회적 욕구를 충족시키기 위하여 행동하며 이러한 다양한 욕구를 통하여 성장 · 발전함으로써 조직 발전에 기여하도록 해야 한다는 것이다.

그러므로 인력관리의 기본은 양질의 인력자원을 확보 · 개발 · 보상하는 전통적 문제와 더불어 성과향상을 추구하도록 개발지향적으로 접근되어야 하며 개인과 조직의 목표가 조화되어 경제적 · 기술적 · 사회적 목표가 균형을 이루도록 추구되어야 한다.

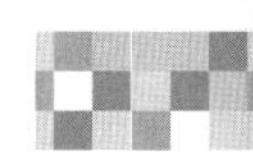

2 경력개발제도

Smith가 분업이론을 제창한 이래 분업을 통한 작업의 전문화는 단순반복작업을 통한 생산성 향상과 생산비용 절감을 추구하는 과학적 관리이론의 기본이 되어 왔다. 그러나 단순반복작업은 직무에 대한 권태로움을 유발시키므로 오히려 작업자의 직무성과를 저하시키는 결과를 초래하기도 한다. 실제적으로 분업은 작업자의 작업의 범위와 책임의 한계를 극도로 제한함으로써 사회적 · 심리적 측면에서의 동기유발을 제공하지 못하는 부정적인 측면을 갖는다. 이러한 관점에서 수직적 · 수평적으로 작업의 범위를 확대해 주는 경력개발제도를 살펴보기로 하자.

1. 직무확대

직무의 범위를 수평적으로 추가하여 직무를 다양화하는 것으로 전문화에 대치되는 개념이다. 작업자는 하나의 작업을 전문으로 하는 것이 아니라 몇 개 또는 다수의 작업을 담당한다. 그러므로 직무확대(job enlargement)가 효율적으로 수행되기 위해서는 이에 따른 교육과 보상체계가 필요하며 직무내용과 공정에 대한 검토가 필요하다.

2. 직무충실화

작업자의 책임과 권한의 범위를 수직적으로 확대함으로써 직무의 계획, 수행, 통제에 관리적 권한을 부여하는 것이다. 직무충실화(job enrichment)는 작업자에게 책임감과 성취감을 동시에 부여할 수 있도록 자율성을 부여한다. 직무충실화를 적용하기 위해서는 작업자의 충원교육과정을 통하여 작업자의 창의력 개발과 자발적 참여에 대한 노력이 필요하다.

적시생산시스템(JIT ; just-in-time production)에서 다기능 작업자(multifunctional worker)는 직무확대와 직무충실화가 동시에 적용되는 경우로서 작업자는 기계가동준비, 기계정비, 품질관리를 포함한 다수의 작업을 수행하고 또한 생산현장에서 의사결정 및 문제해결활동에 적극적으로 참여하여 수평화 · 수직화를 동시에 추구한다. 특히 적시생산시스템에 있어서 직무확대와 직무충실화는 개개의 작업자보다는 통합적으로 집단의 작업자에 적용되므로 개인뿐만 아니라 집단에 대한 직무의 수평적 · 수직적 연장의 예를 보여 준다.

3. 직무순환

일정한 시간적 간격을 두고 직무가 변경되어 주어짐으로써 직무에 대한 흥미를 높이고 이해와 기능을 증진시키는 방법이다. 직무순환(job rotation)은 결과적으로 모든 직무간의 조정도 원활하게 한다.

3 학습곡선

직무설계와 작업측정에 있어서 작업표준은 숙련된 작업자의 작업소요시간을 기준으로 한다. 이는 직접노동이 요구되는 주어진 작업을 작업자가 반복수행함에 따라 작업효율은 증대되고 결과적으로 작업에 소요되는 직접노동시간이 감소되기 때문이다. 이러한 현상은 축적된 경험을 통하여 작업순서의 개선, 불필요한 동작의 감소, 불필요한 장비나 설비의 이용 감소, 장비나 설비의 개선 등에 의한 작업자의 숙련도 향상에 기인하며 생산공정이 복잡할수록 부품수가 많을수록 더 나타난다. 이와 같이 작업자의 경험이 많아질수록 작업효율이 향상되고 직접노동 소요시간이 감소되는 현상을 학습곡선효과(learning curve effect)라고 한다.

학습곡선효과는 1925년 Boeing사의 항공기 제작과정에서 반복적 작업과정으로 소요시간을 단축되는 것을 인식한 이래 1960년대 초 BCG(Boston consulting group)가 이를 학습곡선이라 명명하고 가격과 원가와의 관계로 발전시켜 가격을 낮추어 시장점유를 증대하면 원가가 저하된다는 적극적인 가격경쟁을 제시하였다. 그러나 학습효과는 단순한 경험의 축적에서 발생하는 것이 아니고 생산공정 개선에 대한 지속적인 관심과 노력 속에서 가능한 것이다.

여러 분야의 경험적 결과에 의하며 학습곡선은 다음과 같이 표시될 수 있다.

$$t_n = t_1 n^r$$

t_n : n번째 생산단위의 직접노동 소요시간

t_1 : 첫 번째 생산단위의 직접노동 소요시간

n^r : 학습곡선계수

$$r = \frac{\log \alpha}{\log 2}$$

$$\alpha\,(\text{학습률}) = \frac{\text{두 번째 생산단위 직접노동 소요시간}}{\text{첫 번째 생산단위 직접노동 소요시간}} \quad (5.1)$$

학습률은 작업자가 직무를 배우는 정도를 비율로 표시한 것으로 학습곡선을 결정하는 주요 변수가 되므로 이의 정확한 산정이 필요하다. 학습률 산정에 있어서 작업자는 전체 공정에 대하여는 기본적인 지식이 있어야 하나 연구대상작업에는 경험이 없어야 한다. 또한 첫 번째와 두 번째 생산단위는 같은 날 수행되어야 한다. 그림 5.1은 학습곡선의 예를, 표 5.1은 학습률에 따른 학습곡선계수를 정리해 놓은 것이다.

그림 5.1 학습곡선

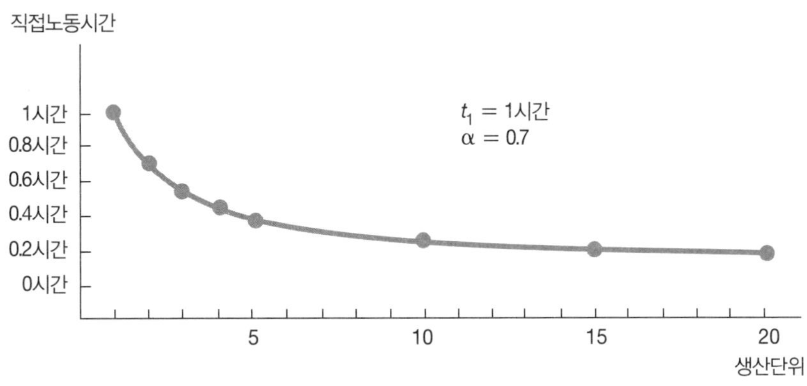

표 5.1 학습곡선계수(n^r)의 값

생산단위수	학습률		
	0.7	0.8	0.9
1	1.000	1.000	1.000
2	0.700	0.800	0.900
3	0.568	0.702	0.846
4	0.490	0.640	0.810
5	0.437	0.596	0.783
6	0.398	0.562	0.762
7	0.367	0.534	0.744
8	0.343	0.512	0.729
9	0.323	0.493	0.716
10	0.306	0.477	0.705
11	0.291	0.462	0.695
12	0.278	0.449	0.685
13	0.267	0.438	0.677
14	0.257	0.428	0.670
15	0.248	0.418	0.663
16	0.240	0.410	0.656
17	0.233	0.402	0.650
18	0.226	0.394	0.644
19	0.220	0.388	0.639
20	0.214	0.381	0.634
30	0.174	0.335	0.596
40	0.150	0.305	0.571
50	0.134	0.284	0.552
100	0.095	0.227	0.497
1000	0.029	0.108	0.350

4 작업환경설계

오늘날의 제조환경에서 기계가 차지하는 비중은 매우 높다. 대부분의 생산활동에 있어서 기계는 사람의 힘을 대체하고 있으며 더 나아가서는 인간의 지능을 대체하며 컴퓨터는 인간에 의하여 통제되고 기계는 인간에 의하여 제어되어 생산시스템은 인간-기계시스템 또는 인간-컴퓨터-기계시스템으로 명명되기도 한다. 이러한 시스템에 있어서 인간은 기계나 컴퓨터보다 감지나 인식능력, 사고능력, 논리적 능력, 귀납적 추리력, 적응력 등이 우수하고 기계나 컴퓨터는 인간보다 기억능력, 신속성, 지속성, 정확성 등이 뛰어나다. 그러므로 생산시스템에 있어서 인간과 기계의 상대적 우수성을 효율적으로 조화시킨 통합적 관점에서의 설계가 필요하다. 또한 인간이 작업하는 공간에서 사용하는 물건, 도구, 기계, 설비, 환경을 설계하는 과정에 인간의 특성이나 행동에 관한 지식을 체계적으로 적용하는 것은 매우 중요하다.

그러므로 작업공간을 결정할 때는 인간이 효율적으로 작업을 수행할 수 있도록 그 설계과정에 인간이 고려되어야 한다. 더불어 조명, 습도, 온도, 소음 등의 환경적 요소도 포함되어야 한다. 즉 효율적인 작업환경은 기능적인 효용을 제공할 뿐만 아니라 안정감과 건강을 유지시키고 만족감을 줄 수 있는 인간적인 요소도 동시에 고려되어야 한다.

작업환경의 설계에 있어서 고려되어야 할 요소는 크게 신체적 조화성, 지적 조화성, 감성적 조화성으로 재분류될 수 있다. 신체적 조화성은 인간이 작업을 수행하는데 필요한 물리적 쾌적성으로, 작업장이 인간의 감각과 활동에 편리해야 함을 말한다. 이를 위해서는 적절한 환경적 요소가 제공되고 사람이 정지상태인 경우만이 아니라 움직이고 회전하고 구부린 상태에서 작업을 수행하는 경우 길이, 무게, 부피, 운동 범위 등에 대한 고려가 작업장 및 기계설비에 반영되어야 한다.

지적 조화성은 작업자에게 적절한 지적 필요성이 요구되도록 함으로써 주어진 작업에 대한 자신감을 부여하고 효율적으로 수행할 수 있다는 즐거움이 가능하도록 하는 것이다. 그 예로는 초심자와 숙련자의 작업내용을 서로 다르게 하는 경우를 들 수 있다.

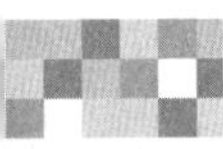

감성적 조화성은 인간의 감성을 존중하고 인간의 감성을 작업환경에 반영함으로써 정서적 쾌적성이 제공됨을 뜻한다. 이러한 감성적 조화성은 인간의 감각이나 심리 정보를 객관화하여 사람이 쾌적하게 느낄 수 있는 요소를 작업환경에 반영하고 피로감, 불쾌감을 주는 요소를 제거함으로써 인간의 심상을 관리적 또는 물리적인 설계요소로 포함시킴으로써 얻어질 수 있다. 이에 대한 연구는 관리적 측면에서는 행동 과학적인 분석에 의한 사회적인 측면이 강조되는 인력관리와 심리적 쾌적감을 주는 물리적 요소들의 설계에 중점이 주어진다.

작업환경과 관련된 환경적 요소를 좀 더 자세히 살펴보면 채광, 소음, 온도, 습도 등을 들 수 있다. 채광은 태양을 조명원으로 하거나 그렇지 못한 경우에는 인공조명을 사용한다. 인공조명을 사용하는 경우에는 조명환경 내에서 작업에 지장이 없도록 설계되어야 하며 나아가서는 작업자들이 느끼는 주관적 인상이 좋도록 설계되어야 한다. 이를 위해서는 조명의 종류, 색, 수준 등에 대한 검토가 필요하다.

소음은 작업에 요구되지 않는 소리를 말한다. 이는 인간에 주어지는 부정적인 청각적 자극으로 과도한 소음은 작업능률을 저하시킬 뿐만 아니라 생리적인 부작용을 초래한다. 그러므로 소음의 근원을 제거하거나 격리시키는 배려가 필요하다.

온도나 습도 나아가서는 대기조건도 작업능률에 영향을 준다. 주위의 온도나 습도의 변화는 인체의 생리적 조절작용에 의하여 어느 정도 적응될 수 있으나 어느 한계를 초과하는 경우에는 작업에 많은 영향을 준다. 특히 수작업을 하는 경우에는 이에 대한 관리가 더 필요하다. 또한 원료의 재질에 영향을 주는 경우도 있다.

끝으로 작업장의 안정성도 고려되어야 한다. 기계나 운반설비의 위험과 작업자의 부주의를 줄일 수 있는 배려가 필요하다.

결론적으로 직무를 설계하기 위해서는 기능적, 기술적 요인과 더불어 사회적 · 심리적 · 생리적 요인도 동시에 고려하여 신체적 조화성, 지적 조화성, 감성적 조화성을 만족시켜야 한다. 그러므로 직무는 기술적 요소와 사회적 요소의 융화 속에서 적절한 작업환경이 제공되고 동기가 부여될 뿐만 아니라 자기발전을 통하여 회사에 기여되도록 설계되어야 한다.

5 작업방법 설정기법

직무내용과 작업방법을 결정하기 위해서는 생산공정을 체계적으로 분석 · 연구하여 불필요한 작업을 제거하고 합리적인 최선의 작업방법을 찾아내어 이를 표준화하여야 한다. 생산시스템에서 수행되는 작업공정은 몇 개의 단위작업(task)으로 구성되며 단위작업은 요소작업(element)으로, 요소작업은 미세동작(micromotion)으로 분해될 수 있다. 그러므로 작업방법 설정기법은 전반적인 생산시스템의 흐름을 파악하는 공정분석, 개개작업의 내용을 개선하기 위한 작업분석, 세부적인 동작 자체의 개선을 위한 동작 분석의 체계를 갖는다. 그러므로 공정분석, 작업분석, 동작분석에 활용 가능한 여러 가지 기법 중에서 대표적인 몇 가지의 기법을 소개하고자 한다. 표 5.2는 행정업무에 적용된 작업시스템의 예를 제시하고 있다.

표 5.2 작업시스템의 예

분석기법	공정분석	작업분석		동작분석
구분	공정	작업	요소작업	미세 동작
내용	공고문을 작성한다 공고문을 운반한다 공고문을 게시한다	컴퓨터 커버를 벗긴다 워드한다 프린트한다	컴퓨터를 켠다 한글모드로 간다 타이핑한다	손을 스위치로 내민다 손가락을 뻗는다 손가락으로 스위치를 누른다

1. 공정분석

공정분석은 원료가 제품으로 변환되어 가는 과정에 있어서 작업물의 흐름을 분석하여 기본 분석단위인 공정 간의 유기적인 관계를 설정하고 각 공정의 개선방향을 모색한다. 그러므로 공정분석에 있어서는 작업방법, 작업순서, 작업장, 설비, 공구 등을 종합적으로 분석하고 이를 표준화하여 기능적인 효율성을 추구하는 것을 목적으로 한다.

공정분석을 실시하려면 먼저 제품에 대한 기본 정보를 파악해야 한다. 제품에 대한 기본 정보는 조립도(assembly drawing), 조립도표(assembly chart), 작업경로표

(route sheet) 등에서 얻을 수 있다. 조립도는 제품을 구성하는 부품들을 제품의 형상에 근접하게 배열해 놓은 도면이다. 조립도표는 제품이 조립되어 가는 과정을 도표로 표시한 것이다. 작업경로표는 조립도표의 개별부품에 요구되는 작업과 절차를 상세화한 것으로 작업내용과 함께 필요한 장비나 공구가 기술된다.

공정분석을 위한 가장 일반적인 분석은 흐름도(flow diagram)와 흐름공정도(flow process chart)를 이용한 것이다. 흐름공정도는 제조과정을 작업순서에 따라 도표로 표시한 것으로 각 공정은 다음과 같이 분류되어 부호로 표시된다.

① 작업(○) : 작업물의 특징에 의도적인 변화를 주는 작업이 수행됨.
② 운반(⇨) : 작업물의 순수한 이동을 목적으로 한 장소에서 다른 장소로 옮겨짐.
③ 검사(□) : 질이나 양에 있어서 설정된 기준과 비교됨.
④ 보관(▽) : 재고로 유지됨.
⑤ 대기(D) : 작업장에서 작업순서를 기다림.

각 공정에 대하여 다음의 내용이 질의된다.

① 왜 이 공정이 수행되는가?(why) – 공정의 목적을 규명한다.
② 이 공정을 수행하기 위해서는 어떠한 작업이 필요한가?(what) – 목적을 수행하기 위한 작업내용을 검토한다.

그림 5.2 작업조립도, 조립도표, 작업경로표

(a) 작업조립도

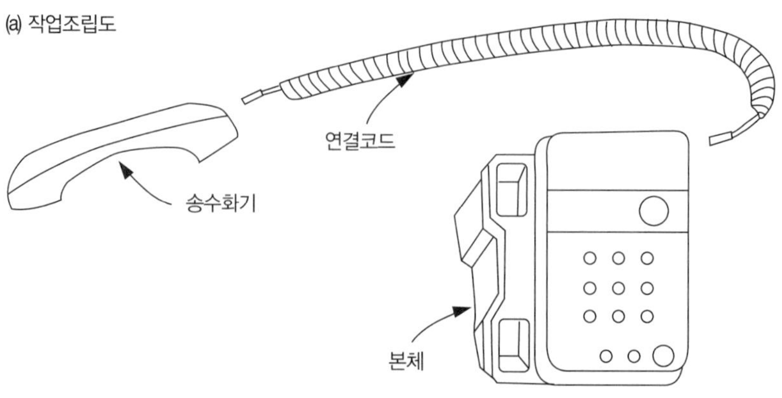

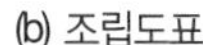

(b) 조립도표

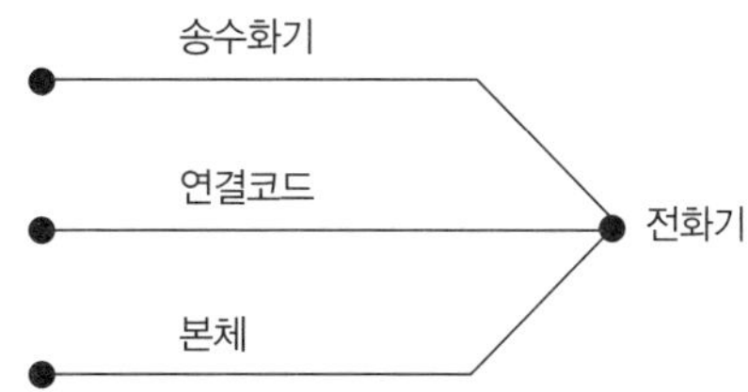

(c) 작업경로표

작 업 경 로 표

부품명 : 재 료 : 일 자 :
부품모델 : 단위무게 :
부품번호 : 도면번호 :

작업번호	작업장	작업내용	기계	공구	소요시간		비고
					준비	작업	
SHF-4-1	압축	성형 및 검사	Mex press 12		0.34	0.45	

③ 작업수행장소는 어디인가?(where)

④ 작업은 언제 수행되는가?(when)

⑤ 작업은 누가 수행하는가?(who)

⑥ 어떻게 작업을 수행하는가?(how)

위의 질의에 대하여 다음과 같은 개선방안이 검토된다.

① 특정 작업이 필요 없으면 그 작업을 제거한다.(eliminate)

② 작업들이 통합되어 하나의 작업이 될 수 있으면 통합한다.(combine)

③ 작업장, 작업자, 작업내용, 작업순서 등의 변경이 필요하면 변경한다.(change)

④ 주어진 공정이 단축되거나 단순화될 수 있으면 단순화한다.(simplify)

그림 5.3 구매과정 흐름도

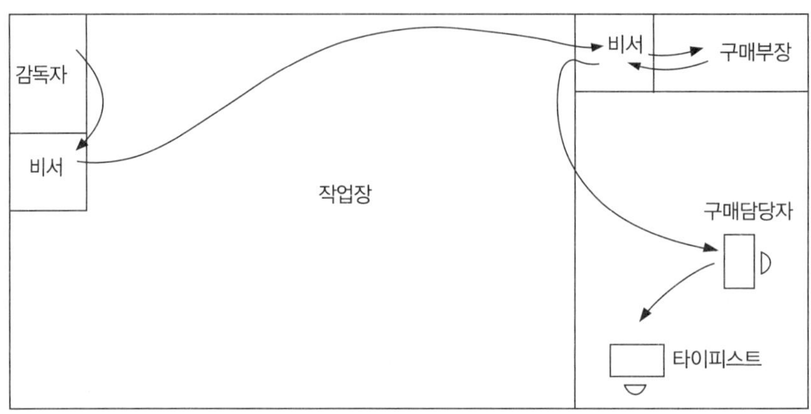

그림 5.4 흐름공정도

흐름공정도

현 행 ☑ 개 선 ☐

작 업 : 구매업무 작 성 자 : 번 호 :
부 서 : 작 업 장 작성일자 : 페이지 :

작업내용	작업 운반 검사 대기 보관	거리(cm)	시간(분)	분석: 목적	내용	장소	시간	작업장	방법	특기사항	개선조치: 제거	결합	변경	단순화
작업장 감독자 구매계획수립	● ⇨ □ D ▽													
작업장 감독자 책상 위에	○ ⇨ □ D ▽													
사환이 비서에게	○ ⇨ □ D ▽													
비서 책상 위에	○ ⇨ □ D ▽													
타이핑 작업	● ⇨ □ D ▽													
비서가 구매부장에 전달	○ ⇨ □ D ▽													
구매부장 검토승인	○ ⇨ ■ D ▽									이 과정이 필수적인가?				
구매부장 책상 위에	○ ⇨ □ D ▽													
사환이 구매담당자에게	○ ⇨ □ D ▽													
구매담당자 책상 위에	○ ⇨ □ D ▽													
구매담당자가 종합	● ⇨ □ D ▽									종합과정이 필수적인가?				
구매담당자가 타이피스트에게	○ ⇨ □ D ▽													
타이피스트 책상 위에	○ ⇨ □ D ▽													
타이핑 작업	● ⇨ □ D ▽													
	○ ⇨ □ D ▽													

그림 5.5 개선된 구매과정의 흐름도

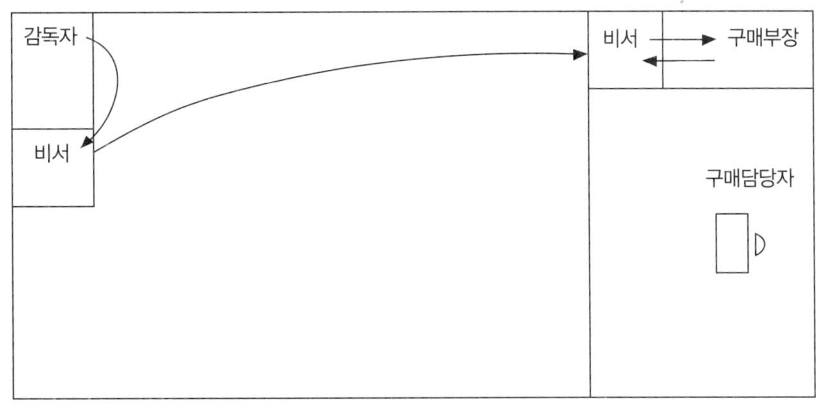

그림 5.6 개선된 구매과정의 흐름공정도

흐름공정도

현 행 □ 개 선 ☑

작 업 : 구매업무 작 성 자 : 번 호 :

부 서 : 작 업 장 작성일자 : 페이지 :

작업내용	작업 운반 검사 대기 보관	거리 cm	시간 (분)	분석: 목적	내용	장소	시간	작업장	방법	특기사항	개선조치: 제거	결합	변경	단순화
작업장 감독자 구매계획수립	● ⇨ □ D ▽		20											
작업장 감독자 책상 위에	○ ⇨ □ D ▽													
사환이 비서에게	○ ⇨ □ D ▽	1	20											
비서 책상 위에	○ ⇨ □ D ▽													
타이핑 작업	● ⇨ □ D ▽		10											
비서가 구매부장에 전달	○ ⇨ □ D ▽	10	5											
구매부장의 검토승인	○ ⇨ ■ D ▽		10											
	○ ⇨ □ D ▽													
	○ ⇨ □ D ▽													
	○ ⇨ □ D ▽													

요 약

구분	현행	개선	차
작업 ○	4	2	2
운반 ⇨	4	2	2
검사 □	2	1	1
대기 D	1	3	2

흐름공정도의 예로서 다음의 구매업무에 대한 행정절차를 살펴보자. 작업장 감독자는 구매계획을 세우고 비서가 이를 타이핑한다. 타이핑된 구매계획은 구매담당자와 구매부장에 의하여 승인절차를 가지며 이에 따라 타이피스트가 주문서를 타이핑한다. 주어진 행정절차는 그림 5.3과 같다.

이를 흐름공정도로 표시하면 그림 5.4와 같다.

현재 실시되고 있는 구매과정에 의한 흐름공정도를 분석한 결과 구매부장의 승인과 구매담당자의 종합, 그리고 타이핑 과정을 결합하여 구매부장의 승인으로 주문서 승인절차를 간소화하면 개선된 절차의 흐름도와 흐름공정도는 그림 5.5와 그림 5.6과 같다.

2. 작업분석

작업분석은 개별작업에 대한 세부적인 분석을 통하여 작업내용을 개선하는 데 목적이 있다. 공정분석에서 설명된 흐름공정도는 작업물의 흐름을 대상으로 공정을 분석하는 데 반하여 작업분석에서는 작업자나 기계의 활동에 중점을 두고 이를 개선함으로써 작업의 경제성을 높이는 데 주안점이 주어진다. 그러므로 주어진 작업

그림 5.7 작업분석도표의 예

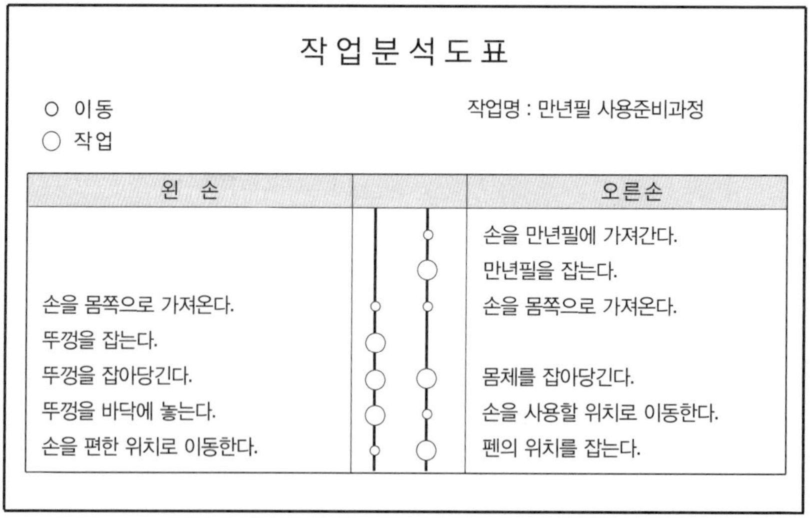

작업분석도표

○ 이동
◯ 작업

작업명 : 만년필 사용준비과정

왼 손			오른손
		○	손을 만년필에 가져간다.
		◯	만년필을 잡는다.
손을 몸쪽으로 가져온다.	○	○	손을 몸쪽으로 가져온다.
뚜껑을 잡는다.	◯		
뚜껑을 잡아당긴다.	◯	◯	몸체를 잡아당긴다.
뚜껑을 바닥에 놓는다.	◯	○	손을 사용할 위치로 이동한다.
손을 편한 위치로 이동한다.	○	◯	펜의 위치를 잡는다.

을 수행하는 주체에 따라 단일 작업자, 복수 작업자, 단일 작업자와 단일 기계, 복수의 작업자와 단일 기계, 복수의 작업자와 복수 기계 등 다양한 조합이 가능하며 단일 작업자의 경우는 작업분석도표로, 그외의 경우는 다중활동분석표에 의하여 분석이 수행된다.

1) 작업분석도표

작업분석도표는 단일 작업자에 의하여 수행되는 공정상의 특정작업을 대상으로 작업자의 양손의 움직임을 구분하여 순서대로 도표화함으로써 수행되는 작업방법, 순서 등을 분석한다. 그림 5.7은 만년필 사용준비과정에 대한 작업분석도표를 예로 제시하고 있다.

그림 5.8 복수인간－기계 다중활동분석표(개선 전)

다중활동분석표

작업 : 롤(roll) 절단작업	작업번호 :	현 행 ☑	
부품 : 원단	부품번호 :	개 선 ☐	
기계 : 절단기계	기계번호 :		
작업자 :	작업일자 :		

	작업자	보 조	기 계
1	기계가동	포장과 레이블(label) 준비	절단작업
2		기계작업을 기다림	
3			
4	보조의 작업을 기다림	롤을 포장	유휴시간
5	레이블 부착	작업자의 작업을 기다림	
6			
7	보조의 작업을 기다림	롤을 운반	
8	기계가동 준비	롤을 운반장치에 적재	

그림 5.9 복수인간-기계 다중활동분석표(개선 후)

다중활동분석표

작업 : 롤(roll) 절단작업	작업번호 :	현 행 ☐
부품 : 원단	부품번호 :	개 선 ☑
기계 : 절단기계	기계번호 :	
작업자 :	작업일자 :	

<table>
<tr><th>시간
(분)</th><th>작업자</th><th>보 조</th><th>기 계</th></tr>
<tr><td rowspan="6">1
2
3
4
5</td><td rowspan="4">기계가동</td><td>롤 포장 계속</td><td rowspan="4">절단작업</td></tr>
<tr><td>레이블 부착</td></tr>
<tr><td>롤을 운반장치에 적재</td></tr>
<tr><td>포장과 레이블 준비</td></tr>
<tr><td>롤을 운반</td><td>롤 운반 보조</td><td rowspan="2">유휴시간</td></tr>
<tr><td>기계가동 준비</td><td>롤 포장</td></tr>
<tr><td>6</td><td></td><td></td><td></td></tr>
</table>

2) 다중활동분석표

다중활동분석표는 개개의 작업자와 개개의 기계의 작업과정을 하나로 도표화하여 시간의 흐름에 따른 작업자와 작업자, 작업자와 기계 간의 작업과정을 대비시킴으로써 작업방법을 개선한다. 예를 들어 작업자, 보조자, 하나의 기계가 동일작업을 수행한다고 하자. 이러한 경우 복수인간-기계 다중활동분석표를 이용하여 작업분석을 한 결과가 개선 전과 개선 후로 구분하여 그림 5.8, 그림 5.9에 제시되어 있다.

3. 동작분석

동작분석은 요소작업을 구성하는 미세동작을 세부적으로 분석함으로써 특정작업을 가장 효율적으로 수행할 수 있는 방법을 개발하여 표준화하는 데 그 목적을 두고

있다. 동작분석은 미세 동작분석, 마이크로 동작분석, 메모 동작분석 등이 있다.

1) 미세 동작분석

미세 동작분석은 작업소요시간이 짧은 대상작업의 분석기법으로 Gilbreth 부부에 의하여 고안되었다. 그 당시에는 필름촬영이 불가능하였으므로 인간의 동작을 구성하는 기본 단위로 18가지의 미세동작을 구분하여 제시하고 이를 서블릭(therblig)으로 명명하여 하나의 작업을 이루는 기본 구성단위로 보았다. 서블릭의 기호와 정의는 표 5.3과 같다.

표 5.3 서블릭 기호

번호	명칭	기호		설명	부호
1	찾음(search)	Sh		눈을 돌려 찾음	
2	찾아냄(find)	Fd		눈으로 찾아냄	
3	선택(select)	St	—	목적물을	
4	쥐다(grasp)	G	∩	쥐는 손모양	
5	빈손을 움직임(transport empty)	TE	‿	빈손 모양	
6	손에 쥐고 움직임(transport loaded)	TL		손바닥에 물건을 놓은 모양	
7	손에 쥠(hold)	H	Ω	자석에 물건을 붙인 모양	
8	쥐고 있는 것을 놓음(release load)	RL	⌒	손바닥을 거꾸로 한 모양	
9	위치를 잡음(position)	P	9	손끝에 무게를 준 모양	
10	준비함(pre-position)	PP	8	나이핀을 세운 모양	
11	검사(inspect)	I	0	렌즈의 모양	
12	조립(assemble)	A	#	결합을 의미	
13	분해(disassemble)	DA	++	결합에서 일부를 제거	
14	사용(use)	U	U	use의 첫자	
15	불가피한 지연(unavoidable delay)	UD		사람이 넘어진 모양	
16	피할 수 있는 지연(avoidable delay)	AD		사람이 자고 있는 모양	
17	계획(plan)	Pn		이마에 손을 대고 생각함	
18	휴식(rest)	R		의자에 앉아 쉼	

서블릭에 의한 분석은 대상작업을 직접 관찰하여(필름 촬영이 가능한 후에는 필름을 촬영하기도 하며 이러한 경우에는 마이크로 동작분석으로 구분됨) 시모도표

(simultaneous motion chart)를 작성하고 서블릭의 제거, 결합, 단순화, 변경 등을 통하여 이루어진다. 시모도표는 작업분석도표가 상세화된 것으로 그림 5.10에 예가 주어져 있다.

그림 5.10 시모도표

- 작업자 김선달
- 작업일자 2004년 5월 31일
- 작업 3개의 나사받이를 볼트조립
- 작업물
- 방법 현행방법
- 작성자 조자룡

왼손 동작	기호	TMU 1/2000분	누계	TMU 1/2000분	기호	오른손 동작
조립품을 상자로	TL	7				
조립품을 넣는다.	RL	2	10			
볼트로	TE	4		26	TE	플라스틱 나사받이로 뻗는다
	ST	2	20			
볼트를 집는다.	G TL	17	30			
볼트를 작업 위치로				6	ST G	나사받이를 집는다.
	P	5	40			
볼트를 잡는다.				7	TL	볼트 위치로
			50	6	P	나사받이 위치를 잡는다.
			60	12	A RL	조립 후 놓는다.
			70	8	TE	쇠나사받이로 뻗는다.
			80	8	ST G	나사받이를 집는다.
			90	9	TL	볼트 위치로
볼트를 잡고 있는다.	H	104		3	P	나사받이 위치를 잡는다.
			100	10	A RL	조립 후 놓는다
			110	6	TE	고무 나사받이로
			120	10	ST G	나사받이를 집는다.
			130	9	TL	볼트 위치로
			140	5	P	나사받이 위치를 잡는다.
조립품을 상자로	TL	7		16	A RL	조립 후 놓는다.
조립품을 놓는다.	RL	2	150			

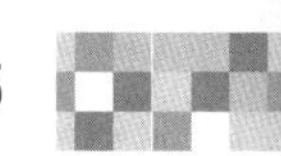

Gilbreth는 또한 작업의 효율적인 개선을 위하여 작업자, 작업장, 공구, 설비의 종합적인 분석이 가능하도록 동작경제의 원칙(principles of motion economy)을 제시하였다. 동작경제의 원칙은 표 5.4와 같다.

표 5.4 동작경제의 원칙

1. 인체 사용에 관한 원칙
   - 양손은 동시에 동작을 시작하여 동시에 끝을 맺는다.
   - 양손은 휴식을 제외하고는 동시에 쉬어서는 안 된다.
   - 팔의 동작은 서로 반대의 대칭적인 방향으로 행하며 동시에 행하여야 한다.
   - 팔, 손, 손가락 그리고 신체의 동작은 일을 만족하게 할 수 있는 최소의 동작으로 한정하여야 한다.
   - 작업에 도움이 되도록 가급적 물체의 관성을 이용하여야 할 것이며 근육에 의하여 수행되어야 할 경우를 최소한으로 줄인다.
2. 작업장의 배열에 관한 원칙
   - 모든 공구나 재료는 일정 위치에 놓도록 한다.
   - 공구, 재료 및 제어기구들은 사용장소에 가깝게 배치하여야 한다.
   - 재료를 사용장소로 보내는 데는 가급적 중력을 이용한 송달상자나 용기를 사용하여야 한다.
   - 가급적이면 낙하시켜 전달하는 방법에 따른다.
   - 재료와 공구는 조립순서에 부합되게 배열한다.
   - 채광과 조명장치를 효율적으로 설치한다.
   - 의자와 작업대의 모양과 높이는 각 작업자에 알맞도록 한다.
3. 공구 및 장비의 설계에 관한 원칙
   - 물체 고정장치나 발을 사용함으로써 손의 작업을 보조하고 손은 다른 동작을 담당하도록 한다.
   - 될 수 있으면 두 개 이상의 공구를 결합하도록 하여야 한다.
   - 공구나 재료는 미리 배치한다.
   - 손가락이 사용되는 작업에는 손가락마다 힘이 같지 않음을 고려하여야 한다.
   - 각종 손잡이는 손에 가장 알맞게 고안함으로써 피로를 감소시킬 수 있다.
   - 각종 레버나 핸들은 작업자가 최소의 움직임으로 사용할 수 있는 위치에 있어야 한다.

2) 마이크로 동작분석

작업소요시간이 짧은 대상작업을 매초 16~24fps(frames per second)로 촬영하여 복잡하고 빠른 작업을 분석한다. 그러므로 미세 동작분석의 범주에 속하나 필름을 사용하는 점에서 구분된다.

3) 메모 동작분석

메모 동작분석은 미세 동작분석에 비하여 작업소요시간이 길거나 대상작업을 장기적으로 분석하고자 하는 경우에 적용되며 1fps의 속도로 촬영되어 이를 정상속도, 즉 16fps로 영사함으로써 긴 작업이라도 짧은 시간에 검토가 가능하다. 즉 한 시간이 소요되는 작업은 60×60프레임이 촬영되며 이를 16fps로 영사하면 226초, 즉 4분이 소요된다. 마이크로 동작분석과 메모 동작분석은 합하여 필름분석으로 같이 분류하기도 한다.

연습문제

1. 인간관계학파의 관점에서 직무설계에 대하여 논하시오.
2. 작업환경설계에 고려되어야 할 사항을 기술하시오.
3. 작업방법 설정기법을 종합하시오.
4. 공정분석을 위한 흐름공정도에서 다음을 답하시오.

   1) 5가지 공정을 구분하시오.
   2) 각 공정에 제기되는 6가지 질문을 적으시오.
   3) 개선방안으로 고려되는 4종류의 조치를 적으시오.

5. 동작분석과 관련하여 다음을 적으시오.

   1) 서블릭의 의미를 쓰시오.
   2) 미세 동작분석의 의미를 쓰시오.
   3) 마이크로 동작분석과 메모 동작분석을 비교하시오.

6. 직무설계의 사회기술적 접근방법을 논의하시오.

7. 어느 기능공의 학습률은 0.8이며 첫 단위작업의 직접노동시간은 2시간이다.

(참고 : $r = \dfrac{\log\alpha}{\log 2} = \dfrac{\log 0.8}{\log 2} = -0.32193$)

1) 2번째 단위작업의 직접노동 소요시간은 얼마인가?

2) 10번째 단위작업의 직접노동 소요시간은 얼마인가?

제 6 장

작업측정

1. 표준시간
2. 시간연구법
3. 기정시간표준법
4. 작업샘플링법

주어진 직무시스템에서 수행되는 직무를 효율적으로 관리하기 위해서는 그 기초 자료로서 표준시간(time standard)이나 생산표준(production standard) 등의 작업표준(task standard)이 설정되어야 하며 작업표준을 설정하는 데 필요한 제반 절차를 작업측정(work measurement)이라고 한다.

작업표준은 주어진 직무시스템의 관리표준이 되어 효율적인 계획 및 통제를 위한 기본 자료를 제공한다. 실질적으로 작업표준은 작업자의 성과측정, 작업방법 비교개선, 임금산정, 제품단가 결정, 노동력계획, 설비계획, 생산계획, 일정계획 등의 기초 자료로 활용될 수 있다. .

1 표준시간

작업측정의 기원은 Taylor의 시간연구에서 비롯되는데 Taylor는 스톱워치를 이용하여 표준시간을 설정함으로써 관리의 과학화를 시도하였다. 그러나 근래에는 표준시간을 설정하는 데 적용되는 방법이 다양화됨으로써 시간연구보다는 작업측정이라는 용어가 더 적절히 사용되고 있다. 표준시간 설정기법으로 시간연구법(time study), 기정시간표준법(PTS ; predetermined time standard), 작업샘플링법(work sampling) 등이 있다.

표준시간이란 산출단위당 소요시간을 의미하며 주어진 작업을 숙련된 작업자가 표준화된 방법과 설비를 이용하여 설정된 조건 하에서 보통의 작업속도로 수행할 때 작업물을 한 단위 완성하는 데 필요한 시간을 의미한다. 표준시간은 정상시간과 여유시간의 합으로 표시된다. 정상시간이란 실제 주어진 작업을 수행하는 데 소요되는 시간이며 여유시간이란 작업과 관련된 기계고장 등에 의한 불가피한 지연, 생리현상 등에 기인한 개인적인 필요시간, 피로회복을 위한 휴식시간 등 근무에 수반하는 여타의 시간을 말한다. 여유시간은 일반적으로 여유율로부터 산출된다. 여유율은 표준시간에 대한 여유시간의 비율로 산정되는 경우와 정상시간에 대한 여유시간의 비율로 산정되는 두 가지의 경우가 있다. 먼저 여유율이 표준시간에 근거하여 정의되는 경우는 다음과 같다.

$$\text{여유율} = \frac{\text{여유시간}}{\text{표준시간}} \tag{6.1}$$

표준시간은 정상시간이 주어지면 다음과 같다.

$$표준시간 = \frac{정상시간}{1 - 여유율} \tag{6.2}$$

여유율이 정상시간을 기준하여 정의되는 경우는 다음과 같다.

$$여유율 = \frac{여유시간}{정상시간} \tag{6.3}$$

$$표준시간 = 정상시간(1 + 여유율) \tag{6.4}$$

생산표준은 단위시간당 산출량을 의미하며 표준시간의 역으로 산정된다.

2 시간연구법

시간연구법은 스톱워치나 계시(計時)기를 이용하여 주어진 작업의 소요시간을 직접 측정 · 분석함으로써 표준시간을 결정하는 방법이다. 필름이나 비디오테이프를 활용하기도 한다. 시간연구는 다음과 같은 절차를 갖는다.

① 직무를 요소 작업으로 분해한다.
② 각 요소작업에 대하여 작업방법의 표준을 결정한다.
③ 작업자를 선발 · 훈련시킨다.
④ 각 요소작업에 대하여 시간연구를 수행하여 정상시간을 산정한다.
⑤ 표준시간을 산정한다.

시간연구에 의한 정상시간은 다음과 같이 산정한다.

① 각 요소작업을 관찰하여 실제 소요되는 시간을 여러 번 측정 기록한다.
② 작업자의 평정(rating)계수에 기준하여 정상시간을 산정한다.

작업자의 평정계수란 작업자의 숙련도를 나타내는 계수로서 작업자가 정상적인 속도로 작업을 수행하는 경우에는 평정계수가 100(%)이 되며 숙련도가 높아 정상속도보다 빠르게 작업을 수행하는 경우에는 100보다 크게, 숙련도가 낮아 정상속도보다 늦게 작업이 수행되는 경우에는 100보다 작게 주어진다.

$$\text{정상시간} = \frac{\text{측정소요시간} \times \text{평정계수}}{100} \tag{6.5}$$

즉 평정계수가 100보다 큰 작업자는 정상속도보다 빨리 주어진 작업을 완료하였으므로 정상시간은 관측된 소요시간보다 더 많이 소요됨을 의미한다.

예를 들어 보자. 제일자전차회사의 프레임 조립작업은 3개의 요소작업으로 구성되어 있다. 각 요소작업은 10회씩 측정되어 산정된 평균 측정소요시간이 각각 2.7분, 13.5분, 8.2분이었다. 각 요소작업을 수행한 작업자의 평정계수는 각각 120, 90, 100인 경우 정상시간은 각각 3.24분, 12.15분, 8.2분이 된다. 그러므로 주어진 조립작업에 소요되는 정상시간은 23.59분이 된다. 만약 표준시간에 대한 여유율을 0.15로 본다면 표준시간은 다음과 같이 계산된다.

$$\text{표준시간} = \frac{23.59}{1 - 0.15} = 27.75\text{분}$$

실제 측정에 있어서 요구되는 정확도를 유지하기 위해서는 측정횟수, 즉 표본크기를 결정해야 하나 여기에서는 생략하기로 한다. 단 표본크기가 클수록 더 높은 정확도를 확보한다고 할 수 있다. 시간연구는 대상 작업자가 심리적인 압박감을 갖는 경우에는 정확한 소요시간을 산정하는 데 어려움을 수반한다. 또한 평정계수와 여유율의 결정도 정확도의 문제를 제기한다. 그럼에도 불구하고 시간연구법은 대상 작업의 특성이나 난이도에 구애됨이 없이 직접 측정을 하므로 상당히 정확한 결과를 제시하며 실제 작업측정에 활용되는 기법 중 가장 많이 이용되고 있다.

3 기정시간표준법

각 작업은 몇 개의 요소동작(미세동작)으로 분해될 수 있으며 서로 다른 작업이라 할지라도 동일한 요소동작을 포함할 수 있다.

기정시간표준법은 이러한 요소동작에 대하여 주어진 조건을 고려하여 기정시간표준을 적용하고 모든 요소동작에 대하여 이를 집계함으로써 표준시간을 설정하는 방법이다. 요소동작은 신체 부위, 이동거리, 중량, 난이도, 작업물의 상태 등에 따라 세분화된다.

기정시간표준법은 다음의 절차에 의한다.

① 주어진 작업을 이미 설정된 몇 개의 요소동작으로 분해한다.
② 각 요소동작에 대하여 기정표준 정상시간을 표에서 찾는다.
③ 주어진 작업의 정상시간을 이들의 합으로부터 구한다.
④ 산정된 정상시간에 여유율을 적용하여 표준시간을 구한다.

기정시간표준법은 시간연구법보다 시간과 비용이 적게 들며 제공되는 기정시간 표준에 대한 자료들이 이미 상당한 검증을 거친 후에 시간표준으로 제공된다는 점에서 정확도가 높다고 할 수 있다. 또한 평정계수의 산정이나 작업자의 심리적 저항감 등도 걱정할 필요가 없다. 그러나 기정시간표준법을 적용하고자 하는 경우에는 작업을 요소동작으로 분해하고 난이도 등의 조건을 일치시키는 데 많은 훈련과 경험을 필요로 한다는 어려움을 수반한다.

PTS법에는 다양한 방법이 있지만 그 중 1948년 개발된 MTM(measurement time method)법과 1945년 개발된 WF(work factor)법이 가장 많이 이용된다. 여기에서는 이해를 위하여 MTM법만 소개한다.

1) MTM법

MTM법은 표준시간을 설정하여 작업방법을 분석하고 개선하는 데 그 목적을 두고 개발되었다. MTM법에 제시되는 기본적인 요소동작은 다음과 같다.

① 손뻗음(reach)
② 쥐기(grasp)
③ 움직임(move)
④ 회전(turn)
⑤ 누름(apply pressure)
⑥ 위치잡음(position)
⑦ 놓음(release)
⑧ 이탈(disengage)
⑨ 눈동작(eye time)

정상시간에 대한 기정시간표준은 주어진 요소동작에 다음의 조건들의 조합으로 세분되어 주어진다.

① 목적물의 상태
② 이동거리
③ 중량
④ 난이도

MTM법에 있어서는 TMU(time measurement unit)을 요소동작의 소요시간을 측정하는 시간의 기본 단위로 하며 1TMU는 1/100,000시간이다.

이해를 돕기 위하여 표 6.1에는 요소동작회전에 있어서 그 조건으로 이동거리와 난이도를 고려한 기정시간표준이 제시되어 있다.

표 6.1 MTM법의 요소동작 회전의 기정시간표준표

무게	회전각도에 따른 TMU										
	30	45	60	75	90	105	120	135	150	165	180
0 – 2 Lbs	2.8	3.5	4.1	4.8	5.4	6.1	6.8	7.4	8.1	8.7	9.4
2.1 – 10 Lbs	4.4	5.5	6.5	7.5	8.5	9.6	10.6	11.6	12.7	13.7	14.8
10.1 – 35 Lbs	8.4	10.5	12.3	14.4	16.2	18.3	20.4	22.2	24.3	26.1	28.2

4 작업샘플링법

작업샘플링법은 간단한 통계적 표본조사를 통하여 특정활동에 대한 작업상황을 파악하고 이에 근거하여 표준시간을 설정하는 방법이다. 시간연구법이나 기정시간표준법이 직접노동에 의한 현장작업을 대상으로 하는 데 반하여 작업샘플링법은 간접노동에 의한 사무업무 등에도 적용되며 특정활동이 집단으로 시행될 때, 비반복적 업무, 시간적인 제약이 엄격하지 않을 때에도 적용이 가능하다.

작업샘플링법은 대상활동에 대한 표본조사를 통하여 작업비율과 비작업비율을 추정하고 총활동시간과 총산출량에 의하여 산출단위당의 정상시간과 표준시간을

산정하는 방법이다. 정상시간과 표준시간의 산정은 다음과 같다.

$$정상시간 = \frac{총활동시간 \times 작업비율 \times (평정계수/100)}{총생산량} \tag{6.6}$$

$$표준시간 = \frac{정상시간}{1 - 여유율} \tag{6.7}$$

여기에서 작업비율은 작업 중인 표본수를 표본크기로 나눈 값이며 여유율은 표준시간, 즉 총활동시간에 대한 여유시간의 비율이다.

작업샘플링법의 기본 절차는 아래와 같다.

① 대상활동을 선정한다.
② 표본조사의 신뢰도와 허용오차를 결정하고 표본크기를 산정한다.
③ 관찰시점을 선정한다.
④ 대상활동에 대한 표본조사를 통하여 작업비율과 비작업비율을 구한다.
⑤ 단위산출물의 정상시간을 산정한다.
⑥ 단위산출물의 표준시간을 결정한다.

요구되는 허용오차와 신뢰도가 주어지면 표본크기는 일반적인 통계적 절차에 의하여 다음 식에 의하여 산정된다.

$$E = Z_{a/2}\sqrt{\frac{p(1-p)}{n}} \tag{6.8}$$

E : 허용오차(요구되는 정확도로서 비율로 표시됨)

p : 작업비율(작업 중인 표본수/표본크기)

n : 표본크기

$Z_{\alpha/2}$: 신뢰도 $1-\alpha$인 경우에 표준정규분포의 표준편차수

그러므로 식 (6.8)로부터 표본크기를 구하는 식은 다음과 같다.

$$n = \left(\frac{Z_{a/2}}{E}\right)^2 p(1-p) \tag{6.9}$$

실제로 표본크기가 크면 추정된 작업비율 p의 신뢰도가 증가한다. 그런데 작업샘플링법은 표본조사를 통하여 작업비율 p를 추정하는 방법이다. 작업비율 p는 식 (6.9)에서 얻은 표본크기를 표본조사하여 얻을 수 있으며 신뢰도 $1-\alpha$를 유지할 수 있다. 그러므로 식 (6.9)에 적용될 작업비율 p는 무엇인가 하는 질문이 남는다. 식 (6.9)에 처음 적용될 작업비율 p를 얻기 위하여 예비조사를 실시하여야 한다. 그리고 예비조사에 의한 작업비율 p와 식 (6.9)로 얻어진 표본크기로 표본조사 결과로 추정된 작업비율 p가 차이가 나는 경우에는 다시 새로 얻어진 작업비율 p를 식 (6.9)에 적용하여 표본크기를 구하는 절차를 되풀이하여야 한다.

식 (6.9)은 매우 중요한 식으로 다음에도 자주 적용되므로 설명을 추가한다. n개의 표본을 추출한다고 하자. $i(i=1, \cdots, n)$번째 표본의 결과 x_i는 작업(양) 또는 비작업(불량)의 두 가지 중의 하나를 결과로 갖는 베르누이 시행(Bernoulli trial)이다. 작업비율이 p인 베르누이 시행을 갖는 확률변수 x_i의 확률질량함수(probability mass function) $p(x_i)$는 다음과 같다.

$$p(x_i) = p^{x_i}(1-p)^{1-x_i} \tag{6.10}$$

즉 확률 p로 $x_i=1$, 확률 $1-p$로 $x_i=0$이 된다. 그러므로 베르누이 확률변수 x_i의 기대치 μ와 분산 σ^2은 다음과 같다.

$$\begin{aligned} \mu &= E(x_i) = 1 \times p + 0 \times (1-p) = p, \\ \sigma^2 &= V(x_i) = E(x_i^2) - \mu^2 = p - p^2 = p(1-p) \end{aligned} \tag{6.11}$$

여기에서 $E(x_i^2)$은 다음과 같이 계산된다.

$$E(x_i^2) = 1^2 \times p + 0^2 \times (1-p) = p \tag{6.12}$$

그러므로 표본크기가 n인 경우 총표본의 평균 작업비율, $\bar{p} = (1/n)\sum_{i=1}^{n} x_i$가 되어 $\bar{p}$는 작업비율 p의 추정량이 되며 $\bar{p}$의 표본분포(sampling distribution)의 기대치 $E(\bar{p}) = p$, 분산 $V(\bar{p}) = p(1-p)/n$가 된다. 허용오차와 신뢰도에 대하여는 여타의 서적을 참고하자.

예를 들어 보자. 수출용 인형을 만드는 어느 중소기업의 공장장은 작업자들이 근무시간의 75%만 실제로 작업을 수행하고 있다고 생각하고 있다. 공장장은 작업자

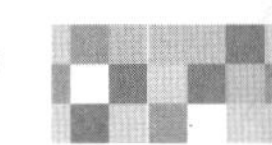

들의 작업비율을 ±5%의 허용오차와 95%의 신뢰도를 가지고 작업샘플링을 하기 위하여 표본크기는 얼마로 해야 하는가를 결정하고자 한다. $E = 0.05$, $Z_{\alpha/2} = 1.96$, $p = 0.75$와 식 (6.9)를 적용하여 표본크기는 다음과 같다.

$$n = (\frac{1.96}{0.05})^2(0.75)(1-0.75)$$

$$\fallingdotseq 288.12\text{회}$$

$$\fallingdotseq 289\text{회}$$

표본크기가 결정되면 관찰시점을 결정해야 한다. 관찰시점은 임의성을 유지하기 위하여 난수(random number)표를 이용하여 산정될 수 있다. 예를 들어 5명의 작업자에 대하여 하루 8시간 동안에 걸쳐서 관찰을 실시하고자 하는 경우에는 총근무시간이 28,800초이므로 난수표에서 5자리수를 취하여 00000부터 28,800 사이의 숫자를 58개 취하여 이를 시간으로 환산한다. 표본크기가 289개이고 대상작업자가 5명이므로 289/5 ≒ 58회의 관찰시점이 요구되기 때문이다.

이제 정상시간과 표준시간을 구하는 문제를 앞의 예를 연장적용하여 설명하자. 선정된 시점에 작업샘플링을 한 결과 218회는 작업 중이였으며 72회는 작업을 하지 않고 있었다. 인형을 만드는 공장에는 총 10명의 작업자가 하루 8시간 근무로 1,200개의 인형을 생산하고 있다. 작업자들은 매우 숙련되어 평정계수가 125이며 여유율은 총근무시간에 대하여 0.1을 적용한다. 정상시간과 표준시간은 아래와 같다.

$$\text{정상시간} = \frac{\text{총근무시간} \times \text{작업비율} \times (\text{평정계수}/100)}{\text{총생산량}}$$

$$= \frac{(480 \times 10) \times (218/290) \times (125/100)}{1200}$$

$$= 3.76\text{분/개}$$

$$\text{표준시간} = \frac{\text{정상시간}}{1 - \text{여유율}}$$

$$= 3.76/(1-0.1)$$

$$= 4.18\text{분/개}$$

작업샘플링에 의한 작업비율이 예비조사에 의한 작업비율과 차이가 나는 경우에는 정상시간과 표준시간을 산정하기 전에 다시 표본크기를 산정하여야 함은 앞에서 언급한 바와 같다.

연습문제

1. 작업측정방법을 분류하시오.
2. 표준시간과 정상시간에 대한 여유율을 비교하시오.
3. 기정시간표준법과 시간연구법의 장단점을 비교하시오.
4. MTM법과 WF법을 비교하시오.
5. 확률변수 x의 기대치와 분산을 구하시오.

x	3	6	9	12
p(x)	0.1	0.3	0.5	0.1

6. 베루누이 확률변수 x의 확률질량함수를 적고 기대치, 분산을 유도하시오.
7. 베루누이 확률변수의 질량함수와 이항확률변수의 확률질량함수를 연관지으시오.
8. $p = 0.3$인 베루누이 확률변수 x가 있다. 100개의 표본을 추출하여 이의 평균 $\bar{X} = (x_1 + \cdots + x_{100})/100$를 구했을 때 확률변수 $\bar{X}$의 기대치와 분산을 구하시요.
9. 밀링작업을 20회 측정한 결과 평균 소요시간은 25분이였다. 작업을 수행한 숙달된 작업자의 평정계수는 120이며 표준시간에 대한 여유율이 0.25일 때 표준시간을 구하시오.
10. 동사무소의 민원업무담당자를 작업샘플링법으로 표본을 추출하여 실제 작업시간의 비율을 추정하니 비율이 70%였다. 하루 근무시간은 8시간, 고충을 처리한 고객은 200명이다. 평정계수가 90, 표준시간에 대한 여유율은 0.2로 한다면 표준시간은 얼마인지 구하시오.
11. 드릴링작업을 수행하는 근무자는 작업시간의 12% 정도를 작업 이외의 시간으로 소비하고 있다고 추정되고 있다. 비작업시간의 실제 비율을 ±5% 허용오차와 90%의

신뢰도를 가지고 산정하기 위한 표본크기를 구하시오.

12. 어느 공장의 생산부서는 제품단위당 표준시간을 설정하기 위하여 작업샘플링법을 수행하고자 한다.

1) 예비조사 결과, 작업자의 작업비율은 80%였다. 작업비율을 ±4%의 허용오차, 90%의 신뢰도로 작업샘플링을 수행하기 위한 표본크기를 구하시오.
2) 구해진 표본크기로 표본을 추출한 결과 0.75의 비율로 작업 중이고 0.25의 비율로 작업을 하고 있지 않았다. 하루 총작업시간이 100시간이고 1,000개의 제품을 생산하고 있다. 작업자의 평정계수는 120이며 총근무시간에 대한 여유율을 0.1로 적용하고자 한다. 표준시간을 구하시오.

제 7 장

설비입지

1. 설비입지 요인
2. 요인평가법
3. 손익분기점 분석
4. 수송비용에 의한 단일입지 문제
5. 수송비용에 의한 복수입지 문제
6. 공공설비입지 문제
7. 설비추가 문제
8. 수직적 통합

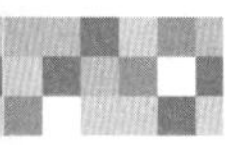

설비입지 문제는 제품을 생산하는 공장을 위시하여 중간도매상, 물류센터, 사무실, 소방소, 병원 등 모든 기업 및 공공설비의 입지에 관한 문제를 다룬다. 그러므로 설비입지에 관한 문제는 경영학, 경제학, 가정경제학, 건축학, 도시계획학 등 다양한 분야의 공통의 관심사이기도 하다. 특히 공장이나 기업과 관련된 설비입지에 관한 의사결정은 조직에서 자주 발생하는 문제가 아님에도 불구하고 기업의 성패에 영향을 미치는 중요한 문제로서 막대한 자본비용을 수반할 뿐만이 아니라 제품품질과 마케팅활동과 관련되어 기업의 경쟁력에 지속적인 영향을 주므로 입지에 관한 의사결정이 잘못된 경우에는 이를 수정하기가 매우 힘들다. 또한 공공설비의 입지는 제공되는 서비스의 질과 양에 많은 영향을 준다.

설비입지의 문제는 단일설비입지 문제와 복수설비입지 문제로 구분된다. 단일설비입지 문제는 하나의 새로운 설비의 입지를 결정하는 문제이며 복수설비입지 문제는 복수의 새로운 설비의 입지를 상호작용 하에 공동으로 결정하는 문제이다. 또한 입지가 주어진 설비의 경우에도 이전을 위한 새로운 입지를 선정하거나 확장을 고려하거나 기존의 설비에 추가하여 새로운 설비의 입지를 결정하는 등 입지문제는 동태적 성격을 내포한다.

1 설비입지 요인

설비입지에 영향을 주는 요소들은 주어진 설비에 대한 투입물, 산출물, 환경간의 상호관계에 의하여 결정된다. 예를 들어 제조공장의 입지에 있어서 투입물과 관련되는 요소로는 원료 및 자재, 노동력, 에너지, 공업용수 등을, 산출물과 관련된 요소로는 시장의 수요 및 잠재력을, 환경과 관련이 되는 요소로는 기후, 지역적 인습, 법률, 세제, 토지 및 건설비용, 생활환경 등을 들 수 있다. 그러므로 입지의 결정은 투입물을 중시하는 경우와 산출물을 중시하는 경우로 구분할 수 있다.

투입물이 입지결정에 중요한 요인이 되는 경우는 대부분 제조공장의 입지와 관련되며 원자재나 공업용수 등에 근접하여 공급원 중심으로 입지가 결정된다. 광업, 농수산물 가공업, 제지공장 등과 같이 부패가능성이 높거나 수송비용이 많이 드는 경우가 이에 해당된다. 그 외에도 노조활동의 질과 정도가 입지선택에 제한을 가하기도 한다. 그러므로 투입물의 질, 양, 비용이 동시에 고려되어야 하는데 투입물의 질, 양, 비용에 문제가 있는 경우에는 제조공정 자체나 품질, 비용에 영향을 준다.

산출물이 중요한 변수가 되는 경우는 시장지향적인 입지결정으로서 수요지에 근접하여 입지가 결정된다. 대부분의 서비스업, 공공설비, 유통센터 등이 이에 속한

다. 또한 제품수명이 짧아 부패가능성이 높거나 중량이나 부피가 큰 경우도 수요지에 근접하여 입지가 결정된다. 바다로 둘러싸인 우리나라의 경우 항만 근처에 수출위주의 제품을 생산하는 공장의 입지를 결정하는 것도 시장지향적 입지결정의 예라고 할 수 있다.

환경요인도 경우에 따라서는 매우 중요한 입지결정요인이 된다. 예를 들어 기온은 섬유공장의 입지에, 습도는 연초공장의 입지에 중요한 요인이 된다. 온도, 습도, 강우량 등의 기후와 관련된 요인들은 제품품질에 영향을 주기도 한다. 원자력 발전소, 쓰레기 매립장, 화학공장 등에서 보는 바와 같이 지역사회의 여론도 입지결정에 영향을 준다. 법적인 제약도 고려되어야 한다. 공해방지법규, 그린벨트 등도 입지선택을 제한한다. 종업원들에게 좋은 생활환경을 제공하는 것도 필요하다.

결과적으로 입지결정은 공급체인에서 모든 구성요소와 상호관계를 고려하여 전체적으로 최적의 입지를 선택해야 한다. 또한 언급된 다양한 요인들은 입지결정에 많은 시간과 비용을 요구한다. 그러나 경우에 따라서는 필수 불가결한 몇 가지 요인이 결정적 역할을 하기도 한다. 입지결정과 관련되는 다양한 요인들은 여타의 저서를 참조하기로 하고 여기에서는 입지결정에 적용될 수 있는 몇 가지 방법을 소개한다.

2 요인평가법

요인평가법은 모든 입지후보지에 대하여 선정된 주요 요인에 대한 가중평점을 산정 · 비교하는 방법이다. 전반적인 절차는 다음과 같다.

입지와 관련된 주요 요인들을 선정하여 각 요인에 대하여 중요도에 의한 가중치를 부여한다. 각 후보지마다 요인별로 평점을 하고 전체 요인에 대한 가중평균평점을 구한다. 가장 높은 가중평균평점을 갖는 후보지를 선택한다. 이는 다음과 같이 나타낼 수 있다.

$$T_j = \sum_{i=1}^{m} w_i \; p_{ij} \;\; (j = 1, \;\cdots,\; n)$$

m : 고려되는 요인의 수

n : 입지후보지의 수

T_j : 입지후보지의 가중평균평점(j = 1, ⋯, n)

ω_i : 요인 i의 가중치(i = 1, ⋯, m)

p_{ij} : 입지후보지 j의 요인 i에 대한 평점 (7.1)

모든 입지후보지에 대하여 가중평균평점 T_j(j = 1, ⋯, n)를 산정하고 그 중 가장 높은 가중평균평점을 갖는 입지후보지를 선정한다.

예를 들어 보자. 2개의 입지후보지 중 하나를 선정하고자 한다. 고려되는 요인과 각 입지후보지에 대한 평점이 표 7.1과 같다. 입지후보지 1의 가중평균평점은 76.25이며 입지후보지 2의 가중평균평점은 81이므로 결과적으로 입지후보지 2가 선정된다.

요인평가법은 단일설비의 입지선정에 적용되며 복수설비에 대한 입지를 동시에 고려할 경우에는 적용하기가 곤란하다. 이는 새로운 설비들간의 상호작용이 존재하는 경우 이를 고려할 수 없기 때문이다. 또한 주어진 평점이 다분히 주관적이므로 그 정확성 또한 의문시 된다. 필수 불가결한 특정 요인에 대한 고려도 미흡하다. 필수 불가결한 요인이 만족되지 않는 경우에도 다른 요인들의 평점이 높으면 선택

표 7.1 요인평가표

입지요인	가중치	평점	
		입지후보지 1	임지후보지 2
노동력	0.15	90	80
건설비용	0.1	85	70
에너지	0.05	65	95
원자재	0.15	40	80
세제	0.1	80	75
주거환경	0.1	70	80
지역사회	0.1	95	80
시장	0.2	80	90
확장가능성	0.05	90	95
가중평균평점		76.25	81

될 가능성이 존재하기 때문이다. 그러나 요인평가법은 입지후보지에 대한 전반적인 검토를 위한 좋은 대안이 된다.

3 손익분기점 분석

손익분기점 분석은 입지대안들에 대한 수요량과 비용과의 관계를 비교하여 수요량에 따른 최적대안을 파악하는 방법이다. 이는 총비용을 고정비와 변동비로 구분하고 수요량에 따른 총비용과 매출액을 비교하여 최적대안을 결정한다.

자본비용이나 연구개발비용 등으로 구성되는 고정비는 기업의 최적규모를 결정하는 변수로서 주어진 산업에서의 기업의 규모와 수를 결정하는 요인이 된다. 높은 고정비용은 함몰비용(sunk cost)으로 존재하여 잠재적 진입자에게는 진입장벽(entry barrier)으로 기존 기업에게는 퇴거장벽(exit barrier)으로 작용하여 주어진 산업에서 진입과 탈퇴를 어렵게 한다. 또한 불황시에는 격심한 가격경쟁의 원천이 된다.

손익분기점 분석을 입지결정에 적용하기 위해서는 입지가 수요에 영향을 주는지를 먼저 고려해야 한다. 예를 들어 백화점이나 유통센터, 소매점, 서비스업 등에서는 입지가 수요에 많은 영향을 주게 된다. 그러므로 입지가 수요에 영향을 주는 경우와 주지 않는 경우를 구분하여 적용해야 한다. 표 7.2는 입지가 수요에 영향을 주지 않는 경우의 입지결정내용을 표로 나타낸 것이며 표 7.3은 입지가 수요에 영향을 주는 경우를 표로 나타낸 것이다.

입지결정기법으로 제시되는 손익분기점 분석의 문제점은 고정비가 주어져 있다는 것이다. 다시 말하여 수요예측에 의하여 생산능력, 즉 용량과 그에 따른 생산 기술을 결정하는 경우에는 고정비 자체가 생산능력과 생산기술의 함수로서 결정하고자 하는 주요 변수가 되기 때문이다.

손익분기점 분석은 생산비용을 고정비와 변동비로 구분하여 생산량과 총비용과의 관계를 설정한다. 그러므로 생산량이 커질수록 고정비는 더 분담되어 단위당 생산비용은 감소하므로 규모의 경제를 얻을 수 있음을 가정한다. 또한 생산능력이 커질수록 관리기능의 내실화에 의한 표준화와 관리비의 분담에 따른 규모의 경제를

표 7.2 손익분기점 분석(입지가 수요에 영향을 주지 않을 때)

Q : 수요량

<table>
<tr><th colspan="2">구분/입지</th><th>A</th><th>B</th><th>C</th></tr>
<tr><td colspan="2">고정비</td><td>210,000</td><td>150,000</td><td>180,000</td></tr>
<tr><td colspan="2">변동비/단위</td><td>10</td><td>15</td><td>12</td></tr>
<tr><td colspan="2">총비용</td><td>210,000 + 10Q</td><td>150,000 + 15Q</td><td>180,000 + 12Q</td></tr>
<tr><td rowspan="3">최적 대안</td><td>수요 < 10,000</td><td></td><td>B</td><td></td></tr>
<tr><td>10,000 ≤ 수요 ≤ 15,000</td><td></td><td></td><td>C</td></tr>
<tr><td>15,000 < 수요</td><td>A</td><td></td><td></td></tr>
</table>

표 7.3 손익분기점 분석(입지가 수요에 영향을 줄 때)

구분/입지	A	B	C
고정비	210,000	150,000	180,000
변동비/단위	10	15	12
예상수요	18,000	15,000	14,000
매출단가	30	30	30
예상총매출액	540,000	450,000	420,000
예상총비용	390,000	375,000	348,000
예상이익	150,000	75,000	72,000
최적대안		A	

얻을 수 있다. 그러나 생산량이나 생산능력이 어느 한계를 넘어서면 규모의 경제는 규모의 비경제로 변한다. 이는 시간 외 근무, 하청 등에 따른 생산비의 증가, 수요지와의 거리에 따른 수송비용의 증대, 조직이 커짐에 따라 관리기능이 복잡해지고 비효율성이 커지기 때문이다.

또한 Skinner의 집중화 공장(focused factory)은 큰 규모의 공장보다는 작은 규모의 공장을 선호한다. 집중화 공장은 제조요건이 같은 한두 제품의 생산활동을 수행하는 단순화된 공장이다. 규모의 경제는 'big is better' 로, 집중화 공장은 'small is beautiful' 로 서로 대치되는 접근을 시도하고 있다. 또한 생산시스템의 컴퓨터화는

적은 규모의 공장에서 다품종의 제품을, 큰 규모의 공장은 한두 가지의 소품종의 제품을 생산하여 높은 생산성을 유지한다. 그러므로 규모의 경제는 일반적인 개념이라기보다는 특정 부문에 특정 기간 동안 적용가능한 한계를 수반하는 개념이라 할 수 있다.

4 수송비용에 의한 단일입지 문제

입지결정에 요구되는 모든 기본적인 요인들이 만족되는 경우에는 수송비용에 의하여 입지를 결정할 수도 있다. 여기에서는 수송비용을 기준으로 입지결정에 대한 분석적 모형의 예를 제시함으로써 입지결정 문제에 대한 이해를 높이고자 한다.

수송비용을 정의하기 위하여 먼저 좌표상의 두 점 A(x_A, y_A)와 B(x_B, y_B)의 거리 d(A, B)를 정의한다. 입지 문제와 관련하여 적용될 수 있는 거리의 개념으로 직각(rectilinear) 거리와 유클리드(Euclidean) 거리를 들 수 있다. 직각거리를 적용하는 경우에는 $d(A, B) = |x_A - x_B| + |y_A - y_B|$로 유클리드거리를 적용하는 경우에는 $d(A, B) = \sqrt{(x_A - x_B)^2 + (y_A - y_B)^2}$ 로 정의된다. 그림 7.1로 설명하면 직각거리는 두 지점 A와 C 그리고 두 지점 B와 C의 직선거리의 합이며, 유클리드거리는 두 지점 A와 B의 직선거리이다. 직각거리는 도심지 안의 두 입지간의 거리, 건물 내의 부서간의 거리, 제조시스템에서 기계간의 거리 등에 실제 적용될 수 있는 거

그림 7.1 직각거리와 유클리드거리

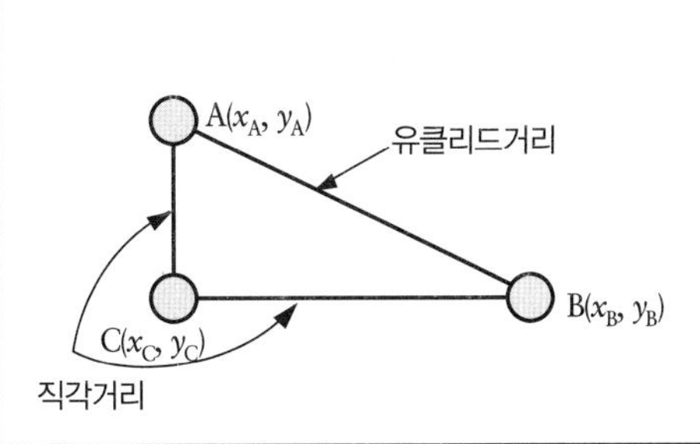

리이다. 여기에서는 단일입지 문제에 대한 이해를 목적으로 하므로 직각거리에 의한 경우만 제시한다.

수송비용을 적용한 단일입지 문제로는 몇 개의 유통센터에 제품을 공급하는 새로운 공장의 입지, 계열공장들에 원자재를 공급하는 물류센터의 입지, 또는 기계들에 공구를 공급하는 공구저장창고의 위치 등을 결정하는 경우를 예로 들 수 있다.

유통센터, 계열공장 또는 기계들과 같이 이미 존재하는 설비를 총칭하여 '기존의 설비'라 하고 새로 입지를 요하는 공장, 물류센터, 공구저장창고 등을 '새로운 설비'라 하기로 한다. 다음을 정의한다.

$F(x, y)$: 새로운 설비의 입지(알지 못함)
$p_i(a_i, b_i)$: i번째 기존의 설비 위치($i = 1, \cdots, m$)
$d(F, p_i)$: 새로운 설비 $F(x, y)$와 기존의 설비 $p_i(a_i, b_i)$의 거리(거리/단위이동)
t_i : 단위기간당 새로운 설비 $F(x, y)$와 기존의 설비 $p_i(a_i, b_i)$ 간의 이동횟수(이동횟수/단위기간)
v_i : 새로운 설비 $F(x, y)$와 기존의 설비 $p_i(a_i, b_i)$에 있어서 단위거리당 수송비용(비용/단위거리)

새로운 설비 $F(x, y)$와 기존의 설비 $p_i(a_i, b_i)(i = 1, \cdots, m)$ 간의 총수송비용 $TC(x, y)$는 다음과 같이 정의될 수 있다.

$$\begin{aligned} TC(x, y) &= \sum_{i=1}^{m} t_i \ v_i \ d(F, \ p_i) \\ &= \sum_{i=1}^{m} w_i \ d(F, \ p_i) \end{aligned} \quad (7.2)$$

여기에서 $\omega_i = t_i v_i$로서 수요량이라 명명하기로 한다. 그러므로 단일입지 문제는 총수송비용 $TC(x, y)$를 최소화하는 새로운 설비의 입지 $F(x, y)$의 x와 y를 결정하는 문제이다. 직각거리를 적용하여 식 (7.2)는 다음과 같다.

$$\underset{x,y}{Min.} \ \sum_{i=1}^{m} w_i \left\{ |x - a_i| + |y - b_i| \right\} \quad (7.3)$$

식 (7.3)은 다음의 식 (7.4)와 (7.5)의 두 가지 경우로 분리되어 각각 독립적으로 해결될 수 있다.

$$\underset{x}{Min.} \sum_{i=1}^{m} w_i \left| x - a_i \right| \tag{7.4}$$

그리고

$$\underset{y}{Min.} \sum_{i=1}^{m} w_i \left| y - b_i \right| \tag{7.5}$$

식 (7.4)와 식 (7.5)는 각각 x와 y에 대하여 기존의 설비의 a_i와 b_i를 극한점으로 하는 선형으로 이루어진(piesewise) 볼록(convex)함수를 만족시킨다. 결과적으로 새로운 설비의 최적입지 $F(x^*, y^*)$의 x^*와 y^*는 다음의 특성을 만족시킨다.

① x^*는 기존의 설비의 한 좌표 a_i와 같다.
y^*는 기존의 설비의 한 좌표 b_i와 같다.
② x^*와 y^*는 총수요량에 대하여 중위수(median) 위치를 갖는다.

총수요량이라 함은 $\sum_{i=1}^{m} w_i$를 의미하며 중위수 위치란 결정된 새로운 설비입지에 대한 좌표상의 양측에 각각 총수요량의 1/2보다 적은 수요량이 위치함을 의미한다.

예를 들어 설명하여 보자. 강동구에 위치한 4군데의 병원에 혈액을 공급하는 혈액은행을 세우고자 한다. 기존의 병원들은 좌표상 각각 (10, 6), (8, 5), (4, 3), 그리고 (15, 6)에 위치하고 있다. 병원과 혈액은행 간의 수요량, $\omega_i (i = 1, \cdots, 4)$는 각각 350, 900, 420, 1350이다. 직각거리에 의하여 최소수송비용을 주는 혈액은행의 입지를 결정해 보자.

먼저 식 (7.4)와 식 (7.5)를 이용하여 x에 대한 수송비용함수와 y에 대한 수송비용 함수를 각각 독립적으로 다음과 같이 구할 수 있다.

$$\mathrm{TC}_x = \{350|x - 10| + 900|x - 8| + 420|x - 4| + 1350|x - 15|\}$$
$$\mathrm{TC}_y = \{350|y - 6| + 900|y - 5| + 420|y - 3| + 1350|y - 6|\}$$

이제 x의 함수로서 TC_x를 그래프로 표시하면 그림 7.2와 같다. 그러므로 TC_x는 선형으로 이루어진 볼록함수임을 알 수 있으며 $x^* = 10$도 동시에 얻을 수 있다.

이제 제시된 최적해의 특성을 이용하여 x^*를 구해 보자. 이를 위하여 병원들을

그림 7.2 수송비용함수(좌표)

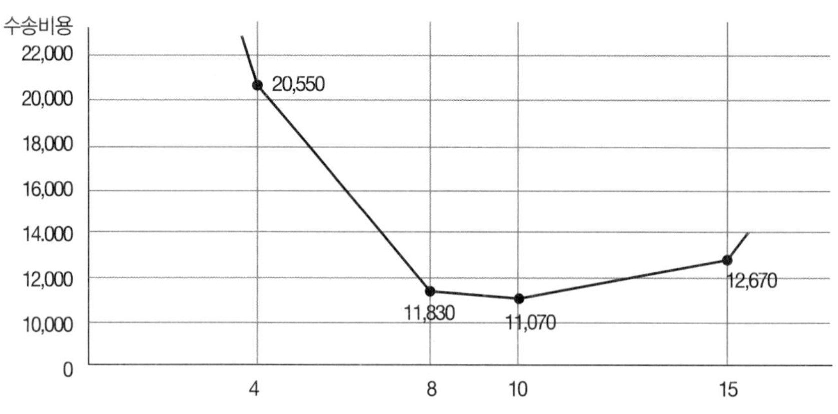

위치하는 순서에 따라 x좌표에 배열한다. 그 결과 순차적 x좌표와 수요량은 각각 (4, 8, 10, 15)와 (420, 900, 350, 1350)이 된다. 총수요량 3020의 중위수(1510과 1511)를 포함하는 위치는 10이 되어 $x^* = 10$이 된다. 결과적으로 중위수 좌측의 수요량의 합은 1320, 우측의 수요량의 합은 1350이 되어 모두 1510.5보다 적다. y^*의 값도 이와 같은 방법으로 그래프나 최적해의 특성에 의하여 구하면 $y^* = 6$이 된다.

5 수송비용에 의한 복수입지 문제

복수입지 문제를 제시된 단일입지 문제의 연장선상에서 다루어 이해를 돕고자 한다. 예를 들어 보자. 어느 기업에서는 기존의 4개의 공장에 서로 다른 두 가지 종류의 부품을 생산하여 공급하는 공장을 신설하려고 하며 이의 입지를 검토하고 있다. 두 가지 부품을 모두 생산할 수 있는 하나의 공장을 신설하려는 계획도 검토하였으나 두 부품의 특성이 다르고 각 공장에서의 소요량에 많은 차이가 있어 수송비의 절감과 관리상의 복잡성을 피하기 위하여 서로 다른 입지를 선정, 2개의 공장을 건립하기로 하였다. 새로이 계획되는 두 공장은 상호보완적으로 각각의 제품이 다른 공장에서의 부분품으로 사용된다.

복수입지 문제는 이와 같이 n개의 기존의 설비에 대하여 m개의 새로운 설비의 입지를 결정하는 문제이다. 새로운 설비 $i(i = 1, \cdots, m)$과 기존의 설비 $j(j = 1, \cdots, n)$사이에는 수요량 ω_{ij}가 존재하고, 새로운 설비 i와 새로운 설비 k 간에도 수요량이 존재한다. 이를 $\gamma_{ik}(i < k)$라고 정의한다. 그러나 만약 모든 i, k에 대하여 $\gamma_{ik} = 0$ 이면 주어진 복수입지 문제는 각각의 새로운 설비에 대한 m의 단일입지 문제로 단순화될 수 있다.

이제 $F_i(x_i, y_i)(i = 1, \cdots, m)$를 i번째의 새로운 설비의 입지라고 하면 총수송비용은 다음과 같이 정의된다.

$$TC(\underline{x}, \underline{y}) = \sum_{i=1}^{m} \sum_{j=1}^{n} \omega_{ij}\, d\left(F_i,\ p_j\right) + \sum_{1 \le i \langle k \le m} \gamma_{ik}\, d\left(F_{i,}\ F_k\right) \tag{7.6}$$

직각거리를 적용하는 경우 식 (7.6)은 다음과 같다.

$$\begin{aligned} TC(\underline{x}, \underline{y}) = \sum_{i=1}^{m} \sum_{j=1}^{n} \omega_{ij} \left\{ \left|x_i - a_j\right| + \left|y_i - b_j\right| \right\} \\ + \sum_{1 \le i < k \le m} \gamma_{ik} \left\{ \left|x_i - x_k\right| + \left|y_i - y_k\right| \right\} \end{aligned} \tag{7.7}$$

복수입지 문제에 있어서도 단일입지 문제에서와 같이 식 (7.7)은 다음과 같이 분리되어 최적화될 수 있다.

$$\underset{\underline{x}}{Min.} \sum_{i=1}^{m} \sum_{j=1}^{n} \omega_{ij} \left|x_i - a_j\right| + \sum_{1 \le i < k \le m} \gamma_{ik} \left|x_i - x_k\right| \tag{7.8}$$

$$\underset{\underline{y}}{Min.} \sum_{i=1}^{m} \sum_{j=1}^{n} \omega_{ij} \left|y_i - b_j\right| + \sum_{1 \le i < k \le m} \gamma_{ik} \left|y_i - y_k\right| \tag{7.9}$$

주어진 문제의 최적입지 $(x_i^*, y_i^*)(i = 1, \cdots, m)$는 다음의 특성을 갖는다.

① x_i^*는 기존의 설비의 하나의 좌표 a_j와 같다.
y_i^*는 기존의 설비의 하나의 좌표 b_j와 같다.

② (x_i^*, y_i^*)는 자신을 제외한 모든 $m - 1$개의 새로운 설비와 n개의 모든 기존의 설비의 총수요량에 대하여 중위수 위치를 갖는다.

그러므로 하나의 새로운 설비의 위치는 n개의 모든 기존의 설비뿐만 아니라 자신을 제외한 나머지 $m - 1$개의 새로운 설비의 입지와 상호작용에 의하여 결정되며 결과적으로 모든 새로운 설비는 자신을 제외한 $m+n-1$개의 설비에 대하여 단일 입지문제에 있어서의 최적입지에 위치하여야 한다. 그러므로 주어진 문제는 고정점 방법(fixed point method)에 의하여 반복적으로 접근되어야 한다. 이를 요약하면

① 모든 i, k에 대하여 $\gamma_{ik}=0$으로 놓고 n개의 기존의 설비에 대하여 m개의 독립적인 단일입지 문제를 푼다.

② 하나의 새로운 설비를 선택하여 n개의 기존의 설비와 $m-1$개의 새로운 설비에 대하여 단일입지 문제를 풀어 선택된 새로운 설비의 위치를 수정한다.

③ ②를 나머지 $m-1$개의 새로운 설비에 대하여 순차적으로 적용한다.

④ ②와 ③을 새로운 설비의 입지에 수정이 일어나지 않을 때까지 반복한다.

예를 들어 보자. 4개의 도시 $p_1(0, 2)$, $p_2(4, 0)$, $p_3(6, 8)$, $p_4(10, 4)$에서의 수요에 부응하여 2개의 각각 다른 제품을 생산하는 두 공장 $F_1(x_1, y_1)$과 $F_2(x_2, y_2)$의 입지를 선정하려고 한다. 표 7.4에는 두 공장과 네 도시 간의 수요량 $\omega_{ij}(i = 1, 2, j = 1, 2, 3, 4)$가 주어져 있으며 공장 F_1과 공장 F_2 간의 수요량 $\gamma_{12}=6$이라고 한다.

표 7.4 수요량 자료

공장/도시	p_1	p_2	p_3	p_4
F_1	5	3	0	0
F_2	0	1	8	4

최적 입지 (x_1^*, y_1^*)과 (x_2^*, y_2^*)를 결정하는 절차는 다음과 같다.

① $\gamma_{12}=0$으로 놓고 각각의 공장에 대하여 4개의 도시에 대한 단일입지 문제를 풀어 $(x_1, y_1)=(0, 2)$, $(x_2, y_2)=(6, 8)$을 얻는다.

② 공장 F_2를 (6, 8)에 놓고 공장 F_1의 입지를 4개의 도시와 공장 F_2에 대하여 풀어 공장 F_1의 입지 (x_1, y_1)를 (4, 2)로 수정한다.

③ 공장 F_1의 입지를 (4, 2)에 놓고 네 도시와 공장 F_1에 대한 단일입지 문제를 풀어 공장 F_2의 입지 (x_2, y_2)를 (6, 4)로 수정한다.

④ 이제 다시 공장 F_2의 입지를 (6, 4)에 놓고 네 도시와 공장 F_2에 대한 단일입지 문제를 풀어 공장 F_1의 입지 (x_1, y_1)을 구한다. 그 결과 (4, 2)가 ②에서 얻어진 결과 (4, 2)와 같으므로 최적입지가 얻어졌으며 반복적 관계를 마감한다. 그러므로 최적입지는 각각 $(x_1^*, y_1^*) = (4, 2)$, $(x_2^*, y_2^*) = (6, 4)$가 된다.

6 공공설비입지 문제

이번에는 소방소, 경찰서, 병원과 같이 특수한 공공설비를 계획하는 데 이해를 돕기 위한 하나의 예를 제시하고자 한다. 이러한 공공설비들은 긴급상황이 발생하였을 때 모든 지역이 시간적으로나 거리에 있어서 일정 기준에 적합하게 위치해야 한다. 그러므로 이러한 공공설비의 입지 문제는 모든 지역을 주어진 기준에 적합하게 만족시킬 수 있는 공공설비의 수와 위치를 결정하는 문제로 설명될 수 있다.

예를 들어 보자. 소방서의 설치를 계획하고 있는 신도시에서는 소방서가 자리 잡을 수 있는 위치들을 선정하고자 한다. 신도시는 여러 개의 구역으로 분류되어 있으며 고려대상에 포함되어 있는 각 위치는 각각 주어진 구획 중 몇 구역은 화재발생시 시간적으로 늦지 않게 도착할 수 있는 범위에 위치한다. 이러한 경우에 있어서 공공설비입지 문제는 주어진 위치 중 몇 개의 소방소를 어느 곳에 설치하여야 하는가 하는 문제이다.

주어진 설비가 위치할 수 있는 대상 입지 n군데에 대하여 대상 고객이나 지역이 m개 존재할 때 주어진 문제는 0−1 정수계획법(integer programming)에 의하여 다음과 같이 모형화될 수 있다.

$$\begin{aligned} &Min.\ \sum_{j=1}^{n} x_j \\ &s.t.\quad \sum_{j=1}^{n} a_{ij}\, x_j \ge 1 \left(i = 1,\ \cdots,\ m\right) \\ &\qquad\quad x_j = \left(0,\ 1\right)\left(j = 1,\ \cdots,\ n\right) \end{aligned} \tag{7.10}$$

$x_j = 1$: 설비가 입지 j에 신설될 때
0 : 그렇지 않은 경우
$a_{ij} = 1$: 입지 j의 설비가 고객 또는 지역 i를 포함할 때
0 : 그렇지 않은 경우

만약 입지에 따른 비용이 존재하고 입지 j에 실제 설비가 신설될 경우 소요되는 제 비용을 $c_j(j = 1, \cdots, n)$라고 할 때 주어진 문제의 목적함수는 다음과 같이 변형된다.

$$Min.\ \sum_{i=1}^{n} c_j x_j \tag{7.11}$$

여기에서는 입지 문제의 이해를 위한 모형만을 제시하고 이의 해법은 책의 내용의 범위에서 벗어나므로 생략하기로 한다.

7 설비추가 문제

기존의 설비들에 하나의 설비를 새로이 추가하는 문제를 풀어 보자. 예를 들어 기존의 공장에 하나의 공장을 추가하는 경우를 보자. 한성기업의 공장은 수원과 천안에 위치하고 있으며 생산되는 제품의 주요 소비지는 서울, 부산, 광주, 대전이다. 최근에 지방 수요지에서 수요가 증대됨에 따라 새로이 공장을 하나 신설하려고 계획하고 있으며 그 후보지로 김천과 진주를 선택하여 총수송비용이 낮은 곳을 새로

표 7.5 수송비에 관한 자료

공장/수요지		서울	부산	광주	대전	공급량
수원		10	50	40	20	280
천안		25	35	30	15	80
계획중	김천	45	15	35	20	140
	진주	60	5	30	40	140
수요량		100	75	175	150	

그림 7.3 네트워크 모형(김천에 신설하는 경우)

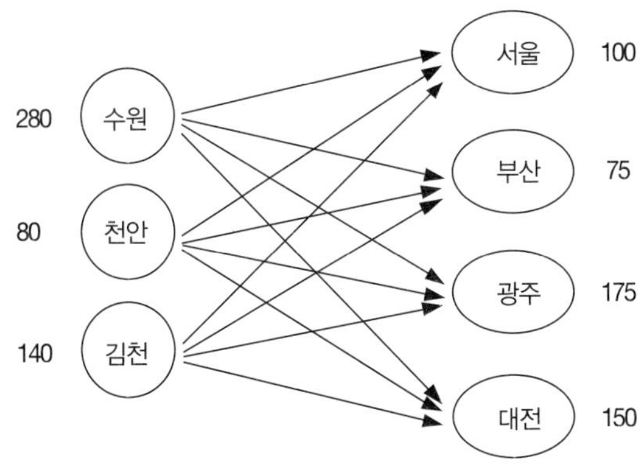

운 공장으로 결정하려고 한다. 표 7.5는 공장에서 수요지로의 단위당 수송비, 공장의 공급량, 수요지의 수요량이 함께 제시되어 있다.

주어진 설비추가 문제는 새 공장을 김천에 두는 경우와 진주에 두는 경우의 두 개의 수송문제(transportation problem)를 풀어 해결할 수 있다. 먼저 김천에 새로운 공장을 두는 것으로 가정해 설명하여 보자. 표 7.5의 수송표에서 진주를 삭제하고 주어진 수송문제를 푼다.

주어진 수송문제에 의한 최적수송계획은 다음의 표 7.6과 같으며 이때의 총비용은 11,000이다. 수송문제의 모형화와 해법에 대해서는 여타의 저서를 참고하기로 한다.

표 7.6 최적수송계획(김천에 신설하는 경우)

공장/수요지	서울	부산	광주	대전
수원	100	0	30	150
천안	0	0	80	0
김천	0	75	65	0

진주에 새로운 공장을 신설하는 경우를 고려하여 최적수송계획을 얻은 결과는 표 7.7과 같으며 이때의 총수송비용은 9,925가 되므로 새로운 공장은 진주에 신설

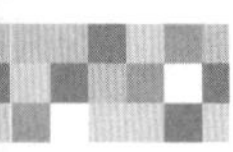

하는 것이 더 경제적이다.

표 7.7 최적수송계획(진주에 신설하는 경우)

공장/수요지	서울	부산	광주	대전
수원	100	0	30	150
천안	0	0	80	0
진주	0	75	65	0

8 수직적 통합

투입물과 시장은 설비입지에 중요한 요소가 됨은 이미 설명된 바와 같다. 이러한 요인들은 설비입지에 있어서 중요한 요인이 되는 것뿐만 아니라 원자재에서 시장을 연결하는 과정의 통합을 추구하기도 한다. 기업은 거래비용에 의하여 시장과 내부화 중 선택을 하며 수직적 통합은 원료의 공급원이나 제품의 시장쪽으로 그 소유영역을 전략적으로 확대하여 내부화함을 의미한다. 수직적 통합은 후방통합(backward integration)과 전방통합(forward integration)로 분류된다.

후방통합이란 기업이 투입물 공급원의 경로상으로 소유영역을 확대하는 것을 말한다. 후방통합을 통하여 투입물의 품질과 납기의 조정을 용이하게 할 수 있으며 비용을 절감할 수 있기 때문이다. 전방통합이란 기업이 시장쪽으로 소유영역을 확대함으로써 유통경로를 소유하는 것을 말한다. 전방통합은 마케팅에 중점을 두고 수요의 신뢰성을 확보하고자 하는 데 주안점이 있다.

수직적 통합은 비용 절감, 공급의 안정화와 더불어서 수요의 신뢰성을 확보함으로써 경쟁력을 확보하는 요인으로 작용할 수 있으나 반면에 한 제품군이나 산업에 대하여 투자가 집중되어 다른 산업에 대한 융통성을 약화시키므로 경쟁력 저하의 원인이 되기도 한다. 결과적으로 수직적 통합은 기업에 위험과 기회를 동시에 부여하므로 이에 대한 의사결정은 매우 신중한 검토를 요한다고 할 수 있다.

연습문제

1. 설비입지와 관련되는 제반요인들을 분류 종합하시오.
2. 집중화공장의 의미를 기술하시오.
3. 수직적 통합을 정의하고 그 장단점을 적으시오.
4. 전방통합과 후방통합의 예를 열거하시오.
5. 제일유통은 유통센터의 입지로 A, B, C를 검토하고 있다. 입지 예정지와 관련된 자료는 아래와 같다. 예상수익을 최대로 하는 최적입지를 결정하시오.

구분/입지	A	B	C
예상수요	22,000	18,000	10,000
고정비	200,000	300,000	200,000
변동비/단가	30	20	15
매출 단가	40	40	40

6. 세 공장에 특정 부품을 공급하는 창고를 세우려고 한다. 기존 공장의 입지는 각각 (10, 2), (8, 6), (3, 4)이고 창고에 대한 수요량은 각각 3, 5, 1이다. 창고의 입지를 직각거리에 의하여 결정하시오.
7. 한국제지는 인천, 원주, 강릉, 남원에 위치한 네 공장에 원료를 공급하는 창고의 입지를 결정하고자 한다. 각 공장의 위치와 각 공장과의 수요량은 아래와 같다. 직각거리에 의하여 총비용이 최소화되도록 창고의 입지를 결정하는 최적화 문제를 모형화하시오.

	인천	원주	강릉	남원
위치	(5, 3)	(1, 7)	(8, 2)	(6, 4)
수요량	5	3	2	6

8. (4, 4), (2, 1), (7, 2)에 위치하고 있는 수요지에 대하여 새로운 유통센터를 건립하고자 한다. 수요지에 대한 수요량은 각각 3, 2, 2이며 직각거리를 적용한다.

   1) 유통센터의 입지와 관련하여 총비용함수를 모형화하시오.
   2) 입지(x와 y)와 총비용의 관계를 그래프로 표시하고 그 결과로 최적 위치를 보이시오.

9. 세 소비지에 대하여 두 유통센터를 설립하려고 한다. 소비지역의 위치는 (1, 3), (10, 5), (6, 10)이며 유통센터와 소비지 간의 수요량은 아래와 같다. 직각거리를 기준하여 다음을 구하시오.

유통센터 \ 소비지	1	2	3
수원	7	8	2
천안	5	2	10

1) 유통센터 간의 수요량이 0인 경우 복수설비입지를 결정하시오.

2) 유통센터 간의 수요량이 5인 경우 복수설비입지를 결정하시오.

10. 새로운 도시를 계획하는 건설교통부에서는 도시의 경찰서의 입지를 결정하려고 한다. 도시는 다섯 구역으로 구분되며 현재 고려되는 경찰서의 입지는 네 곳이다. 각 입지가 담당할 수 있는 구역은 다음과 같다.

경찰서 입지	A	B	C	D
담당가능 구역	1, 3, 4	1, 4, 5	2, 3, 5	2, 5

전 도시를 담당할 수 있는 최소의 경찰서의 입지를 구하는 모형을 세우시오.

11. 부천과 대전에 있는 공장은 서울, 대구, 전주에 제품을 공급하며 각 공장에서 수요지로의 단위당 수송비용, 공장의 공급량, 수요지의 수요량은 다음과 같다. 총수송비용을 최소화하도록 수송계획을 세우고자 한다.

공장/창고	서울	대구	전주	공급량
부천	14	10	12	30
대전	8	10	6	30
수요량	20	20	20	

1) 수송계획을 모형화하시오.

2) 북서코너법과 디딤돌(cycle)법을 적용하여 최적해를 구하시오.

12. 청룡시멘트회사는 전국에 갑, 을의 공장을 가지고 있으며 하루 공급능력은 800톤, 600톤이다. 이 회사의 대리점은 가, 나, 다 세 군데에 있으며 하루 수요량은 500, 500, 400톤이다. 공장과 대리점 간의 톤당 수송비용은 아래와 같다.

공장 / 대리점	가	나	다
갑	3	4	9
을	1	5	4

1) 총수송비용이 최소가 되도록 수송문제를 모형화하시오.

2) 최적수송량을 구하시오.

13. 일양전기주식회사의 주력제품인 콘덴서를 서울과 강릉의 공장에서 생산하여 서울, 대전, 속초의 도매상에 납품하고 있다. 서울 공장의 생산능력은 200개, 강릉공장은 400개이며 몇 년 내에 수요가 증가하여 서울의 수요는 250개, 대전은 300개, 속초는 250개가 되었다. 회사는 생산능력이 200인 하나의 공장을 추가로 건립하려고 하며 후보지로 대전과 천안을 고려하고 있다. 각 공장에서 각 도매상에 한 단위를 공급하는 데 소요되는 비용은 다음에 주어져 있다. 수송계획 모형에 의하여 새로운 공장을 대전과 천안 중 어느 곳에 입지해야 하는지 보이시오.

공장/도매상		서울	대전	속초
서울		5	30	50
강릉		45	70	10
계획중	대전	35	10	60
	천안	20	15	80

제 8 장

설비배치

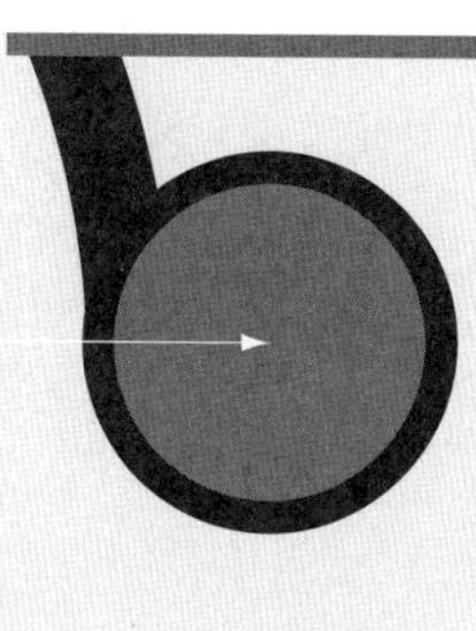

지금까지는 특정한 지점(point)을 대상으로 설비입지 문제를 고려해 왔다. 만약 설비입지가 특정 지역(area)을 대상으로 고려되는 경우에는 이를 설비배치 문제라고 정의한다. 설비배치 문제에는 공장, 사무실, 창고, 병원, 공항 등과 같은 한정된 특정 지역 내에 설비나 부서의 질적 · 양적 상호 관계에 기초하여 부서의 크기와 위치, 그리고 구성을 결정하는 것이 관심의 대상이 된다.

1 설비배치 유형

1. 제품별 배치

제품단위가 대량으로 연속적으로 반복생산되어 작업물의 흐름이 많은 경우에는 작업물이 처리되는 공정순서에 따라 설비나 작업장을 배치하는 것이 작업물의 흐름을 최대화시킬 수 있다. 이와 같이 작업물이 처리되는 공정순서에 따라 설비나 작업장을 배치하는 방법을 제품별 배치라고 한다. 그러므로 제품별 배치는 소품종 대량생산의 라인공정 설비배치에 적합한 배치 방식으로 각 작업장은 특정 공정에 적합한 전용 자동화 설비가 배치된다. 작업물은 경로변환이 필요 없이 다음 작업장으로 순차적으로 이동하여 작업이 수행되며 각 작업장의 설비가 충분한 이용률을 확보되도록 작업물이 유지되어야 한다.

2. 공정별 배치

단속생산이나 주문생산과 같이 제품의 종류가 다양하고 각 제품의 생산량이 충분하지 않아 제품별 배치가 적합하지 않은 경우에는 유사한 설비나 서비스를 동일 장소에 배치하여 각 작업물이 필요에 따라 작업장이나 부서를 방문하도록 한다. 이와 같이 유사한 설비나 서비스를 동일 장소에 배치하는 방법을 공정별 배치라 한다. 공정별 배치의 경우에는 다양한 기능들이 효율적으로 구성되어야 하며 작업물의 흐름의 표준화가 어려워 작업물의 흐름에 대한 통제와 일정 계획이 중요한 의사결정 중의 하나가 된다.

3. 고정형 배치

제품의 무게, 부피, 형상 등의 특성에 의하여 제품의 이동이 곤란한 경우에 제품의 위치를 고정하고 원자재, 장비, 공구, 작업자를 제품의 위치로 이동하여 작업을 수행하는 방법을 고정형 배치(fixed point layout)라고 하며 아파트 건설, 교량 건설, 고속도로 건설, 조선업, 비행기 제작 등에서 볼 수 있다.

4. 혼합형 배치

위의 3가지 배치형태는 단독으로 사용되는 것만이 아니다. 각 배치의 특성을 이용하여 기능별로 조합되어 사용할 수도 있다. 예를 들어 배를 만드는 도크에서는 고정형 배치를 취하지만 배에 설치되는 엔진을 제작하는 엔진공장은 도크 옆에 위치하여 제품별 배치를 가지며 엔진공장에 소요되는 부품제작공장은 공정별 배치에 의하여 설계될 수 있다. 또한 부품제작공장에서 엔진공장, 도크는 제품별 배치를 갖게 된다. 이러한 배치형태를 혼합형 배치라고 한다.

5. 셀룰러 배치

제조되는 제품이나 부품의 종류가 많고 각 제품의 생산량이 다양한 경우에는 제조 시스템의 효율성을 높이기 위하여 주어진 제품들을 분류하여 유사한 제조 특성을 갖는 제품을 한데 묶어 각각 독립적인 제조셀을 형성함으로써 몇 개의 제조셀로 제조 시스템이 구성된다. 이러한 제조셀을 이용한 제조를 셀룰러 제조라고 하고 제조셀에 의한 설비배치를 셀룰러 배치(cellular layout)라고 한다. 이러한 셀룰러 배치를 위한 대표적인 기법으로 그룹 테크놀로지(GT; group technology)를 들 수 있다.

그룹 테크놀로지는 부품의 형상, 크기, 재질, 기능, 소요공구, 가공순서 등에 있어서 유사한 특성들을 가진 부품들을 모아 부품가족(part family)을 형성하고, 주어진 부품가족을 생산하는 데 필요한 기계들을 모아 기계 그룹(machine group)을 형성하여 제조셀을 구성하는 기법이다. 이 방법은 다품종 소중량 생산에 있어서 그룹 테크놀로지에 의하여 형성된 각 부품가족에 대하여는 대량생산의 생산성을 확보하기 위한 절차라고 할 수 있다. 그러므로 하나의 기계그룹은 하나의 부품가족을 가공처리할 수 있는 기계들의 모임을 의미하며 그룹 테크놀로지에 의하여 몇 개의 기계그룹에 의한 제조셀로 구성된 배치형태를 그룹 테크놀로지 배치라 한다.

예를 들어 보자. 5종류의 부품 1, 2, 3, 4, 5가 기계 A, B, C, D, E에서 가공되는 경우, 각 부품과 주어진 부품의 가공에 필요한 기계는 다음과 같다.

표 8.1 부품-기계 관계표

부품	1	2	3	4	5
기계	C	A, E	D, E	B, C	A, D

이러한 경우에 부품 1과 부품 4가 부품가족 1을 형성하고, 부품 2, 부품 3, 부품 5가 부품가족 2를 형성하여 부품가족 1은 기계 B와 C에서, 부품가족 2는 기계 A, D, E에서 각각 독립적으로 가공처리될 수 있다.

그룹 테크놀로지에 의하여 부품가족을 형성하는 기법은 크게 다음의 세 가지로 분류할 수 있다.

① **관찰법(by eyes)** : 부품의 종류가 상대적으로 다양하지 않고 제조과정이 단순한 경우에는 눈으로 직접 부품의 형상이나 기능, 제조과정을 관찰하여 부품가족을 형성할 수 있다. 그러나 관찰법은 부품의 종류가 많은 경우에는 적용이 곤란하다.

② **부품분류 코딩법(part classification and coding)** : 부품분류 코딩법은 형상, 크기, 재질, 기능, 가공순서 등의 설계 제조특성에 기초하여 각 특성별로 의미있는 숫자를 부여하여 모든 부품에 코드번호를 할당함으로써 코드번호에 의하여 부품가족을 분류하는 방법으로 이를 체계화하기 위해서는 많은 노력과 시간이 필요하다. 실존하는 대부분의 코딩시스템은 부품디자인상의 특징에 기초하여 체계화되므로 실제 적용에 문제가 있다. 즉 형상이나 기능은 같아도 재료나 허용오차의 차이에 의하여 동일기계그룹 내에서 처리가 곤란하거나 형상이나 기능이 달라도 동일기계그룹 내에서 처리할 수 있는 등 부품가족과 기계그룹의 연결이 힘들다.

③ **생산흐름 분석법(production flow analysis)** : 생산흐름 분석법은 제조되는 다

양한 제품의 흐름을 분석하여 기계그룹을 형성하는 방법으로 동일하거나 유사한 가공경로를 갖는 부품들로 하나의 부품가족을 형성하고 부품가족의 공정에 포함되는 기계들로 기계그룹을 형성하는 방법이다. 그러므로 생산흐름 분석법을 적용하는 경우에는 작업경로표(route sheet)에 주어진 정보만이 필요한데, 형성된 부품가족 내에서는 자재의 흐름이 단순화되어 대량생산의 생산성을 유지할 수 있으며 공정계획과 통제가 용이해진다.

표 8.2 작업경로표

작업번호	생산부서	작업내용	기계	공구	소요시간		비고
					가동준비	작업	

2 설비배치 기법

설비는 산출되는 제품이나 서비스, 처리공정, 일정계획을 고려하여 배치되어야 한다. 여기에서는 설비배치 문제를 체계적으로 접근하며 제품별 배치에는 흐름분석(flow analysis)과 조립라인균형 문제(assembly line balancing problem)가, 공정별 배치에는 흐름분석과 활동분석(activity analysis)이 적용된다.

1. 제품별 배치

1) 흐름분석

제품별 배치에 활용될 수 있는 흐름분석으로는 흐름도, 흐름공정도, 복수제품 공정표가 적용될 수 있다. 흐름공정도와 흐름도는 이미 직무설계에서 논의되었던 방법으로 설비나 부서, 작업자 활동간의 상호작용을 분석하여 제품별 배치에 효율적으로 적용할 수 있는 기법이다. 흐름도와 흐름공정도는 제품에 대한 기본 정보를 제공하는 조립도, 조립도표, 작업경로표 등과 같이 활용될 수 있으며 복수제품 공정표도 흐름분석에 활용될 수 있다.

표 8.3 복수제품 공정표

공정	부품 1	부품 2	부품 3	부품 4	생산량
절단	①	①	①	①	부품 1 - 20 부품 3 - 12 부품 2 - 30 부품 4 - 28 90
연마	②				부품 1 - 18 18
세척	③			②	부품 1 - 20 부품 4 - 28 48
• • •					

2) 조립라인균형 문제

다음으로 논의될 제품별 배치기법은 조립라인균형 문제를 들 수 있다. 조립라인에서는 작업물이 하나의 작업장에서 다음 작업장으로 순차적으로 흘러간다. 그러므로 제품생산에 요구되는 작업들은 작업순서에 따라 순차적으로 작업장에 할당되고 주어진 작업장은 할당된 동일한 작업들만을 계속적으로 수행하게 된다. 작업물은 하나의 작업장에 주기시간(cycle time)으로 불리는 일정시간만큼 머무르며 각 작업물은 주기시간 간격으로 다음 작업장으로 순차적으로 이동한다. 그러므로 조립라인균형 문제는 주어진 작업들을 몇 개의 작업장에 어떻게 배분하는가를 다루며 총유휴시간을 가능한 한 최소화할 수 있도록 작업들간의 선후관계를 고려하여 작업장의 수와 작업의 배분을 결정하는 문제이다.

조립라인균형 문제를 다음의 간단한 예로서 설명한다. 그림 8.1에는 5개의 작업을 요하는 작업물의 작업들간의 선후관계와 각 작업의 작업소요시간이 제시되어 있으며 주기시간을 3분, 4분, 5분으로 하는 경우의 작업장의 수와 작업할당이 도표화되어 있다.

그러므로 주기시간을 4분으로 하는 경우는 주기시간을 3분으로 하는 경우보다 열등하여 고려대상에서 제외되며 주기시간을 3분으로 하면 총유휴시간이 0이 된다. 또한 주기시간이 5분인 경우에는 총유휴시간은 1분이 된다. 그러므로 총유휴시간의 관점에서 주기시간이 3분인 경우가 효율적이다.

그림 8.1 조립라인균형 문제

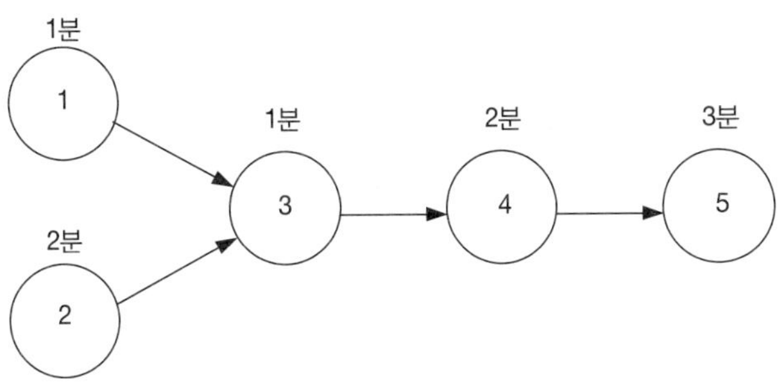

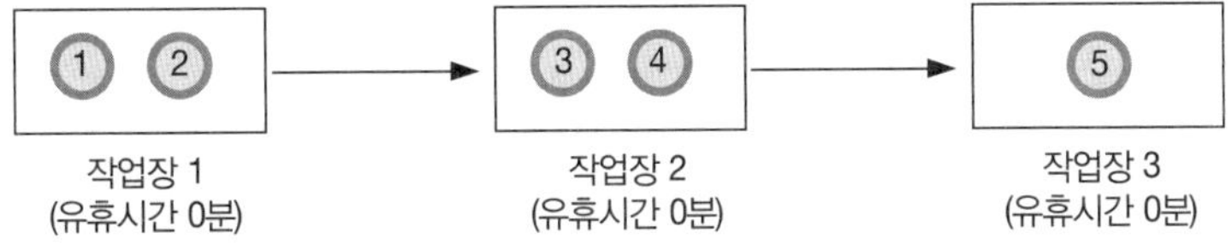

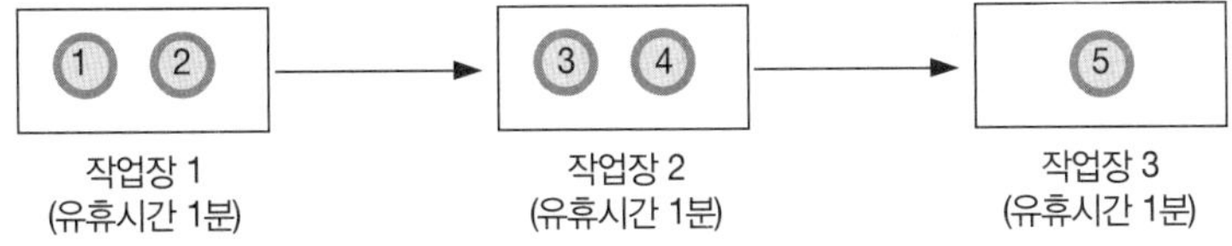

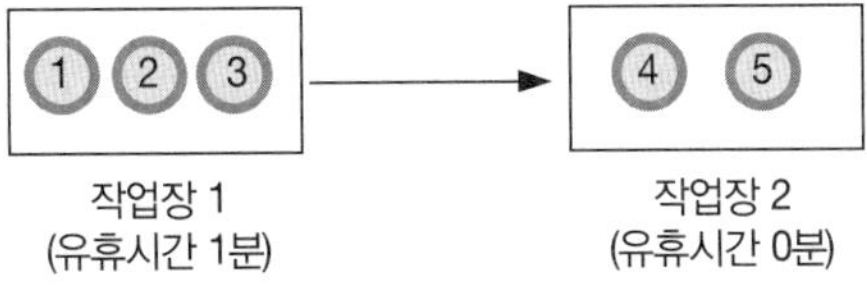

이제 하루당 요구되는 생산량이 주어져 있다고 하자. 주기시간이 3분인 경우 하루 총생산량은 8 × (60/3) = 160개가 되며 주기시간이 5분인 경우에는 8 × (60/5) = 96개가 된다. 만약 하루 요구되는 생산량이 320개이면 주기시간이 3분인 2개의 조립라인이 최적이 되나, 만약 하루 소요생산량이 96개인 경우에는 주기시간이 5분인 하나의 조립라인이 선택이 된다. 그러므로 조립라인의 균형문제에 있어서는 조립라인의 효율성과 요구되는 생산량과의 관계가 동시에 고려되어 작업장의 수와 작업의 배분이 결정되어야 한다.

2. 공정별 배치

1) 흐름분석

공정별 배치를 위한 흐름분석기법으로서는 from-to 도표를 들 수 있다. 다양한 공정이나 활동이 수행되는 경우에 각 공정간이나 활동간에의 물량이동은 비용이나 효율성과 관계가 있다. From-to 도표는 부서간, 기계간, 또는 활동간의 작업물이나 사람의 흐름을 계량화하여 모든 활동간의 물량이동에 따른 총이동비용을 최소화하는 데 활용할 수 있는 도표이다. 그러므로 일반적으로 부서간의 흐름에 관한 자료, 이동비용에 관한 자료, 거리에 관한 자료가 from-to 도표로 작성될 수 있으며 부서와 부서간 물자이동량, 단위거리당 물량이동비용, 부서간의 거리를 표시한다. From-to 도표에 주어진 자료와 식 (8.1)을 이용하여 각 부서간의 단위기간당 물량이동비용을 산정할 수 있는데 이를 모두 더하면 단위기간당 총물량이동비용을 산정할 수 있다.

$$TC = \sum_{i=1}^{m} \sum_{\substack{j=1 \\ j \neq i}}^{m} v_{ij} t_{ij} d_{ij}$$

TC : 단위기간당 총이동비용(비용/단위기간)

v_{ij} : 부서 i에서 부서 j로의 단위거리당 이동비용(비용/단위거리)

t_{ij} : 부서 i에서 부서 j로 단위기간당 이동횟수(이동횟수/단위기간)

d_{ij} : 부서 i와 부서 j 간의 1회 이동거리(거리/단위이동)

m : 부서 수 (8.1)

From-to 도표를 활용하는 방법은 다음 절의 컴퓨터에 의한 배치를 참조하기로 한다.

표 8.4 거리에 관한 from-to 도표의 예

from \ to	1	2	3	4
1		15	32	11
2	15		21	19
3	32	21		12
4	11	19	12	

2) 활동분석

흐름분석은 물량이동비용에 기준하여 각 부서나 활동들 간의 물량이동을 계량화하여 분석하였다. 그러나 배치를 결정하는 데 있어 물량이동비용보다는 다른 요소들이 더 중요하게 고려되는 경우가 있다. 활동관계도표(activity relationship chart)는 비정량적 요소에 의하여 공정별 배치를 설계하고자 할 때 유용하게 활용될 수 있다. 활동관계도표에는 각 활동간의 밀접도가 A, E, I, O, U, X로 측정되어 주어지며 밀접도가 U인 경우를 제외하고는 밀접도의 이유를 표시하는 숫자코드가 첨부된다. 주어진 밀접도에 근거하여 활동관계도(activity relationship diagram)가 작성되고 인접활동간의 밀접도의 합이 가능하면 최대가 되도록 배치가 시도된다. 대표적인 활동관계도표가 표 8.5에 주어져 있다.

표 8.5 활동관계도표와 활동관계도

활동관계도표

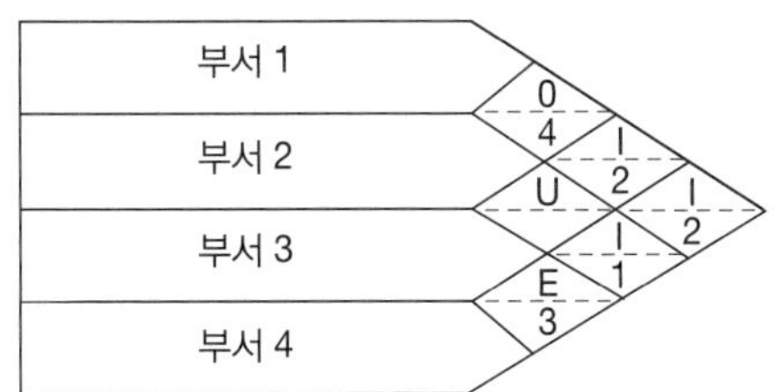

코드	이유
1	물자이동
2	감독의 용이성
3	공동작업
4	접촉 필요
5	편리성

활동관계도

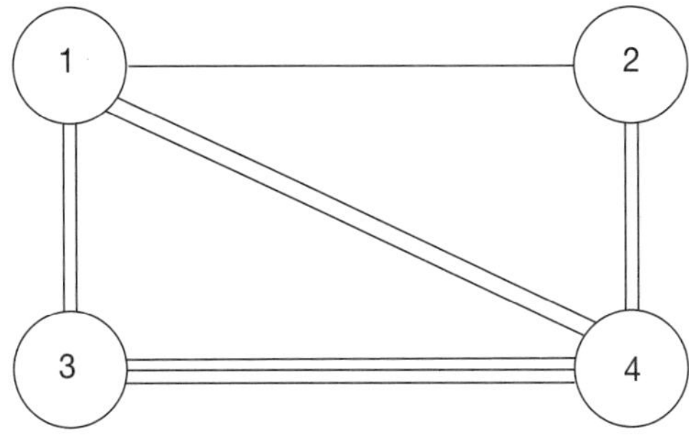

코드	이유	범례
A	절대 필요	
E	특히 중요	
I	중요	
O	보통	
U	중요하지 않음	
X	바람직하지 않음	

3 컴퓨터에 의한 분석

다양한 활동이나 공정이 수행되는 경우의 배치계획을 수립하는 데는 컴퓨터를 활용할 수 있다. 컴퓨터에 의한 배치는 배치설계를 위한 여러 가지 대안을 제시할 수 있어 그 과정을 쉽게 한다. 컴퓨터에 의한 배치에 활용될 수 있는 프로그램으로는 CRAFT(computerized relative allocation of facilities), ALDEP(automated layout design program), CORELAP(computer relationship layout planning), PLANET(computerized plant layout analysis & evaluation technique) 등 다양하다. 그러나 컴퓨터에 의하여 시도되는 배치계획은 일종의 휴리스틱 기법으로서 각 활동이나 부서에 대한 상세한 배치안을 제시하기보다 각 부서의 상대적 위치에 관한 개략적인 배치를 제시한다.

컴퓨터에 의한 배치기법은 최종 배치가 유도되는 방법에 기준하여 구축법(construction algorithm)과 개선법(improvement algorithm)으로 구분된다. 부서의 배치를 예로 들어 구축법을 설명하면, 다른 부서들과 밀접도가 가장 높은 부서를 먼저 배치시킨 다음 활동관계도표에서 그 부서와 밀접도가 가장 높은 부서를 처음 배치된 부서에 인접하여 배치시킨다. 다시 배치된 부서들과의 밀접도를 조사하여 계속적으로 다음 부서를 추가배치시키는 절차를 반복한다. 구축법은 CORELAP과 ALDEP, PLANET에서 활용되고 있다. 개선법은 임의의 초기 배치가 주어지고 주어진 배치의 2부서나 3부서를 모든 가능한 경우에 대하여 서로 교환해 봄으로써 물량이동비용을 가장 많이 감소시키는 2부서나 3부서를 서로 교환하여 새로 개선된 배치를 얻는다. 다시 개선된 배치에 의하여 물량이동비용을 감소시키는 개선된 배치를 얻지 못하거나 지정된 수만큼 위의 절차가 반복되었을 때 배치를 확정하는 방법으로 CRAFT가 있다.

또한 컴퓨터에 의한 배치는 정량적인 from-to 도표에 기준하는 경우와 질적인 활동관계도표를 기준하는 경우가 있다. From-to 도표에 의하는 경우는 물자의 이동이 많은 경우에 적절하며 from-to 도표를 이용하여 총물량이동비용을 최소화하도록 배치가 설계된다. 여기에는 CRAFT와 PLANET를 예로 들 수 있다. 활동관계도표는 부서간의 상호관계가 주요 고려대상인 경우에 적절하며 ALDEP와

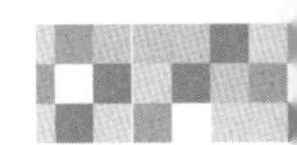

CORELAP가 이를 적용한다. 이 경우에는 부서간의 밀접도가 최대가 되도록 배치가 유도된다. ALDEP는 40개까지의 부서나 작업장을, CORELAP는 70개까지의 부서나 작업장을, CRAFT는 40개까지의 부서나 작업장의 배치가 가능하다.

컴퓨터에 의한 배치의 이해를 돕기 위하여 CRAFT의 예를 들어 설명하기로 한다. CRAFT는 컴퓨터에 의하여 물량이동비용이 최소가 되도록 설비를 배치하는 프로그램으로 다음의 절차에 의하여 배치를 결정한다.

① 초기 입력자료로서 초기 배치와 더불어 부서간의 단위기간당 이동물량과 단위 거리에 대한 물량이동비용에 관한 from-to 도표가 컴퓨터에 입력된다. 컴퓨터는 초기 배치로부터 직각거리를 기준으로 하여 부서 중심간의 거리를 산정한 후 주어진 부서간의 이동물량, 이동비용, 이동거리와 식 (8.1)에 의하여 최초 배치의 총물량이동비용을 구한다.

② 다음에는 가능한 모든 두 부서의 위치를 서로 교환하여 교환된 각각에 대하여 총물량이동비용을 구하고 그중 가장 많은 비용이 감소되는 두 부서를 교환함으로써 다음 배치를 확정한다.

③ 총물량이동비용이 감소되지 않거나 기설정된 횟수만큼 이러한 과정이 반복된 후 최종 배치안이 구해진다.

CRAFT는 일종의 휴리스틱 기법으로서 주어진 반복적 절차에 의하여 얻은 최종 배치안은 입력되는 초기 배치에 의하여 영향을 받는다. 그러므로 좀더 나은 배치안을 얻기 위해서는 몇 개의 서로 다른 초기 배치안을 가지고 기술된 절차를 반복해야 한다. 이러한 절차에 의한 최종 배치안도 최적의 배치안이란 보장은 없다. 위의 절차는 부서의 수가 많은 경우에는 엄청난 계산량이 요구되며 컴퓨터의 적용이 필수적이다. CRAFT는 30 × 30평방에 40개 부서까지를 배치가 가능하며 하나의 부서는 75평방 크기까지 가능하다. 또한 두 부서뿐만 아니라 세 부서의 교환도 가능하다.

예를 들어 보자. 일진기획에서는 기능이 서로 다른 A, B, C, D 4개의 부서를 배치하려고 한다. 부서배치와 관련된 이동물량, 이동비용을 산정한 결과 표 8.6에 주어진 from-to 도표를 얻을 수 있었다. 또한 그림 8.2에 주어진 배치를 초기 배치로 입력하였다.

주어진 초기 배치로부터 거리도표를 구하며 거리도표는 대각선을 중심으로 상호

표 8.6 CRAFT 입력자료

(a) 이동물량도표

from \ to	A	B	C	D
A		0	4	1
B	1		1	1
C	2	1		2
D	3	1	2	

(b) 이동비용도표

from \ to	A	B	C	D
A		0	1	1
B	1		1	1
C	1	1		3
D	2	1	1	

그림 8.2 초기 배치

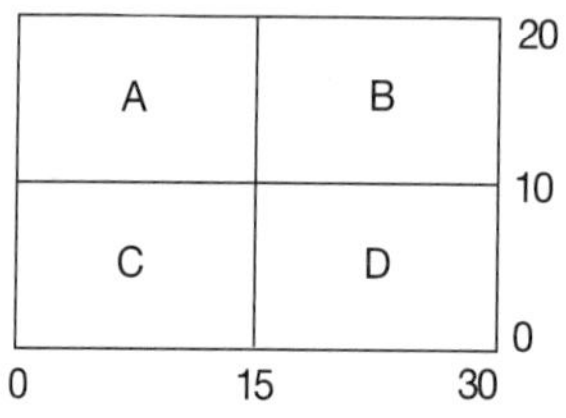

대칭임을 알 수 있다.

식 (8.1)에 의하여 이동물량도표, 이동비용도표, 거리도표의 각 항을 곱하면 초기 배치에 있어서의 총물량이동비용을 계산할 수 있는 다음의 비용도표를 얻을 수 있으며 총물량이동비용은 440임을 알 수 있다.

다음은 개선된 다음 배치를 얻기 위해서 작업장 A와 작업장 B, 작업장 A와 작업장 C, 작업장 A와 작업장 D, 작업장 B와 작업장 C, 작업장 B와 작업장 D, 작업장 C와 작업장 D를 서로 교환하여 각각의 경우에 대하여 총물량이동비용을 계산

표 8.7 거리도표

from \ to	A	B	C	D
A		15	10	25
B	15		25	10
C	10	25		15
D	25	10	15	

표 8.8 비용도표

from \ to	A	B	C	D	합계
A		0	40	25	65
B	15		25	10	50
C	20	25		90	135
D	150	10	30		190
합계	185	35	95	125	440

한다. 이중 총물량이동비용이 가장 많이 개선된 경우의 두 작업장을 서로 교환하여 다음 배치를 얻는다.

먼저 작업장 A와 작업장 B를 서로 교환하는 경우의 배치와 이로부터 산정된 새로운 거리도표는 표 8.9와 같다.

그러므로 식 (8.1)을 이용하여 표 8.10의 비용도표를 구할 수 있으며 총물량이동비용은 425가 된다.

같은 방법으로 여타의 경우의 총물량이동비용은 다음과 같다.

① 작업장 A와 작업장 C를 교환하는 경우 : 440
② 작업장 A와 작업장 D를 교환하는 경우 : 435
③ 작업장 B와 작업장 C를 교환하는 경우 : 430
④ 작업장 B와 작업장 D를 교환하는 경우 : 440
⑤ 작업장 C와 작업장 D를 교환하는 경우 : 425

표 8.9 작업장 A와 작업장 B를 교환한 경우의 배치와 거리도표

(a) 배치

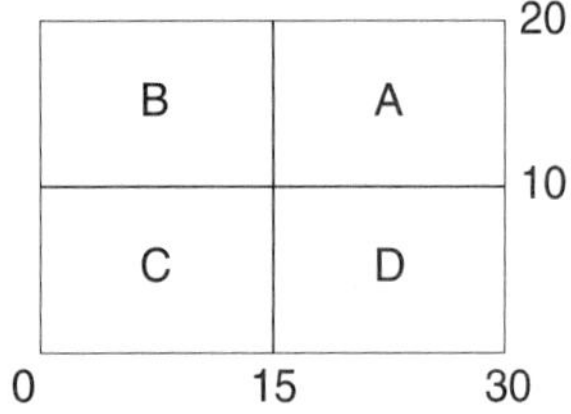

(b) 거리도표

from \ to	A	B	C	D
A		15	25	10
B	15		10	25
C	25	10		15
D	10	25	15	

표 8.10 작업장 A와 작업장 B를 교환한 경우의 비용도표

from \ to	A	B	C	D	합계
A		0	100	10	110
B	15		25	10	50
C	50	10		90	150
D	60	25	30		115
합계	125	35	155	110	425

그러므로 총물량이동비용이 가장 많이 감소하는 경우는 작업장 A와 작업장 B를 교환하는 경우이거나 작업장 C와 작업장 D를 교환하는 경우인데 이때 총물량이동비용은 425로서 총물량이동비용이 15가 감소되며 다음에 주어지는 개선된 배치는 이중 하나가 된다. 만약 작업장 A와 작업장 B를 교환하는 경우를 다음의 개선된 배치로 할 경우에는 다음 배치는 표 8.9와 같다. CRAFT는 이제 다시 인접된 작업장들을 서로 교환함으로써 다음의 개선된 배치를 얻기 위한 위의 반복적 절차를 계

속하게 되며 이러한 절차는 주어진 배치가 더 이상 개선될 수 없을 때까지 반복된다. 표 8.11은 CRAFT에서 출력된 배치의 예를 제시한다.

표 8.11 CRAFT 출력 예

교환 유형

	1	2	3	4	5	6	7	8	9	10	11	12	13	14	15	16
1	A	A	A	A	A	A	A	L	L	L	J	J	J	I	I	I
2	A					A	A	L		L	J		J	I		I
3	A					A	L	L		L	J	J	J	I		I
4	A					A	L	L	L	L	L	L	L	I		I
5	A					A	G	G	G	L			L	I		I
6	A	A	A	A	A	A	G	G	G	L			L	I	I	I
7	B	B	B	B	B	B	G	G	L	L			L	K	K	K
8	B				B	B	C	C	L			L	L	L	K	K
9	B				B	C	C	C	L			L	H	H	H	H
10	B				B	C		C	L	L	L	L	H			H
11	B	B	B	B	B	C	C	C	L	F	F	F	H			H
12	D	D	D	D	E	C	C	F	F	F	F	H	H	H	H	H
13	D		D	E	E	E	F	F	F	F	M	M	M	M	M	M
14	D		D	E		E	M	M	M	M	M					M
15	D		D	E		E	M									M
16	D	D	D	E	E	E	M	M	M	M	M	M	M	M	M	M

연습문제

1. 설비배치 유형을 구분하시오.
2. 설비배치 유형에 따른 배치기법을 분류하시오.
3. GT의 기본철학, 내용, 결정변수, 적용방법에 대하여 생각하시오.
4. GT의 분류방법을 요약하시오.

5. 흐름분석과 활동분석을 비교 설명하시오.

6. 흐름분석을 제품별 배치와 공정별 배치에 대하여 구분하여 설명하시오.

7. 조립라인균형 문제에서 고려되는 두 가지 특성을 기술하시오.

8. 컴퓨터에 의한 배치설계에 있어서 실을 배치하는 두 가지 알고리즘을 기술하시오.

9. 컴퓨터를 이용한 설비배치에 있어서 다음을 설명하시오.

   1) 구축법과 개선법
   2) 활동관계도표와 from-to 도표

10. 5종류의 부품이 4종류의 기계에서 가공되는 작업장이 있다. 각 부품에 요구되는 기계의 종류는 다음과 같다. 부품가족과 기계그룹을 적절히 형성하시오.

부품	1	2	3	4	5
기계	B, D	A, C	B	A	C

11. 5개의 작업으로 구성된 조립라인이 있다. 각 작업의 선후관계와 작업소요시간은 다음과 같다. 하루 8시간 작업하고 요구되는 생산량이 240개라면 주어진 조립라인균형 문제에 있어서 주기시간과 조립라인의 수를 결정하시오.

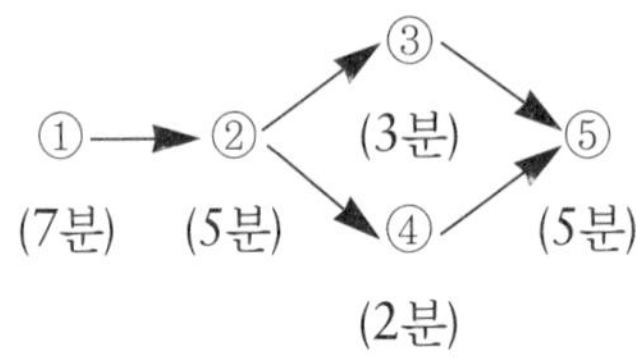

12. 다음과 같이 선후관계와 작업소요시간을 갖는 작업들로 구성된 조립라인이 있다. 하루 8시간 작업으로 120단위를 생산하려 하는 경우 주기시간과 작업장 수를 결정하시오.

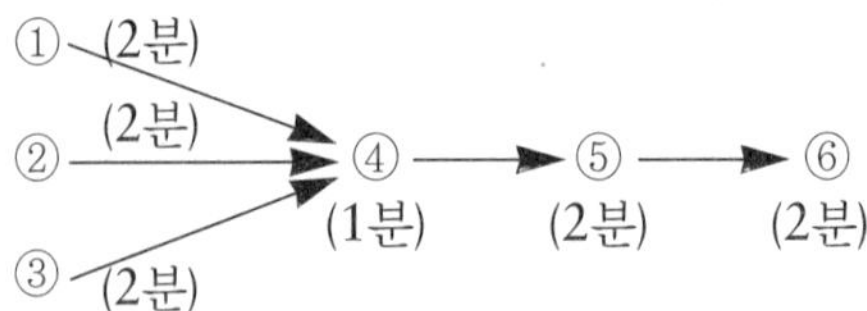

13. A, B, C, D 4부서가 있다. 부서의 면적은 각각 100, 50, 20, 70이다. 부서간 이동물량을 표시하는 흐름에 관한 자료가 다음에 주어져 있다. 단위거리당 물량이동비용은 모두 동일하게 1이라 가정한다. 주어진 배치가 아래와 같다.

1) 직각거리를 적용할 때 총비용을 구하시오.

2) 유클리드거리를 적용할 때 총비용을 구하시오.

from \ to	A	B	C	D
A		1	3	2
B	5		1	4
C	2	1		2
D	1	3	2	

14. 4개의 부서가 주어져 있다. 각 부서의 위치와 이동물량은 다음과 같다. 단위거리당 물량이동비용이 모두 동일하다. 직각거리를 적용하시오.

1) 총비용을 구하시오.

2) 부서 1과 부서 4를 바꾸어 배치하였을 때 총비용을 구하여 서로 비교하시오.

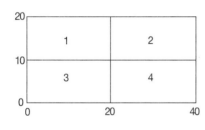

from \ to	1	2	3	4
1		3	7	5
2	2		1	4
3	3	1		2
4	5	2	4	

15. 다음에는 4부서로 구성된 평면의 배치, 이동물량도표, 이동비용도표가 주어져 있다. 직각거리를 적용하여

1) 총비용을 구하시오.

2) 부서 A와 B를 교환한 경우 총비용을 구하시오.

배치

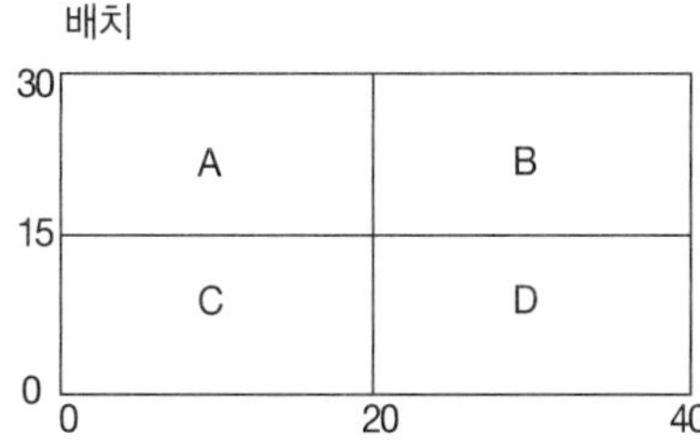

이동물량도표

from \ to	A	B	C	D
A		2	3	1
B	5		1	2
C	2	2		1
D	4	1	1	

이동비용도표

from \ to	A	B	C	D
A		3	1	2
B	1		4	1
C	2	1		3
D	1	2	3	

16. 한성기업은 다음 5개 부서의 배치계획을 수립하고 있다. 부서간의 활동관계도표는 다음과 같다.

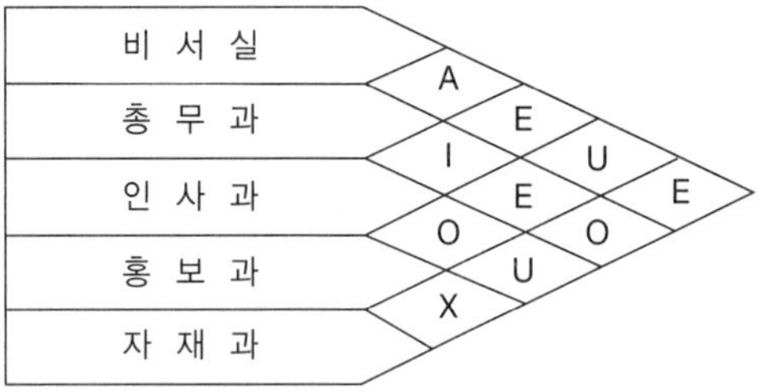

비 서 실
총 무 과
인 사 과
홍 보 과
자 재 과

A
E
I
U
E
E
O
O
U
X

1) ADELP는 먼저 임의의 한 부서를 결정하고 배치된 부서와 밀접도가 높은 부서를 인접시키고 이를 계속 적용하는 배치기법이다. 다음 배치에 대한 총점수를 계산하고 활동관계도를 작성하시오. 인접부서간의 점수는 A = 5, E = 4, I = 3, O = 2, U = 1, X = 0으로 한다. (면적은 고려치 않음.)

<table>
<tr><td colspan="3">홍보과</td><td colspan="3">총무과</td></tr>
<tr><td colspan="2">인사과</td><td colspan="2">자재과</td><td colspan="2">비서실</td></tr>
</table>

2) 첫 배치부서를 비서실로 하는 경우 ADELP에 의한 배치를 구하시오.

제 9 장

총괄생산계획

1. 총괄생산계획
2. 총괄생산계획 전략변수
3. 총괄생산계획 평가
4. 선형계획 모형
5. 기타 모형
6. 주 일정계획

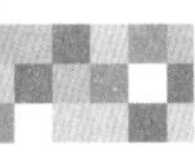

수요예측에 의하여 대상 계획기간에 대한 미래의 수요가 파악되면 주어진 수요를 만족시킬 수 있는 생산계획이 수립되어야 한다. 만약 대상 계획기간을 구성하는 단위기간들의 수요가 일정한 경우에는 생산계획을 수립하는 일은 매우 쉽게 해결될 수 있다. 즉 대상 계획기간을 구성하는 하나의 단위기간을 대상으로 최적대안을 도출하고 대상 계획기간을 구성하는 모든 단위기간에 대하여 이를 반복적용함으로써 최적생산계획을 세울 수 있다. 대상 단위기간에 대한 최적생산계획으로는 생산믹스 모형을 비롯한 다양한 선형계획 모형 등이 적용될 수 있다.

이에 반하여 대부분의 경우에는 시간의 흐름에 따라 수요도 변하기 마련이다. 수요의 변화는 생산능력과의 불균형을 초래하므로 이러한 불균형을 해소하기 위하여 기업은 수요량이나 생산량을 조정하지 않으면 안 된다. 수요량은 판촉을 강화하거나 가격변동에 의하여 조정될 수 있으나 이는 본 장의 관심사가 아니다. 생산량은 생산율 조정, 고용수준 변경, 자본 변경, 하청(subcontracting), 재고 또는 추후납품(backorder) 등에 의하여 조정될 수 있다. 생산율 조정은 잔업(overtime)이나 유휴시간(undertime)을 이용하여 생산율을 조정하는 것이며 자본 변경은 설비능력 변경에 의한 생산능력 조정을 말한다.

1 총괄생산계획

총괄생산계획(aggregate production planning)은 동적인 수요의 변화에 대해 수요와 생산능력 간의 불균형을 조정하여 수요에 부응하는 생산량을 유지하기 위한 계획기능을 말한다. 이는 보통 1년을 대상 계획기간으로 하고 대상 계획기간을 구성하는 단위기간을 1개월로 하여 총괄생산단위(aggregate production unit)에 대한 생산율, 생산능력, 재고수준 등에 대한 전반적인 계획을 수립하는 중기계획이다. 총괄생산계획은 생산량 변동에 따른 제반 비용이 최소가 되도록 수립되어야 한다.

총괄생산단위란 각 제품을 개별적으로 구분하는 것이 아니라 철강산업의 톤(ton), 페인트산업의 갈론(gallon) 등과 같이 생산되는 모든 제품을 총괄할 수 있는 하나의 산출단위를 의미한다. 그러나 하나의 산출단위, 즉 총괄생산단위로 표시가 곤란한 경우에는 제품과 생산공정의 특성에 따라 몇 개의 제품그룹을 대상으로 표시하기도 한다. 이러한 공통의 산출단위를 도출하기가 곤란한 경우에는 노동시간, 기계사용시간 등을 적용할 수도 있다. 결정된 총괄단위는 총괄생산계획에서 수요량, 재고량, 하청량, 고용수준, 생산량 등을 나타내는 데 사용된다.

총괄생산계획은 먼저 전반적인 생산능력이 파악되어야 하며 주어진 생산설비의

제약을 받는다. 그러므로 자본지출이 높은 설비능력을 변경하고자 하는 경우에는 장기적인 수요변화에 대한 검토가 선행되어야 한다. 인적 자원은 기업의 가장 가치 있는 자산으로서 고용수준의 변경도 전문기술을 필요로 하는 경우에는 용이한 일이 아니다. 고용수준을 높이는 경우에는 수개월 간의 교육 및 훈련비용 등 많은 비용부담이 수반되며 고용수준을 낮추는 문제 또한 기업의 기본 고용정책에 대한 검토가 요구된다. 또한 해고자의 법적 대응을 비롯하여 퇴직금, 위로금 등의 많은 비용지출로 현실적인 어려움이 있다. 그러므로 동적수요에 신축적으로 대응하기 위해서는 고용수준을 변동하는 것보다는 재고나 하청 등을 통한 생산율 조정이 우선적으로 고려될 수 있다. 또한 생산량, 생산능력, 고용수준, 재고수준 등을 계획하는 총괄생산계획은 회사의 전반적인 기능과의 상호관계 속에서 수립되어 여타의 기능과의 협조조정을 통하여 수립되어야 한다. 예를 들어 고용수준은 인력계획에, 생산량은 마케팅 정책의 방향에 영향을 준다.

그러므로 단기적인 수요변동에도 불구하고 기업은 수요에 대한 통제된 반응을 유지하려는 경향이 있으며 고용수준이나 잔업량 또는 하청량 등에 급격한 변동을 주지 않고 재고를 활용함으로써 전반적인 생산수준을 일정하게 유지하려는 경향이 있다. 이러한 개념을 생산평준화(production smoothing)라 한다.

이와 더불어 시장에서의 주문량은 수요지에서 생산지에 이르는 공급체인 상에서 각 단계를 거치면서 그 분산이 증폭(amplification)되는 왜곡(distortion)현상을 갖는다. 이러한 왜곡현상을 채찍(bull-whip)현상이라 하는데 이러한 채찍현상은 생산평준화를 추구하는 제조기업에서 생산계획을 수립하는 데 어려움을 더하게 한다.

2 총괄생산계획 전략변수

동적수요 변동에 대응하여 총괄생산계획을 수립함에 있어서 적용되는 전략변수로는 고용수준 변동, 생산율 변동, 하청, 재고, 자본 변동을 들 수 있으며 이 중에서 하나의 변수만을 적용하는 방법을 순수전략이라 하고 몇 개의 전략변수를 혼용하는 방법을 혼합전략이라 한다. 실제적으로 순수전략보다는 혼합전략이 일반적인 방법이며 적용되어야 할 최적혼합변수들은 비용을 고려하여 종합적으로 결정되어야 한다. 전략변수들을 정리하면 다음과 같다.

① **고용수준 변동 :** 종업원을 채용 또는 해고함으로써 수요변동에 대응하는 방법이다. 고용수준의 변동은 채용비용이나 해고비용을 수반한다. 채용비용은 모집선발에 관련되는 비용과 교육훈련비용이 포함되며 해고비용은 퇴직금, 위로금 등 해고와 관련된 제 비용을 말한다. 특히 해고시에는 종업원의 기업에 대한 신뢰감 상실, 종업원의 법적 대응, 안정적 고용수준의 상실 등 많은 문제를 수반한다.

② **생산율 변동 :** 생산율 변동은 수요가 증가하는 경우에는 잔업을 통하여 수요가 감소하는 경우에는 유휴시간을 늘림으로써 수요변화에 대응하는 것을 말한다. 생산율 변동은 잔업비용과 유휴시간비용을 수반한다. 잔업비용은 정규작업시간을 초과하여 작업할 때 정규임금을 초과하여 지불되는 비용으로 보통 정규임금의 1.5에서 2배의 임금이 지급된다. 초과근무로 인한 비효율성도 잔업비용으로 고려될 수 있다. 유휴시간비용은 정규작업시간에 미달되어 작업이 진행될 때 미달분에 대하여 지급되는 임금을 말한다.

③ **하청 :** 하청은 수요의 초과분을 기업 외부에서 조달하는 방법으로 품질과 납기가 준수되어야 한다. 하청을 줄 경우에는 하청비용이 발생한다.

④ **재고 :** 재고를 통하여 수요변동에 대응하는 방법으로, 수요에 대한 신축성은 높으나 재고만으로는 모든 수요를 충족시킬 수 없으므로 납기지연이 발생하고 이는 신용이나 고객상실을 통한 미래의 손실에 대한 가능성을 포함한다.

재고를 유지할 경우에는 묶여 있는 재고에 대한 기회손실로 자본비용이 발생하며 보관에 따른 보험료, 파손비용, 관리비용 등이 수반된다. 수요발생시점에 수요를 충족시키지 못하는 경우에는 수요상실에 따른 품절비용(stockout cost)이 발생하거나 납기지연에 따른 추후납품비용(backlogging cost)이 발생한다. 품절비용은 특정수요에 대한 손실뿐만 아니라 신용상실 및 고객상실 등 미래의 손실에 대한 비용도 포함되므로 이의 정확한 산정은 매우 어려운 작업이다. 추후납품비용은 생산독촉 및 구입독촉, 고객에 대한 서비스 미흡 등에

따른 비용요소가 발생한다.

⑤ **자본 변동 :** 자본 변동은 수요변화에 대응하여 기계설비를 증감하는 것으로 이는 수요변화의 장기적 추세가 파악된 후에 결정되어야 된다.

3 총괄생산계획 평가

총괄생산계획에 대한 이해를 돕기 위해 한 예를 들어 총괄생산계획에 대한 몇 가지 대안을 설정하고 각 대안에 대한 총비용을 계산하여 서로를 비교해 보자. 이러한 접근방법은 최적생산계획을 수립하는 데 구조적인 접근방법이라고 할 수는 없으나 설정된 대안이 있는 경우에는 비교적 쉽게 실제적용이 가능한 시행착오적인 방법이라 할 수 있다.

어느 회사는 6개월 동안의 총괄생산계획을 수립하고자 한다. 총괄생산단위에 의한 수요예측치는 표 9.1과 같다.

표 9.1 총괄생산계획을 위한 기본 자료

월	1	2	3	4	5	6
수요예측치	1,100	1,672	2,856	2,816	1,636	1,920
작업일수	22	19	21	22	20	21

이 회사의 일일작업시간은 8시간이며 현재의 고용수준은 10명이다. 회사정책에 따라 고용수준 변동, 잔업, 하청, 재고, 추후납품에 의한 다음과 같은 3가지 대안을 설정하고 이를 비교하고자 한다.

① **대안 1 :** 현재의 고용수준에 의한 생산량을 유지시키고 수요 변동은 가능한 범위 내에서 재고로 흡수하며 나머지 소요량은 하청에 의하여 조달한다.

② **대안 2 :** 1일 평균 수요량(96단위/일)을 생산할 수 있는 고용수준으로 대상계획

기간 초에 고용수준을 변동, 유지하고 수요 변동은 재고와 추후납품으로 흡수한다.

③ **대안 3 :** 현재의 고용수준에 의한 생산량을 유지하고 수요 변동은 가능한 범위 내에서 재고로 흡수하며 나머지 소요량은 잔업에 의하여 조달한다.

주어진 대안을 평가하는 데 필요한 자료는 다음과 같다.

작업소요시간 : 1시간/단위	정규작업임금 : 2,000원/시간
제조비용(임금 제외) : 20,000원/단위	잔업임금 : 4,000원/시간
하청비용 : 25,000원/단위	재고유지비용 : 1,000원/단위 · 월
채용비용 : 200,000원/인	추후납품비용 : 1,500원/단위 · 월

표 9.2 대안 1 비용산정

단위 : 10,000원

항목/월	1	2	3	4	5	6	합계
① 수요	1,100	1,672	2,856	2,816	1,636	1,920	12,000
② 누적수요	1,100	2,772	5,628	8,444	10,080	12,000	
③ 고용수준	10	10	10	10	10	10	10
④ 작업일수	22	19	21	22	20	21	
⑤ 누적작업일수	22	41	62	84	104	125	
⑥ 생산량(③ × ④ × 8/1)	1,760	1,520	1,680	1,760	1,600	1,680	10,000
⑦ 누적생산량	1,760	3,280	4,960	6,720	8,320	10,000	
⑧ 재고량(⑦−②)	660	508	0	0	0	0	1,168
⑨ 하청량(①−⑥)	0	0	668 ②−⑦	1,056	36	240	2,000
⑩ 제조비용(⑥×2)	3,520	3,040	3,360	6,520	3,200	3,360	20,000
⑪ 정규작업임금(⑥×1×0.2)	352	304	336	352	320	336	2,000
⑫ 재고유지비용(⑧×0.1)	66	50.8	0	0	0	0	116.8
⑬ 하청비용(⑨×2.5)	0	0	1,670	2,640	90	600	5,000
총비용							27,116.8

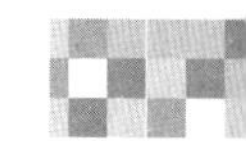

대안 1의 경우에는 현재의 고용수준 10명이 유지되며 회사 내에서 생산되어 수요를 충족시키는 경우에는 제조비용, 정규작업임금, 재고유지비용이 지출되고 수요량의 부족분에 대하여는 하청비용이 지출된다. 계산 결과는 표 9.2와 같으며 소요되는 총비용은 271,168,000원이다.

대안 2는 1일 평균 수요량을 생산할 수 있는 고용수준을 유지하므로 평균 수요량은 총수요량/총작업일수 = 12,000/125 = 96단위이고 고용수준은 평균 생산량/하루 생산량(인) = 96/8인 = 12인이 된다. 그러므로 1월 초에 2명을 새로 채용하며 채용 비용이 발생한다. 따라서 총비용은 채용비용, 제조비용, 정규작업임금, 재고유지비용, 추후납품비용으로 구성되고 계산결과는 표 9.3과 같다. 대안 2의 총비용

표 9.3 대안 2의 비용산정

단위 : 10,000원

항목/월	1	2	3	4	5	6	합계
① 수요	1,100	1,672	2,856	2,816	1,636	1,920	12,000
② 누적수요	1,100	2,772	5,628	8,444	10,080	12,000	
③ 작업일수	22	19	21	22	20	21	125
④ 누적작업일수	22	41	62	84	104	125	
⑤ 고용수준	12	12	12	12	12	12	
⑥ 채용인원	2	0	0	0	0	0	
⑦ 생산량(③×⑤×8/1)	2,112	1,824	2,016	2,112	1,920	2,016	12,000
⑧ 누적 생산량	2,112	3,936	5,952	8,064	9,984	12,000	
⑨ 재고량(⑧−②)	1,012	1,164	324	0	0	0	2,500
⑩ 납기지연(②−⑧)	0	0	0	380	96	0	476
⑪ 채용비용(⑥×20)	40	0	0	0	0	0	40
⑫ 제조비용(⑦×2)	4,224	3,648	4,032	4,224	3,840	4,032	24,000
⑬ 정규임금(⑦×0.2)	422.4	364.8	403.2	422.4	384	403.2	2,400
⑭ 재고유지비용(⑨×0.1)	101.2	116.4	32.4	0	0	0	250
⑮ 추후납품비용(⑩×0.15)	0	0	0	57	14.4	0	71.4
총비용							26,761.4

은 267,614,000원이 된다.

대안 3은 현재의 고용수준을 그대로 유지시키고 재고와 잔업에 의하여 수요변화에 대처하는 방법으로 대안 1의 하청량이 잔업량에 해당되는 경우이다. 그러므로 하청비용이 제조비용과 잔업임금으로 대체되어 계산결과는 표 9.4와 같다. 총비용은 269,168,000원이다.

표 9.2에서 표 9.4의 결과에 의하여 각 대안에 대한 총비용은 대안 1이 271,168,000원, 대안 2는 267,614,000원, 대안 3은 269,168,000원이 되어 대안 2의 총비용이 가장 적으므로 대안 2가 선택된다. 그러므로 총괄생산계획은 대상계획기간 초에 2명을 새로 채용하여 고용인원을 12명으로 높이고 단위기간의 수요변동은 재고와 추후납품으로 대응하는 것을 그 내용으로 한다.

표 9.4 대안 3의 비용계산

단위 : 10,000원

항목/월	1	2	3	4	5	6	합계
① 수요	1,100	1,672	2,856	2,816	1,636	1,920	12,000
② 누적수요	1,100	2,772	5,628	8,444	10,080	12,000	
③ 작업일수	22	19	21	22	20	21	125
④ 누적작업일수	22	41	62	84	104	125	
⑤ 고용수준	10	10	10	10	10	10	
⑥ 정규생산량(③×⑤×8/1)	1,760	1,520	1,680	1,760	1,600	1,680	10,000
⑦ 누적생산량	1,760	3,280	4,960	6,720	8,320	10,000	
⑧ 재고량(⑦-②)	660	508	0	0	0	0	1,168
⑨ 잔업생산량(대안1 참조)	0	0	668	1,056	36	240	2,000
⑩ 총생산량(⑥+⑨)	1,760	1,520	2,348	2,816	1,636	1,920	12,000
⑪ 제조비용(⑩×2)	3,520	3,040	4,696	5,632	3,272	3,840	24,000
⑫ 정규임금(⑥×0.2)	352	304	336	352	320	336	2,000
⑬ 잔업임금(⑨×0.4)	0	0	267.2	422.4	14.4	96	800
⑭ 재고유지비용(⑧×0.1)	66	50.8	0	0	0	0	116.8
총비용							26,916.8

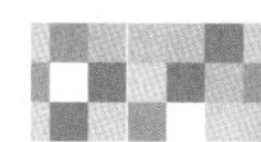

4 선형계획 모형

총괄생산계획에는 여러 가지 수리적 모형이 적용될 수 있다. 이러한 수리적 모형에 있어서 결정변수로는 이미 제시된 바와 같이 정규생산량, 잔업생산량, 하청량, 고용수준, 설비능력, 채용인원, 해고인원 등을 들 수 있으며 이러한 결정변수에 대한 비용함수를 최소화하도록 총괄생산계획이 수립되어야 한다. 총괄생산계획을 수립함에 있어서 선형, 오목성, 볼록성 등 결정변수에 대한 비용함수의 특성은 매우 중요하며 이에 따라 적용가능한 수리적 모형이 결정된다. 여기에서는 고려될 수 있는 다양한 모형들 중에서 가장 간단하고 대표적인 모형으로서 선형의 비용함수에 대한 예를 보자.

1. 선형계획 모형

여기에서 다루는 문제는 고용수준에 대한 변동 없이 수요변동이 정규생산, 잔업, 하청, 재고에 의하여 흡수되는 총괄생산계획의 최적화 모형이다. 대상계획기간을 구성하는 각 단위기간에 있어서 주어진 변수에 대한 관련비용은 선형을 가정한다. 추후납품은 인정되지 않으며 가동준비비용(setup cost)과 같은 고정비용도 없는 것으로 한다.

주어진 문제를 선형계획법으로 모형화하기 위하여 총괄생산단위에 대하여 다음을 정의한다.

N : 대상계획기간
D_n : 기간 n의 수요량($n = 1, \cdots$ N)
m : 각 단위기간에 있어서 생산대안의 수
P_{in} : 기간 n에 있어서 생산대안 i의 생산능력($i = 1, \cdots m$)
X_{in} : 기간 n에 생산대안 i에 의한 생산량($i = 1, \cdots m$)
C_{in} : 기간 n에 있어서 생산대안 i의 단위생산비용($i = 1, \cdots m$)
h_n : 기간 n에서 기간 $n+1$로의 단위재고유지비용
I_n : 기간 n에서 기간 $n+1$로의 재고량

특정 단위기간에 생산된 제품은 그 기간의 수요를 만족시킬 수 있다고 가정한다. 그러므로 총관련비용을 목적함수로 하고 이를 최소화하도록 결정변수 $\{X_{in}, I_n\}$을 결정하는 문제는 다음과 같은 식으로 나타낼 수 있다.

$$Min.\ Z = \sum_{n=1}^{N}\left\{\sum_{i=1}^{m} C_{in}X_{in} + h_n I_n\right\} \tag{9.1}$$

$$\text{s.t.} \quad X_{in} \le P_{in}(i=1,\ \cdots,\ m,\ n=1,\ \cdots, N) \tag{9.2}$$

$$I_n = I_{n-1} + \sum_{i=1}^{m} X_{in} - D_n(n=1,\ \cdots,\ N) \tag{9.3}$$

$$X_{in} \ge 0(i=1,\ \cdots,\ m,\ n=1,\ \cdots,\ N) \tag{9.4}$$

$$I_n \ge 0(n=1,\ \cdots,\ N) \tag{9.5}$$

식 (9.1)은 목적함수로서 모든 대상기간의 총관련비용을 최소화하며 식 (9.2)는 모든 생산대안에 대한 생산능력 제약조건을 나타낸다. 식 (9.3)은 재고균형방정식으로 생산량과 수요량, 재고량과의 관계를 설정하며 식 (9.4)와 식 (9.5)는 비음 제약조건이다. 식 (9.3)을 적용하기 위해서는 대상 계획기간의 시작 시점에 주어지는 초기 재고 I_o가 주어져야 하며 만약 대상 계획기간 말에 요구되는 재고가 존재하는 경우 말기 재고는 I_n으로 주어진다.

예를 들어 보자. 어느 기업에서는 향후 3개월 동안의 총괄생산계획을 수립하고자 한다. 이 기업은 정규작업, 잔업, 하청에 의하여 생산량을 충당하고 재고를 유지하나 추후납품을 인정하지 않고자 한다. 총괄생산단위에 대하여 월별 수요예측치, 각 생산대안에 대한 생산능력과 단위생산비용은 표 9.5와 같다. 대상 계획기간 초의 초기 재고는 10단위이며 계획기간 말에는 100단위의 말기 재고가 요구된다. 단위당 단위기간에 대한 재고유지비용은 15원이다.

표 9.5 총괄생산계획을 위한 자료

월	수요예측지	생산능력			단위생산비		
		정규작업	잔업	하청	정규작업	잔업	하청
1	729	550	150	300	70	100	110
2	530	550	150	300	70	100	110
3	750	550	150	300	70	100	110

주어진 문제를 선형계획법으로 모형화하기 위하여 다음을 정의한다.

X_{1n} : 기간 n에 정규작업에 의한 생산량($n = 1, 2, 3$)
X_{2n} : 기간 n에 잔업에 의한 생산량($n = 1, 2, 3$)
X_{3n} : 기간 n에 하청에 의한 생산량($n = 1, 2, 3$)
I_n : 기간 n에서 기간 $n + 1$로의 재고량($n = 1, 2, 3$)

주어진 문제는 다음과 같이 정식화된다.

$$\text{Min. } 70\,(X_{11} + X_{12} + X_{13}) + 100\,(X_{21} + X_{22} + X_{23}) + 110\,(X_{31} + X_{32} + X_{33}) + 15(I_1 + I_2 + 100)$$

$$\begin{aligned}
\text{s.t} \quad & X_{1n} \leq 550 \ (n = 1, 2, 3) \\
& X_{2n} \leq 150 \ (n = 1, 2, 3) \\
& X_{3n} \leq 300 \ (n = 1, 2, 3) \\
& I_1 = 10 + (X_{11} + X_{21} + X_{31}) - 729 \\
& I_2 = I_1 + (X_{12} + X_{22} + X_{32}) - 530 \\
& 100 = I_2 + (X_{13} + X_{23} + X_{33}) - 750 \\
& X_{in} \geq 0 \ (i = 1, 2, 3 \ n = 1, 2, 3) \\
& I_n \geq 0 \ (n = 1, 2, 3)
\end{aligned}$$

2. 수송 모형

앞에서 주어진 선형계획 모형은 결정변수를 다시 정의하여 수송문제로 변형될 수 있다. 이제 다음과 같이 변수를 새로이 정의하자.

y_{ijk} : 기간 j에 생산대안 i로 생산되고 기간 k까지 재고로 유지되어 기간 k의 수요를 만족시키는 양($i = 1, \cdots m, j = 1, \cdots N, k = 1, \cdots N$)
γ_{ijk} : 기간 j에 생산대안 i에 의하여 생산되어 기간 k의 수요를 만족시킬 경우의 단위비용. 기간 j에 생산대안 i에 의한 단위생산비용 C_{ij}에 기간 j에서 기간 $k - 1$까지의 재고유지비용의 합

그러므로 다음과 같이 정의된다.

$$\gamma_{ijk} = C_{ij} + h_j + h_{j+1} + \cdots + h_{k-1} \tag{9.6}$$

만약 추후납품이 허용되는 경우에는 $k < j$에 대하여 γ_{ijk}가 정의되어 $\gamma_{ijk} > 0$이 된다. 추후납품이 허용되지 않는 경우에는 $k < j$에 대하여 $y_{ijk} = 0$이 되어야 하며 이는 실제 적용에 있어서 $k < j$에 대하여 매우 큰 비용을 γ_{ijk}에 할당하여 해결할 수 있다. 또한 초기 재고가 존재하는 경우에는 다음이 추가로 정의된다.

y_{0k} : 초기 재고로서 기간 k의 수요를 만족시키는 양($k = 1, \cdots N$)
γ_{0k} : 초기 재고로서 기간 k의 수요를 만족시킬 때의 단위비용

그러므로

$$\gamma_{0k} = h_1 + \cdots + h_{k-1} \tag{9.7}$$

그러므로 주어진 수송문제에 있어서 공급지에 해당되는 개념은 각 기간의 생산대안과 더불어서 초기 재고가 되며 수요지에 해당되는 개념은 수요기간이 된다. 추후납품이 허용되지 않은 경우를 보기로 한다. 표 9.6은 주어진 수송모형의 수송표이다. 표 9.6에 주어진 M은 매우 큰 숫자를 의미한다. 만약 추후납품이 허용되는 경우에는 표 9.6의 비용 M을 실제 비용 $\gamma_{ijk}(j > k)$로 변경하면 된다.

표 9.6 수송표

생산기간		수요기간					미사용 생산능력	생산능력
		1	2	⋯	N21	N		
초기 재고		γ_{01}	γ_{02}	⋯	γ_{0N-1}	γ_{0N}	0	I_0
1	생산대안 1	γ_{111}	γ_{112}	⋯	γ_{11N-1}	γ_{11N}	0	P_{11}
	⋯			⋯				
	생산대안 m	γ_{m11}	γ_{m12}	⋯	γ_{m1N-1}	γ_{m1N}	0	P_{m1}
2	생산대안 1	M	γ_{122}	⋯	γ_{12N-1}	γ_{12N}	0	P_{12}
	⋯			⋯				
	생산대안 m	M	γ_{m22}	⋯	γ_{m2N-1}	γ_{m2N}	0	P_{m2}
	⋯	⋯	⋯	⋯	⋯	⋯	⋯	⋯
N	생산대안 1	M	M	⋯	M	γ_{1NN}	0	P_{1N}
	⋯			⋯				
	생산대안 m	M	M	⋯	M	γ_{mNN}	0	P_{mN}
수요량		D_1	D_2		D_{N-1}	D_N		

수송문제는 쉽게 모형화되고 여러 해법이나 컴퓨터 프로그램이 존재하여 최적안을 용이하게 도출할 수 있으나 추후납품이 허용되지 않은 특수한 경우에는 다음과 같은 간단한 알고리즘으로 주어진 문제를 해결할 수 있다.

① 기간 1의 수요를 비용이 저렴한 생산대안 순으로 만족시켜 나간다.
② ①의 결과에 의하여 생산능력을 조정한다.
③ 기간 2의 수요를 저렴한 생산대안 순으로 만족시켜 나간다.
④ ③의 결과에 의하여 생산능력을 조정한다.
⑤ 기간 3, ⋯ , N에 대하여 위의 적용을 반복한다.

주어진 알고리즘을 예제에 적용해 보자. 대상계획기간 말에 요구되는 100단위는 3월의 수요에 포함되어 3월의 수요예측치가 850으로 수정된다. 이의 수송표와 최적배분은 표 9.7에 주어져 있다.

표 9.7 수송표와 최적해

(각 칸: 단위비용 / 배분량)

생산기간		수요기간 1	수요기간 2	수요기간 3	미사용능력	생산능력
초기 재고		0 / 10	15	30	0	~~10~~ 0
1	정상작업	70 / 550	85	100	0	~~550~~ 0
	잔업	100 / 150	115	130	0	~~150~~ 0
	하청	110 / 19	125	140	281	~~300~~ 281
2	정상작업	M	70 / 530	85 / 20	0	~~550~~ ~~20~~ 0
	잔업	M	100	115	150	150
	하청	M	110	125	300	300
3	정상작업	M	M	70 / 550	0	~~550~~ 0
	잔업	M	M	100 / 150	0	~~150~~ 0
	하청	M	M	110 / 130	170	~~300~~ 170
수요		~~729~~ ~~719~~ ~~169~~ ~~19~~ 0	~~530~~ 0	~~850~~ ~~300~~ ~~280~~ ~~130~~ 0		

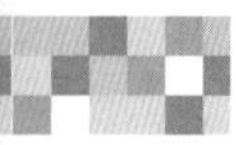

5 기타 모형

언급된 바와 같이 총괄생산계획에서 다루는 문제는 크게 정적(static) 모형, 동적(dynamic) 모형으로 구분되는데 선형 모형을 위시하여 동적계획법(dynamic programming), 목표계획법(goal programming), 정수계획법(integer programming), 네트워크 모형 등 확정적 모형과 확률적 동적계획법 등 확률적 모형이 다양하게 적용되어 총괄생산계획이 수립될 수 있다.

총괄생산계획에 적용된 최초의 계량적 모형은 선형결정기법(linear decision rule)이다. 선형결정기법은 총괄생산계획과 관련하여 정규작업을 제외한 모든 비용, 즉 고용, 해고, 잔업, 재고관련비용이 이차함수를 갖는다고 가정하고 이차함수의 특성을 이용하여 미분함으로써 선형의 최적 의사결정 법칙을 도출하는 총괄생산계획기법이다. 선형결정기법에서는 비용함수가 좌우대칭의 아래로 볼록한 함수로 가정될 뿐만 아니라 재고수준, 잔업수준 등의 한계를 설정하는 제약조건의 도입이 곤란하고 비용함수의 추정이 곤란하여 실용성이 결여되나 최초의 계량적 모형으로서의 의미를 갖는다.

또한 쉽게 최적해에 가까운 결과를 유도할 수 있는 휴리스틱(heuristic) 기법도 존재한다. 이러한 휴리스틱 기법으로는 회귀분석을 이용한 경영계수 모형이나 비선형 탐색기법을 이용한 탐색결정기법 등이 있으나 실제적인 적용에 어려움이 있다.

6 주 일정계획

총괄생산단위에 의한 총괄생산계획은 주 일정계획(MPS ; master production schedule)를 통하여 제품별 생산계획으로 구체화된다. MPS는 보통 주를 단위기간으로 하여 몇 개월을 대상 계획기간으로 수립하는 단기계획이다. MPS에서는 총괄생산단위로 수립된 총괄생산계획을 제품별 수요예측에 기초하여 각 제품별로 분해하여 제품별 · 기간별로 수립하는 세부 생산계획이다. MPS는 자재관리, 작업자관리, 부품관리, 구매관리 등의 기본 지침이 된다.

연습문제

1. 총괄생산계획에 적용되는 전략변수를 기술하시오.

2. 총괄생산계획과 주 일정계획을 비교하시오.

3. 생산평준화의 개념을 설명하시오.

4. 채찍현상을 설명하고 이의 경감방안을 생각해 보시오.

5. 채찍현상이 생산평준화에 주는 영향을 생각해 보시오.

6. 총괄생산계획에 있어서 동적 모형과 정적 모형을 비교하시오.

7. 선형결정 기법의 의미를 설명하시오.

8. 선형계획 문제가 다음과 같이 주어져 있다.
   1) 도해법으로 최적해를 구하시오.
   2) Simplex 해법을 적용하여 최적해를 구하시오.

$$Max.\ 10X_1 + 20X_2$$

$$\text{s.t}\quad X_1 + 3X_2 \le 30$$

$$2X_1 + X_2 \le 20$$

$$X_1, X_2 \ge 0$$

9. 어느 공장에서 정원용 탁자와 의자를 생산하는 데 예상되는 이익과 소요되는 자원은 아래와 같다. 총이윤을 극대화하기 위한 선형계획 모형을 식으로 표시하시오.

자원제품	탁자	의자	가용량
나무	40	10	300
노동력	15	20	275
단위이윤	10	8	

10. 돼지를 사육하는 어느 농가에서 두 가지 사료를 사용하고 있다. 사료의 성분 대 비용 관계는 다음 표와 같다. 영양섭취량을 만족시키면서 비용이 가장 적게 드는 사료배합을 구하시오.

영양소 \ 사료	사료 1(kg)	사료 2(kg)	필요섭취량
탄수화물(mg)	5	1	10
단백질(mg)	2	2	12
비타민(mg)	1	4	12
비용(만원)	30	20	

11. 다음에 주어진 자료에 의하여 최소의 비용으로 주어진 수요를 충족시킬 수 있는 생산계획을 선형계획법을 이용하여 식으로 나타내시오. 1단위의 단위기간 재고유지비용은 5이며 초기 재고가 5단위 주어져 있고 10단위의 말기 재고가 요구된다.

기간	가용생산능력		수요
	정규	잔업	
1	50	20	60
2	40	30	80
비용	80	100	

12. 어느 회사는 내년 1, 2, 3월의 생산계획을 수립하려고 한다. 1, 2, 3월의 생산능력은 각각 50, 60, 40이며 수요는 30, 70, 50이다. 단위생산비용은 3만원, 단위당 1개월 재고유지비용은 1만원이다. 추후납품은 허용되지 않으며 초기 재고와 말기 재고 모두 0이다. 총비용을 최소화하는 최적생산계획을 세우시오.

13. 다음과 같은 자료를 갖는 제품의 생산계획을 수립하려고 한다.

기간	생산능력		수요	비용		
	정규	잔업		정규	잔업	재고유지비용
1	10	5	12	10	15	2
2	20	10	25	20	25	2

초기 재고는 없고 말기 재고 또한 원치 않으며 추후납품은 허용되지 않는다.

1) 생산계획문제를 선형계획 모형을 세우시오.

2) 생산계획을 수립하시오.

14. 최소의 비용으로 주어진 수요를 충족시킬 수 있는 총괄생산계획을 다음의 주어진 표를 이용하여 수립하시오. 초기 재고는 20, 요구되는 말기 재고는 10이며 단위당 단위기간의 재고유지비용은 5이다.

기간	가용생산능력			수요
	정규	잔업	하청	
1	50	20	500	60
2	50	20	500	80
3	50	20	500	100
비용	80	100	110	

참고양식 :

생산기간		수요기간			가용생산능력
		기간 1	기간 2	기간 3	
초기 재고					
기간 1	정규				
	초과근무				
	하청				
…					
수요					

제 10 장

일정계획

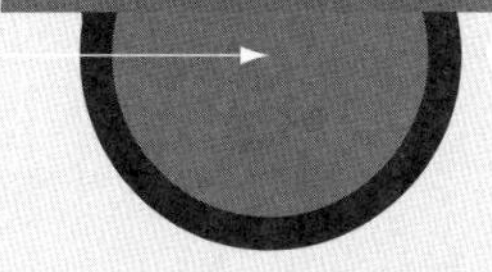

일정계획은 앞 장에서 수립된 생산계획을 달성하기 위하여 실제 수행되어야 할 작업내용을 구체화하는 단계이다. 이는 총괄생산계획에서 획득된 기계설비, 인력, 자재 등의 생산자원을 수행되어야 할 작업, 활동, 서비스(이후 작업이라 총칭한다)에 효율적으로 배분하고 활용함으로써 수요를 시기적절하게 만족시킬 수 있도록 하는 인적, 기술적 자원의 사용계획을 수립하는 것이다. 그러므로 일정계획에서는 무엇이, 언제, 누구에 의하여 어떤 장비를 가지고 수행되는가를 결정한다. 총괄생산계획이 보통 일 년을 대상으로 하는 중기계획임에 반하여 일정계획은 며칠, 몇 주, 또는 몇 달을 대상으로 하는 단기계획이다.

일정계획에서 다루는 문제는 크게 다음과 같이 구분된다.

① **부하할당 :** 대상 일정계획 기간 동안에 처리되어야 할 작업량을 각 작업장에 어떻게 배분해야 하는가에 관한 문제로서 어느 작업이 어느 작업장에서 얼마만큼 수행되어야 하는가를 결정한다. 그러므로 부하할당은 생산능력과 수행도를 고려하여 결정되어야 하며 최적부하는 제조시스템의 성격에 따라 다르다.

② **작업순서결정 :** 부하할당에 의하여 각 작업장에서 처리되어야 할 일의 양이 결정되면 다음으로 작업물들의 작업처리순서가 결정되어야 한다. 작업순서는 생산활동에 적용되는 여러 가지 성과기준을 고려하여 결정된다.

③ **상세일정계획 :** 각 작업이 작업장에 할당되고 작업순서가 결정되면 각각의 작업이 수행되어야 할 작업시작시점과 작업완료시점이 계획되어야 한다. 이를 상세일정계획이라 하며 상세일정계획은 작업에 수반되는 원자재, 부품, 기계 설비, 작업자에 대한 결정도 포함한다.

1 기본개념

일정계획에 관한 문제는 매우 다양하다. 그러므로 일정계획에 관한 전반적인 이해를 돕기 위하여 일정계획의 수행도 측정치로 적용될 수 있는 평가기준과 작업순서 결정에 이용될 수 있는 몇 가지 우선순위규칙에 대하여 살펴보기로 한다.

작업개시시점, 즉 시점 0에 n개의 작업물이 작업의 수행을 기다리고 있다고 가정한다. 주어진 작업물 $i(i = 1, \cdots, n)$에 대하여 다음을 정의한다.

p_i : 작업물 i의 작업소요시간
C_i : 작업물 i의 작업완료시점
d_i : 작업물 i의 납기

만약 처리되어야 할 n개의 작업물의 작업순서가 결정되어 있고 주어진 작업순서에 의하여 작업이 진행된다고 하면 다음과 같은 평가기준이 정의될 수 있다.

① **총완료시간(makespan) :** 최종작업이 완료되어 모든 작업이 완료되는 시점을 의미한다($\max(C_1, C_2, \cdots, C_n)$).

② **흐름시간(flow time) :** n개의 작업물이 시스템 내에 체재하는 총시간을 의미한다($\sum_{i=1}^{n} C_i$). 이는 각 작업물이 작업을 기다리는 시간과 작업에 소요되는 시간을 모두 합한 값이다.

③ **평균 완료시간 :** 각 작업의 작업완료시간을 모두 더하여 작업물의 수로 나눈 값이다($\sum_{i=1}^{n} C_i / n$).

④ **평균 작업물 수 :** 각 작업이 처리되는 동안 작업소요시간에 시스템 내에 존재하는 작업물의 수에 작업소요시간을 곱하여 모든 작업물에 대하여 더한 다음 이를 총작업소요시간으로 나눈 가중 평균값이다. 이는 흐름시간을 총작업소요시간으로 나눈 값($\sum_{i=1}^{n} C_i / \sum_{i=1}^{n} p_i$)과 동일하다.

⑤ **평균 납기지연시간 :** 작업이 납기보다 지연되는 경우 납기를 초과하는 시간을 납기지연시간이라 한다.

$$\text{납기지연시간} = (C_i - d_i)^+ = \begin{cases} 0 \ (C_i \le d_i) \\ C_i - d_i (C_i \rangle d_i) \end{cases}$$

평균 납기지연시간은 각 작업물의 납기지연시간을 모두 더하여 작업물의 수로 나눈 값이다($\sum_{i=1}^{n} (C_i - d_i)^+ / n$).

평가기준으로서 평균 완료시간과 평균 작업물 수는 흐름시간으로 대표될 수 있다. 이는 작업물의 수 n과 총작업소요시간 $\sum_{i=1}^{n} p_i$가 모두 주어진 상수이기 때문이다.

우선순위규칙은 작업순서를 결정하는 규칙으로서 다음과 같다.

① **선입선출(FCFS ; first come first served) 규칙 :** 작업장에 도착하는 순서로 작업순서가 결정되는 규칙이다.

② **최단작업 소요시간(SPT ; shortest processing time) 규칙 :** 작업소요시간이 짧은 순서로 작업순서를 결정하는 규칙이다.

③ **최소 납기일(EDD ; earliest due date) 규칙 :** 납기가 짧은 순서로 작업순서가

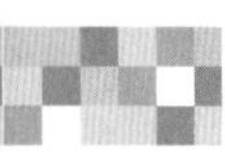

결정되는 규칙이다.

④ **최소 여유시간(LSTR ; least slack time remaining) 규칙** : 여유시간이란 납기까지 남은 시간에서 잔여 작업소요시간을 뺀 값이다. 최소 여유시간 규칙은 짧은 여유시간 순으로 작업순서를 결정하는 규칙이다.

⑤ **최장작업 소요시간(LPT ; longest processing time) 규칙** : 작업 소요시간이 큰 순서로 작업순서를 결정하는 규칙이다.

2 단일작업장 일정계획

단일작업장은 하나의 기계나 설비(이후 기계라 함) 또는 동종의 복수기계가 병렬로 구성되어 있는 경우로서 작업물은 이 중 하나의 기계에서 작업을 수행한다.

1. 부하 문제

하나의 기계로 작업장이 구성된 경우에는 부하 문제가 발생하지 않는다. 그러나 작업장이 복수의 기계로 구성되는 경우에는 주어진 작업량을 각 기계에 배분해야 한다. m개의 동종의 기계가 병렬로 구성되어 있는 작업장에서 대상계획기간 동안에 작업을 요하는 n종류의 작업과 이들의 상대적인 생산량이 계획되어 있다고 하자. 부하 문제(loading problem)는 이를 각 기계에 배분하여 각 기계의 부하를 결정하는 문제이다. 기계는 컴퓨터화 되어 있거나 숙련된 작업자와 같이 n종류의 작업을 항상 교대로 수행할 수 있도록 잦은 가동준비를 매우 짧은 시간에 효율적으로 수행할 수 있다고 가정한다.

1) 최장작업 소요시간 규칙에 의한 부하할당

병렬로 구성된 복수기계에 있어서 각 기계에서 수행되어야 할 일의 양을 가능한 한 동일하게 하면 총완료시간을 최소화할 수 있으며 실제로 많은 경우에 균등부하(balanced loading)는 부하를 결정하는 기본 원칙으로 사용되고 있다. 복수의 기계가 병렬로 구성된 경우에 최장작업 소요시간 규칙은 가능한 한 균등부하를 실현하

는 좋은 휴리스틱으로 적용될 수 있다.

간단한 예를 들어 보기로 하자. 작업장은 2대의 기계로 구성되어 있으며 수행되어야 할 작업물이 8개 있다. 주어진 작업물들의 작업소요시간은 각각 3시간, 5시간, 6시간, 7시간, 10시간, 13시간, 18시간, 25시간이다. 주어진 작업들의 총완료시간을 최소화하기 위해서 작업소요시간이 가장 큰 작업부터 순차적으로 기계에 배분하는 최장작업 소요시간 규칙을 적용하기로 한다. 최장작업 소요시간 규칙은 항상 최적부하를 제공하지는 않지만 최적부하가 아닌 경우에도 최적배분에 상당히 근사한 값을 제시한다. 그러므로 작업소요시간이 가장 큰 25시간을 기계 1에 배분한다. 다음으로 작업소요시간이 큰 18시간을 두 기계 중 일의 배분이 적은 기계 2에 배분한다. 다음으로 큰 작업소요시간은 15시간으로 이를 작업배분이 적은 기계 2에 배분한다. 이러한 방법으로 주어진 8개의 작업을 두 기계에 배분하면 그림 10.1과 같다. 기계 1에는 44시간의 작업이 배분되고 기계 2에는 43시간의 작업이 배분되어 총완료시간은 44가 되며 이는 총완료시간을 최소화하는 최적부하이다.

이제 2대에 기계로 구성된 작업장의 예를 들어 보자. 수행되어야 할 5개의 작업

그림 10.1 최장작업 소요시간 규칙에 의한 부하배분

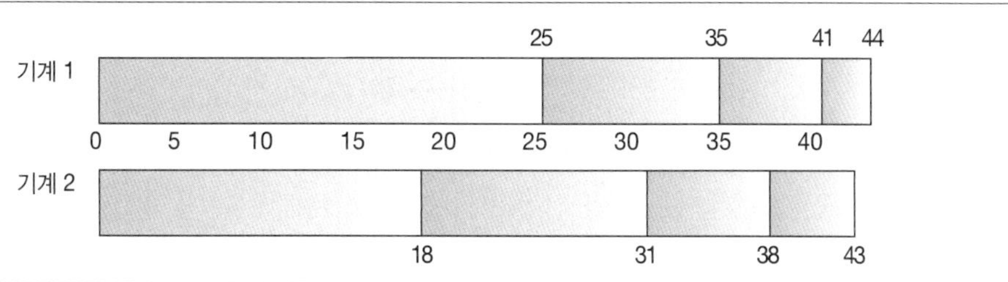

그림 10.2 최장작업 소요시간 규칙에 의한 부하배분

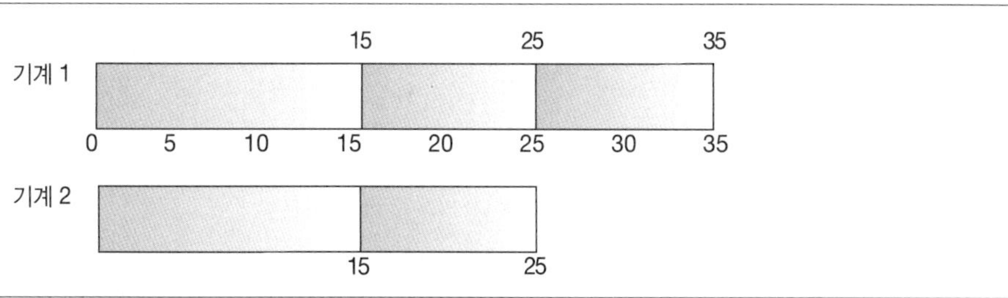

그림 10.3 최적부하배분

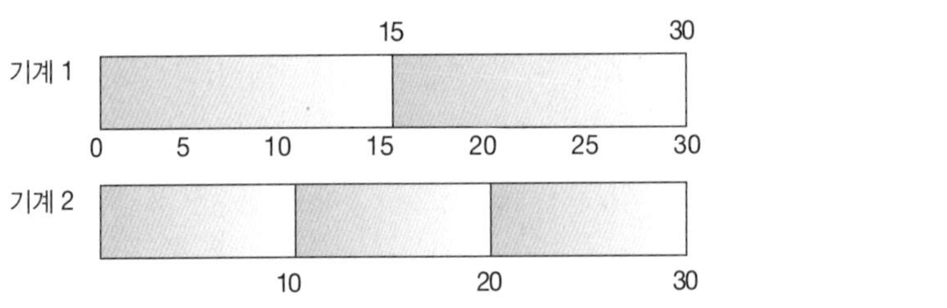

의 소요시간은 각각 10시간, 10시간, 10시간, 15시간, 15시간이라 하자. 그림 10.2와 그림 10.3에서 보는 바와 같이 최장작업 소요시간 규칙에 의한 총완료시간은 35시간이며 최적부하배분에 의한 총완료시간은 30시간이 된다. 그러므로 최장작업 소요시간 규칙은 최적해를 제시하지 못한다.

최장작업 소요시간 규칙에 의한 총완료시간을 $C_{max}(LPT)$라고 하고 최적 총완료시간을 $C_{max}{}^*$라고 정의하자. m대의 기계가 병렬로 구성된 복수기계에 있어서 다음의 결과가 성립한다.

$$\frac{C_{max}(LPT)}{C_{max}{}^*} \le \frac{4}{3} - \frac{1}{3m} \tag{10.1}$$

그러므로 $35/30 \le 4/3 - \{1/(3\times 2)\} = 7/6$에서 앞에 주어진 예는 최장작업 소요시간 규칙을 적용한 경우 최적부하로부터 가장 큰 변이를 갖는 경우이다. 휴리스틱을 적용한 경우 위와 같이 가장 나쁜 경우에 대한 한계를 설정할 수 있으면 휴리스틱의 유용성을 입증할 수 있다.

2) 기계 – 작업 할당 문제

위의 특수한 형태로 만약 작업물이 n개 존재하고 이들을 모두 수행할 수 있는 n대의 기계가 있다. 그러나 각 작업은 처리되는 기계에 따라 소요되는 비용이 서로 다르다. 이런 경우 어느 작업을 어느 기계에 할당해야 총비용이 최소가 되는지를 결정할 필요가 있다.

주어진 문제는 선형계획법의 특수한 형태로 할당 문제(assignment problem)라 한다. 수행되어야 할 작업물의 수와 이를 처리할 기계의 수가 서로 같으며 하나의

기계에 하나의 작업을 할당하는 문제이다.

C_{ij} : 작업물$i(i=1, \cdots n)$가 기계 $j(j=1, \cdots n)$에서 수행될 때 소요되는 비용
$X_{ij}=1$(만약 작업물 i가 기계 j에 할당되는 경우)
0(만약 작업물 i가 기계 j에 할당되지 않는 경우)

주어진 할당 문제는 다음의 식으로 나타낼 수 있다.

$$
\begin{aligned}
& Min. \ \sum_{i=1}^{n}\sum_{j=1}^{n} C_{ij}X_{ij} \\
& \sum_{j=1}^{n} X_{ij} = 1 \quad i=1, \ \cdots, \ n \\
& \sum_{i=1}^{n} X_{ij} = 1 \quad j=1, \ \cdots, \ n \\
& X_{ij} \geq 0 \quad i=1, \ \cdots, \ n, \ j=1, \ \cdots, \ n
\end{aligned} \tag{10.2}
$$

할당 문제는 헝가리법(Hungarian method)이라는 특수해법에 의하여 쉽게 해결될 수 있다. 헝가리법은 주어진 할당 문제의 기계–작업물에 대한 비용행렬에 대하여 다음과 같은 절차를 갖는다.

- **단계 1 :** 각 행에 대하여 해당 행의 비용 중 가장 작은 값을 해당 행의 모든 값에서 뺀다.
- **단계 2 :** 단계 1의 결과로 주어진 비용행렬에 대하여 단계 1의 절차가 각 열에 대하여 되풀이된다.
- **단계 3 :** 비용행렬에는 0의 비용이 다수 생기는데 이 0의 값을 모두 지울 수 있는 최소의 수직선이나 수평선을 그어 최소 직선의 수가 행렬의 열(행)의 수와 같은지 확인한다. 만약 열의 수와 같은 경우에는 최적할당을 도출하고 열의 수보다 적은 경우에는 단계 4로 간다.
- **단계 4 :** 직선으로 그어지지 않은 값 중 최소값을 구하여 그 값을 직선으로 그어지지 않은 모든 값에서 빼 주고 2개의 직선으로 그어진 값에는 더하여 준다. 단계 3으로 간다.

예를 들어 보자. 4대의 기계에 대하여 주어진 어느 기계에서도 생산이 가능한 4

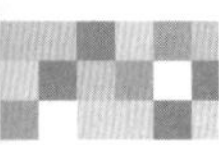

종류의 제품생산계획을 세우고자 한다. 각 기계에 대한 각 제품의 생산비용은 표 10.1과 같다. 총생산비용을 최소화할 수 있도록 제품할당계획을 세워 보자.

표 10.1 생산비용행렬

기계＼제품	A	B	C	D
1	7	2	5	10
2	15	6	9	3
3	8	2	6	9
4	6	11	5	8

헝가리법을 적용하면 다음의 표 10.2에서 표 10.4와 같은 행렬을 순차적으로 얻을 수 있다.

표 10.2 단계 1

기계＼제품	A	B	C	D
1	5	0	3	8
2	12	3	6	0
3	6	0	4	7
4	1	6	0	3

표 10.3 단계 2

기계＼제품	A	B	C	D
1	4	0	3	8
2	11	3	6	0
3	5	0	4	7
4	0	6	0	3

표 10.4 단계 3

기계 \ 제품	A	B	C	D
1	1	0	0	8
2	8	3	3	0
3	2	0	1	7
4	0	9	0	6

단계 3에서의 최소 라인의 수가 열의 수와 같이 4개가 되므로 헝가리법의 절차가 완료되고 최적할당을 도출하면 된다. 그러므로 최적할당은 기계 1 → 제품 C, 기계 2 → 제품 D, 기계 3 → 제품 B, 기계 4 → 제품 A가 된다.

2. 작업순서결정

만약 하나의 기계에 n종류의 작업이 주어져 있다면 가능한 작업순서는 $n!$이 되며 각 작업순서는 설정된 평가기준에 대하여 서로 다른 값을 갖는다. 그러므로 작업순서의 결정은 부하할당과 더불어 수행도를 결정짓는 중요한 의사결정이 된다. 여기에서는 작업순서결정과 관련된 몇 가지 예를 보자.

1) 우선순위규칙과 평가기준에 의한 작업순서결정

1대의 기계로 구성된 작업장에서 처리될 5종류의 작업은 표 10-5와 같은 작업소요시간과 납기를 가지고 있다.

표 10.5 처리시간 및 납기

작업	작업소요시간(일)	납기(일)
A	3	10
B	5	6
C	7	21
D	2	5
E	8	10

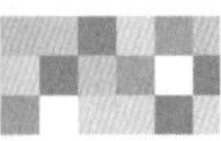

주어진 작업에 대하여 우선순위규칙을 적용하여 작업순서를 결정해 보자. 먼저 최단작업 소요시간 규칙을 적용하는 경우 작업순서는 D–A–B–C–E가 되며 이에 따른 세부 일정은 그림 10-4와 같이 표시될 수 있다. 그러므로 총완료시간은 25일이 되며 하나의 기계에 있어서 총완료시간은 어느 우선순위규칙을 적용하여도 동일한 결과를 갖는다. 흐름시간은 2 + 5 + 10 + 17 + 25 = 59일이 되고 평균 완료시간은 59/5=11.8일이며 평균 작업물의 수는 59/25 = 2.36이 된다. 평균 납기지연시간은 $\{(5-10)^+ + (10-6)^+ + (17-21)^+ + (2-5)^+ + (25-10)^+\}/5 = 3.8$일이 된다.

그림 10.4 최단작업 소요시간 규칙에 의한 세부일정

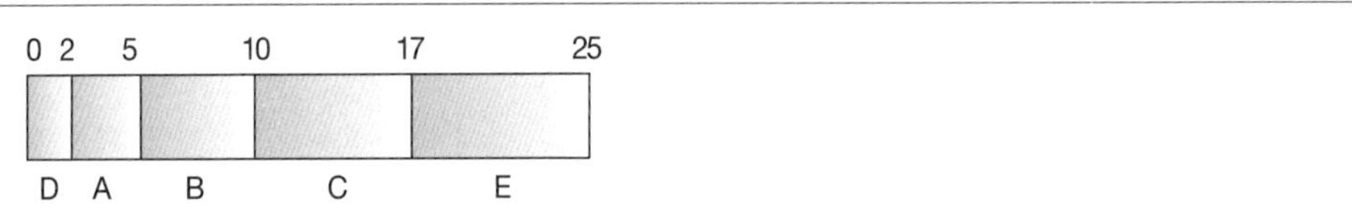

하나의 기계로 구성된 작업장에 있어서 최단작업 소요시간 규칙은 흐름시간을 최소화한다. 이는 두 작업의 순서를 서로 교환해 보면 쉽게 증명될 수 있다. 그러므로 평균 완료시간이나 평균 작업물 수를 최소화하기 위해서는 최단작업 소요시간 규칙에 의하여 작업순서가 결정되어야 한다.

이제 다른 예로서 최소 납기일 규칙을 적용해 보자. 최소 납기일 규칙에 의한 작업순서는 D–B–A–E–C가 되며 총완료시간은 25일로 최단작업 소요시간 규칙과 같고 흐름시간은 62일, 평균 납기지연시간은 2.6일이 된다. 그러므로 최소 납기일 규칙을 적용하는 경우 최단작업 소요시간 규칙을 적용하는 것보다 흐름시간은 더 많이 소요되나 평균 납기지연시간은 더 적음을 알 수 있다.

그림 10.5 최소 납기일 규칙에 의한 세부일정

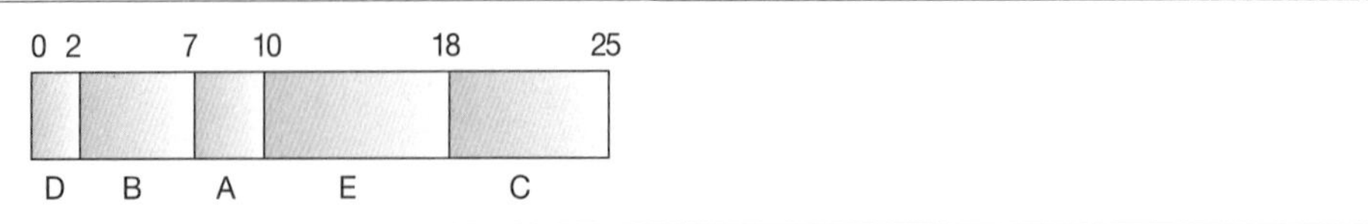

그러므로 어떠한 우선순위규칙을 적용할 것인지에는 추구되는 수행도가 중요한 역할을 한다. 일반적으로 고객의 도착 순으로 적용되는 선입선출 규칙은 서비스업에서 많이 적용되며 많은 제조업은 납기의 준수가 중요한 관계로 최소 납기일 규칙도 적용될 수 있는 방법이다. 고객의 서비스를 높이는 의미에서 최단작업 소요시간 규칙을 적용하여 평균 완료시간을 최소화할 수 있다.

2) 긴급률 규칙

우선순위규칙은 작업물의 작업순서를 한 번에 결정하는 정적인 방법이다. 이에 반하여 긴급률 규칙(critical ratio test)은 작업내용의 변동에 따라 그때그때 작업순서를 결정하는 동적인 방법이다.

긴급률은 주어진 시점을 기준으로 납기일과 작업소요시간에 의하여 결정되며 다음과 같이 정의된다.

$$\text{긴급률} = \frac{\text{납기일} - \text{현재일}}{\text{작업소요시간}} \tag{10.3}$$

그러므로 이미 납기를 초과한 경우 긴급률은 음수값을 가지며 작업소요시간이 납기일까지의 남은 시간보다 더 많은 시간을 필요로 하는 경우에는 긴급률이 1보다 적은 값을, 작업소요시간이 납기일까지 남은 시간보다 더 적은 경우에는 1보다 큰 값을 갖는다. 긴급률 규칙은 긴급률이 적은 순으로, 즉 가장 긴급한 작업 순으로 작업순서를 결정한다.

예를 들어 보자. 표 10.6에 주어진 4종류의 작업에 대해 긴급률 규칙에 의하여 작업 우선순위를 결정하고자 한다. 오늘은 12일이다.

표 10.6 작업소요시간과 납기일

작업	작업소요시간(일)	납기일	긴급률
A	8	30	(30 − 12)/8 = 2.25
B	3	10	(10 − 12)/3 = − 0.67
C	5	20	(20 − 12)/5 = 1.6
D	12	20	(20 − 12)/12 = 0.67

작업 B의 경우 긴급률은 음수값을 가지며 이는 현 시점에 이미 납기일을 초과하였음을 의미한다. 작업 D의 경우는 긴급률이 1보다 적어 현 시점에 작업 D를 바로 시작하여도 납기일까지 작업이 완료될 수 없음을 의미한다. 따라서 긴급률 규칙에 의한 작업순서는 B-D-C-A가 된다.

3 라인공정 일정계획

조립라인이나 장치산업 같은 라인공정에서는 제품은 주어진 작업장을 순차적으로 거치게 되어 일정계획 문제가 배치공정에서보다는 상대적으로 간단하다. 라인공정은 제조되는 작업물의 종류에 따라 다음과 같이 분류될 수 있다.

① **단일모델라인 :** 하나의 제품만을 생산하는 경우
② **다중모델라인 :** 여러 종류의 제품생산이 가능하나 한 번에 하나의 제품만을 제조하는 경우
③ **혼합모델라인 :** 다종의 제품이 동시에 제조 가능한 경우

여기에서는 라인공정에 적용될 수 있는 일정계획 문제 중 기본적인 몇 가지를 소개한다.

1. 부하 문제

단일모델라인과 다중모델라인에서는 작업장에서 작업물들의 작업소요시간이 일정하고 다음 작업장으로의 작업물의 이동이 모든 작업장에서 동시에 시행될 수 있다. 이러한 경우에는 가장 큰 작업소요시간을 갖는 작업장이 작업물의 흐름을 결정지으며 나머지 작업장에서의 기계들은 유휴시간을 갖게 된다. 그러므로 모든 작업장에서의 작업처리능력이나 작업소요시간이 가능한 한 동일하도록 고려하면 유휴시간을 줄일 수 있다. 이러한 경우에는 작업장과 작업장 사이의 대기 공간으로의 작업장 저장소가 요구되지 않으며 모든 작업장에는 하나의 작업물만이 존재한다.

그러나 작업장에서의 작업물들의 작업소요시간이 일정하지 않으며 작업물의 이동

이 동시에 수행되지 않는 경우에는 작업장과 작업장 사이에 작업장 저장소가 존재하며 각 작업장에서는 굶주림(starvation) 현상과 봉쇄(blocking) 현상이 일어난다. 굶주림 현상은 작업장 저장소에 작업을 수행할 작업물이 존재하지 않아 기계가 작업을 수행하지 못하는 경우를 말하며, 봉쇄 현상은 작업물이 작업을 완료하였으나 다음 작업장 저장소에 여유 공간이 존재하지 않아 다음 작업장으로 이동하지 못하고 주어진 작업장의 기계를 점유함으로써 기계가 다음 작업물의 작업을 수행하지 못하는 경우를 말한다.

이제 3단계로 구성된 라인공정을 예로 들어 보자. 작업장 1은 원료나 작업물의 무한한 공급능력에 의하여 항상 작업의 수행을 기다리는 작업물이 존재하고 결코 굶주림 현상이 발생하지 않는다. 반면 작업장 3에서 작업을 완료한 작업물은 무한한 수요나 무한한 저장능력의 완제품 저장소에 의하여 결코 봉쇄 현상이 발생하지 않는다. 그러나 작업장 2는 작업을 기다리는 작업물들이 작업장 3의 작업장 저장소를 모두 점유하거나 작업장 1에서 특정 작업물의 상대적으로 긴 작업 소요시간으로 인하여 작업장 2에 대기 중인 작업물이 없는 경우로 인하여 봉쇄 현상과 굶주림 현상이 모두 발생한다. 그러므로 작업장 1과 작업장 3이 작업장 2보다 더 이용률이 높아 효율적이라 할 수 있다. 결과적으로 작업장 2에 작업장 1과 작업장 3보다 상대적으로 적은 부하가 할당되어야 한다. 이러한 결과를 보울(bowl) 현상이라고 한다.

2. 작업순서결정

단일모델라인에 있어서 작업물의 작업순서는 문제가 되지 않는다. 그러나 다중모델라인에 있어서는 각 제품은 배치로 생산되며 다른 제품을 생산하기 위해서는 라인 변동(line changeover)이 필요하다. 그러므로 다중모델라인에 있어서는 주어진 제품들을 어느 순서로 얼마만큼 생산해야 하는가를 결정해야 한다. 혼합모델라인의 경우에는 기계의 유연성이 요구된다. 이러한 유연성은 숙련된 작업자나 공정을 컴퓨터화하여 가동준비시간을 최소화함으로써 얻을 수 있다. 하나의 예로서 JIT(just-in-time) 생산방식에서는 여러 제품을 일정비율로 혼류생산한다. 혼류생산에서는 A, B, C, 3종류의 제품생산계획량이 각각 1,000단위, 500단위, 500단위일 때 각 개별단위는 생산라인에서 2 : 1 : 1의 비율, | AABC | AABC | AABC | ··· |의

순서로 생산된다.

1) 두 개의 작업장으로 구성된 경우

혼합모델라인에서 작업순서를 결정하는 가장 간단한 경우로서 두 개의 작업장으로 구성된 경우를 보자. 작업장 1과 작업장 2가 순차적으로 구성되어 작업물은 작업장 1에서 먼저 작업이 수행된 후 작업장 2에서 다음 작업이 완료되어 시스템을 떠난다. 수행되어야 할 n개의 작업물이 주어져 있을 때 모든 작업물의 작업이 완료되는 시간, 즉 작업장 2에서 마지막 작업물의 작업을 끝내는 총완료시간을 최소화하도록 작업순서를 결정하고자 한다. 이러한 경우에는 존슨(Johnson)법칙을 이용하여 쉽게 작업순서를 결정할 수 있다. 존슨법칙은 다음과 같다.

- **단계 1 :** 주어진 모든 작업소요시간 중 가장 짧은 작업소요시간을 찾는다. 만약 가장 짧은 작업소요시간이 작업장 1(작업장 2)에 해당되면 그 작업을 가능한 한 앞(뒤) 순위에 놓는다.
- **단계 2 :** 단계 1에서 순위가 결정된 작업을 제외시키고 모든 작업이 제외될 때까지 단계 1을 반복한다.

예를 들어 보자. 기계 1과 기계 2에서 순차적으로 작업이 진행될 6개의 작업이 있다. 각 작업의 각 작업장에서의 작업소요시간은 표 10.7과 같다. 총완료시간이 최소가 되도록 작업순서를 결정해 보자.

표 10.7 작업소요시간

작업	작업소요시간	
	기계 1	기계 2
A	3	7
B	2	12
C	5	4
D	9	1
E	8	7
F	11	5

주어진 문제는 존슨법칙을 적용하여 해결될 수 있다. 그러므로 작업소요시간이 가장 짧은 작업은 작업 D이므로 작업 D를 맨 뒤에 할당한다(○○○○○D). 작업 D를 제외한 나머지 작업 중 가장 짧은 작업소요시간을 갖는 작업은 작업 B인데 작업 B는 기계 1에서 이루어지므로 맨 앞에 할당한다(B○○○○D). 나머지 작업 중 가장 짧은 작업은 작업 A로 가장 짧은 작업소요시간이 기계 1에서 이루어지므로 나머지 작업순서 중 맨 앞에 할당한다(BA○○○D). 이와 같은 방법을 계속 적용하여 B−A−E−F−C−D의 작업순서가 결정될 수 있다. 주어진 작업순서에 의한 세부일정은 그림 10.6과 같다.

그림 10.6 존슨법칙에 의한 세부일정

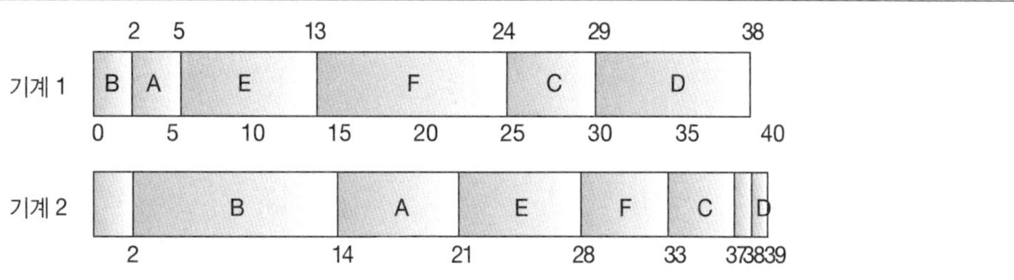

2) 소진기간법

다중모델라인의 경우에는 서로 다른 제품을 언제 얼마만큼 생산해야 하는지 결정해야 한다. 이러한 의사결정에 적용될 수 있는 간단한 방법 중의 하나로 소진기간법을 들 수 있다. 소진기간법은 각 제품의 소진기간을 계산하여 소진기간이 가장 짧은 제품을 다음에 생산하는 동적인 방법이다. 특정제품의 소진기간은 다음과 같이 계산된다.

$$\text{소진기간} = \frac{\text{현 재고량}}{\text{단위기간 수요량}} \tag{10.4}$$

그러므로 소진기간법의 기본 개념은 미래 수요에 대하여 상대적으로 제일 낮은 재고를 갖는 제품을 한 로트단위로 다음에 생산하는 방법이다. 생산되는 제품의 로트크기는 경제적 생산량(EPQ ; economic production quantity)이 적용될 수 있다.

경제적 생산량이란 관련되는 비용이 최소가 되는 1회 생산량인데 이에 관한 내용은 재고관리에서 자세히 다룰 것이다.

예를 들어 보자. 4종류의 제품을 교대로 생산하는 다중모델라인에 있어서 각 제품에 대한 수요, 경제적 생산량, 생산율은 표 10.8과 같다.

표 10.8 제품의 수요, 경제적 생산량, 생산율

제품	수요 (단위/주)	경제적 생산량 (단위/회)	생산율 (단위/주)	생산소요기간 (주/회)
A	100	500	1,000	0.5
B	400	1,000	2,000	0.5
C	200	800	400	2.0
D	100	400	800	0.5

현 시점에서 제품 A, 제품 B, 제품 C, 제품 D의 재고는 각각 1,000단위, 1,000단위, 300단위, 그리고 400단위이다. 생산되어야 할 제품을 결정하는 과정은 표 10.9와 같다.

표 10.9 소진기간법 적용

제품	현재		2주 말		2.5주 말		3주 말	
	재고 (단위)	소진기간 (주)	재고 (단위)	소진기간 (주)	재고 (단위)	소진기간 (주)	재고 (단위)	소진기간 (주)
A	1,000	10.0	800	8.0	750	7.5	700	7.0
B	1,000	2.5	200	0.5	1,000	2.5	800	2.0
C	300	1.5	700	3.5	600	3.0	500	2.5
D	400	4.0	200	2.0	150	1.5	500	5.0

현 시점에서 제품 A의 재고량은 1,000단위이며 주당 수요는 100단위이므로 소진기간은 1,000/100 = 10주가 된다. 같은 방법으로 소진기간을 계산한 결과는 표 10.9와 같으며 가장 짧은 소진기간은 1.5주로 제품 C가 현 시점에서 다음에 생산

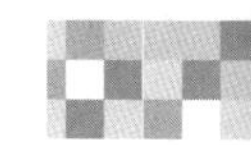

되어야 할 제품이 된다. 제품 C는 경제적 생산량이 800단위이고 주당 생산율은 400단위이므로 경제적 생산량을 생산하는 데 2주가 소요된다.

다음에는 2주 말에서의 각 제품의 재고량을 계산해야 한다. 2주 말의 재고는 (현재고+2주간 생산량−2주간 수요량)으로 산정되며 제품 C의 2주 말 재고는 300 + 800 − 200 × 2 = 700단위가 된다. 반면에 제품 A, 제품 B, 제품 D의 경우에는 2주간 생산량이 0이 되며 제품 A의 2주 말 재고는 재고에서 2주간의 수요량 빼면 1,000 − 100 × 2 = 800단위가 된다. 같은 방법으로 제품 B와 제품 D의 2주 말 재고량이 계산된다. 2주 말에 다시 소진기간을 계산하여 다음에 생산되어야 할 제품 B를 선택한다.

이러한 방법으로 향후 생산은 C−B−D−B의 순으로 수행된다. 소진기간법은 적용하는 과정 중 실제수요와 예측수요에 차이가 나는 경우에 수요의 변화를 그때그때 반영하여 재고를 수정할 수 있는 장점이 있다.

4 단속공정 일정계획

단속공정이나 개별생산에 있어서는 다양한 제품을 소로트로 생산하고 각각의 작업물은 고유한 경로를 가지며 다양한 작업물의 흐름으로 인하여 작업물의 흐름이 원활하지 못하다. 또한 작업장에서 작업물은 긴 대기시간을 가지며 높은 재공품 재고와 긴 조달기간으로 수요 변화에 효율적으로 대처하지 못한다. 실제적으로 단속공정을 수행하는 잡샵에서의 비효율성은 2장에서 기술된 바와 같다. 그러므로 단속공정에서의 일정계획은 다른 공정에서보다 더 어려운 문제이다.

1. 부하 문제

잡샵에서의 부하는 일반적으로 균등부하와 불균등부하로 분류될 수 있다. 균등부하란 작업장에 부여된 총작업소요시간이 기계의 수에 비례하는 경우를 의미하며 불균등부하는 그렇지 않은 것을 의미한다. 즉 작업장 1이 1대의 기계로, 작업장 2가 2대의 기계로 구성되어 있으면 작업장 2에 할당된 총작업소요시간이 작업장 1

에 할당된 총작업소요시간의 2배가 됨을 의미한다. 일반적으로는 균등부하가 좋은 부하정책으로 알려져 있으나 항상 그런 것은 아니다. 만약 각 작업장에 있는 기계의 수가 모든 작업장에 동일한 경우에는 균등부하가 최적의 부하정책이지만 기계의 수가 서로 동일하지 않은 경우에는 어느 정도의 불균등부하가 수행도를 더 높인다. 여기에서는 정확한 불균등의 정도나 균등부하와 불균등부하에 관한 전반적인 내용은 생략하기로 한다.

일반적으로 간트부하도를 이용하여 기능별로 배치된 각 작업장의 부하를 쉽게 산정할 수 있다. 간트부하도의 수직축에는 기능별로 분류된 설비 이름이나 작업장이 표시되고 수평축에는 시간이 표시되어 작업장별 작업소요시간이 누적되어 총작업소요시간이 도시되어 각 작업장의 부하가 쉽게 비교될 수 있다. 간트도표는 간트부하도만이 아니고 세부일정계획을 도표화하는 데도 사용된다.

2. 작업순서결정

단속생산에서 작업순서를 결정하는 것은 매우 어려운 문제이다. 예를 들어 보자. 만약 작업장의 수는 m개이고 각 작업장에서는 n개의 작업을 수행해야 한다. 이러한 경우에 각 작업장에서는 $n!$ 종류의 가능한 작업순서를 가질 수 있으며 전체로는 $(n!)^m$ 종류의 작업순서가 가능하다. 이러한 복잡한 상황 하에서 최적작업순서를 결정하기 위해서는 시뮬레이션, 분지탐색법, 정수계획법, 확률적 접근법, 휴리스틱 등 다양한 방법이 적용될 수 있다. 구체적인 방법은 생략하기로 하고 단속공정의 일정계획과 관련하여 다음의 몇 가지 사항을 살펴보자.

① 제조시스템 내에 작업물을 유입시키는 기제(mechanism)가 필요하다. 예를 들어 제조되어야 할 다양한 작업물 중에서 목표생산율에 가장 못미치는 작업물을 유입시킨다. 이러한 기제에 의하여 다종다양한 제품이 크고 작은 양으로 생산되어야 할 경우 생산계획에 부합되는 생산량을 효율적으로 얻을 수 있다. 또한 제조시스템 내의 총작업물의 수에 대한 통제가 필요하다. 총작업물의 수가 증가하면 제조시스템의 수행도가 증대되나 작업물의 수가 어느 한계를 초과하면 제조시스템의 혼잡도가 높아져 수행도는 저하된다. 또한 총작업물의 수의 증가는 더 많은 운영상의 관리를 필요로 한다. 그러므로 작업물의 유입을 통제할

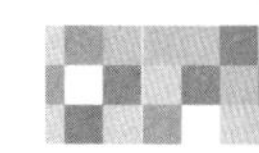

필요가 있다.

② 만약 제조시스템이 컴퓨터화 되어 있는 경우에는 잦은 공구교환이 짧은 시간 내에 가능하며 각 기계나 작업장은 다양한 작업을 수행할 능력을 갖는다. 하나의 작업장에서 작업을 완료한 작업물은 다음 작업이 가능한 몇 개의 대체 가능한 작업장을 갖는다. 따라서 주어진 몇 개의 작업이 가능한 작업장 중에서 어느 작업장을 선택할 것인가를 고려할 수 있다. 작업을 기다리는 작업물의 수가 가장 적은 작업장으로 작업물의 경로를 택하여 제조시스템의 혼잡에 대처하는 방법도 그 예이다.

이의 연장선상에서 하나의 작업물은 몇 개의 작업순서에 관계없는 무순작업들을 가질 수 있다. 이러한 무순작업 중 어느 작업을 다음에 수행하여야 하는 것도 시스템의 수행도와 관련지어 생각할 수 있다. 예를 들어 가장 적은 대체 작업장을 갖는 작업물을 다음에 수행함으로써 작업물의 경로에 대한 유연성을 높이어 미래의 기계고장 등의 불확실성에 대처할 수 있는 방법을 생각할 수 있다.

③ 또한 각 작업장에 대하여도 대기 중인 작업물 중 다음에 수행될 작업물을 선택하는 방법으로 선입선출 규칙, 최단작업 소요시간 규칙, 무작위 규칙 등이 적용될 수 있다. 예를 들면 수행되어야 할 작업이 가장 많이 남은 작업물을 먼저 수행하는 경우에는 총완료시간과 관련하여 좋은 결과를 주며 최단작업 소요시간 규칙은 흐름시간과 관련하여 좋은 결과를 준다.

④ 그러므로 단속공정에 있어서는 실시간 처리에 의한 제조과정에 대한 통제가 중요한 의미를 갖는다.

5 일정통제

제조과정 중에는 원료 및 자재부족, 기계고장, 불량발생, 작업자의 결근 및 작업 부진, 도구나 장비의 문제 등으로 어쩔 수 없이 계획과 진행 상황에 차이가 발생하며 이러한 차이는 수립된 주 일정계획에 대한 검토를 필요로 하게 된다. 그러므로 생산관리자는 진행상황에 대한 지속적인 피드백과 통제를 통하여 이러한 차이에 대한 효율적인 대처방안을 수립하여야 할 책임이 있다. 여기에서는 이와 관련하여 작업의 진행상황을 쉽게 파악하고 그 결과로 단기적인 생산능력조정, 작업자감독, 고장수리 등을 통하여 일정통제를 수행하는 데 유용하게 활용할 수 있는 몇 가지 방법을 제시한다.

1. 간트도에 의한 일정통제

간트도는 작업계획과 진행상황을 쉽게 도표화하여 비교할 수 있는 일정통제의 한 방법으로 사용될 수 있다. 그림 10.7은 일정통제에 활용될 수 있는 간트도의 예이다. 여기에서 ——는 주어진 작업의 계획기간을, ⊠는 정비를, ▬는 작업진도를, 그리고 ⬇는 평가일을 의미한다.

그림 10.7 간트도에 의한 일정통제

작업/일자	5월						⬇			
	1	2	3	4	5	6	7	8	9	10
드릴링										
밀링										
조립										

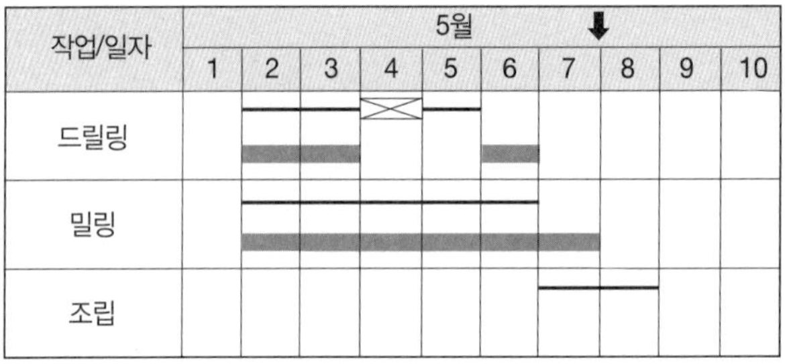

그러므로 평가일인 5월 7일 현재 드릴작업은 정비 지연에 의하여 하루가 지연되어 작업이 완료되었으며 밀링작업도 예정보다 하루가 지연되어 5월 7일 시작되어야 할 조립작업이 실시되지 못하고 있다. 그러므로 5월 8일 완료되기로 예정된 조립작업이 지연되고 있으며 이에 대한 가능한 조치가 필요함을 알 수 있다.

2. 균형선법에 의한 일정통제

균형선법(LOB; line of balance)은 완제품뿐만 아니라 전 제조단계에 있어서 완제품을 구성하는 자재나 구성부품 전체에 대한 계획량과 실적량을 체계적으로 비교

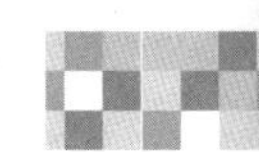

하여 전 생산단계에 있어서의 작업진행 상황을 파악하고 만일 계획보다 지체되고 있는 단계들이 있으면 지체요인을 분석하는 방법이다. 여기에서 균형선은 검토시점에 있어서 완제품, 자재, 구성 부품의 계획량을 이어 주는 선을 말한다.

예를 들어 보자. 특정 제품의 생산계획량이 표 10.10과 같다.

표 10.10 생산계획

주	1	2	3	4	5
생산계획량(단위)	10	5	10	20	10
누적 생산계획량(단위)	10	15	25	45	55

주어진 제품의 모든 제조 과정을 도표로 표시하면 그림10.8과 같다.

그림 10.8의 제품조립도에 의하면 이 제품을 완성하기 위해서는 부품 A의 재료구입(A)은 제품완성 3주 전에 완료되어야 하며 부품 B의 재료구입(B)과 부품 A의 제작(Ⓓ), 구성품 C의 재료구입(C)은 제품완성 2주 전까지 완료되어야 한다. 또한 부품 B의 제작(Ⓔ)과 구성품 C의 조립(Ⓕ)은 제품완성 1주 전까지 끝나야 한다.

이제 표 10.10에 주어진 생산계획량을 지연없이 생산하기 위하여 요구되는 제품조립도의 각 단계의 수요량을 생각해 보자. 표 10.10과 그림 10.8에 의하여 1주 말 현재 부품 B의 제작(Ⓔ)과 구성품 C의 조립(Ⓕ)은 15단위가 완료되어 있어야 하며 부품 B의 재료구입(B)과 부품 A의 제작(Ⓓ), 구성품 C의 재료구입(C)은 25단위가 완료되어 있어야 하고 부품 A의 원료구입(A)은 45단위가 완료되어 있어야 한다. 각 제조단계에서 요구되는 수요량은 그림 10.9의 목표도표에서 도시된 누적생산량으로부터 작업진행도표에서와 같이 직접 유도될 수 있으며 이와 같이 특정 시점에 각 제조단계에서 요구되는 수요량을 이어서 도시한 접선을 균형선이라 한다.

이제 1주 말 현재 제품은 5단위가 생산되었고(Ⓖ) 부품 B의 제작(Ⓔ)은 13단위, 구성품 C의 조립(Ⓕ)은 12단위, 부품 B의 재료구입(B)은 30단위, 부품 A의 제작(Ⓓ)은 22단위, 구성품 C의 재료구입(C)은 25단위, 부품 A의 원료구입(A)은 45단위가 완료되어 있다고 하자. 주어진 실제 완료량은 그림 10.9의 작업진행도표에 막대로 표시되어 있다. 그러므로 1주 말의 완제품과 전 제조단계의 계획량과 실적

그림 10.8 제품조립도

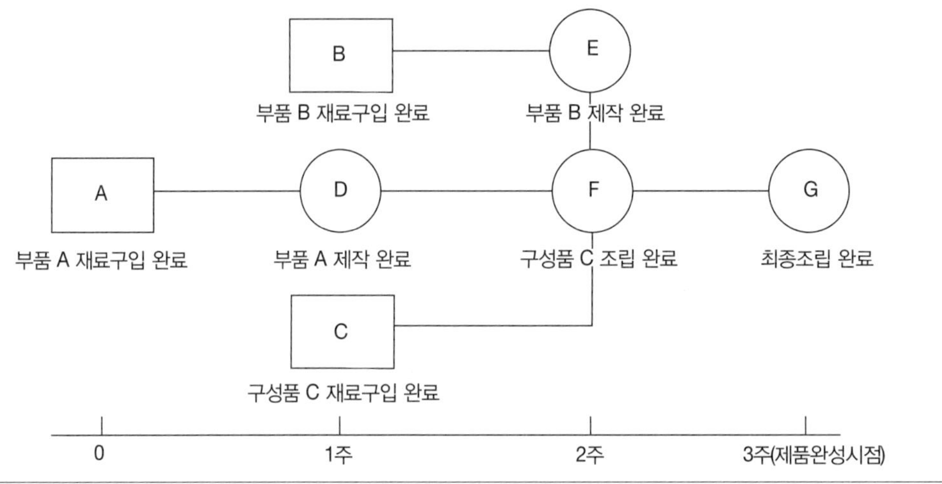

그림 10.9 목표도표와 작업진행도표

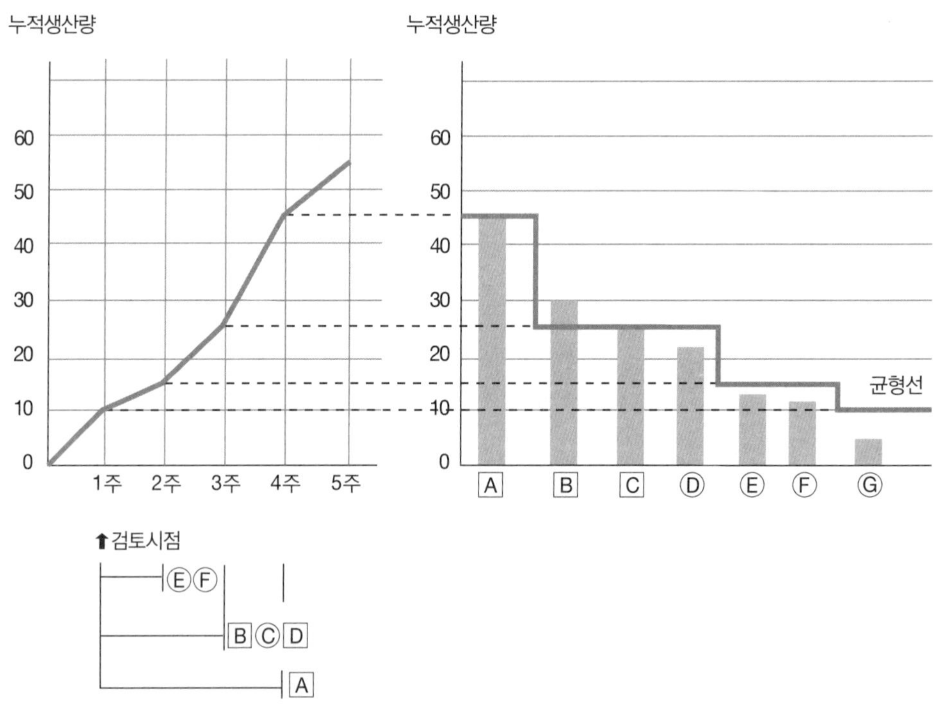

량은 작업진행도표로 쉽게 비교될 수 있다.

이와 같이 특정 시점에서의 완제품뿐만 아니라 전 제조단계에 있어서 완제품을 구성하는 자재나 구성부품 전체에 대한 계획량과 실적량은 목표도표와 작업진행도표에 의하여 쉽게 비교검토할 수 있다. 이러한 비교검토는 작업진도에 대한 분석을 가능케 하며 분석결과에 따라 작업자나 장비의 재분배를 통한 능력조정을 실행하여 작업진도를 계획량에 접근하도록 하는 데 매우 유용하다.

연습문제

1. 단일작업장, 라인공정, 단속공정에 있어서 일정계획 문제를 서로 비교하시오.
2. 공정별로 부하할당, 작업순서결정 문제를 구분 · 비교하시오.
3. 일정계획에서 이용되는 간트도표를 기능별로 정리하시오.
4. 단속공정의 일정계획 문제에 있어서 고려되어야 할 특징을 정리하시오.
5. 정적인 일정계획과 동적인 일정계획기법을 구분하시오.
6. 다음에 주어진 작업들의 작업개시 가능시간(ready time)과 작업소요시간이 다음과 같다. 선입선출 규칙을 적용하여 다음을 구하시오.
   1) 총완료시간
   2) 흐름시간
   3) 평균 완료시간
   4) 평균 작업물 수(시간 3에서 시작하시오.)

작업	1	2	3	4	5
개시가능시간	5	3	9	10	13
작업소요시간	4	1	2	6	7

7. 다음에 주어진 작업들은 모두 밀링과 드릴링의 순으로 작업이 요구된다. 총작업완료시간을 최소화하는 작업순서와 총완료시간을 구하시오.

작업	1	2	3	4	5	6
밀링(1)	8	6	10	5	3	6
드릴링(1)	4	10	5	6	8	2

8. 기계 1과 기계 2에서 순차적으로 작업이 요구되는 5종류의 작업물에 대한 각 기계에서의 작업소요시간은 다음과 같다. 총완료시간을 최소화하는 작업순서를 결정하시오.

기계 \ 작업	A	B	C	D	E
기계 1	2	5	1	7	3
기계 2	5	4	9	3	1

9. 어느 병원 임상병리실에서는 2명의 병리사가 5개의 실험을 시행하려고 한다. 한 병리사는 표본을 준비하고 다른 한 명은 실험을 시행하며 각각에 대한 소요시간은 아래와 같다.

1) 실험을 1 → 2 → 3 → 4 → 5 순으로 시행할 경우 총완료시간을 구하시오.

2) 총완료시간을 최소화하는 실험순서를 결정하고 총완료시간을 구하시오.

실험	소요시간	
	표본준비	실험
1	2	5
2	3	4
3	7	1
4	5	6
5	1	4

10. 어느 시점에 있어서 3개의 제품생산에 관한 자료는 다음과 같다. 긴급률 기법에 의하여 각 제품의 생산작업의 우선순위를 결정하시오. 현재일은 10일이다.

제품	납기일	작업소요시간(일)
1	17	9
2	20	6
3	18	5

11. 다음과 같은 작업소요시간을 갖는 6종류의 작업이 있다. 최장작업 소요시간 규칙과 최단작업 소요시간 규칙을 적용하여 총완료시간, 흐름시간, 평균 완료시간, 평균 작업물 수를 비교하시오.

작업	1	2	3	4	5	6
작업소요시간	6	11	7	5	9	4

12. 4대의 기계와 이들 중 어느 기계에도 생산이 가능한 4종류의 제품이 있다. 이들 각 기계에 대한 각 제품의 생산원가는 다음과 같다. 총생산비용을 최소화할 수 있는 할당문제를 식으로 나타내고 할당계획을 세우시오.

제품 \ 기계	1	2	3	4
A	15	20	18	22
B	14	16	21	17
C	25	20	23	20
D	17	18	18	16

13. 5종류의 작업에 대하여 작업소요시간과 납기는 다음과 같다.

작업물	A	B	C	D	E
작업소요시간	1	2	5	4	3
납기	6	4	9	6	12

각 작업에 대하여 작업완료시점이 납기를 초과하는 기간을 늦음(lateness)으로 정의하자. 평균 늦음을 최소화하는 작업순서에서 평균 늦음(납기지연)을 구하시오.

14. 어느 제조시스템은 다음과 같은 자료를 갖는 A, B, C의 3제품을 생산하고 있다. 소진기간법에 의하여 향후 3주간의 생산계획을 세우시오.

제품	현재고	수요/주	경제적 생산량	생산률/주
A	6,000	3,000	12,000	6,000
B	5,000	2,000	5,000	5,000
C	16,000	4,000	5,000	24,000

15. 일신기업에서 생산하는 제품 Ⓕ의 향후 5주간 생산계획량은 다음과 같다.

주	1	2	3	4	5
생산계획량	10	15	5	10	10

제품을 구성하는 구성품, 원료에 대한 조립도는 다음과 같다.

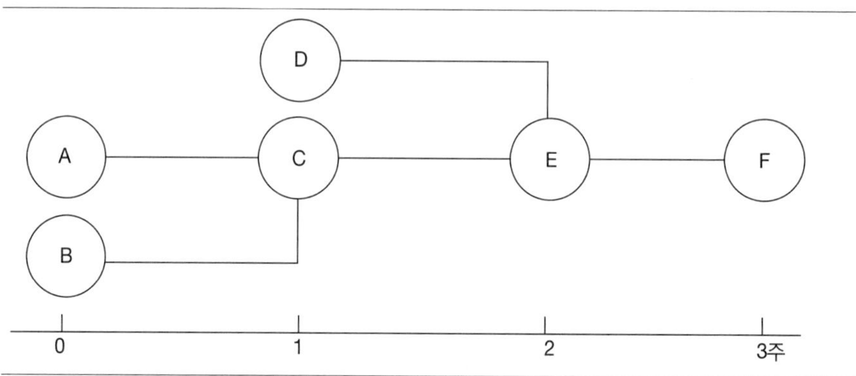

검토일이 2주 말일 때 각 제조과정의 균형선을 그리시오.

16. 특정제품 Ⓔ의 조립도와 다음 4주간의 주 일정계획은 다음과 같다.

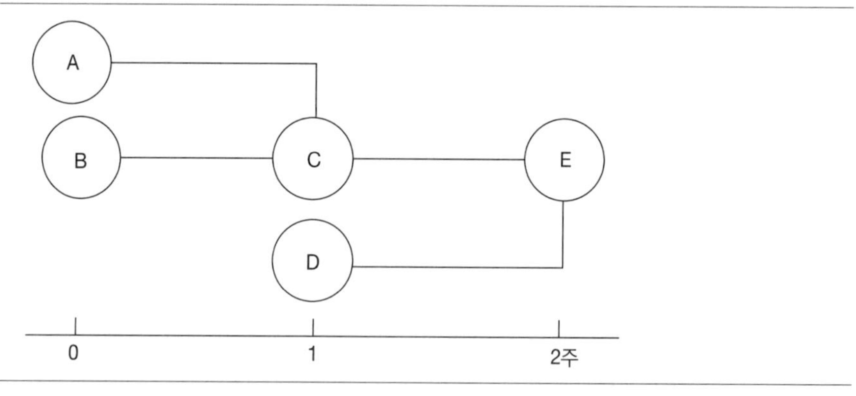

주	1	2	3	4
생산계획량	100	120	90	110

1주 말 제품 Ⓔ는 80단위, 부품 Ⓒ는 220단위, Ⓓ는 240단위, Ⓐ는 310단위, Ⓑ는 280단위가 완료되어 있다. 이를 균형선법에 의하여 도표로 표시하고 모든 구성부품과 제품에 대하여 계획량과 실적량을 대비하시오.

제 11 장

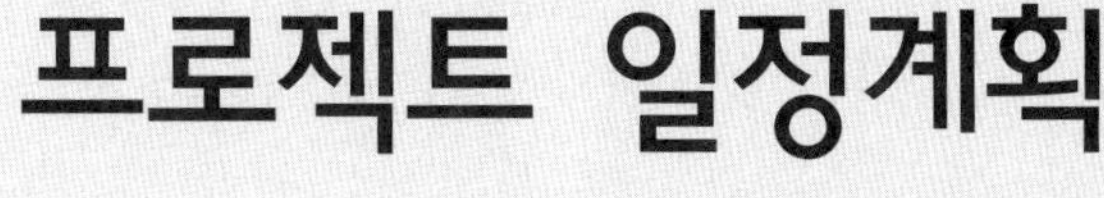

프로젝트 일정계획

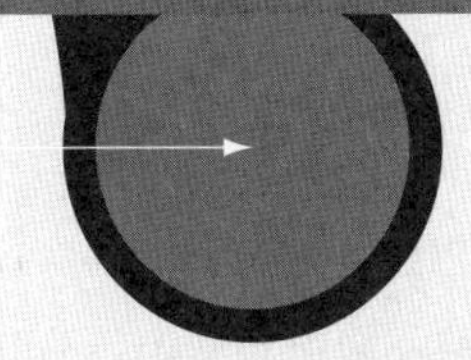

프로젝트는 일반적으로 일회적, 비반복적 성격을 갖는 단일단위제품을 생산하는 일련의 활동이나 작업들로 정의된다. 빌딩 건축, 고속도로 건설, 선박 제작 등은 전형적인 프로젝트의 예이다. 이밖에 R&D 프로그램, 경영정보시스템의 구축 및 실현, 예술관이나 전산센터의 설계 또는 건립 등 다양하다. 프로젝트는 주어진 목적을 달성하기 위하여 선후관계를 갖거나 병렬로 수행되는 다양한 활동이나 작업으로 구성된다.

본 장에서는 프로젝트의 일정계획과 통제와 관련하여 프로젝트를 수행하는 데 소요되는 시간과 비용의 관점에서 다음의 내용에 중점을 두고 살펴보기로 한다.

① 주어진 프로젝트를 수행하는 데 소요되는 최단시간은 얼마인가?
② 주어진 프로젝트의 완료시간은 비용과 어떠한 관계를 갖는가?

프로젝트의 일정계획과 통제와 관련하여 다음의 몇 가지 방법이 이용되고 있다. 그중 가장 간단한 방법으로는 간트도를 들 수 있으며 가장 많이 활용되는 방법으로 CPM(critical path method)와 PERT(project evaluation and review technique)를 들 수 있다.

1 간트도에 의한 일정계획

간트도는 일정계획과 관련하여 앞 장에서 설명된 적이 있다. 간트도는 부하할당, 일정계획과 실적비교, 진도관리를 위한 일정통제 등에 다양하게 활용될 수 있으며 적용이 매우 간단하여 프로젝트에서도 일정계획과 통제에 적용될 수 있는 최초의 체계적인 방법이다. 그러나 활동들간의 상호관계를 포함하지 못하여 주요 활동들을 관리하기 위한 적절한 내용들을 제시하지 못하므로 규모가 크고 복잡한 프로젝트에는 적용하기 곤란하다는 한계를 갖으나 CPM이나 PERT와 같이 사용하여 보완할 수 있다. 즉 CPM과 PERT를 이용하여 활동간의 상호의존관계를 고려한 주경로(뒤에 설명됨)와 소요일수 등을 파악하고 간트도를 이용하여 쉽게 활용될 수 있는 진행 계획을 수립한다.

예를 들어 보자. 표 11.1은 일진기업의 정보시스템 구축 및 실현을 위한 프로젝트의 활동들에 관한 자료이다. 이를 간트도로 표시하면 그림 11.1과 같다.

표 11.1 일진기업 정보시스템에 관한 프로젝트 관련자료

활동	내용	소요시간(월)	직전선행활동
A	현행시스템 분석	3	
B	사용자 요구정의	2	A
C	대안수립 및 평가	2	B
D	신규시스템 설계	4	C
E	H/W 선정	2	C
F	신규시스템 구현	3	D, E
G	신규시스템 인도	4	D

그림 11.1 일진기업 정보시스템에 관한 프로젝트 간트도

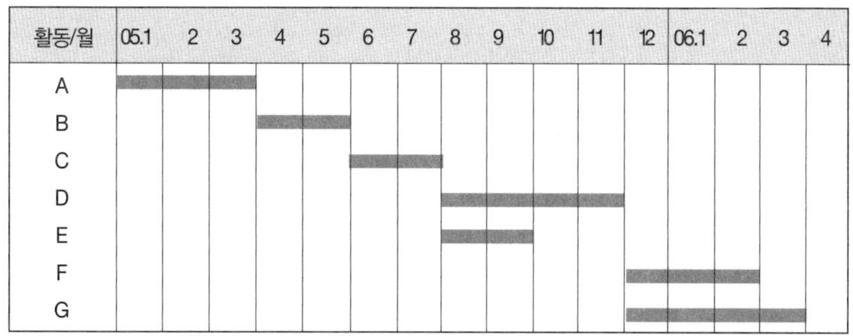

2 CPM에 의한 일정계획

CPM은 프로젝트를 구성하는 활동들을 네트워크로 작성하는 것에서 시작된다. 네트워크의 구성은 프로젝트를 계획하는 기능을 포함하며 CPM을 적용하는 데 가장 중요한 요소가 된다. 특히 대규모 프로젝트에 있어서 네트워크를 구성하는 작업은 세밀한 분석을 필요로 한다.

프로젝트를 구성하는 활동, 소요시간, 활동간의 선후관계가 표 11.2와 같은 경우 프로젝트를 구성하는 활동을 가지(arc)로 표시하여 네트워크를 구성하면 그림 11.2와 같다.

표 11.2 일진기업 정보시스템에 관한 프로젝트 관련자료

활동	소요시간(월)	직전선행활동
A(1, 2)	4	–
B(2, 4)	7	A
C(2, 3)	8	A
D(2, 5)	6	A
E(4, 6)	15	B, C
F(3, 5)	9	C
G(5, 6)	12	D, F
H(6, 7)	8	E, G

그림 11.2 CPM(AOA) 네트워크

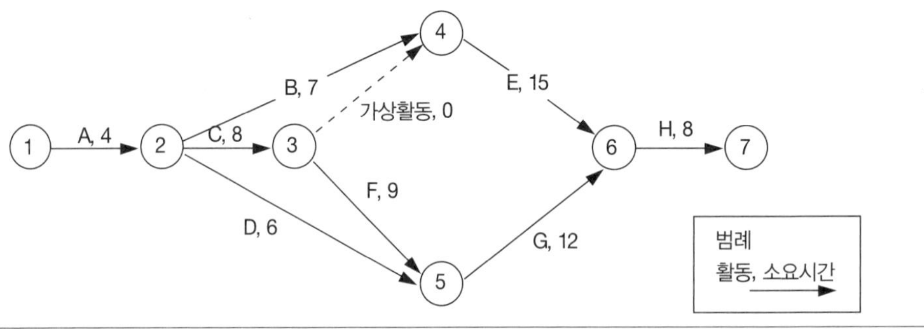

그러므로 네트워크에 있어서 가지는 활동을, 마디(node)는 활동의 시작과 끝을 나타내는 단계를 표시하며 가지 위의 숫자는 주어진 활동을 수행하는 데 요구되는 소요시간을 나타낸다. 이와 같이 구성된 네트워크를 AOA(activities on arcs) 네트워크라 한다. AOA 네트워크에 있어서 점선의 화살표(⋯▸)로 표시된 가지는 가상활동(dummy activity)으로서 활동간의 선후행 관계만 나타내며 이의 소요시간은 0이다. 그러므로 그림 11.2에서 활동 C는 활동 E에 선행됨만을 의미한다.

가상활동의 필요성을 설명하기 위하여 간단한 예를 들어 보자. 그림 11.3에서와 같이 서로 병렬로 처리되어야 할 2개의 활동을 네트워크로 표시하기 위해서 가상활동이 도입된다. 또한 가상활동은 그림 11.4에서와 같이 2개 이상의 활동들이 부분적으로 선행활동이나 후속활동들을 공유하는 경우에도 도입된다.

그림 11.3 병렬작업과 가상활동

그림 11.4 복수의 선행 · 후행활동과 가상활동

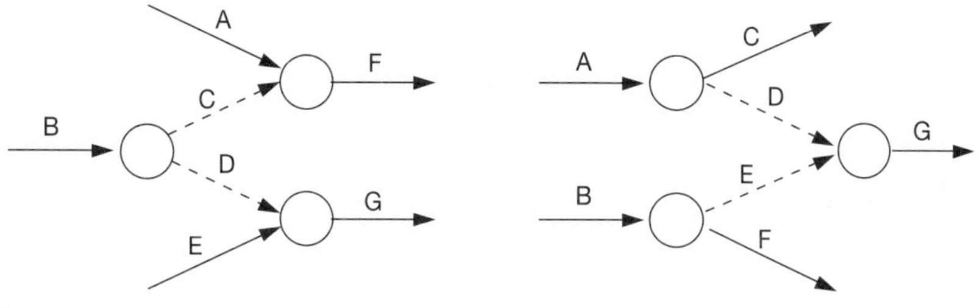

그림 11.5 AON 네트워크

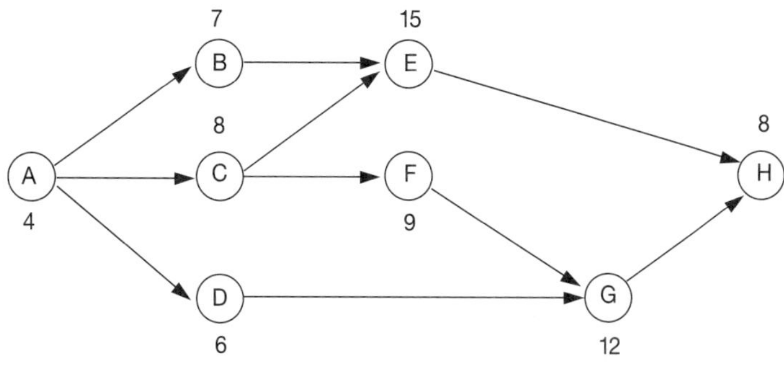

프로젝트를 네트워크로 구성하는 또 다른 방법은 활동을 마디로 표시하고 가지는 단순히 활동간의 선후관계를 표시하도록 하는 방법이다. 이러한 네트워크를 AON(activities on nodes) 네트워크라 한다. 표 11.2에 주어진 프로젝트를 AON 네트워크로 구성하면 그림 11.5와 같다.

프로젝트의 일정계획을 수립하는 데 AOA 네트워크와 AON 네트워크 모두가 이용될 수 있으나 AON 네트워크는 가상활동이 필요치 않다는 이점이 있고 AOA

네트워크는 네트워크 구성이 조금 더 복잡한 반면 프로젝트를 단계별로 계획, 통제하는 데 유리하다. 실제 적용에 있어서는 AOA 네트워크가 더 많이 이용되고 있으며 그 이유 중 하나는 CPM에 관한 많은 컴퓨터 프로그램이 AOA 네트워크를 바탕으로 작성되었기 때문이다. 여기에서도 프로젝트의 일정계획 및 통제와 관련하여 AOA 네트워크를 기준하여 설명하기로 한다.

1) 주공정과 최단완료시간

프로젝트의 일정계획 및 통제와 관련하여 가장 중요한 내용은 주공정(critical path)을 도출해내는 일이다. 주공정을 설명하기 위해 다시 AOA 네트워크로 돌아가 보기로 하자. 주어진 AOA 네트워크에 있어서 프로젝트가 시작하는 마디와 끝나는 마디를 연결하는 선후행관계가 주어진 일련의 활동들의 모임을 경로(path) 또는 공정이라 한다. 예를 들어 그림 11.2의 네트워크에는 다음과 같은 4개의 경로가 존재한다.

① 경로 1 : A – B – E – H
② 경로 2 : A – C – E – H
③ 경로 3 : A – C – F – G – H
④ 경로 4 : A – D – G – H

각 경로를 구성하는 활동들의 소요시간을 모두 더하면 주어진 경로에 포함되는 모든 활동들을 수행하는 데 요구되는 소요시간이 되고 프로젝트를 완료하는 데 소요되는 최단시간은 주어진 경로들의 소요시간 중 가장 긴 시간, 즉 최장경로의 소요시간이 된다. 그러므로 프로젝트의 최단완료시간을 구한다는 것은 주어진 네트워크에서 최장경로 소요시간을 구하는 것과 마찬가지이다. 따라서 각 활동의 소요시간을 일반적인 네트워크에서의 거리의 개념으로 치환하면 프로젝트의 최단완료시간을 구하는 문제는 일반적인 네트워크에서의 최장경로문제(longest path problem)와 같다.

주공정이란 네트워크에 있어서 최장경로를 의미하며 주공정에 포함되는 활동을 주공정 활동이라 한다. 주공정 활동은 프로젝트의 최단완료시간에 직접 영향을 준다. 즉 주공정 활동의 단축이나 지연은 전체 프로젝트의 최단완료시간에 직접 영향

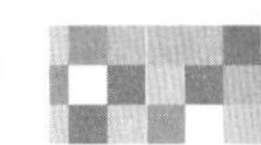

을 주며 결과적으로 프로젝트의 계획과 통제에 있어서 주공정 활동들은 가장 중점적인 관리를 필요로 한다.

그림 11.2에 주어진 프로젝트의 경우 각 경로에 대한 소요시간을 계산하면 다음과 같다.

① 경로 1 : 4 + 7 + 15 + 8 = 34개월
② 경로 2 : 4 + 8 + 15 + 8 = 35개월
③ 경로 3 : 4 + 8 + 9 + 12 + 8 = 41개월
④ 경로 4 : 4 + 6 + 12 + 8 = 30개월

그러므로 소요시간이 가장 큰 경로3, 즉 A－C－F－G－H가 주공정이 되며 프로젝트의 최단완료시간은 41개월이 된다. 또한 주공정상의 어느 활동이 지연되면 프로젝트의 최단완료시간은 그만큼 지연되며 최단완료시간을 단축하고자 하는 경우에도 먼저 주공정상의 활동의 소요시간부터 단축시켜 나가야 한다.

2) 선형계획 모형에 의한 주공정 산정

앞에서 주어진 예의 경우에는 네트워크에 존재하는 모든 경로에 대하여 소요시간을 계산한 다음 가장 소요시간이 긴 경로, 즉 주공정을 구하여 프로젝트의 최단완료시간을 산정하였다. 그러므로 프로젝트의 최단완료시간은 모든 경로를 열거하여 각 경로의 소요시간을 계산하고 주공정을 구하여 이에 따른 최단완료시간을 구할 수 있다. 이와 같이 모든 경우를 열거하여 이에 따른 최소값이나 최대값에 의하여 목적하는 바를 도출하는 방법을 열거(total enumeration)법이라 한다. 그러나 열거법은 프로젝트를 구성하는 활동이 많은 경우에는 적용이 어렵다. 그러므로 여기에서는 주공정을 구하는 구조적인 해법으로서 선형계획 모형을 설명하기로 한다.

주공정을 구하는 문제는 네트워크에 있어서 최장경로 문제를 구하는 문제와 동일함을 이미 설명하였다. 이제 단계 1, 2, ⋯ , n으로 구성된 네트워크에 있어서 활동을 가지$(i, j)(i \neq j,\ i, j = 1, 2, \cdots, n)$로 표시하고 t_{ij}는 활동 (i, j)의 소요시간으로 가지 (i, j)의 거리가 된다. X_{ij}를 활동 (i, j)가 주공정 활동인지 아닌지를 의미하는 결정변수라고 하면 네트워크에서 최장경로를 찾는 문제는 다음 식으로 나타낼 수 있다. 주어진 식은 네트워크의 시작 마디 1에서 마지막 마디 n까지의 최장경로를 찾는 문제이다.

$$
\begin{aligned}
&Max.\ \Sigma\,\Sigma_{(i,\,j)}\, t_{ij}\, X_{ij} \\
&\text{s.t} \quad \Sigma_{(1,\,j)}\, X_{1j} = 1 \\
&\qquad\ \Sigma_{(k,\,j)}\, X_{kj} - \Sigma_{(i,\,k)}\, X_{ik} = 0 \quad (\text{모든 } k\text{에 대하여, } k \neq 1, n) \\
&\qquad\ \Sigma_{(i,\,n)}\, X_{in} = 1 \\
&\qquad\ X_{ij} \geq 0 \quad (\text{모든 가지 } (i, j)\text{에 대하여}) \qquad (11.1)
\end{aligned}
$$

그림 11.6과 같이 AOA 네트워크로 표현되는 프로젝트를 예로 들어 보자. 각 가지 위의 숫자는 주어진 활동의 소요시간을 나타낸다.

만약 변수 $X_{ij}(i \neq j,\ i,\ j = 1,\ 2,\ 3,\ 4)$를 활동 (i, j)가 주공정 활동인지 아닌지와 관련되는 변수라고 정의하면 프로젝트의 최단완료시간을 구하는 선형계획 모형은 아래 식과 같다.

$$
\begin{aligned}
&Max.\ 2X_{12} + 2X_{13} + 5X_{32} + 3X_{24} + X_{34} \\
&\text{s.t} \quad X_{12} + X_{13} = 1 \\
&\qquad\ X_{32} + X_{34} - X_{13} = 0 \\
&\qquad\ X_{24} - (X_{12} + X_{32}) = 0 \\
&\qquad\ X_{24} + X_{34} = 1 \\
&\qquad\ X_{12}, X_{13}, X_{32}, X_{24}, X_{34}, \geq 0 \qquad (11.2)
\end{aligned}
$$

그림 11.6 프로젝트의 AOA 네트워크

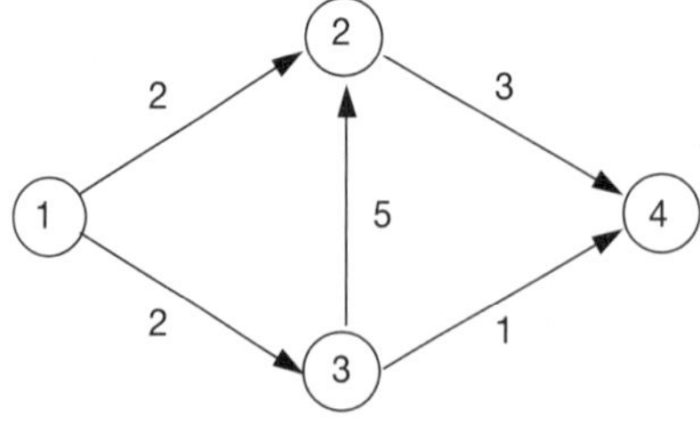

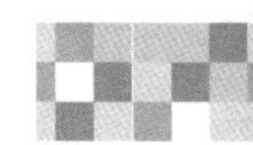

3) T_E와 T_L에 의한 주공정 산정

주공정을 구하는 활동들의 지연이나 단축은 최단완료시간에 영향을 준다. 그러나 주공정에 속하지 않는 활동들 중에는 주어진 활동의 지연이나 단축이 프로젝트의 소요시간에 영향을 주지 않는 경우가 많다. 그러므로 이러한 활동들을 수행하는 데는 프로젝트의 최단완료시간에 영향을 주지 않는 범위 내에서 지체될 수 있는 얼마간의 여유시간을 갖게 된다. 이러한 여유시간은 프로젝트의 네트워크를 기준하여 각 단계와 활동에 대하여 각각 정의될 수 있다. 여기에서는 프로젝트의 각 단계에 대하여 이와 관련된 내용을 보기로 하고 다음을 정의한다.

$T_E(i)$: 단계($i = 1, 2, \cdots, n$)가 일어날 수 있는 가장 빠른 시간(earliest possible time)
$T_L(i)$: 프로젝트의 최단완료시간에 영향을 주지 않으면서 단계($i = 1, 2, \cdots, n$)가 일어날 수 있는 가장 늦은 시간(latest allowable time)

T_E와 T_L은 각 활동이 프로젝트의 최단완료시간에 영향을 주지 않고 지체될 수 있는 여유시간을 산정하는 데 이용될 수 있을 뿐만 아니라 이를 이용하여 프로젝트의 주공정과 최단완료시간을 구할 수 있다.

먼저 그림 11.7를 이용하여 T_E를 계산하면 다음과 같다.

그림 11.7 CPM(AOA) 네트워크

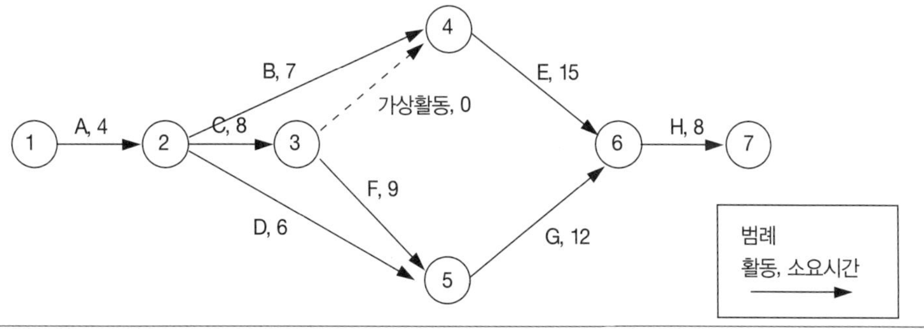

$$
\begin{aligned}
&T_E(1) = 0 \\
&T_E(2) = T_E(1) + t_{12} = 0 + 4 = 4 \\
&T_E(3) = T_E(2) + t_{23} = 4 + 8 = 12 \\
&T_E(4) = \max.\{T_E(2) + t_{24},\ T_E(3) + 0\} = \max.\{4 + 7,\ 12 + 0\} = 12 \\
&T_E(5) = \max.\{T_E(2) + t_{25},\ T_E(3) + t_{35}\} = \max.\{4 + 6,\ 12 + 9\} = 21 \\
&T_E(6) = \max.\{T_E(4) + t_{46},\ T_E(5) + t_{56}\} = \max.\{12 + 15,\ 21 + 12\} = 33 \\
&T_E(7) = T_E(6) + t_{67} = 33 + 8 = 41
\end{aligned}
\tag{11.3}
$$

단계 1은 프로젝트가 시작되는 단계로서 $T_E(1) = 0$이 주어진다. 단계 2, 단계 3, 단계 7은 직전선행단계가 하나인 경우로서 직전선행단계의 T_E에 직전선행활동의 소요시간을 더한 값이 T_E가 된다. 단계 4, 단계 5, 단계 6의 경우에는 둘 이상의 직전선행단계가 존재하는 경우로서 직전선행단계의 T_E에 직전선행활동들의 소요시간을 더한 값 중 가장 큰 값이 T_E가 되며 이는 직후후행활동을 시작할 수 있는 가장 빠른 시간이 된다. $T_E(7)$은 41로 주어진 프로젝트를 수행할 수 있는 가장 빠른 시간, 즉 최단완료시간은 41이 된다.

이제 T_L을 계산해 보자. T_E는 단계 1, 즉 최초 단계에서부터 시작하였으나 T_L은 최단완료시간은 지연시키지 않으면서 각 단계가 일어날 수 있는 가장 늦은 시간으로 최종 단계에서부터 후진하면서 계산된다. 그러므로 다음과 같이 계산된다.

$$
\begin{aligned}
&T_L(7) = 41 \\
&T_L(6) = T_L(7) - t_{67} = 41 - 8 = 33 \\
&T_L(5) = T_L(6) - t_{56} = 33 - 12 = 21 \\
&T_L(4) = T_L(6) - t_{46} = 33 - 15 = 18 \\
&T_L(3) = \min.\{T_L(4),\ T_L(5) - t_{35}\} = \min.\{18,\ 21 - 9\} = 12 \\
&T_L(2) = \min.\{T_L(3) - t_{23},\ T_L(4) - t_{24},\ T_L(5) - t_{25}\} \\
&\qquad\quad = \min.\{12 - 8,\ 18 - 7,\ 21 - 6\} = 4 \\
&T_L(1) = \min.\{T_L(2) - t_{12}\} = 0
\end{aligned}
\tag{11.4}
$$

먼저 최종 단계에서 $T_L(7)$은 최단완료시간을 지연시키지 않아야 하므로 $T_E(7)$인 41과 같다. $T_L(6)$, $T_L(5)$, $T_L(1)$은 직후후행단계가 하나뿐인 경우로서 직후후행단계

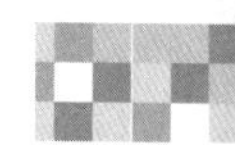

의 T_L에서 직후후행활동의 소요시간을 뺀 값이 T_L이 된다. $T_L(3)$와 $T_L(2)$는 직후후행활동이 2개 이상인 경우로서, 최단완료시간을 지연시키지 않기 위해서는 직후후행단계들의 T_L값에서 직후후행활동의 소요시간을 뺀 값 중 가장 작은 값이 T_L이 된다.

각 단계에 있어서 T_E와 T_L이 계산되면 여유시간 $S(i)(i = 1, \cdots, n)$를 계산할 수 있다. 여유시간이란 최단완료시간을 지연시키지 않으면서 각 단계에서 지연될 수 있는 시간을 말한다. 여유시간은 다음과 같이 계산된다.

$$S(i) = T_L(i) - T_E(i)(i = 1, \cdots, n) \tag{11.5}$$

그러므로 $S(1) = 0$, $S(2) = 0$, $S(3) = 0$, $S(4) = 6$, $S(5) = 0$, $S(6) = 0$, $S(7) = 0$을 얻을 수 있다. 여기에서 $S(4) = 6$이 의미하는 것은 단계 4에 도달할 수 있는 최단시간은 12이나 단계 4에 이보다 6만큼 지연되어 도달하여도 프로젝트의 최단완료시간에는 영향을 주지 않음을 의미한다.

프로젝트의 주공정은 여유시간을 이용하여 도출될 수 있다. 여유시간이 없다는 것은 그 단계가 지연될 수 없다는 것을 의미하며 여유시간이 0인 단계를 차례로 연결하여 주공정을 구할 수 있다. 주어진 예에서는 주공정이 ①→②→③→⑤→⑥→⑦임을 알 수 있다.

그림 11.8 T_E, T_L, S

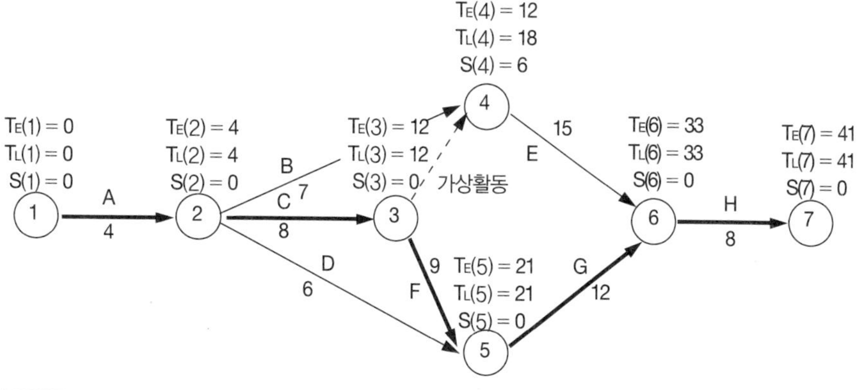

3 PERT에 의한 일정계획

PERT에서는 활동소요시간을 추정함에 있어서 불확실성을 직접 고려한다는 점을 제외하고는 CPM과 동일한 구조를 갖는다. 활동소요시간이 CPM에서는 확정적임에 반하여 PERT에서는 베타(β)분포에 의한다. 그림 11.9에서와 같이 베타분포는 일반적으로 하한값, 상한값, 최빈값으로 추정되며 베타분포를 갖는 확률변수의 기대치와 분산은 주어진 세 가지 값에 의하여 추정될 수 있다. 따라서 PERT에 있어서 활동(i, j)의 소요시간은 다음과 같이 추정된다.

① **낙관적 소요시간(optiministic duration)** : 모든 활동이 최적의 상태로 유지될 때 예상되는 최단 활동소요시간(a_{ij})

② **최가능 소요시간(most likely duration)** : 정상조건에서 예상되는 활동소요시간(m_{ij})

③ **비관적 소요시간(pessimistic duration)** : 최악의 상태에서 예상되는 활동소요시간(b_{ij})

그림 11.9 베타분포

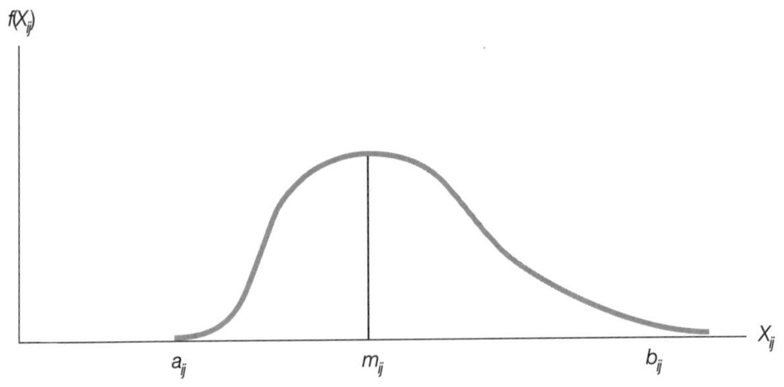

베타분포의 가정에 의하여 활동 (i, j)의 소요시간의 기대치 t_{ij}와 분산 σ_{ij}^2은 다음과 같이 추정된다.

$$t_{ij} = \frac{a_{ij} + 4m_{ij} + b_{ij}}{6}$$

$$\sigma_{ij}^2 = \frac{(b_{ij} - a_{ij})^2}{36} \tag{11.6}$$

각 활동별 기대소요시간 t_{ij}와 분산 σ_{ij}^2이 모든 활동에 대하여 계산되면 이에 근거하여 CPM 네트워크와 동일하게 PERT 네트워크가 구성된다. 그러므로 기대소요시간 t_{ij}에 의하여 주공정이 도출되며 주공정에 포함되는 활동들의 기대소요시간과 분산들에 의하여 프로젝트의 기대완료시간 T_p와 분산 σ_p^2이 다음과 같이 정의된다.

$$T_p = \Sigma_{(i,\ j) \in U}\ t_{ij}$$
$$\sigma_p^2 = \Sigma_{(i,\ j) \in U}\ \sigma_{ij}^2 \tag{11.7}$$

여기에서 U는 주공정에 포함되는 활동들의 부분집합을 의미한다.

각 활동들의 소요시간이 서로 독립적이라고 가정하면 프로젝트의 완료시간은 정규분포를 가지며 프로젝트의 기대소요시간 T_p와 분산 σ_p^2에 의하여 프로젝트의 완료시간에 대한 확률적 분석이 수행될 수 있다. 즉 T를 프로젝트의 완료시간에 대한 확률변수라고 하면 프로젝트가 시간 t 이내에 끝날 확률은 다음과 같이 계산된다.

$$P(T \le t) = P\left\{\frac{T - T_p}{\sigma_p} \le \frac{t - T_p}{\sigma_p}\right\} = P\left\{Z \le \frac{t - T_p}{\sigma_p}\right\} \tag{11.8}$$

여기에서 Z는 표준정규분포의 확률변수를 의미한다.

예를 들어 보자. 표 11.3에는 표 11.2에서 고려된 프로젝트의 소요시간이 3개의

표 11.3 프로젝트의 확률적 시간 추정치

활동	활동소요시간 추정치			기대소요시간	분산
	a_{ij}	m_{ij}	b_{ij}	t_{ij}	σ_{ij}^2
A(1, 2)	2	4	6	4	4/9
B(2, 4)	5	6	13	7	16/9
C(2, 3)	6	7	14	8	16/9
D(2, 5)	4	6	8	6	4/9
E(4, 6)	9	16	17	15	16/9
F(3, 5)	7	9	11	9	4/9
G(5, 6)	10	12	14	12	4/9
H(6, 7)	7	8	9	8	1/9

추정값으로 제시되어 있다. 활동별 기대소요시간과 분산도 식 (11.6)에 의하여 계산되어 제시되어 있다.

그러므로 주어진 프로젝트의 PERT 네트워크는 그림 11.2와 동일하나 소요시간이 기대소요시간으로 수정되고 분산이 추가되어 그림 11.10과 같이 된다.

그림 11.10 PERT 네트워크

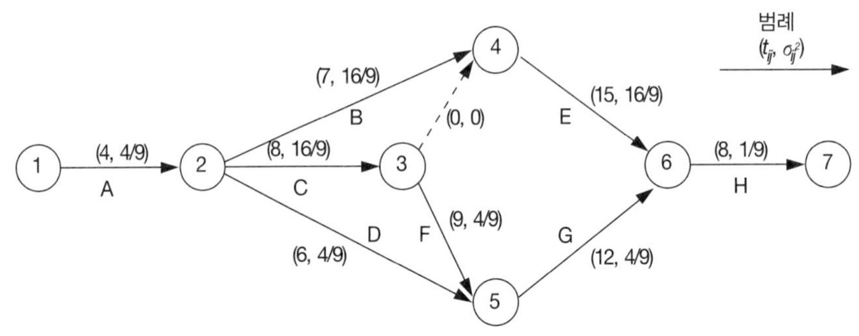

그러므로 PERT를 적용하는 경우에도 CPM에서와 같이 주공정은 A–C–F–G–H이고 프로젝트의 소요시간은 정규분포를 가지며 이의 기대치는 41, 분산은 29/9이다. 또한 주어진 프로젝트가 43일 이내에 완료될 확률은 다음과 같다.

$$P(T \le 43) = P\left(\frac{T-41}{\sqrt{29/9}} \le \frac{43-41}{\sqrt{29/9}}\right)$$

$$= P\left(Z \le \frac{2}{1.795}\right) = P(Z \le 1.11)$$

$$= 0.867$$

4 프로젝트 일정계획과 자원배분

지금까지는 프로젝트의 완료시간과 관련되는 시간적 측면에서 설명했으나 시간적 측면뿐만 아니라 프로젝트 관리와 관련하여 자원이나 비용의 배분도 매우 중요하다. 더 많은 자원의 투입은 프로젝트의 최단완료시간을 감소시키나 필요 이상의 투

입은 불필요하다. 일반적으로 프로젝트와 관련하여 다음의 2종류의 자원배분문제가 관심의 대상이 된다.

① **시간－비용 문제** : 프로젝트의 자원배분에 따른 완료시간과의 관계에 관한 문제

② **자원평준화 문제** : 프로젝트를 효율적으로 수행하는 데 지속적으로 유지되는 인력수준 등의 자원수준을 결정하는 문제

이번에는 프로젝트의 시간－비용에 관한 문제만을 고려하기로 한다. 프로젝트에 있어서 대부분의 활동은 잔업, 추가고용, 설비추가 등과 같이 더 많은 자원을 투입함으로써 소요시간을 줄일 수 있다. 이러한 추가자원의 투입은 활동에 소요되는 비용, 즉 직접비를 증대시킴에 반하여 프로젝트의 완료시간을 단축시키며 완료시간의 단축은 고정비, 경상비, 설비비, 보험료, 이자 등에 의한 간접비를 감소시킨다. 그러므로 직접비와 간접비의 상충관계에 의한 프로젝트의 총비용을 최소화시키는 프로젝트의 소요시간의 결정문제를 고려할 수 있다.

그림 11.11 프로젝트의 비용－시간관계

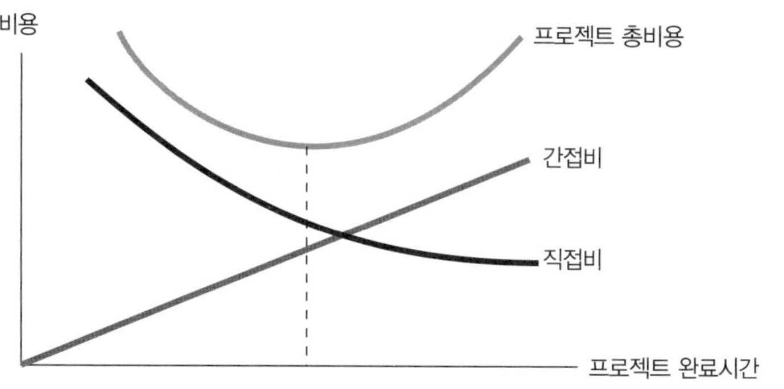

프로젝트의 시간－비용 문제와 관련하여 활동 (i, j)에 대하여 다음을 정의한다.

① **정상소요시간(normal execution time)** : 정상적인 조건 하에서 활동 (i, j)를 수행하는 데 소요되는 시간(m_{ij})

② **속성소요시간(crash execution time)** : 활동 (i, j)를 수행하는 데 단축 가능한 최단 소요시간(a_{ij})

③ **단축비용** : 활동(i, j)의 소요시간을 단위시간 단축하는 데 소요되는 비용(c_{ij})

④ **실제소요시간(actual execution time)** : 활동(i, j)를 수행하는 데 실제 소요되는 시간(t_{ij})

다음의 예로서 프로젝트의 시간-비용관계를 살펴보자. 프로젝트의 네트워크가 그림 11.12와 같이 주어져 있으며 프로젝트의 시간-비용관계를 위한 기본 자료는 표 11.4에 주어져 있다. 프로젝트를 수행하는 데 소요되는 고정비는 월 3만원이다.

그림 11.12 프로젝트 네트워크

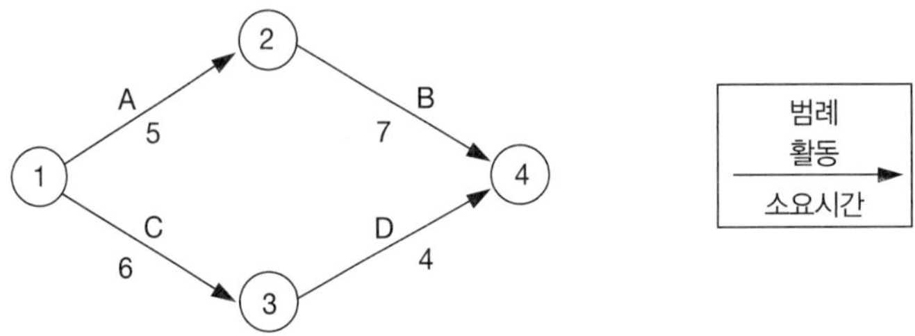

표 11.4 활동별 자료

활동	정상소요시간(월)	속성소요시간(월)	단축비용/월(만원)	단축가능월수
A	5	2	5	3
B	7	5	1	2
C	6	4	2	2
D	4	3	3	1

주어진 프로젝트에 대하여 프로젝트의 시간-비용관계는 다음과 같은 단계로 분석될 수 있다.

① 프로젝트의 정상소요시간에 대한 주공정은 공정 A-B가 되며 완료시간은 12개월이므로 총비용은 3만원/월×12개월=36만원이 된다.

② 프로젝트의 완료시간을 1개월 단축하려면 주공정상에서 가장 적은 단축비용을 갖는 활동 B를 1개월 줄인다. 비용은 고정비 3만원이 감소되고 단축비용 1만원이 증가되어 36만원-3만원+1만원=34만원이 되어 총비용이 2만원

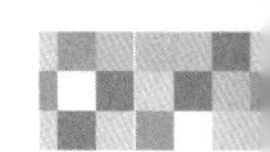

감소되고 프로젝트 완료시간은 11개월이 되며 주공정은 공정 A－B로 동일하다.

그림 11.13 프로젝트 네트워크

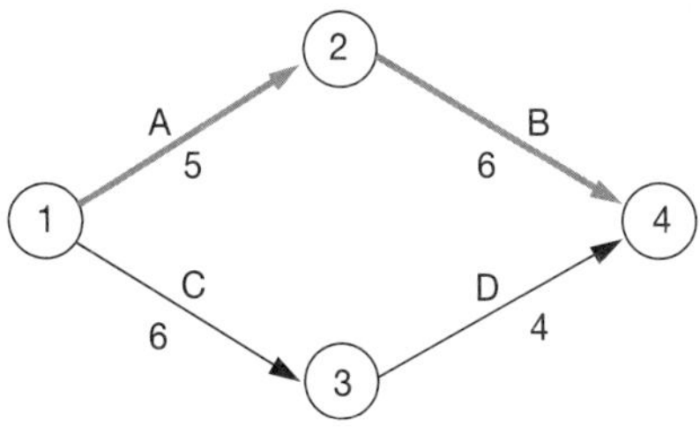

③ 프로젝트의 완료시간을 다시 1개월 단축하려면 다시 가장 적은 단축비용을 갖는 활동 B를 1개월 줄인다. 이제 총비용은 34만원－3만원＋1만원＝32만원이며, 완료시간은 10개월로 단축되나 공정 A－B와 공정C－D가 모두 주공정이 된다.

그림 11.14 프로젝트 네트워크

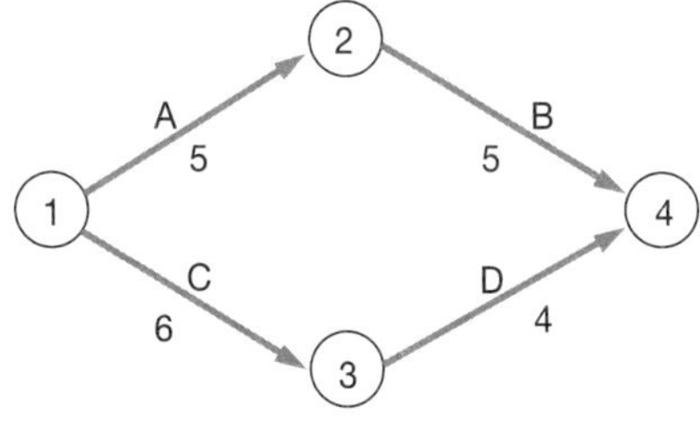

④ 이제 프로젝트의 완료시간을 다시 1개월 단축하려고 하면 공정 A–B와 공정 C–D를 모두 1개월씩 단축해야 하는데 공정 A–B에서 활동 B는 더 이상 단축할 수 없으므로 활동 A를 단축하고 공정 C–D에서는 단축비용이 적은 활동C를 단축한다. 그러므로 총비용은 32만원－3만원＋(5만원＋2만원)＝36만원이 되며 총비용을 최소화하는 완료시간을 얻고자 하는 경우에는 완료시

간을 10개월 이상 단축하는 것은 합당치 못하다.

⑤ 결과적으로 주어진 프로젝트의 최소비용 완료시간은 10개월이며 소요되는 총비용은 32만원이 된다.

연습문제

1. 프로젝트의 특징을 기술하시오.
2. AOA 네트워크와 AON 네트워크의 차이를 적으시오.
3. CPM과 PERT의 차이를 적으시오.
4. 프로젝트 네트워크의 각 단계에서 정의되는 여유시간은 무엇인지 적으시오.
5. 주공정과 네트워크 모형에서 최장경로 문제와 관계를 설명하시오.
6. 프로젝트를 수행하는 데 필요한 직접비, 간접비, 완료시간의 관계를 적으시오.
7. 확률변수 X가 기대치 5, 분산 4인 정규분포를 가질 때 $P(5 \leq X \leq 9)$를 구하시오.
8. 어느 소매상 카운터에서 고객 1인당 소요시간은 평균 1.5분이고 분산은 1이다. 100명의 고객이 2시간 20분 이내에 계산을 끝마칠 확률은 얼마인지 구하시오.
9. 확률변수 X의 분포는 아래와 같다. $E(X)$, $E(X^2-1)$, $V(X)$를 구하시오.

X	1	2	3	4
p(x)	0.2	0.2	0.4	0.2

10. 주어진 프로젝트의 CPM 네트워크는 다음과 같다.

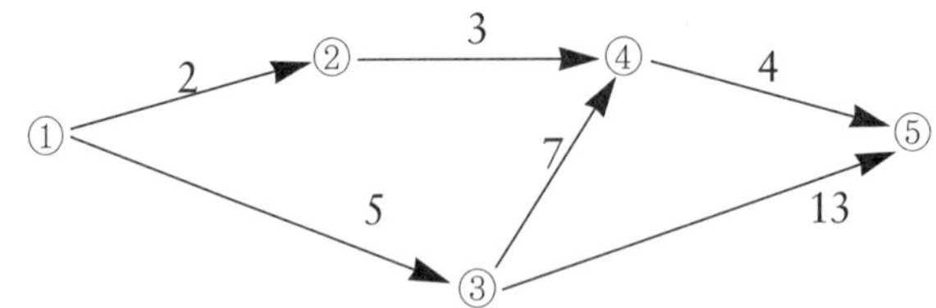

1) 열거법에 의하여 주공정과 소요시간을 구하시오.
2) 주공정을 도출하는 선형계획 모형을 식으로 표시하시오.
3) 각 단계에 있어서 T_E, T_L, S를 구하시오.

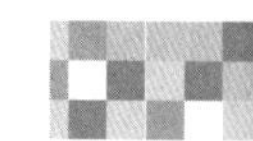

4) 간접비는 단위기간에 100원이 소요된다. 각 공정을 단위기간 단축하는 데 소요되는 직접비의 추가비용이 아래와 같다면 최소비용일정을 주는 기간은 얼마인지 구하시오.

공정	(1, 2)	(1, 3)	(2, 4)	(3, 4)	(3, 5)	(4, 5)
단축비용/단위기간	40	70	50	60	50	70
단축가능월수	1	3	1	3	5	2

11. 다음 프로젝트의 각 활동에 관한 자료가 다음과 같다. PERT 네트워크를 그리고 주어진 프로젝트의 총소요시간의 분포, 기대치, 분산을 구하시오.

활동	직전 선행활동	활동소요시간 추정치		
		낙관적 시간	최가능 시간	비관적 시간
A	–	2	3	4
B	–	4	6	8
C	A	6	8	10
D	B	6	7	8

12. 원자력발전소 건설프로젝트의 수행에 필요한 각 활동과 소요시간 추정값은 다음은 같다.

1) CPM 네트워크를 작성하시오.

2) 열거법으로 주공정을 구하시오.

3) 각 단계에서의 T_E, T_L, S를 구하시오.

4) 주공정을 찾기 위한 선형계획법을 정식화하시오.

활동			소요시간
활동	선행단계	후행단계	
a	0	1	3
b	0	2	5
c	1	3	7
d	2	3	6
e	3	4	1
f	2	4	3

13. 프로젝트를 구성하는 활동들의 소요시간 추정값은 아래와 같다.

1) 주공정을 구하시오.

2) 총소요시간의 기대치와 분산을 구하시오.

3) 주어진 프로젝트를 12 이내에 완료할 확률은 얼마인지 구하시오.

활동	소요시간추정		
	낙관적 소요시간	최가능 소요시간	비관적 소요시간
(1, 2)	3	4	6
(1, 3)	2	4	5
(2, 4)	5	6	8
(3, 4)	3	5	6

14. 다음의 자료와 같은 활동으로 구성된 프로젝트가 있다.

1) 주어진 프로젝트를 PERT 네트워크로 표시하시오.

2) 주공정을 구하시오.

3) 프로젝트의 총소요시간의 기대치, 분산을 구하시오.

4) 프로젝트가 19일 이내에 완료될 수 있는 확률을 구하시오.

활동	직전선행활동	활동시간 추정치		
		낙관적 소요시간	최가능 소요시간	비관적 소요시간
A	–	2	3	4
B		5	6	8
C	A	2	4	8
D	B	5	6	7
E	C, D	1	2	3
F	B	3	6	7
G	F	1	3	4
H	E, G	2	4	5

15. 주어진 PERT 네트워크에 있어서 각 활동들의 소요시간 추정값은 다음과 같다.

1) 총소요시간의 기대치와 분산을 구하시오.

2) 주어진 프로젝트를 11 이내에 끝낼 수 있는 확률을 구하시오.

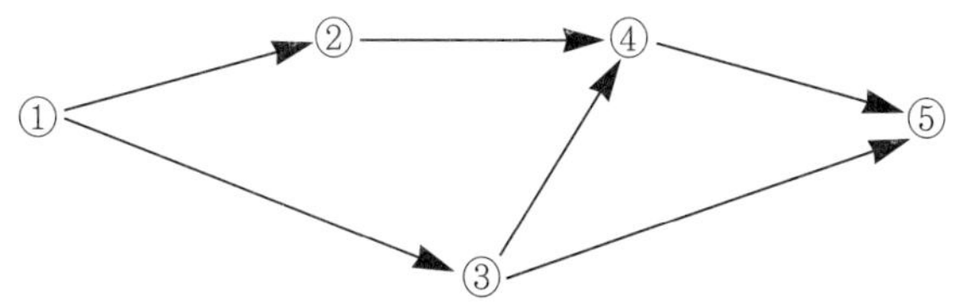

활동	소요시간 추정치		
	a	m	b
1-2	3	5	6
1-3	5	6	8
2-4	2	3	4
3-4	1	2	3
3-5	1	3	5
4-5	1	2	4

제 12 장

재고관리

1. 수요의 분류
2. 재고비용
3. 기본재고시스템
4. 확정적 재고모형
5. 확률적 재고모형
6. 안전재고
7. ABC 재고분류법

재고는 경제적 가치를 갖는 유휴자원으로서 제조시스템에 있어서 공급과 수요의 시간적 차이를 연결시키는 수단으로 존재한다. 그러므로 재고관리(inventory control)의 대상은 투입요소로서의 원자재, 제조과정 중의 재공품, 산출요소로서의 완제품을 포함한다. 투입요소로서 원자재나 제조과정 중의 재공품이나 부분품의 재고는 원활한 생산을 위하여, 산출요소로서 완제품 재고는 고객의 수요를 만족시키는 데 경제성을 확보하기 위하여 보유된다. 재고의 기능을 좀 더 기술하면 다음과 같다.

① 원자재 재고는 원자재 조달기간 지연 등의 불확실성에 대처하여 생산시스템의 독립성을 유지시킨다.
② 재공품 재고는 생산과정 중의 기계고장, 작업지연 등의 불확실성을 흡수하여 원활한 생산이 가능하도록 한다.
③ 완제품 재고는 수요변동의 불확실성에 대처하여 고객의 서비스 수준을 높이고 경제적 생산을 가능케 한다.
④ 재고는 수량할인, 가격변동 등에 대처하여 경제적 주문량을 확보할 수 있을 뿐만 아니라 노사분규 등의 예견되는 미래의 불확실성에도 대처할 수 있다.

재고관리는 다음의 내용에 기초하여 관리되어야 한다.

① 재고는 많은 자본을 필요로 한다. 과다한 재고는 기업의 수익성과 자금의 유동성에 영향을 미친다. 그러나 재고가 부족한 경우에는 생산이 원활하지 못하거나 수요를 적시에 만족시킬 수 없다. 그러므로 재고는 합리적이고 과학적인 방법에 의하여 관리되어야 한다.
② 재고는 전체 시스템과 유기적 관계 속에서 파악되고 관리되어야 한다. 즉 원료의 구입량과 시기는 제조활동에 영향을 주어 생산부서와 관련되며, 완제품의 생산량과 시기는 고객의 서비스에 영향을 주므로 마케팅부서에 관계한다. 또한 재고와 관련된 자본투자는 자금의 유동성에 영향을 주어 재무부서와 관계하며, 너무 오래된 재고는 재질변경에 따른 품질저하를 유발하기도 하므로 제조공학부서와 연관된다. 그러므로 재고는 생산부서, 마케팅부서, 재무부서, 자재부서, 제조공학부서 등과의 상호보완 속에 관리되어야 한다.

재고관리에서 다루어지는 기본적인 문제는 주문량(order quantity), 목표재고(target inventory), 재주문점(reorder point), 안전재고량(safety stock) 등을 결정하는 문제로 요약할 수 있다. 즉 재고관리에서는 재고수준(inventory level)을 관찰함으로써 특정 품목의 주문은 언제, 얼마만큼 해야 하며 불확실성을 흡수하기 위한 안전재고는 얼마로 해야 하는가를 결정하는 문제를 다룬다.

1 수요의 분류

수요는 다양하게 분류될 수 있다. 이번에는 수요에 대한 하나의 분류로서 독립수요와 종속수요에 대하여 살펴보자.

독립수요는 다른 품목의 수요와 관계없이 시장조건에 의하여 결정되는 수요를 말하며 완제품, 보수용품 등을 예로 들 수 있다. 종속수요는 다른 품목의 수요와 관련하여 발생되는 수요로서 다른 품목을 제조하기 위하여 소요되는 원자재, 부품, 구성품 들을 예로 들 수 있다. 그러므로 종속수요는 독립수요의 생산계획에 의하여 그 수요량을 계산할 수 있는 수요이다.

독립수요는 시계열 패턴에 의하여 연속적(continuous)으로 발생하는 것을 가정하나 완제품은 대개 단속적으로 일정량 제조되므로 결과적으로 종속수요는 이산적(discrete)이며 덩어리(lumpy)로 산정된다. 독립수요는 수요에 의하여 재고가 소진되면 생산을 통하여 재고가 보충(replenishment)되는 반면, 종속수요의 경우에는 독립수요의 생산계획에 의하여 계산된 양만큼 소요(requirement)된다. 그러므로 서로 상이한 독립수요와 종속수요는 서로 다른 재고관리가 요구된다.

본 장에서는 독립수요로서 완제품, 보수용품, 소매업이나 도매업에서의 상품, 그리고 서비스산업에 대한 재고관리기법을 살펴보며 종속수요에 대한 재고관리는 다음 장의 자재소요계획(MRP ; material requirement planning)에서 살펴보기로 한다.

2 재고비용

재고와 관련되는 비용에는 주문비용 또는 가동준비비용, 재고유지비용, 재고부족비용, 구매비용 등이 있으며 재고관리의 목적은 재고관련비용이 최소가 되도록 최적 주문량이나 생산량을 결정하여 적절한 양의 재고품목을 낮은 비용으로 유지하는 것이다.

① **주문비용(ordering cost) 또는 가동준비비용(setup cost)** : 주문비용은 외부의 공급자로부터 재고품목을 구입하는 경우에 발생하는 경비와 관리비를 말하며 가

동준비비용은 재고품목을 내부에서 생산하기 위한 가동준비를 하는 데 발생하는 경비와 관리비를 말한다. 주문비용과 가동준비비용은 1회 주문이나 가동준비를 하는 데 소요되는 비용으로 표시되며 주문량이나 생산량과는 관계없이 결정되는 고정비의 성격을 갖는다. 주문비용은 청구서 작성, 공급자 분석, 송장 작성, 운반 및 반입, 검사, 입고 등과 관련된 제 비용을 말한다. 가동준비비용은 특정 제품을 생산하기 위하여 생산공정을 중단하고 원자재, 작업자, 공구 등을 교체하고 준비하는 데 소요되는 유휴비용이나 노무비 등을 포함하는 비용을 말한다.

② **재고유지비용(inventory holding/carrying cost)** : 재고를 유지하고 보관하는 데 수반되는 비용이다. 이는 자본의 기회비용, 세금, 보험료, 취급비용, 도난, 파손, 감가상각비 등을 포함한다. 이 중 가장 높은 비중을 차지하는 비용은 재고와 관련된 자본의 기회손실비용이다. 재고유지비용은 품목 1단위를 1단위기간 유지하는 데 소요되는 비용으로 표시된다.

③ **재고부족비용(inventory shortage cost)** : 재고부족으로 발생하는 비용을 말한다. 재고부족비용은 추후납품비용(backlogging cost)와 품절비용(stockout cost)으로 구분된다. 추후납품비용은 생산 독촉, 구입 독촉, 고객에 대한 서비스 미흡으로 인하여 발생하는 비용을 말하며 품절비용은 수요를 만족시키지 못함으로써 특정 수요에 대한 손실, 신용상실, 고객상실 등에 대한 비용을 포함한다. 그러나 고객에 대한 서비스 미흡으로 발생하는 비용, 신용상실, 고객상실 등에 대한 비용은 객관적인 수치 부여가 곤란하며 특히 품절비용의 직접 산정에는 많은 어려움이 따르며 주관적 경험에 의한 추정이 주를 이룬다. 추후납품의 경우에는 음수값을 갖는 재고수준이 존재하나 품절의 경우에는 음수값의 재고수준이 발생하지 않는다. 추후납품비용은 품목 1단위의 수요를 1단위기간 만족시키지 못하고 유지하는 데 소요되는 비용으로 표시되고, 품절비용은 수요를 만족시키지 못한 품목 1단위에 대한 비용으로 표시된다.

④ **구매비용(purchase cost)** : 단위기간 동안의 수요량에 구입단가나 생산원가를 곱한 값으로 표시된다. 그러므로 수요가 일정하고 가격변동이 없는 경우에는 구매비용은 일정하며 결과적으로 재고에 관한 의사결정에 영향을 미치지 않는다. 그러나 주문량에 따른 수량할인(price discount)이나 가격변동이 발생하

는 경우 등과 같이 구매비용에 변화를 수반하는 경우에는 구매비용도 재고에 관한 의사결정에 영향을 주게 된다.

3 기본재고시스템

재고관리에 적용될 수 있는 기본적인 재고관리기법으로 정기관찰시스템(periodic review system)과 연속관찰시스템(continuous review system)이 있다. 연속관찰시스템은 재고수준을 계속적으로 검토하는 재고관리시스템이며 정기관찰시스템은 일정한 주기를 두고 재고수준을 관찰하는 재고관리시스템으로, 두 시스템 모두 수요가 정적인 경우에 좋은 결과를 제시한다. 수요가 정적이라 함은 계획기간을 구성하는 모든 단위기간에서의 수요가 동일한 확률분포를 갖는 경우를 말한다.

1. 정기관찰시스템

정기관찰시스템은 일정한 관찰주기(review period)에 따라 재고수준이 주기적으로 관찰되고 필요한 경우에는 관찰시점에서 주문되는 재고관리시스템이다. 정기관찰시스템 중 가장 기본적인 방법은 관찰시점에서 목표재고수준과 재고수준이 비교되어 목표재고수준과 관찰시점 재고수준의 차에 해당되는 양을 주문하는 재고관리시스템이다. 관찰주기를 T, 목표재고수준을 R, $i(i = 1, 2, 3, \cdots)$번째 관찰시점, 즉 주문시점의 재고수준을 I_i, 주문량을 Q_i, 조달기간을 L_i라고 하면 정기관찰시스템은 그림 12.1과 같이 표시될 수 있다. 여기에서 조달기간(lead time)이란 주문시점에서 주문된 물건이 도착하는 시점까지의 기간을 말한다.

정기관찰시스템은 높은 재고통제가 그리 필요하지 않거나 가격이 저렴한 몇 개의 품목을 동시에 동일한 공급자에게 주문하는 경우 등에 편리하게 적용될 수 있다. 그러나 정기관찰시스템은 주문주기와 조달기간 동안의 수요의 불확실성에 의한 품절의 위험에 대비하여 더 많은 안전재고를 필요로 하기도 한다.

그림 12.1 정기관찰시스템

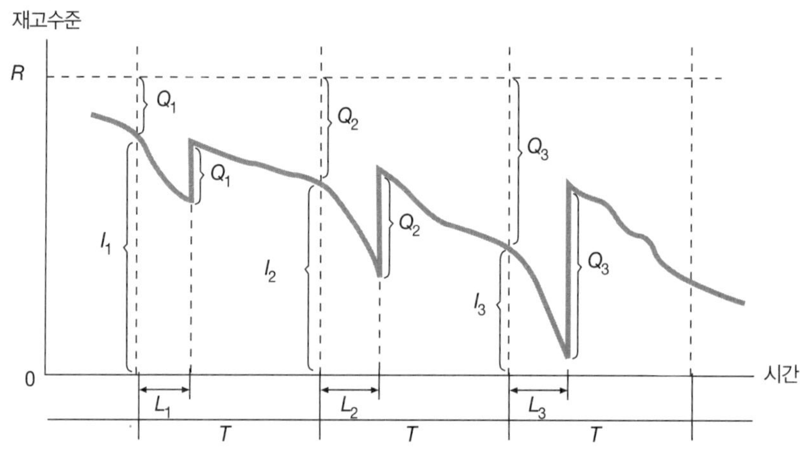

2. 연속관찰시스템

연속관찰시스템에서는 재고수준이 계속적으로 검토되어 주문이 필요하다고 생각되는 시점에서 주문을 하는 재고관리시스템이다. 주문시점은 기설정된 재주문점에 의하여 결정되며 재고수준이 재주문점에 도달하면 목표재고수준과 재주문점의 재고수준의 차에 해당되는 양만큼 주문한다. 목표재고수준과 재주문점의 재고수준의 차는 항상 일정하므로 이러한 재고관리시스템을 고정량 재주문 시스템(fixed reorder quantity system)이라고도 한다. 목표재고수준을 R, 재주문점의 재고수준을 r, 주문량을 Q라고 하면 주문량 $Q = R - r$이 되며 이를 도표로 표시하면 그림 12.2와 같다.

연속관찰시스템은 정기관찰시스템에서와 같이 몇 개의 품목에 동시에 적용될 수 없으며 일반적으로 좀더 엄격한 통제를 요하는 재고관리시스템에 적용된다. 그러나 연속관찰시스템도 바코드와 같은 광학인식장치를 재고관리에 이용하면 컴퓨터로 매우 용이하게 관리할 수 있다. 연속관찰시스템의 특수한 형태로 다음과 같은 재고관리시스템이 있다.

① **기초재고시스템(base stock system)** : 연속관찰시스템의 재주문점 r을 목표재고수준 R과 동일하게, 즉 $r = R$인 경우에는 재고가 소비될 때마다 소비되는

그림 12.2 연속관찰시스템

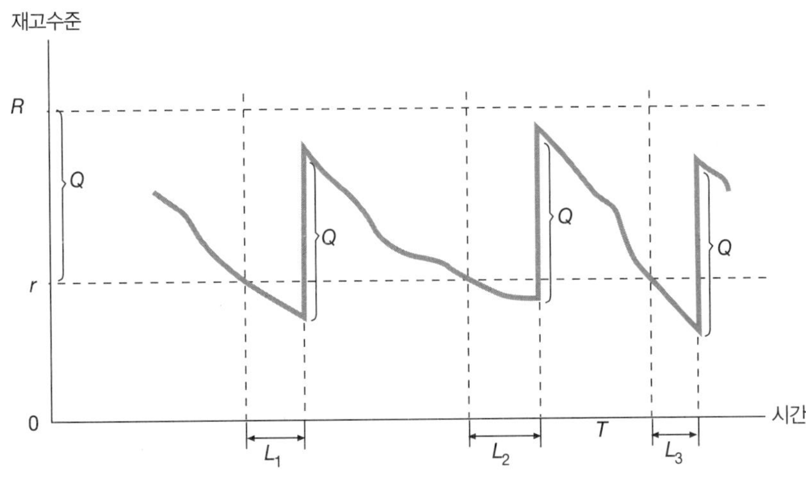

양만큼 주문을 하게 된다. 이러한 경우에는 재고수준과 조달기간 중에 있는 주문량을 더하면 항상 목표재고수준과 같게 된다. 이러한 재고시스템을 기초재고시스템이라고 한다.

② **두 용기시스템(two bin system)** : 두 용기시스템은 재고를 2개의 용기(bin)에 나누어 넣는 방법으로, 용기 1에는 재주문점의 재고수준에 해당되는 용적을 갖고 용기 2는 목표재고수준과 재주문점의 재고수준의 차이에 해당되는 용적을 갖는다. 용기 2가 바닥나면 용기 2의 용적에 해당되는 양만큼 주문하고 조달기간 동안 용기 1의 것을 사용한다. 주문량이 도달하면 용기 1을 먼저 채우고 나머지로 용기 2를 채운다. 그러므로 두 용기시스템은 연속관찰시스템을 2개의 용기를 사용하여 적용하는 경우에 해당된다.

연속관찰시스템은 정기관찰시스템의 특수한 형태로 볼 수 있다. 앞에 설명된 정기관찰시스템에서 조금 변형된 다음과 같은 정기관찰시스템을 보자. 정기관찰시스템의 관찰시점에서 재고수준이 재주문점 r보다 높은 경우에는 주문을 하지 않고, 재주문점 r보다 낮은 경우에는 관찰시점의 재고수준과 목표재고수준의 차만큼 주문한다. 이러한 정기관찰시스템에 있어서 만약 관찰주기 T가 0에 수렴하게 되면, 즉 $T \rightarrow 0$이면 재고수준이 재주문점 r에 도달할 때 항상 주문량 $Q = R - r$만큼 주문을 하게 된다. 결과적으로 연속관찰시스템은 정기관찰시스템에 포함된다고 할 수 있다.

4 확정적 재고모형

확정적 재고모형이란 수요가 확정적인 경우의 재고관리모형을 말한다. 여기에서는 수요가 확정적이며 균일한 단일품목에 적용 가능한 가장 기본적인 재고모형을 제시함으로써 재고관리에 대한 이해를 돕고자 한다.

1. 경제적 주문량 모형

EOQ(economic order quantity) 모형은 수요가 확정적이며 균일한 단일품목에 대한 가장 기본적인 재고모형이다. 수요가 균일하다는 의미는 수요가 연속적이며 항상 동일한 수요율을 가짐을 말한다. 재고부족은 고려하지 않으며 주문비용, 재고유지비용, 제품단가는 일정한 것으로 가정한다. 또한 조달기간도 일정한 것으로 가정하나 수요가 확정적이며 균일하고 조달기간 또한 일정한 경우에는 조달기간은 주문량을 결정하는 의사결정에 변수가 되지 못한다. EOQ 모형은 단위기간 동안 발생하는 재고관련비용, 즉 주문비용과 재고유지비용을 구하여 이의 합으로 표시되는 총비용을 최소화하는 1회 주문량을 결정하는 모형이다.

다음을 정의한다.

TC : 단위기간에 발생하는 재고관련 총비용
Q : 1회 주문량(단위/회)
Q^* : 경제적 주문량. 즉 재고관련 총비용을 최소화하는 1회 주문량
D : 단위기간의 수요량(단위/단위기간)
H : 1단위를 단위기간 재고로 유지하는 데 소요되는 재고유지비용(원/단위 - 단위기간)
C : 1회 주문비용(원/회)
v : 단위당 구매단가(원/단위)
r : 재주문점

L : 조달기간
N : 단위기간당 주문횟수(회/단위기간)
T : 주문주기(기간/회)

EOQ 모형을 도표로 표시하면 그림 12.3과 같다.

그림 12.3 EOQ 모형

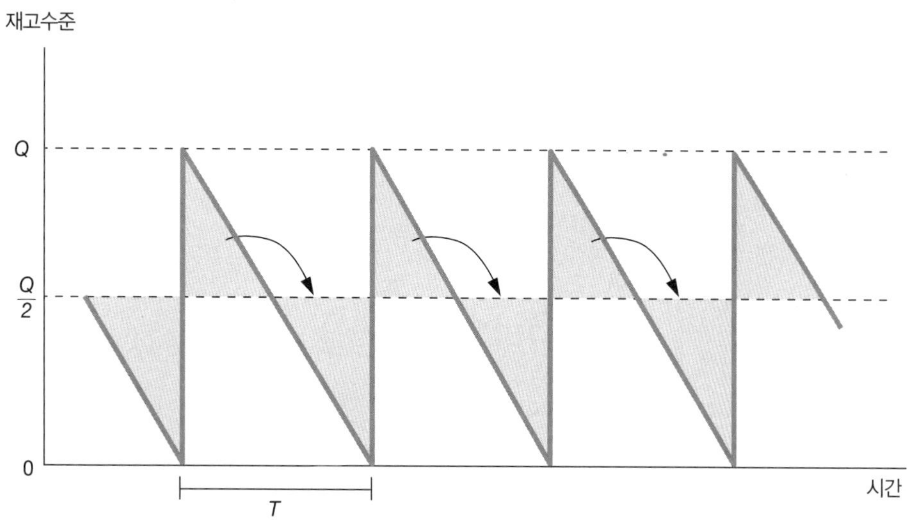

이제 1회 주문량 Q가 주어져 있다고 가정하면 다음이 성립한다.

주문횟수/단위기간 : $N = \dfrac{D}{Q}$

재고유지비용/단위기간 : $H \times \dfrac{Q}{2}$

주문비용/단위기간 : $C \times \dfrac{D}{Q}$

구매비용 : vD

평균재고수준 : $\dfrac{Q}{2}$

그러므로 단위기간당 재고관련 총비용은 주문량 Q의 함수로서 다음과 같이 주어진다.

$$TC = C \times \frac{D}{Q} + H \times \frac{Q}{2} + vD \tag{12.1}$$

여기에서 총구매비용 vD는 주문량 Q의 함수가 아니므로 총비용 TC를 최소화하는 최적 주문량, 즉 경제적 주문량 Q^*를 결정하는 데 영향을 주지 않는다. 그러므로 재고관련 총비용을 주문비용과 재고유지비용의 합으로 표시하기로 하고 이를 도표로 표시하면 그림 12.4와 같다.

그림 12.4 주문량과 재고관련 총비용

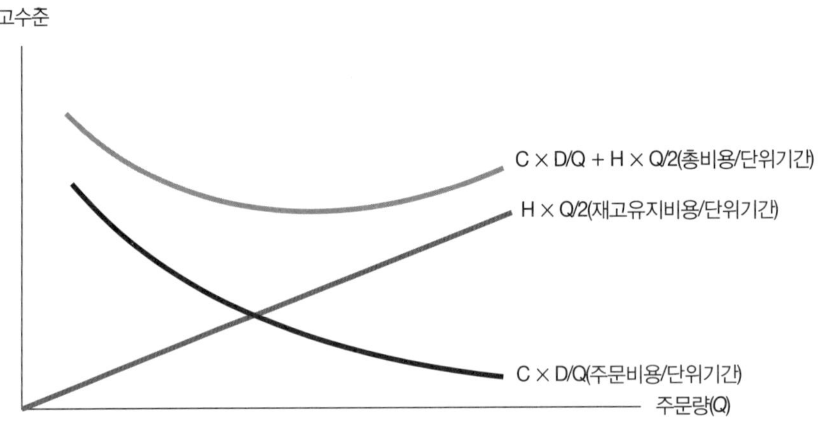

$$TC = C \times \frac{D}{Q} + H \times \frac{Q}{2} \tag{12.2}$$

이제 총비용 TC를 최소화하는 경제적 주문량 Q^*는 총비용함수 TC의 주문량 $Q(Q \geq 0)$에 대한 볼록함수의 특성에서 쉽게 구할 수 있으며 볼록함수의 특성은 총비용함수 TC의 주문량 Q에 대한 이계도함수(second order derivative)에 의하여 증명될 수 있다.

$$\frac{d^2}{dQ^2}TC = \frac{2DC}{Q^3} \geq 0 \qquad (Q \geq 0) \tag{12.3}$$

그러므로 경제적 주문량 Q^*는 TC를 Q에 대하여 미분을 해서 0으로 놓고 이를 Q에 대해 정리하여 구한다.

$$\frac{d}{dQ}TC = \frac{-DC}{Q^2} + \frac{H}{2} = 0 \tag{12.4}$$

식 (12.4)를 Q에 대하여 정리하면 경제적 주문량 Q^*는 다음과 같다.

$$Q^* = \sqrt{\frac{2DC}{H}} \tag{12.5}$$

단위기간의 재고관련 총비용의 최소값 TC^*는 구해진 경제적 주문량 Q^*를 총비용함수 식 (12.2)에 대입하여 구할 수 있다. 또는 식 (12.5)를 식 (12.2)에 직접 대입하면 다음과 같이 정리할 수 있다.

$$\begin{aligned} TC^* &= \frac{DC}{Q^*} + \frac{HQ^*}{2} \\ &= \frac{DC}{\sqrt{\frac{2DC}{H}}} + \frac{H}{2} \times \sqrt{\frac{2DC}{H}} \\ &= \sqrt{\frac{CHD}{2}} + \sqrt{\frac{CHD}{2}} \\ &= \sqrt{2CHD} \end{aligned} \tag{12.6}$$

이제 단위기간당 최적 주문횟수 N^*와 최적 주문주기 T^*는 다음과 같이 구할 수 있다.

$$N^* = \frac{D}{Q^*} = \sqrt{\frac{HD}{2C}} \tag{12.7}$$

$$T^* = \frac{1}{N^*} = \sqrt{\frac{2C}{HD}} \tag{12.8}$$

수요가 확정적이고 조달기간이 일정한 경우에는 재주문점은 다음과 같이 간단하게 구할 수 있다.

$$r = LD \tag{12.9}$$

예를 들어 보자. 어느 기업에서 판매하는 모터는 연간 수요량이 1,000개이며 단위당 1,000원에 구입한다. 1회 주문비용은 2,000원이며 단위당 재고유지비용은 1년에 100원이다. 주문량 Q에 대한 함수로서 연간 재고관련 총비용 TC는 다음과 같다.

$$\begin{aligned} TC &= \frac{DC}{Q} + \frac{HQ}{2} \\ &= 2{,}000 \times \frac{1{,}000}{Q} + 100 \times \frac{Q}{2} \\ &= \frac{2{,}000{,}000}{Q} + 50Q \end{aligned}$$

총비용 TC를 최소화하는 경제적 주문량 Q^*는 다음과 같다.

$$Q^* = \sqrt{\frac{2DC}{H}} = \sqrt{\frac{2 \times 2{,}000 \times 1{,}000}{100}} = 200(\text{단위/회})$$

그러므로 연간 재고관련 총비용의 최소값 TC^*는 다음과 같다.

$$TC^* = \frac{2{,}000{,}000}{200} + 50 \times 200 = 20{,}000(\text{원/년})$$

이는 식 (12.6)으로부터 직접 구할 수 있다.

$$TC^* = \sqrt{2CHD} = \sqrt{2 \times 2{,}000 \times 100 \times 1{,}000} = 20{,}000(\text{원/년})$$

연간 최적 주문횟수 N^*는 다음과 같다.

$$N^* = \frac{1{,}000}{200} = 5(\text{회/년})$$

최적 주문주기 T^*는 다음과 같다.

$$T^* = \frac{1}{5}(\text{년/회})$$

이제 조달기간이 1/20년이라고 가정하면 재주문점 r은 다음과 같다.

$$r = LD = \frac{1}{20} \times 1{,}000 = 50(\text{단위})$$

그러므로 주어진 시스템에 있어서 최적 주문정책은 재고수준이 50개일 때 200개를 즉시 발주하며 이 때 소요되는 구매비용을 제외한 연간 총비용은 20,000원이 된다. 결과적으로 연간 주문횟수는 5회가 되며 1/5년마다 주문을 하게 된다.

그림 12.5 EOQ 시스템

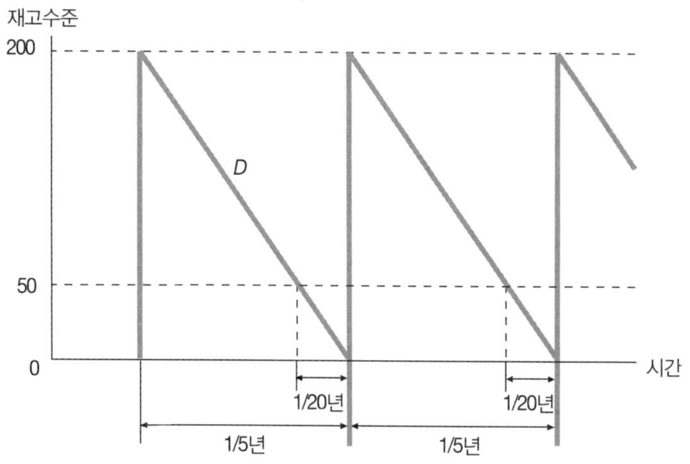

EOQ 모형은 수요가 확정적이며 조달기간이 일정하고 구매단가가 일정할 뿐만 아니라 추후납품을 고려하지 않는 것 등 많은 가정들에 기초하고 있다. 이러한 가정 중에는 때로는 현실을 정확히 반영하지 않는 경우도 있다. 그럼에도 불구하고 EOQ 모형은 재고모형 중 가장 기본이 되며 용이하게 적용이 될 수 있는 모형으로 애용되고 있다. 또한 주어진 가정들은 연장 모형화될 수 있다. 예를 들어 수요가 확률을 가진 경우, 추후납품을 고려하는 것, 가격할인이나 가격상승, 시간이 지남에 따라 상품가치가 하락하는 경우, 여러 단계로 구성된 재고모형 등도 모형화될 수 있으나 생략하기로 하며 필요한 경우에는 여타의 도서를 참조하기로 한다.

2. 경제적 생산량 모형

EOQ 모형은 주문된 전량이 한 시점에 동시에 들어온다는 가정에 기초하고 있다. 그러나 특정 제품이 구매되는 것이 아니라 일정량의 로트크기로 생산되는 경우에는 생산과 소비가 일정기간 동시에 일어나며 이러한 경우에는 EOQ 모형의 수정이 필요하게 된다. EPQ(economic production quantity) 모형은 이와 같이 일정량의 생산이 진행되는 동안 생산되는 제품이 재고에 더하여짐과 동시에 소비가 일어나서 재고가 감소하는 경우에 최적 1회 생산량을 결정하는 모형이다. 물론 여기에서 단위기간당 생산율과 소비율은 모두 확정적이고 균일하며 생산율은 소비율보다 커야 한다. 그러므로 EOQ 모형의 주문비용은 EPQ 모형의 가동준비비용으로, 조달기간은 가동준비기간으로 불린다. 또한 EOQ 모형의 구매단가는 EPQ 모형에서는 제조단가로 변경되며 구매단가는 구매부서에 의하여 결정되나 제조단가는 노무비, 재료비, 제조비용(세금, 감가상각, 보험, 유지보수, 동력, 간접비 등) 등에 기초하여 원가회계에 의하여 계산된다.

이제 다음을 새롭게 정의하기로 한다.

Q : 1회 생산량(단위/회)	t_p : 생산주기 중 생산기간
Q^* : 경제적 생산량(단위/회)	t_d : 생산주기 중 소비만 일어나는 기간
C : 1회 가동준비비용(원/회)	T : 생산주기, 즉 $t_p + t_d$
p : 생산율(생산량/단위기간)	$I_{\max}$: 최고 재고수준

그림 12.6은 EPQ와 관련된 재고수준을 도표로 표시한 것이다.

그림 12.6은 다음과 같이 설명될 수 있다. 만약 시간 t에 생산량 Q에 대한 생산이 시작되었다고 하면 시간 $t+t_p$에 생산이 끝나며 생산기간 t_p동안 재고는 $p-D$의 비율로 증가한다. 시간 $t+t_p$에서 시간 $t+t_p+t_d$, 즉 $t+T$까지 기간 t_d 동안에는 생산은 수행되지 않으며 재고는 D의 비율로 감소한다. 그러므로 다음의 관계식이 성립한다.

$$t_p = \frac{I_{\max}}{p-D} = \frac{Q}{p} \tag{12.10}$$

그림 12.6 EPQ 모형

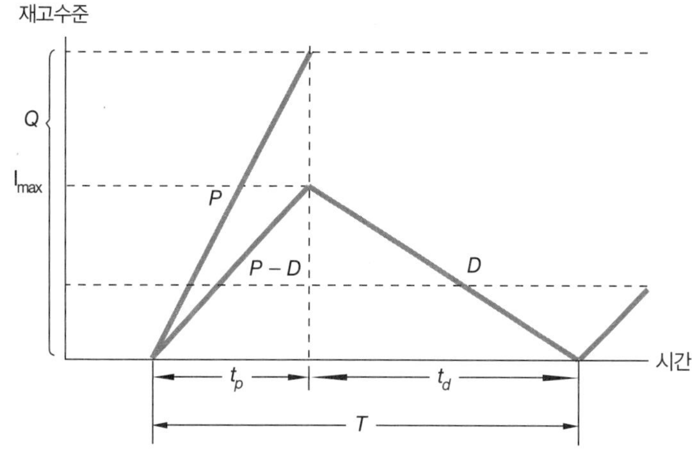

$$t_d = \frac{I_{max}}{D} \tag{12.11}$$

식 (12.10)으로부터 다음 식이 성립한다.

$$I_{max} = \frac{Q(p - D)}{p} \tag{12.12}$$

평균 재고수준은 최고 재고수준 I_{max}의 절반으로 다음이 유도된다.

생산횟수/단위기간 : $\frac{D}{Q}$	평균 재고수준/단위기간 : $\frac{I_{max}}{2} = \frac{Q(p - D)}{2p}$
가동준비비용/단위기간 : $C \times \frac{D}{Q}$	재고유지비용/단위기간 : $H \times \frac{Q(p - D)}{2p}$

그러므로 단위기간당 재고관련 총비용은 다음과 같다.

$$TC = \frac{CD}{Q} + \frac{HQ(p - D)}{2p} \tag{12.13}$$

경제적 생산량 Q^*를 구하는 방법은 EOQ 모형에서와 같이 재고관련 총비용 TC를 Q에 대하여 미분한 다음 0으로 놓고 Q에 대하여 푼다.

$$\frac{d}{dQ}TC = -\frac{CD}{Q^2} + \frac{H(p-D)}{2p} = 0 \qquad (12.14)$$

$$Q^* = \sqrt{\frac{2CDp}{H(p-D)}} \qquad (12.15)$$

또한 단위기간당 재고관련 총비용 TC^*는 경제적 생산량 Q^*를 계산하여 식 (12.13)에 대입하거나 식 (12.15)를 식 (12.13)에 직접 대입하여 다음과 같이 유도할 수 있다.

$$TC^* = \sqrt{\frac{2CHD(p-D)}{p}} \qquad (12.16)$$

예를 들어 보자. 어느 회사에서 생산하는 특정 제품의 연간 수요량은 20,000단위이다. 연간 작업일수는 250일, 하루 생산량은 100단위이며 생산준비기간은 4일이다. 단위당 생산비용은 50원, 연간 재고유지비용은 10원, 가동준비비용은 회당 20원이다. 연간 재고관련 총비용을 구하기 위해서는 먼저 단위기간을 통일하여야 하며 이를 위하여 연간 생산량을 구하면 100 × 250 = 25,000(단위/년)이 된다. 그러므로 Q의 함수로서 연간 총비용 TC는 다음과 같다.

$$\begin{aligned} TC &= \frac{CD}{Q} + \frac{HQ(p-D)}{2p} \\ &= \frac{20 \times 20{,}000}{Q} + \frac{10Q(25{,}000 - 20{,}000)}{2 \times 25{,}000} \end{aligned}$$

경제적 생산량 Q^*는 다음과 같다.

$$Q^* = \sqrt{\frac{2 \times 20 \times 20{,}000 \times 25{,}000}{10(25{,}000 - 20{,}000)}} = 632 \text{ 단위/회}$$

최적생산횟수 N^*와 최적생산주기 T^*는 각각 다음과 같다.

$$N^* = \frac{20{,}000}{632} \ 31.6\text{회/년}$$

$$T^* = \frac{1}{N^*} = \frac{1}{31.6} = 0.0316\text{년/회}$$

또한 최고 재고수준 I_{max}는 다음과 같다.

$$I_{max} = \frac{632 \times (25{,}000 - 20{,}000)}{25{,}000} = 126.4\text{단위}$$

최소 재고관련 총비용 TC^*는 다음과 같다.

$$TC^* = \sqrt{\frac{2 \times 20 \times 10 \times 20{,}000 \times (25{,}000 - 20{,}000)}{25{,}000}}$$

$$= 1{,}264.911\text{원}$$

5 확률적 재고모형

확률적 재고모형(단일기간 재고모형)은 수요나 조달기간이 확률변수로서 확률분포를 갖는 경우의 재고모형이다. 여기에서는 확률적 재고모형에 대한 이해를 돕기 위하여 확률적 재고모형의 가장 기본이 되는 단일기간 재고모형으로서 수요가 확률변수인 경우를 다루기로 한다. 단일기간 재고모형은 신문팔이소년 문제(news boy problem) 또는 크리스마스트리 문제(christmas tree problem)로 불리기도 하며 신문, 크리스마스트리, 계간잡지 등과 같이 특정기간 초에 한 번 주문구매되어 특정기간 내에 판매되지 않으면 가치가 소멸되는 상품에 있어서 이의 최적 주문량을 결정하는 모형이다.

확정적 재고모형에서와 같이 단일기간 재고모형에서도 수요를 연속적으로 다룰 수 있으나 여기에서는 이산적인 경우를 보기로 한다. 또한 주문비용과 초기재고가 없는 것으로 가정하며 조달기간도 0으로 가정한다. 주문비용을 고려하는 경우나 채소 등과 같이 시간이 지남에 따라 상품가치가 하락하는 경우 또는 복수기간 재고모형 등으로 연장도 가능하나 이러한 다양한 경우는 다른 저서를 참고하기 바란다.

단일기간 재고모형을 신문팔이소년 문제로 설명하기로 한다. 신문팔이소년은 매일 아침 신문사로부터 신문을 매당 C원에 구입하여 v원에 판매한다. 주어진 날의 아침에 판매되지 않은 신문은 매당 q원의 처리비용을 들여 신문사에 반납하면 신문사는 $p(p<C)$원을 보상한다. 그러므로 신문을 구입하여 판매하는 경우에는 매당 $v-C$원의 이익이 발생하며 팔지 못하는 경우에는 $C+q-p$원의 손실이 발생한다. 수요는 이산적 확률변수로서 확률질량함수 $p(D)$에 의한다. 어느 날 아침 신문팔이소년이 신문사로부터 구입한 신문매수를 Q라 하면 단일기간 재고모형은 기대이익이 최대가 되도록 신문팔이소년이 구매하여야 할 최적 신문매수 Q^*를 결정하는 문제이다.

만약 어느 날의 신문수요가 D라고 하자. 그러면 팔린 신문의 매수는 식 (12.17)과 같으며 팔지 못한 신문매수는 식 (12.18)과 같다.

$$\begin{cases} D(D<Q) \\ Q(D \geq Q) \end{cases} \tag{12.17}$$

$$\begin{cases} Q-D(D<Q) \\ 0(D \geq Q) \end{cases} \tag{12.18}$$

MP를 한계이익, 즉 매당 판매이익으로, ML을 한계손실, 즉 판매되지 못할 경우의 매당 손실로 정의하면 MP와 ML은 다음과 같다.

$$\begin{aligned} MP &= v - C \\ ML &= C + q - p \end{aligned} \tag{12.19}$$

이제 어느 날 신문팔이소년이 신문사로부터 구입한 신문매수 Q에 대한 함수로서 주어진 날의 기대이익함수를 $G(Q)$로 정의하면 $G(Q)$는 식 (12.17), 식 (12.18), 식 (12.19)에 의하여 다음과 같이 나타난다.

$$G(Q) = MP\sum_{x=0}^{Q} xp(x) + MPQ\sum_{x=Q+1}^{\infty} p(x) - ML\sum_{x=0}^{Q}(Q-x)p(x) \tag{12.20}$$

식 (12.20)에서 x는 수요를 나타내는 확률변수이며 $p(x)$는 수요가 x일 확률을 의미한다. $P(Q)$를 수요가 Q 이하일 확률, 즉 수요의 Q에 대한 누적분포(cumulative distribution), $\hat{P}(Q)$를 수요가 Q 이상일 확률이라 하면 이는 주문량 Q가 모두 팔릴

확률을 의미한다.

이제 기대이익함수 $G(Q)$를 최대화시키는 최적 주문량을 Q^*라고 하면 Q^*는 다음을 만족시키는 가장 큰 Q값이 된다(이의 유도과정은 범위를 벗어나므로 생략하기로 한다).

$$\hat{P}(Q) \geq \frac{ML}{MP + ML} \tag{12.21}$$

식 (12.21)은 최적 주문량 Q^*를 구하는 방법으로 한계분석법(marginal analysis)을 제시한다. 한계분석법이란 Q의 값을 1에서부터 점차 증가시켜 가면서 Q의 값이 식 (12.21)을 만족시키는 가장 큰 Q값을 구하는 방법이다. 즉 식 (12.21)은 Q가 적은 수인 경우에는 만족되나 Q가 증가되어 가면 어느 시점에서 만족되지 못한다. 이는 최종 단위가 팔릴 확률이 $ML/(MP+ML)$보다 크거나 같은 경우 그 단위는 주문량에 포함되어야 한다는 의미를 갖는다.

식 (12.21)은 다음과 같이 변형될 수 있다.

$$\hat{P}(Q)MP \geq (1 - \hat{P}(Q))ML \tag{12.22}$$

식 (12.22)에서 $1 - \hat{P}(Q) = p(D < Q)$는 최종 단위가 팔리지 않을 확률을 의미하며 식 (12.22)는 최종 단위의 기대한계이익이 기대한계손실보다 크거나 같을 때까지 주문량을 늘려야 함을 의미한다.

먼저 수요가 이산적인 경우의 예를 들어 보자. 어느 크리스마스 용품 가게에서 크리스마스를 맞이하여 크리스마스트리 정원용 소나무를 주문하고자 한다. 구입원가는 10,000원이며 판매가는 15,000원이며 크리스마스 후에도 팔리지 않은 소나무는 단위당 500원의 비용을 들여 처분해야 한다. 소나무의 수요는 다음과 같은 확률분포를 갖는다.

수요	25	26	27	28	29	30	31	32	계
확률	0.05	0.1	0.1	0.2	0.3	0.1	0.1	0.05	1.0

소나무 단위당 이익 MP와 손실 ML은 다음과 같다.

$$MP = 15{,}000 - 10{,}000 = 5{,}000(\text{원/단위})$$
$$ML = 10{,}000 + 500 = 10{,}500(\text{원/단위})$$

$$\hat{P}(Q) \geq \frac{ML}{MP + ML} = \frac{10{,}500}{5{,}000 + 10{,}500} = 0.6774$$

이제 각 수요값에 대한 여누적확률 $\hat{P}(x)$를 구하면 아래와 같다.

수요	25	26	27	28	29	30	31	32
여누적확률	1.0	0.95	0.85	0.75	0.55	0.25	0.15	0.05

최종 단위가 팔릴 확률이 0.6774보다 크거나 같게 주문하여야 하므로 최적 주문량 Q^*는 28단위가 된다. 즉 25, 26, 27, 28의 경우 식 (12.21)을 만족시키나 그 중 가장 큰 값은 28이 된다.

이제 수요를 연속적으로 가정하는 경우의 예를 보기로 하자. 어느 신문팔이소년의 판매구역에서 신문에 대한 매일매일의 수요는 평균이 200매이고 표준편차가 30매인 정규분포를 갖는다. 신문팔이소년은 신문을 매당 200원에 구입하여 300원에 판매하며 팔리지 않은 신문은 신문사에서 50원을 돌려받는다. 신문팔이소년은 최적 주문량을 구하려고 한다. 이를 위하여 매당 이익 *MP*와 손실 *ML*을 구한다.

$$MP = 300 - 200 = 100(\text{원/매})$$
$$ML = 200 - 50 = 150(\text{원/매})$$

그림 12.7 수요의 정규분포

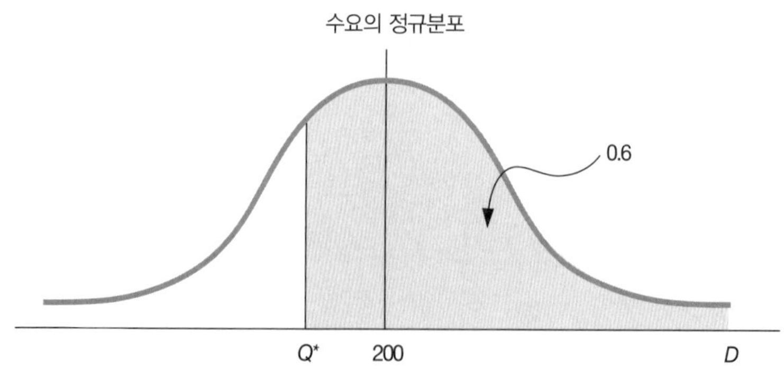

$$\hat{P}(Q) \geq \frac{ML}{MP + ML} = \frac{150}{100 + 150} = 0.6$$

주문량의 최종 단위가 팔릴 확률이 0.6보다 크거나 같아야 하므로 그림 12.7의 색칠한 부분의 확률이 0.6이 되는 신문매수에 해당되는 Q^*만큼 주문하면 된다. 색칠한 부분의 확률이 0.6이 되는 표준정규분포의 확률변수의 값은 −0.25가 되므로 최적 주문량 Q^*의 값은 다음과 같다.

$$Q^* = 200 - 0.25 \times 30 = 192.5 \fallingdotseq 192\text{매}$$

6 안전재고

수요와 조달기간이 확정적인 경우에는 EOQ 모형에서와 같이 조달기간 동안의 수요에 의하여 재주문점이 결정되며 조달기간은 재고관련 의사결정에 있어서 주요 변수가 되지 못한다. 그러나 조달기간이 일정하지 않거나 조달기간은 일정하더라도 조달기간 동안의 수요가 확정적이지 않은 경우에는 재고관리와 관련된 의사결정이 매우 어렵게 한다. 이에 대처하는 하나의 방법은 수요와 조달기간의 불확실성에 대비하여 안전재고를 유지하는 것이다. 안전재고는 조달기간 동안의 수요의 변동에 대비하여 유지되는 부가적인 재고로서, 조달기간 동안의 평균수요량을 초과하여 유지되는 재고량을 말한다. 그러므로 안전재고를 유지하는 경우의 재주문점은 조달기간 동안의 평균수요에 안전재고를 더한 값이 된다. 그러므로 조달기간 동안의 평균수요를 μ라 하고 안전재고를 s라고 하면 재주문점 r은 다음과 같다.

$$r = \mu + s \tag{12.23}$$

안전재고는 초과재고를 유지하는 데 소요되는 비용과 재고부족으로 발생하는 재고부족비용과의 관계에 의하여 결정되어야 한다. 그러나 이러한 접근방법은 매우 복잡하기 때문에 여기에서는 서비스 수준의 개념에 근거하여 안전재고를 고려하기로 한다.

서비스 수준이란 근본적으로 재고에 의하여 바로 충족되는 수요의 비율을 의미한다. 그러나 안전재고와 관련되어서는 조달기간 동안에 발생하는 수요가 재고로부터 바로 충족되는 비율로 정의된다. 이는 재주문점이 양의 값을 갖는 재고수준이 주어지면 재고부족이 발생할 수 있는 기간은 조달기간뿐이며 재주문점과 조달기간 동안의 수요의 확률분포가 주어지면 서비스 수준은 쉽게 결정될 수 있어 분석이 용이하기 때문이다. 조달기간 동안의 서비스 수준이 주어지면 조달기간 동안의 수요가 재주문점에 해당되는 재고량보다 클 확률, 즉 재고부족확률은 서비스 수준과 다음과 같은 관계를 갖는다.

$$\text{재고부족확률} = 1 - \text{서비스 수준} \tag{12.24}$$

이제 조달기간 동안의 수요의 확률분포가 주어져 조달기간 동안의 수요가 평균 μ와 표준편차 σ인 정규분포를 이룬다고 하자. 이러한 경우에 만약 조달기간 동안의 평균 수요로 재주문점을 결정한다고 하면($r = \mu$) 그림 12.8에서와 같이 정규분포의 대칭성에 의하여 서비스 수준과 재고부족확률은 모두 50%가 된다.

그림 12.8 조달기간 동안의 평균수요에 의한 재주문점과 서비스 수준

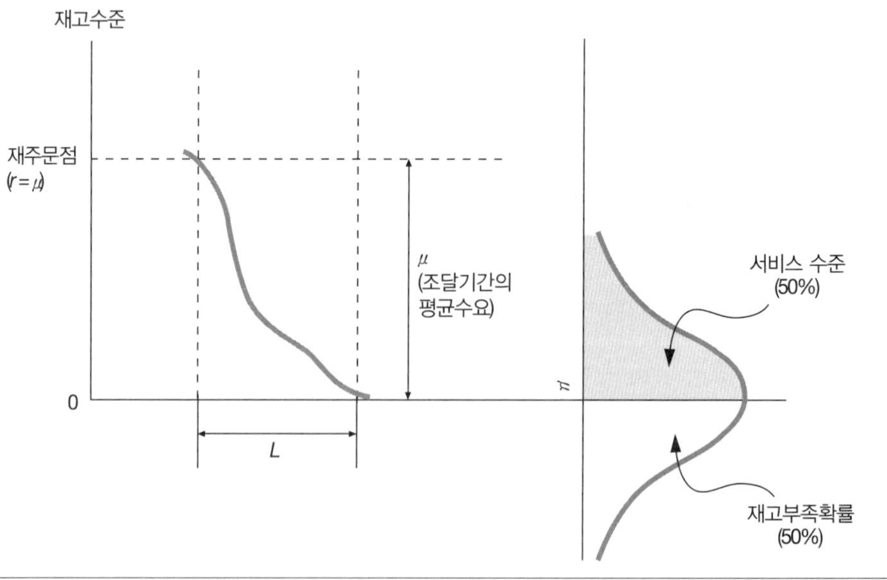

그림 12.9 안전재고를 고려한 재주문점과 서비스 수준

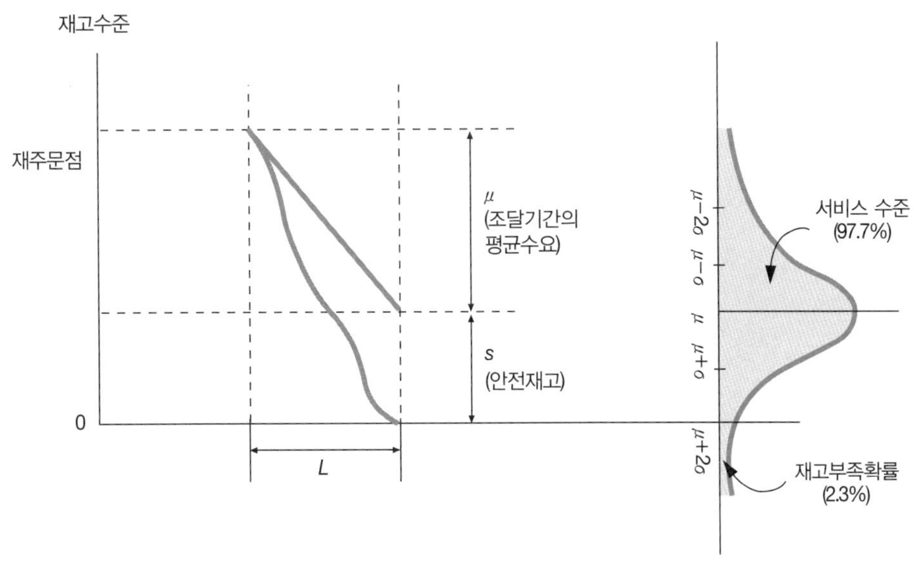

또한 표준정규분포의 확률변수를 Z라 하고 재주문점을 조달기간 동안의 평균 수요에 표준편차의 z 배수를 더한 값으로 하는 경우, 즉 $r = \mu + z\sigma$인 경우 안전재고 $s = z\sigma$가 되며 표준정규분포표를 이용하여 안전재고, 서비스 수준, 재고부족확률을 쉽게 계산할 수 있다. 또한 z값이 커질수록 서비스 수준과 안전재고는 증가하며 재고부족확률은 감소함을 알 수 있다. 만약 서비스 수준을 θ라고 하면 $z = 0$인 경우 $\theta = 50\%$, $s = 0$, $z = 1$인 경우에는 $\theta = 84.1\%$, $s = \sigma$, $z = 2$인 경우에는 $\theta = 97.7\%$, $s = 2\sigma$, $z = 3$인 경우 $\theta = 99.9\%$, $s = 3\sigma$가 된다.

예를 들어 보자. 조달기간 동안의 수요가 평균 100단위, 표준편차가 20단위인 정규분포에 의한다고 할 때 서비스 수준이 75%가 유지되도록 하기 위하여 보유하여야 할 안전재고와 재주문점을 계산하고자 한다. 서비스 수준이 75%에 해당하는 z의 값을 표준정규분포표로부터 찾으면 0.67이고 안전재고는 $20 \times 0.67 = 13.4 \fallingdotseq$ 14단위가 되며 식 (12.23)에 의하여 재주문점은 $100 + 14 = 114$단위가 된다.

위의 문제에 있어서 안전재고를 33단위, 즉 재주문점을 133단위로 하는 경우의 서비스 수준을 산정하고 싶다면 먼저 주어진 33단위가 표준편차의 몇 배수인가를 알아야 하며 표준정규분포의 확률변수 Z의 값은 다음과 같이 계산된다.

$$z = \frac{133 - 100}{20} = 1.65$$

그러므로 z의 값 1.65에 해당되는 서비스 수준은 표준정규분포표로부터 95%임을 알 수 있다.

7 ABC 재고분류법

재고관리모형은 수리적 방법 또는 휴리스틱 방법 등 다양하다. 그러나 대부분의 기업에 재고품목의 수는 매우 많으며 모든 품목 각각에 대하여 개별적으로 이를 관리하는 것은 많은 비용과 노력이 수반될 뿐만 아니라 현실적으로 바람직한 방법이 아니다. 그러므로 재고품목을 그 중요도로 분류하여 통제의 정도를 달리하는 방법을 생각할 수 있다.

ABC 재고분류법은 재고품목을 연간사용금액(단가×연간수요량)의 크기에 따라 분류하여 선별적으로 관리노력을 배분하는 방법이다. 즉 연간사용금액이 큰 고가품으로서 정기적으로 사용되는 품목은 A등급으로 분류하여 엄격한 재고통제를 하고, 다종소량의 저가품목으로 연간사용금액이 적은 품목은 C등급으로 분류하여 느슨한 재고통제를 하며, B등급으로 분류되는 품목은 A등급과 C등급의 중간에 위치한 품목들로 중간 정도의 재고통제를 하게 된다.

일반적으로 A등급으로 분류되는 품목은 전체품목 수의 상위 15% 정도로서 총연간사용금액의 75%를 차지하는 품목들로 구성되며 B등급으로 분류되는 품목은 전체품목 수의 35% 정도로 총연간사용금액의 15%를 차지하는 품목들로 구성된다. C등급으로 분류되는 품목은 나머지 50%에 해당되는 품목들로 총연간사용금액의 10%를 차지하는 품목들이다. 또한 A등급에 적용할 수 있는 엄격한 재고통제는 기록의 정확도를 높이고 가능한 한 재고를 줄이는 방향으로 재고수준을 계속 관찰하여 안전재고를 줄이는 방법을 말하며 연속관찰시스템이 적용될 수 있다. C등급에 적용되는 느슨한 재고통제란 안전재고를 고려하는 대신 여러 품목을 한데 묶어 정기적으로 주문하는 정기관찰시스템 등이다.

표 12.1 ABC 분석표

품목 번호	단가	사용량	연간 사용금액	전체 품목수에 대한 백분율	누적사용량 백분율	연간사용금액 백분율	사용금액 누적 백분율	유형
#27	300	400	120,000	16.5	16.5	41.0	41.0	A
#36	250	500	125,000	20.7	37.2	42.7	83.7	A
#54	50	300	15,000	12.4	49.6	5.1	88.8	B
#62	45	350	15,750	14.5	64.1	5.4	94.2	B
#65	30	150	4,500	6.2	70.3	1.5	95.7	C
#50	60	100	6,000	4.1	74.4	2.0	97.7	C
#24	20	200	4,000	8.3	82.7	1.4	99.1	C
#27	10	100	1,000	4.1	86.8	0.3	99.4	C
#35	5	150	750	6.2	93.0	0.3	99.7	C
#29	5	90	450	3.7	96.7	0.2	99.9	C
#20	4	80	320	3.3	100.0	0.2	100.0	C
합계		2,420	292,770	110.1		100.0		

연습문제

1. 재고관련비용을 분류하고 각 비용간의 관계를 설명하시오.
2. 독립수요와 종속수요를 특징짓는 세 가지 관점을 비교하시오.
3. 정기관찰시스템과 연속관찰시스템을 비교하시오.
4. 기초재고시스템과 JIT 시스템을 연관지어 보시오.
5. 안전재고와 서비스 수준의 관계를 기술하시오.
6. 두 가지 수량할인정책을 기술하시오.
7. 특정 상품에 대한 기간 중 수요분포는 아래와 같다. 현재 재고로 수요를 만족시킨다고 하며 현재의 재고량은 4개이다.
   1) 판매량의 기대치를 구하시오.
   2) 판매하지 못하는 수량의 기대치를 구하시오.

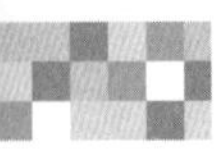

수요	1	2	3	4	5
확률	0.1	0.2	0.3	0.3	0.1

8. 베루누이 시행의 확률변수 X의 기대치와 분산을 유도하시오.

9. 제품의 연간 수요가 1,000단위, 일회 주문비용은 5,000원, 단위당 연간 재고유지비용은 1,000원이다. 주어진 제품의 단가는 12,500, 조달기간은 5일이다. 1년을 365일로 하자.
   1) 주문량에 대한 함수로서 총비용함수를 식으로 표시하시오.
   2) 경제적 주문량을 구하시오.
   3) 재주문점을 구하시오.
   4) 최적 주문횟수를 구하시오.
   5) 최적 주문주기를 구하시오.

10. 어느 회사의 제품A에 대한 연간 수요는 20,000단위, 생산율은 연간 40,000단위, 1회 가동준비비용은 10,000원, 1단위의 연간 재고유지비용은 800원이다.
   1) 생산량에 대한 함수로서 총비용함수를 식으로 표시하시오.
   2) 경제적 생산량을 구하시오.
   3) 최대 재고수준을 구하시오.
   4) 최적 생산횟수를 구하시오.
   5) 최적 생산주기를 구하시오.

11. H 전자회사에서의 전자계산기의 한 부품인 플라스틱케이스의 하루 수요는 500개이며 생산량은 1,000이다. H 전자회사는 1년에 250일 작업을 하고 재고유지비용은 단위당 하루 5원, 가동준비비용은 1회 800원이다.
   1) 경제적 생산량을 구하시오.
   2) 연간(250일) 총재고관련비용을 구하시오.
   3) 최대 재고수준을 구하시오.
   4) 생산주기를 구하시오.
   5) 생산주기 중 생산기간을 구하시오.

12. 다가오는 크리스마스를 맞이하여 어느 상인은 크리스마스트리를 판매하려 한다. 과거의 경험에 의한 수요의 확률분포는 다음과 같다. 이 상인은 나무 한 그루의 구입가격은 20,000원, 판매가격은 40,000원, 크리스마스까지 팔지 못한 경우 소요되는 처분비용은 5,000이다.

수요량	10	11	12	13	14	15
확률	0.1	0.2	0.2	0.3	0.1	0.1

1) 수요의 기대치를 구하시오.
2) 최적 주문량을 구하시오.
3) 판매량의 기대치를 구하시오.

13. 신문팔이소년이 판매하는 매일매일 수요의 확률분포는 다음과 같다.

수량	100	110	120	130	140	150
확률	0.1	0.15	0.3	0.2	0.15	0.1

신문팔이소년은 신문을 매당 100원에 구입하여 200원에 판매하며 팔리지 않은 신문은 신문사로부터 50원을 환불받는다. 신문팔이소년이 주문하여야 할 하루의 최적 신문매수를 구하시오.

14. 어느 상인이 크리스마스용 소나무를 판매하려고 한다. 과거의 경험에 근거를 둔 수요의 확률분포는 다음과 같다. 한 그루당 구입가격은 100원이며 판매가격은 200원이며 팔리지 않은 나무들은 처분하는 데 50원의 비용이 든다.
1) 주문량이 51이라 할 때 기대이익을 구하시오.
2) 최적 주문량을 구하시오.

수요량	50	51	52	53
확률	0.2	0.3	0.2	0.3

15. H베이커리에서는 아침식사용 케이크를 구어 판매하는데 매일매일의 수요는 평균이 100단위, 표준편차가 30단위인 정규분포를 갖는다. 케이크의 제조원가는 1,000원, 판매가는 2,000원, 오전 10시까지 판매되지 않은 케이크는 할인 코너에 배치되어 500원에 판매된다. 매일 아침 만들어야 할 케이크의 최적 수량을 구하시오.

16. 어느 상품의 상품인도기간 동안 수요는 평균이 1,000, 표준편차가 100인 정규분포를 갖는다. 회사에서는 90%의 서비스 수준을 유지하고자 한다.
1) 재주문점을 구하시오.
2) 안전재고량을 구하시오.

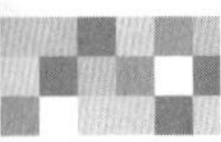

17. 어느 제품의 조달기간 중 수요는 평균이 20개이며 표준편차가 10인 정규분포를 이룬다. 재고부족확률을 5%로 하고 싶을 때의 재주문점을 구하시오.

18. 재고품목들에 대한 제품단가와 연간 수요량이 다음과 같다. ABC 재고분류법에 의하여 재고품목을 분류하시오.

제품	1	2	3	4	5	6	7
단가	300	700	50	20	100	60	500
수요량	400	800	80	30	600	100	300

제 13 장

자재소요계획

1. MRP 입력자료
2. MRP 운영절차
3. MRP 활용
4. MRP 확장

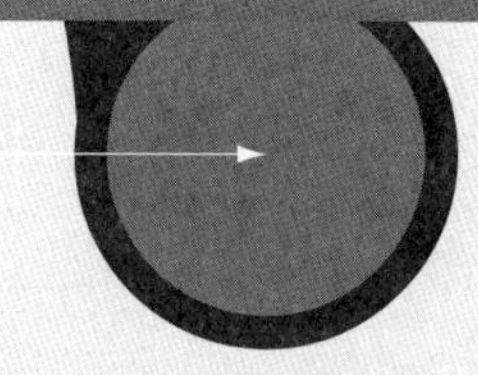

전장에서 기술된 바와 같이 독립수요를 갖는 최종제품의 수요는 고객의 주문과 수요예측에 의하여 결정되나 최종제품의 제조에 소요되는 원자재, 부품, 부분품 등과 같이 종속수요를 갖는 하위품목들의 수요는 상위품목인 최종제품의 생산계획에 의하여 결정된다. 최종제품의 수요는 대개 연속적으로 가정되나 실제로는 대부분 일정량의 로트크기로 제조되며, 주어진 로트를 생산하는 데 필요한 하위품목들은 특정시점에 재고에서 필요한 양만큼 일괄적으로 인출되어 이산적이며 덩어리로 소요된다. 따라서 제12장에서 기술된 독립수요의 재고관리와는 다른 재고관리가 요구되는데 자재소요계획(MRP)은 제조시스템에 있어서 이러한 종속수요품목의 재고관리를 위한 재고관리기법이다. MRP는 필요로 하는 하위품목을 필요한 때에 필요한 양만큼 조달하는 것을 목적으로 생산일정이 단축된다든지 새로운 주문이나 주문이 취소되는 경우 등 상황변화에도 쉽게 하위품목의 조달계획을 수정할 수 있는 종속수요를 갖는 하위품목의 일정계획 및 재고통제기법이다.

MRP는 컴퓨터에 기초한 재고관리기법이다. 제조시스템에 최종제품의 수가 다양하고 이에 종속되는 하위품목의 수 또한 다양한 경우에는 수작업에 의하여 다양한 하위품목들의 소요량과 소요시기를 결정하는 것은 불가능하며 결과적으로 MRP를 수행하기 위해서는 컴퓨터의 적용이 필수적이다. 그러므로 MRP는 제조시스템에 있어서 컴퓨터의 활용을 전제로 한 재고관리기법이다.

1 MRP 입력자료

MRP를 수행하는 데 요구되는 3대 입력자료는 주 일정계획(MPS), 제품구조철(product structure recoreds), 재고현황철(inventory status records)이다. MPS는 생산되어야 할 모든 최종제품들의 생산계획으로 생산시기와 생산량을 나타낸다. 제품구조철은 최종제품을 구성하는 모든 원자재, 부품, 구성품, 부분품들에 대한 단계별 소요량을 표시한다. 재고현황철은 모든 품목들에 대한 조달기간, 재고량, 기주문량 등의 정보를 제공하고 수불현황에 따라 현재고량이 갱신된다. 이를 좀더 자세히 설명하면 다음과 같다.

1. 주 일정계획

최종제품에 대한 수요예측과 고객의 주문량에 기초하여 생산능력, 생산계획전략변수 등을 고려하여 총괄생산계획과 제품별 주 일정계획(MPS)이 수립된다. MRP는 최종제품에 대한 MPS에 근거하여 각각의 하위품목에 대한 소요계획을 수립한다.

2. 제품구조철

제품구조철은 자재명세서(BOM ; bill of materials)로도 불리는데 최종제품의 제조에 소요되는 하위품목들의 구성과 소요량을 나타낸다. 그림 13.1은 최종제품 A에 대한 제품구조나무를, 표 13.1은 동일 제품에 대한 BOM를 나타낸 것이다. 그림 13.1에 있어서 품목코드 옆 괄호 안의 숫자는 상위품목 1단위에 대한 소요량을 표시한다.

그림 13.1 제품 A의 제품구조나무

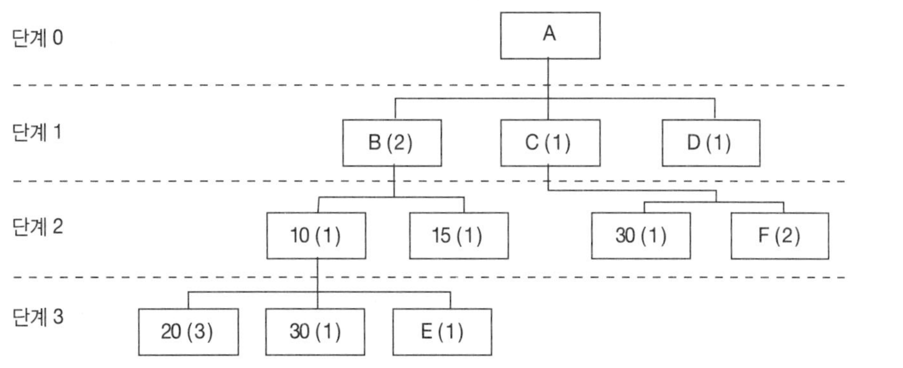

그림 13.1 또는 표 13.1로부터 제품 A 1단위는 품목 B 2단위, 품목 C 1단위, 품목 D 1단위로 만들어진다. 품목 B 1단위는 품목 10 1단위와 품목 15 1단위로 만들어지며, 품목 10은 품목 20 3단위, 품목 30 1단위, 품목 E 1단위로 만들어진다. 또한 품목 C 1단위는 품목 30 1단위, 품목 F 2단위로 만들어진다. 그러므로 제품 A를 1단위 제조하기 위해서는 품목 C, 품목 D가 각 1단위, 품목 B, 품목 10, 품목 15, 품목 E, 품목 F가 각 2단위, 품목 30이 3단위, 품목 20이 6단위 소요된다.

1) 모듈러 자재명세서

최종제품이 많은 선택사양에 의하여 다양하게 제시되는 경우가 있다. 승용차의 경우 엔진, 전동장치, 차체, 칼라, 실내장식, 타이어 등에 있어서 다양하게 제공될 수 있다. 만약 제공되는 사양이 10종류의 엔진, 30종류의 색상, 4종류의 차체, 그리고 2종류의 내부장식으로 이루어진다고 하면 $10 \times 30 \times 4 \times 2 = 2,400$종류의 모델이

표 13.1 제품 A의 BOM

품목코드 / 품목명	단계				소요량	비고
	0	1	2	3		
	A					
		B			2	
			10		1	
				20	3	
				30	1	
				E	1	
			15		1	
		C			1	
			30		1	
			F		2	
		D			1	

존재하게 되며 2,400개에 달하는 자재명세서가 필요하게 된다. 이렇게 최종제품의 종류가 매우 다양하게 제시되는 경우에는 최종제품에 대한 BOM을 작성하고 MPS를 수립하고 MRP를 실행하기는 불가능하다. 그러므로 이러한 경우에는 주 부분품에 대한 수요를 예측하고 MPS를 수립하고 BOM을 작성하며 MRP를 수행하는 것이 훨씬 용이하다. 앞의 예를 보면 2,400종류의 최종제품 대신 주 부분품인 엔진, 색상, 차체, 내부 장식에 대하여 이를 적용함으로써 10 + 30 + 4 + 2 = 46종류의 주 부분품에 대하여 재고관리가 수행된다. 이렇게 주 부분품에 대하여 작성된 BOM을 모듈러(modular) BOM이라 한다.

2) 저단계 코딩

저단계 코딩(low level coding) 방식은 하나의 품목이 제품구조의 여러 단계에 포함되는 경우 그중 가장 낮은 단계로 모두 통일시키는 방법으로 하나의 품목은 오직 한 번만 소요량이 계산되도록 하는 방법이다. 예를 들어 그림 13.1의 제품 A의 제품구조나무에 있어서 코드번호 30인 품목은 제품 A를 1단위 제조하는데 단계 2에서 1단위가 필요하고 단계 3에서 2단위가 필요하다. 그러므로 그림 13.1의 제품구조나무를 저단계 코딩방식으로 표시하면 그림 13.2와 같이 표시될 수 있다.

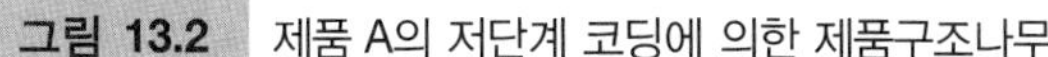

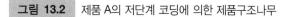

그림 13.2 제품 A의 저단계 코딩에 의한 제품구조나무

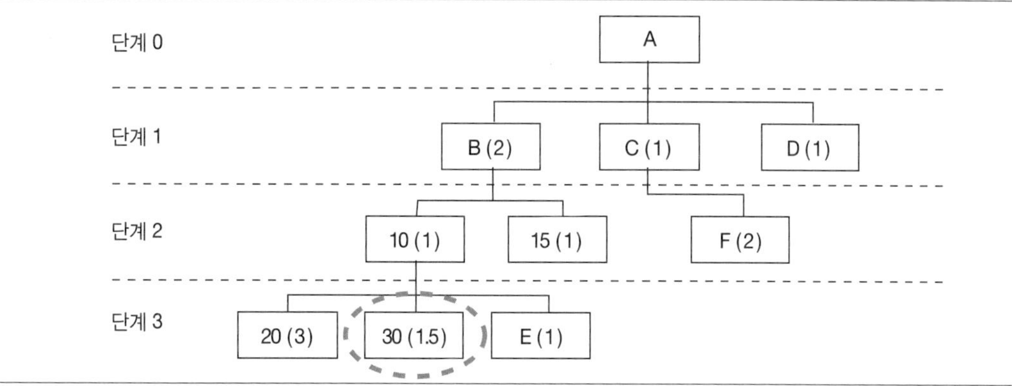

3. 재고현황철

재고현황철에는 재고품목에 대한 조달기간(생산 소요시간의 의미도 포함함), 로트크기, 안전재고 등에 대한 정보와 기간별 소요량, 수취량, 발주량, 주문진전상황, 지체에 대한 조치 등의 내용이 기재되고 재고의 보충과 인출이 정리 · 갱신되어 현 재고에 대한 상태가 제시된다. 표 13.2는 재고현황철의 한 예이다.

표 13.2 재고현황철의 예

품명	단계	조달기간	로트크기	안전재고	현재고	기타	
K	2	3주	100	0	200		
구분		기간					
		1	2	3	4	5	6
총소요량							
예정된 수취량							
현재고량							
순요량							
계획된 수취량							
계획된 발주량							

2 MRP 운영절차

MRP 운영의 기본내용은 간단하다. MRP의 운영을 개략적으로 기술하면 최종제품의 주 일정계획에서 주어진 최종제품의 소요량, 소요시기, 제품구조에 의하여 하위품목의 소요량이 결정되며 제품구조의 상위단계로부터 하위단계 순으로 조달기간을 차감함으로써 다음 하위단계품목의 소요량과 소요시점을 산정해 가는 방법이다. 이의 전반적인 개요를 예를 들어 설명하기로 한다. 그림 13.3과 같은 제품구조나무를 갖는 제품 A가 있다. 여기에서 LT는 조달기간을 표시한다.

그림 13.3 제품 A의 제품구조나무

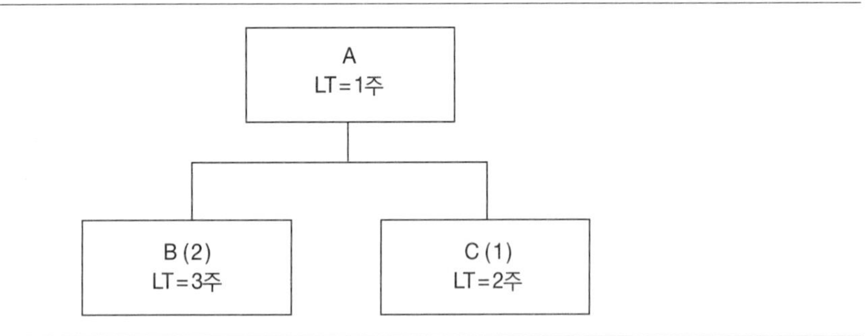

이제 제5주에 제품 A에 대한 주 일정계획이 100단위라고 하자. 제품 A의 조달기간은 1주이므로 제5주에서 조달기간 1주를 차감하여 제품 A는 제4주에 생산이 시작되어야 한다. 제품 A 1단위에는 그 하위단계에서 품목 B가 2단위, 품목 C가 1단위 필요하므로 제4주에 품목 B는 200단위, 품목 C는 100단위가 존재해야 한다. 이제 품목 B의 조달기간은 3주, 품목 C의 조달기간은 2주이므로 제4주에서 조달기간을 차감하여 품목 B는 제1주에 200단위, 품목 C는 제2주에 100단위가 발주되어야 한다.

MRP의 운영에는 순소요량을 발주하는 방법(lot for lot ordering)과 주어진 일정한 로트크기 Q의 배수로 발주하는 방법(lot size ordering)이 있다. 예를 들면 만약 로트크기가 100단위로 주어져 있는 경우에 순소요량이 120단위이면 200단위

표 13.3 제품 A의 MRP 계획

품목	조달기간	구분	기간(주)				
			1	2	3	4	5
A	1주	순소요량					100
		발주량				100	
B	3주	순소요량				200	100 × 2
		발주량	200				100 × 1
C	2주	순소요량				100	
		발주량		100			

가 발주되나 순소요량이 발주되는 경우에는 120단위만 발주된다. 순소요량이 발주되는 경우에는 로트크기가 1인 경우와 동일하다. 로트크기가 설정된 경우에는 순소요량이 발주되는 경우와 비교하여 재고유지비용은 증가하고 주문비용은 감소한다.

MRP의 기본절차를 설명하기 위하여 특정품목에 대하여 다음을 정의하기로 한다.

> $G(t)$: 기간 t의 총소요량
> $s(t)$: 기간 t의 예정된 수취량, 즉 주어진 계획기간 이전에 발주되어 계획기간 중의 기간 t에 수취되는 양
> $H(t)$: 기간 t에서 기간 $t+1$로 이월되는 재고량
> $N(t)$: 기간 t의 순소요량
> $p(t)$: 기간 t의 계획된 수취량, 즉 계획기간 중에 발주되어 수취되는 양
> $R(t)$: 기간 t의 발주량
> LT : 조달기간
> T : 계획기간을 구성하는 마지막 단위기간

MRP 운영절차는 다음과 같이 요약될 수 있다.

① **단계 1 :** $n=0$. 이는 가장 상위품목을 의미한다. 주어진 품목에 대한 총소요량을 산정한다. 총소요량의 산정은 최종제품은 주 일정계획으로부터, 하위품목은 주어진 품목의 상위품목으로부터 산정된다.

② **단계 2 :** $t=1$. MRP 계획기간을 구성하는 첫 번째 단위기간을 의미한다. 기

간 t의 순소요량 $N(t)$ 또는 기간 $t+1$로 이월되는 재고량 $H(t)$를 산정한다. 순소요량 $N(t)$는 총소요량 $G(t)$에서 예정된 수취량 $s(t)$와 전기간으로부터 이월되는 재고량 $H(t-1)$을 감하여 얻는다. 위의 계산결과가 0보다 작은 경우에는 순소요량 $N(t)$는 0이 되며 재고량 $H(t)$를 산정한다. 재고량 $H(t)$는 전 기간으로부터 이월된 재고량 $H(t-1)$에 예정된 수취량 $s(t)$를 더한 값에 총소요량 $G(t)$를 감하여 산정한다.

$$N(t) = G(t) - s(t) - H(t-1)$$
$$\text{만약 } N(t) \le 0 \text{이면 } N(t) = 0,\ H(t) = H(t-1) + s(t) - G(t) \quad (13.1)$$

③ **단계 3 :** 계획된 수취량 $p(t)$를 파악한다. 순소요량 $N(t)$가 발주되는 경우에는 계획된 수취량 $p(t)$는 순소요량과 동일하다.

$$p(t) = N(t) \quad (13.2)$$

로트크기 Q의 배수로 발주되는 경우에는 위의 수정이 필요하다.

$$nQ < N(t) \le (n+1)Q \text{이면 } p(t) = (n+1)Q \ (n = 1, 2, 3, \cdots) \quad (13.3)$$

$t < T$이면 $t = t+1$로 하여 단계 2로 간다.

④ **단계 4 :** MRP 계획기간의 모든 단위기간에 대하여 위의 절차가 완료되면 계획된 수취시점에서 조달기간을 차감하여 발주시점(주문시점이나 생산개시시점)과 발주량을 결정한다.

$$R(t - LT) = p(t) \quad (13.4)$$

모든 품목이 완료되지 않았으면 $n = n + 1$로 하여 단계 1로 간다. 최하위품목까지, 즉 모든 품목에 적용되었으면 반복적 관계를 종료한다.

예를 들어 보자. 제품 A는 그림 13.4와 같은 제품구조나무를 가지고 있다.

제품 A의 MRP 계획기간은 7주로 구성되며 계획기간에 대한 MPS는 표 13.4와 같다.

제품 A와 모든 하위품목의 계획기간 초 보유되는 재고와 기간별 예정된 수취량

그림 13.4 제품 A의 제품구조나무

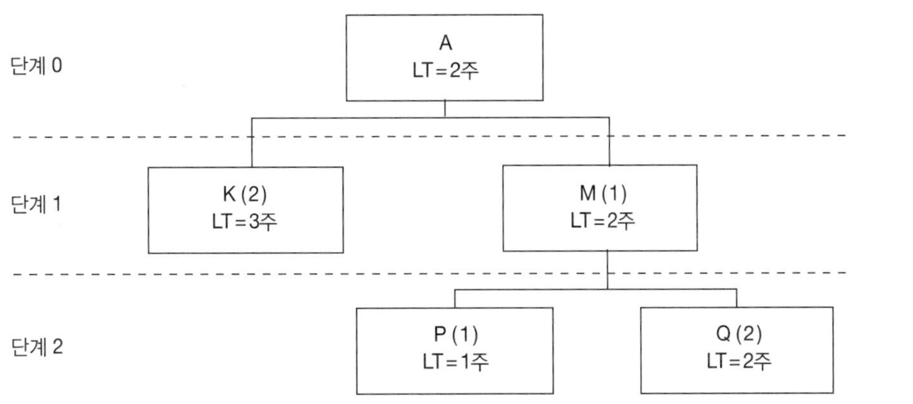

표 13.4 제품 A의 MPS

제품	1	2	3	4	5	6	7
A	10	50	10	10	20	100	50

은 표 13.5와 같다.

로트크기가 1인 경우, 즉 순소요량만큼 발주하는 경우 표 13.6을 완성하여 MRP 계획을 수립하여 보자.

3 MRP 활용

MRP는 최종제품을 생산하기 위하여 요구되는 모든 품목들의 발주량과 발주시점을 제공한다. 주어진 MRP 발주계획은 능력계획과 비교되어 실행가능성이 점검되며 능력이 초과되어 실행가능성이 없는 경우에는 새로운 능력계획이 수립되거나 주 일정계획이 수정되고 결과적으로 새로운 MRP 계획이 수립되는 과정을 거친다. MRP에서 제공되는 발주시점과 발주량은 각 작업장에서 작업우선순위를 결정하는데 매우 유용하게 이용될 수 있을 뿐만 아니라 컴퓨터에 의한 MRP 계획은 미래의 불확실성에 쉽게 대응할 수 있어 예기치 못한 새로운 주문이나 주문취소, 납기변

표 13.5 제품 A의 MRP 기본자료

품목	구분	기초 재고량	기간(주)						
			1	2	3	4	5	6	7
A	총소요량		10	50	10	10	20	100	50
	예정된 수취량		20	40	10				
	현재고량	80							
	순소요량								
	계획된 수취량								
	계획된 발주량								
K	총소요량								
	예정된 수취량		20	10					
	현재고량	50							
	순소요량								
	계획된 수취량								
	계획된 발주량								
M	총소요량								
	예정된 수취량		20						
	현재고량	20							
	순소요량								
	계획된 수취량								
	계획된 발주량								
P	총소요량								
	예정된 수취량								
	현재고량	10							
	순소요량								
	계획된 수취량								
	계획된 발주량								
Q	총소요량								
	예정된 수취량								
	현재고량	20							
	순소요량								
	계획된 수취량								
	계획된 발주량								

표 13.6 제품 A의 MRP 계획

품목	구분	기초 재고량	1	2	3	4	5	6	7
A	총소요량		10	50	10	10	20	100	50
	예정된 수취량		20	40	10				
	현재고량	80	90	80	80	70	50		
	순소요량							50	50
	계획된 수취량							50	50
	계획된 발주량					50	50		
K	총소요량				50 × 2	100	100	50 × 2	
	예정된 수취량		20	10					
	현재고량	50	70	80	80		50 × 1	50 × 1	
	순소요량					20	100		
	계획된 수취량					20	100		
	계획된 발주량		20	100					
M	총소요량					50	50		
	예정된 수취량		20						
	현재고량	20	40	40	40				
	순소요량					10	50		
	계획된 수취량					10	50		
	계획된 발주량			10	50				
P	총소요량			10	10 × 1 50	50 × 1			
	예정된 수취량								
	현재고량	10	10	0	10 × 2	50 × 2			
	순소요량				50				
	계획된 수취량				50				
	계획된 발주량			50					
Q	총소요량			20	100				
	예정된 수취량								
	현재고량	20	20						
	순소요량			0	100				
	계획된 수취량				100				
	계획된 발주량		100						

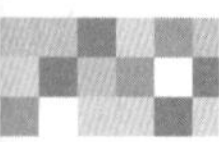

그림 13.5 고정량 재주문 시스템의 재고수준

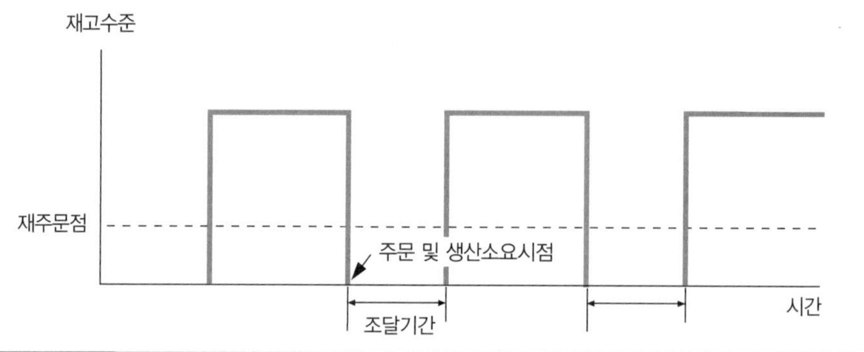

그림 13.6 MRP 시스템의 재고수준

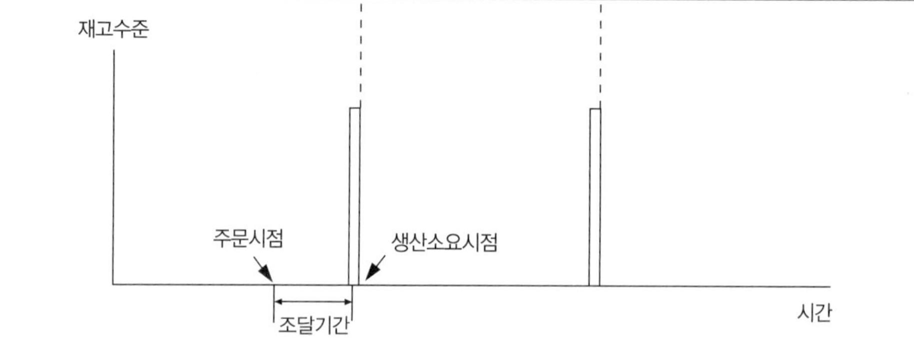

경, 주문독촉 등의 경우에 조속한 재계획이 가능하다.

MRP의 적용은 현저한 재고감소를 가져온다. 그림 13.5는 재주문점을 기준으로 한 고정량 재주문 시스템에 있어서 하위품목의 재고수준을, 그림 13.6은 MRP에서의 하위품목의 재고수준을 도표로 표시한 것이다.

MRP에 의한 재고관리에 있어서는 신뢰할 수 있는 공급자가 필수조건이 되며 이러한 경우에는 하위품목에 대한 안전재고를 유지하지 않는 것이 기본원칙이라 할 수 있다. 안전재고는 독립수요인 최종품목에만 유지시킴으로써 미래의 불확실성에 대비할 수 있으며 각 하위품목에 있어서의 변이는 MRP의 효과적인 생산통제, 조속한 재계획능력에 의하여 보완되어야 한다.

MRP 시스템은 제조기업에 적합한 일정계획 및 재고관리기법으로 MPS를 지원

하는 제조지향적 재고관리시스템이다. 반면 EOQ 모형 등의 독립수요의 재고관리 시스템은 낮은 비용으로 높은 고객서비스 수준을 목적으로 하는 고객지향적 재고관리시스템으로 비교될 수 있다.

4 MRP 확장

MRP는 컴퓨터에 기초하여 종속수요의 소요량과 소요시간, 주문의 독촉 · 취소 · 지연 등을 효율적으로 계획하는 자재수급 관리시스템이다. 그러나 MRP에 의하여 수립된 계획을 실행하기 위해서는 생산능력에 대한 검토가 필요하며 능력이 초과되는 경우에는 MPS나 생산능력계획의 수정이 불가피하다. MRP는 MRP 계획과 생산능력을 비교하여 이를 재계획하고 통제할 수 있는 정보를 제공할 수 있도록 확장될 수 있으며 더 나아가 재고관리를 위한 MRP 계획은 생산관리의 영역에서 뿐만 아니라 마케팅, 재무, 회계, 엔지니어링 등과 관련되어 기업 내의 모든 부서에서 현금, 인력, 기계 설비, 자본재 등 모든 제조자원을 계획하고 통제하는 데 기본정보로 공유되고 활용될 수 있다.

이러한 관점에서 MRP가 확장되어 실제업무에 활용될 수 있도록 컴퓨터화된 다양한 시스템이 개발되어 이용되고 있다. MRP 다음 단계로 언급된 기능을 포괄하는 시스템으로는 Hewlett Packard의 MRP Ⅱ와 IBM의 COPICS(communications oriented production information and control system)을 들 수 있다. MRP Ⅱ는 자재관리, 제조관리, 구매 · 판매관리, 생산비용관리, 총계정원장, 외상매출금, 외상매입금의 8개 모듈로 구성되어 다양한 경영정보가 이러한 모듈을 기본단위로 하여 제공되어 제조자원을 관리한다. 이러한 시스템은 통합업무처리시스템인 ERP로 확장되어 표준업무프로세스와 호환성의 기반 위에 정보기술을 이용하여 기업 내 인사, 생산, 마케팅, 영업, 재무 · 회계, 경영정보 모든 기능의 정보, 자원, 자금을 통합하여 실시간으로 전사적 자원을 관리한다.

연습문제

1. MRP 적용을 위한 세 가지 입력자료를 설명하시오.
2. MRP Ⅱ에 대하여 약술하시오.
3. ERP의 기능을 적으시오.
4. MRP와 JIT의 차이점을 정리하시오.
5. 다음을 간략히 기술하시오.
   1) 모듈러 BOM
   2) 저단계 코딩
6. MRP의 성공요인을 기술하시오.
7. 조달기간이 하루인 특정부품은 순소요량으로 발주하며 다음과 같은 자료를 갖는다. 빈칸을 채우시오.

기간(일) / 구분	기초 재고	1	2	3	4	5	6
총소요량		5	15	24	12	1	4
예정된 수취량		15					
순소요량							
계획된 수취량							
기말재고량	20						
주문량							

8. 특정제품 A를 1단위 생산하는 데는 부품 B가 2단위 소요된다. 제품 A의 생산소요기간은 1주이며 4주에 200단위, 5주에 300단위가 요구된다. 부품 B의 조달기간은 2주이다. 다음 MRP 계획을 수립하시오. 제품 A는 로트크기 100단위로 생산되며 부품 B는 로트크기 150단위로 조달된다.

품목	구분	기초 재고	기간(주)				
			1	2	3	4	5
A	총소요량					200	300
	예정된 수취량		100				
	현재고량	200					
	순소요량						
	계획된 수취량						
	계획된 발주량						
B	총소요량		100	100			
	예정된 수취량						
	현재고량	100					
	순소요량						
	계획된 수취량						
	계획된 발주량						

9. 제품 D의 제품구조나무는 다음과 같다. ( ) 안의 숫자는 부품의 소요개수, LT는 조달기간을 의미한다. 로트크기는 1단위이다.

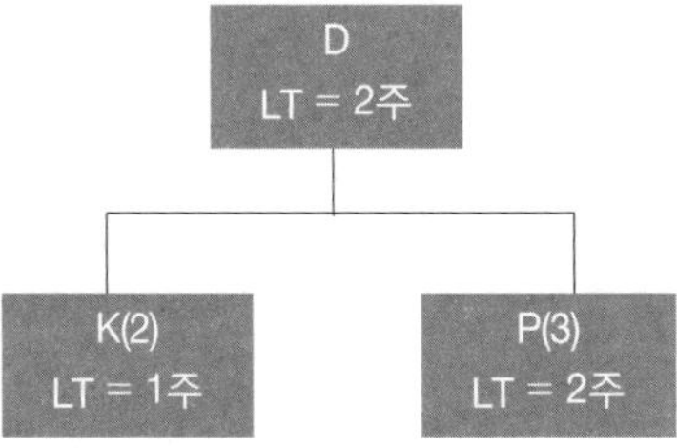

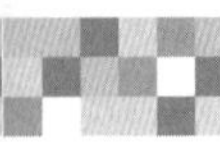

다음에 의하여 MRP 계획을 완성하시오.

품목	구분	기초 재고량	기간(주)					
			1	2	3	4	5	6
A	총소요량		20	40	60	50	80	80
	예정된 수취량		30	10	40			
	현재고량	100						
	순소요량							
	계획된 수취량							
	계획된 발주량							
K	총소요량							
	예정된 수취량		40	20				
	현재고량	40						
	순소요량							
	계획된 수취량							
	계획된 발주량							
M	총소요량							
	예정된 수취량		100	80				
	현재고량	100						
	순소요량							
	계획된 수취량							
	계획된 발주량							

제 14 장

품질관리

1. 품질의 정의
2. 품질관리의 역사
3. 품질비용
4. 품질분석 기본기법
5. 통계적 품질관리
6. 표본검사법
7. 관리도

고객은 품질과 가격에 의하여 제품이나 서비스를 구입한다. 품질은 제품이나 서비스의 중요한 경쟁 수단으로 기업의 성패를 결정짓는 요인이 된다. 정치, 경제, 사회, 문화 모든 영역에서 개인 중심의 사이버커뮤니티가 확대되어 인간의 욕구는 정신적 · 심리적으로 고급화되었고 수요는 개별적 · 선택적이 되었다. 경제활동의 범위는 전국적 · 세계적으로 확대되고 글로벌 경쟁력이 요구되어 품질의 중요성은 더욱 증대되고 있다. 품질은 제품이나 서비스가 고객의 수요를 만족시키는 능력으로서 과거의 공급자 위주의 생산 중심적인 품질의 개념은 고객 중심의 전사적인 품질의 개념으로 확대되었다. 지금까지도 품질문제는 경영자의 가장 큰 관심의 대상으로서 기업과 국가의 장기적 생존을 위한 필수불가결의 요소가 되고 있다.

1 품질의 정의

품질의 정의는 매우 다양하다. 품질은 제품이나 서비스에 포함되어 있는 속성의 총체적 표현으로 소비자의 측면에서는 사용에 대한 적합도(fitness to use)로, 제조 측면에서는 설계와의 일치성으로, 비용 측면에서는 가격대비우수성 등으로 관점에 따라 정의될 수 있다. 그러나 요구되는 품질이 최상의 절대적인 품질이 아니고 소비자의 관점에서 소비자의 요구를 만족시키는 정도를 나타내는 상대적인 품질이기 때문에 제품의 품질은 구매행위의 주체인 소비자의 관점에서 사용의 적합성으로 정의하는 것이 가장 타당하다고 할 수 있다. 그러므로 품질에 대한 개념은 고객에 따라 다르며 또한 시간이 경과됨에 따라 변한다.

품질의 개념을 좀더 명확히 하기 위해서 품질순환과정을 살펴보자. 마케팅 부서가 시장조사를 통하여 고객의 요구를 수집 · 파악하면 엔지니어링 부서는 제품 설계 과정을 통하여 고객의 요구를 품질 특성으로 반영한다. 생산 부서는 제품 규격에 부합하도록 제품을 생산하고, 품질 부서는 품질을 통제하게 된다. 생산된 제품은 고객에 의하여 품질에 대한 평가가 내려지며 이는 다시 시장조사를 통하여 마케팅 부서로 순환된다. 그러므로 품질은 품질순환과정에 기초하여 다음과 같이 정의될 수 있다.

① **설계품질(quality of product design) :** 설계품질은 제품의 설계단계에서 결정되는 기본골격으로 시장조사, 경제성, 기술수준, 제조능력 등을 고려하여 마

케팅 부서와 생산 부서의 지원을 받아 설계 부서 또는 엔지니어링 부서에서 담당한다. 그러므로 설계품질은 제품설계에서 결정되는 계획품질로서 강도, 중량, 점도 등의 기술적인 특성, 기능, 성능, 디자인, 신뢰성 등에 의하여 구체화된다.

② **제조품질(quality of output)** : 생산된 제품이 설계품질에 어느 정도 일치하는가를 나타내는 척도로서 적합품질이라고도 한다. 제품설계에 의하여 결정된 설계품질은 제조공정의 기술적 능력, 공정통제, 기계설비의 상태, 품질향상을 위한 노력 등 제반 제조여건에 의하여 산출되는 제조품질과 차이가 존재한다. 제조품질은 생산 부서의 제품생산과정에 의하여 결정된다.

③ **사용품질(quality of use)** : 소비자 입장에서 정의되는 품질개념으로 사용에 대한 적합성 또는 소비자의 선호에 대한 적합성이라 정의할 수 있다. 사용품질은 설계품질과 제조품질의 결과로서 복합적 제품의 속성에 의하며 소비자에 의하여 결정된다. 사용품질은 매출액 증가, 반품비율 등에 의하여 간접적으로 평가될 수 있다.

그러므로 품질은 제품개발과정에서부터 관리되어야 한다. 특히 제품설계나 공정설계과정을 통하여 품질을 관리하는 것을 오프라인 품질관리(off-line quality control)라고 하고 제조과정에서 공정통제를 통하여 품질을 관리하는 것을 온라인 품질관리(on-line quality control)라고 한다. 통계적 품질관리(statistical quality control)는 온라인 품질관리의 주요기법이다.

2 품질관리의 역사

품질을 관리하는 일은 생산활동과 그 역사를 같이하고 있다. 수공업에 의하여 제품이 생산되던 시절에는 작업자(operator)가 자신이 만드는 제품의 전 생산과정을 담당하고 제품의 품질도 관리할 수밖에 없었다.

산업혁명에 의하여 공장제 공업이 발달하면서 작업자는 생산과정의 일부만을 담당하게 되고 제품의 품질은 각 작업집단의 책임자, 즉 직장(foreman)이 담당하게

되었다.

20세기 초 생산조직의 규모가 증대되고 전문화됨에 따라 품질을 전담하는 검사자(inspector)와 부서가 생겼으며 품질검사의 결과는 생산관리자에게 보고되었다.

1920년대에는 통계적 품질관리의 개념이 도입되기 시작하였다. 1924년 벨연구소의 Shewhart는 공정통제를 위한 관리도(control chart)를 도입하였으며 그 후 Dodge와 Romig는 표본검사법(acceptance sampling)을 도입하였다. 이즈음 기업 내에서의 품질관리에 대한 중요성을 인식하기 시작하였으며 품질관리자가 생산관리자와 동등한 조직 내의 위치를 갖기 시작하였다.

1940년대에는 이러한 품질관리기법을 미국의 산업계에 실질적으로 적용하기 시작하였다. 제2차 세계대전을 즈음하여 대량으로 수요되는 각종 군수품의 품질통제를 위하여 미 정부는 통계적 표본검사법에 의한 군 표준품질규격(military standard)을 제정하였으며 전후 미국의 대학과 기업에서는 이를 연구개발하여 산업계에 보급, 활용하기 시작하였다. 이러한 미국의 품질관리기법은 1950년대 Deming에 의하여 일본으로 전파되었으며 일본은 이를 계승 · 발전시켜 일본 제조업의 경쟁력 증진에 결정적인 기여를 하게 된다.

1956년 Feigenbaum은 종전의 검사 위주의 품질관리에서 탈피하여 기업 내의 모든 부서의 참여와 유기적 노력으로 총체적 품질관리를 추구하여야 한다는 총괄적 품질관리(TQC ; total quality control)의 개념을 도입하였다. 이는 '만약 품질을 알고 싶다면 고객에게 물어 보라' 며 품질이 고객에 의하여 정의될 것을 강조하고 품질을 결점의 개념이 아닌 우수의 개념으로 정의하였다. 품질의 개념을 개개 부서에서 조직, 그리고 가치사슬 전체의 시스템 개념으로 확대하였으며 품질비용의 개념을 도입하여 예방비용, 교정비용, 검사비용의 상호관계를 정립하였다. 일본에서는 TQC 대신 전사적 품질관리(CQC ; companywide quality control)란 용어를 사용한다. 이러한 개념은 무결점(ZD ; zero defects)운동과 품질분임조(QC ; quality circle)의 실천적 관리모형으로 전개되기도 하였다.

ZD 운동은 1961년 미국 Martin사의 미사일 제조에 추구된 운동으로 결점이 없는 완전한 제품을 생산하자는 불량부품 근절운동이다. 이는 조직의 모든 구성원에게 동기부여와 참여, 인센티브를 제공함으로써 통제가능한 결점을 사전에 통제하는 것을 내용으로 하는 예방활동을 강조하고 이를 통하여 품질비용을 감소하자는 운동으

로 과거의 일정한 수준의 불량률을 인정하는 것에 정면으로 도전하는 개념이다. 품질 문제는 종업원의 동기부여로 해결될 수 있는 것보다는 더 복합적인 문제임에도 불구하고 실제적으로 Martin사는 이러한 무결점운동을 통하여 많은 효과를 볼 수 있었다.

QC는 부서나 작업장에서 근무하는 작업자로 구성된 소모임이다. 이는 작업자들에게 자료수집, 문제해결기법, 분석방법 등의 교육을 통한 자기개발과 동기를 부여하고 작업조건을 향상시키고 의사결정과정 참여를 통하여 성취감을 증진시킴으로써 생산성과 품질향상을 목적으로 한다. QC는 작업자의 자발적인 참여로 이루어지며 정기적인 모임을 통하여 원가, 품질, 생산성, 작업방법, 작업환경 등 제반 문제를 논의 분석하고 이의 해결책을 경영층에 제안한다.

1985년경 미국에서 총괄적 품질경영(TQM ; total quality management)이라는 새로운 품질운동이 제창되었다. TQM은 고객만족을 목표로 품질의 전략적 중요성이 강조되고 품질을 계획, 조직, 감독, 통제함에 있어서 전 종업원이 참여하여 지속적인 개선을 추구하고 체계적인 접근방법을 시도하는 제품책임을 전제로하는 품질보증개념의 품질경영방식이다. ISO 9000 시리즈는 1987년 ISO(International Standards Organization)에서 제창한 품질경영에 관한 국제규격으로 시장조사, 제품개발, 제품설계, 생산, 검사, 애프터서비스, 제품폐기 등 제품생산에 요구되는 모든 단계와 필요업무를 체계적으로 정리한 품질보증시스템이다. 그러므로 ISO 9000 시리즈의 인증을 획득함은 국제적으로 제품품질을 인정받았음을 의미한다. 재래의 품질관리는 공급자 중심으로 기업자체규정에 준하나 TQM은 고객중심의 전략적 품질경영방식으로 ISO 국제규격에 준한다. 고객 중심이란 고객이 요구하는 품질특성을 제품설계에 반영함을 의미한다.

이와는 별도로 ZD운동으로 처음 소개된 무결점의 개념은 1987년 Motorola에 의하여 6시그마라는 새로운 이름으로 소개된다. 6시그마는 무결점을 달성하고자 하는 프로세스능력을 목표로 기업활동을 설계하고 관리하여 수익성을 극적으로 향상시키고자 하는 비지니스 프로세스로 정의할 수 있다. 여기에서 시그마(σ)는 표준편차를 의미하여 6시그마는 통계적 용어로서 99.99966%이 양질의 품질로서 백만 개 중 결점수 3.4 즉 3.4ppm(parts per million)을 의미한다. 6시그마는 고객지향보다 기업의 수익성에 우선순위를 두며 품질이 좋아질수록 더 적은 비용이 소요된다는 고품질 저비용의 새로운 품질비용의 관계에 기반한다.

3 품질비용

품질비용은 품질과 관련되는 모든 비용으로 일반적으로 생산자를 중심으로 정의되며 품질의 설계, 평가, 품질의 결과로 발생되는 모든 비용을 포함한다. 품질비용은 통제비용(control cost)과 실패비용(failure cost)으로 구성된다.

1. 통제비용

통제비용은 불량을 제거하고 품질의 적합도를 높이기 위하여 발생하는 비용으로 예방비용(prevention cost)와 평가비용(appraisal cost)으로 분류된다.

1) 예방비용

예방비용은 품질계획 및 개선, 불량을 사전에 예방하는 활동에 소요되는 비용을 말한다. 품질정보수집, 품질설계 및 계획, 공정개선, 품질교육 및 훈련, 품질정보 체계확립 등의 활동과 관련되는 비용이 포함된다.

2) 평가비용

평가비용은 전 생산과정을 통하여 불량품을 가려내기 위한 활동과 관련되는 제 비용을 말한다. 불량품을 가려내는 활동으로는 수입검사, 공정검사, 완제품검사, 출하검사 등이 있으며 이와 관련된 비용과 더불어 품질감사에 소요되는 비용을 포함한다.

2. 실패비용

실패비용은 생산과정 중이나 생산된 제품이 일정한 품질수준에 미달되어 야기되는 결과로서 발생하는 비용으로 내적 실패비용(internal failure cost)과 외적 실패비용(external failure cost)으로 구분된다.

1) 내적 실패비용

내적 실패비용은 생산공정 및 제품이 고객에 인도되기 전에 품질수준을 충족시키

지 못하여 발생하는 비용을 말한다. 이러한 비용에는 불량분석, 재작업, 폐기, 등급 저하, 기계유휴 등과 관련되는 자재비, 노무비, 간접비가 포함된다.

2) 외적 실패비용

외적 실패비용은 제품이 고객에 인도된 후에 품질 불만족으로 야기되는 비용을 말한다. 애프터서비스 비용, 클레임, 제품회수, 제품책임에 따른 제 비용이 포함된다.

통제비용과 실패비용은 서로 대칭되는 개념으로, 통제비용이 증가하면 실패비용이 감소하는 경향을 갖는다. 일반적으로 통제비용 중 평가비용보다 예방비용이 더 많은 영향을 주는 것으로 알려져 있어 평가활동보다는 예방활동을 강화하는 것이 더 효과적으로 인식된다. 그림 14.1은 품질비용, 통제비용, 실패비용을 불량률, 즉 품질 적합도와의 관계로 도표로 표시한 것이다. 최적 품질수준은 품질비용이 최소가 되는 점에서 결정될 수 있다.

품질비용은 계속적으로 검토되어 줄여나가야 한다. 예방비용을 줄이기 위해서는 조직구성원 모두가 품질향상을 위하여 적극적으로 참여할 수 있는 동기부여가 중요하다. 실패비용은 공정의 초기 단계에서 품질문제를 발견하면 절감될 수 있다. 품질문제를 시정하기 위해서는 구매, 설계, 엔지니어링, 마케팅, 생산 전 과정을 통

그림 14.1 품질비용과 불량률

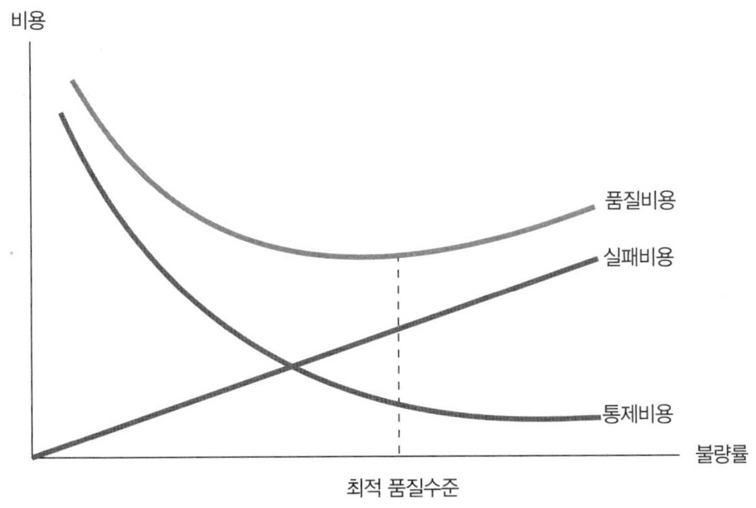

하여 그 원인이 분석되어야 한다.

4 품질분석 기본기법

품질을 관리하기 위해서는 제품과 공정으로부터 품질특성에 대한 자료를 수집하고 분석하는 작업이 필요하다. 품질특성에 대한 자료는 정량적 자료와 정성적 자료로 분류된다. 정성적 자료는 디자인, 맛, 촉감, 냄새, 분위기 등을 예로 들 수 있으며 정량적 자료는 무게, 길이, 강도, 양·불량 등 다양하다. 품질관리에 있어서는 정성적 자료보다 정량적 자료가 이용된다. 정량적 자료는 계량치(variable)와 계수치(attribute)로 구분된다. 계량치는 길이, 무게, 두께, 강도, 순도 등과 같이 측정하여 연속적 수치로 표현되는 것을 의미하며 계수치는 어느 특성이 연속적 수치로 측정되지 않고 적합·부적합, 양·불량으로 판정되는 경우를 의미한다. 그러므로 계수치는 불량품의 수, 불량률, 결점 수 등으로 표현될 수 있다.

여기에서는 이러한 자료를 수집하여 분석하는 데 기본적으로 적용되는 몇 가지 기법들을 소개하고자 한다.

1. 점검표

점검표(check sheet)는 공정으로부터 자료를 수집하는 가장 기본적인 방법이다. 점검표에 의하여 수집된 자료는 도수분포표, 파레토도, 관리도 등의 작성에 사용된다.

표 14.1 계수치 점검표의 예

결점종류	시간								합계
	9~10	10~11	11~12	13~14	14~15	15~16	16~17	17~18	
A	/	//		/		///		/	8
B	//		/	/	/		//		7
C		/	//	//			/		6
합계	3	3	3	4	1	3	4	1	

표 14.2 계량치 점검표의 예

시간	무게	시간	무게	시간	무게
9:38	12.5	12:01	12.0	15:25	12.2
10:42	11.9	12:25	12.4	16:40	12.3
10:59	12.3	14:10	12.2	16:52	12.1
11:41	12.1	14:42	12.7	17:20	12.0

무게	11.9	12.0	12.1	12.2	12.3	12.4	12.5	12.6	12.7
발생횟수	一	丅	丅	丅	丅	一	一		一

2. 도수분포표

도수분포표(histogram)는 계량치를 갖는 품질특성을 계급으로 구분하고 수집한 자료를 정리하여 각 계급에 대한 발생빈도수를 표시한 것이다. 도수분포표는 그 공정에서 생산되는 개별품목에 대한 일반적 특성에 관한 정보를 제공한다. 또한 규격상한과 규격하한을 설정하므로 주어진 공정이 설정된 규격한계를 유지시키는지 평가할 수 있다. 그러나 도수분포표는 시간적 요소를 고려하지 않는다.

그림 14.2 공정이 오른쪽으로 이동하는 경우의 도수분포표

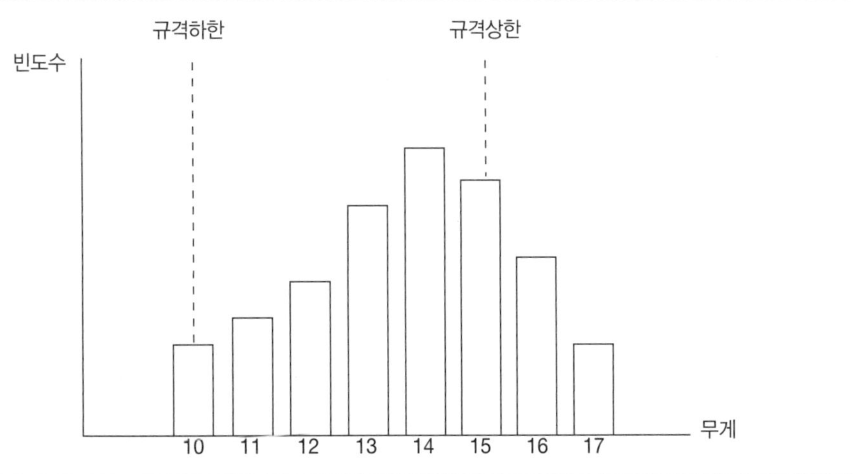

3. 런도

런도(run diagram)는 주어진 품질특성이 시간에 따라 변화하는 과정을 보여 주는 도표로서 작업자, 자재 등의 변화가 공정변동에 주는 영향을 평가하고 추세 등을 파악하기 위하여 사용된다.

그림 14.3 런도의 예

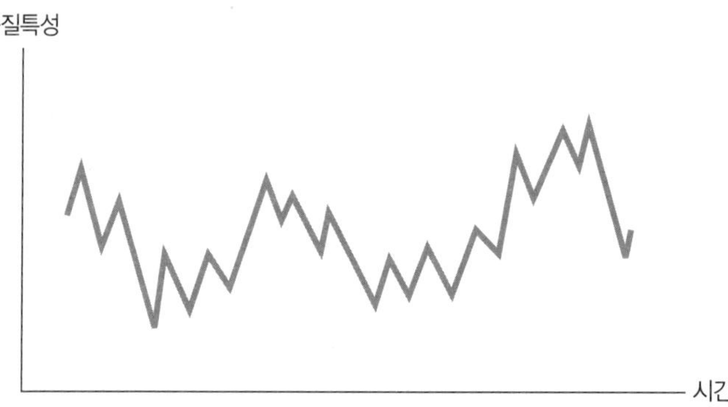

4. 파레토도

도수분포표가 계량치를 도표화함에 비하여 파레토도(pareto diagram)는 양 · 불량으로 표시되는 계수치를 발생빈도에 따라 순위를 주어 도표화한다. 이는 품질문제나 결점 중 불량의 비율이 높은 중요한 소수를 파악하여 제거하는 데 이용될 수 있다. 그림 14.4는 품질특성별 결점수를 파레토도로 표시한 것이다. 불량률의 85%는 품질특성 E와 C에 의함을 알 수 있다.

5. 인과분석도

인과분석도(cause and effect diagram)는 특성요인도라고도 불리는데 품질특성에 영향을 주는 여러 요인들을 도표로 표시한 것으로 품질특성을 개선하기 위하여 이러한 요인들을 평가하는 데 사용된다. 품질특성에 영향을 주는 주요 요인들은 크게 작업자, 기계설비, 방법, 재료, 환경으로 분류될 수 있으며 개선 대상인 품질문제는

그림 14.4 품질특성별 결점수의 파레토도

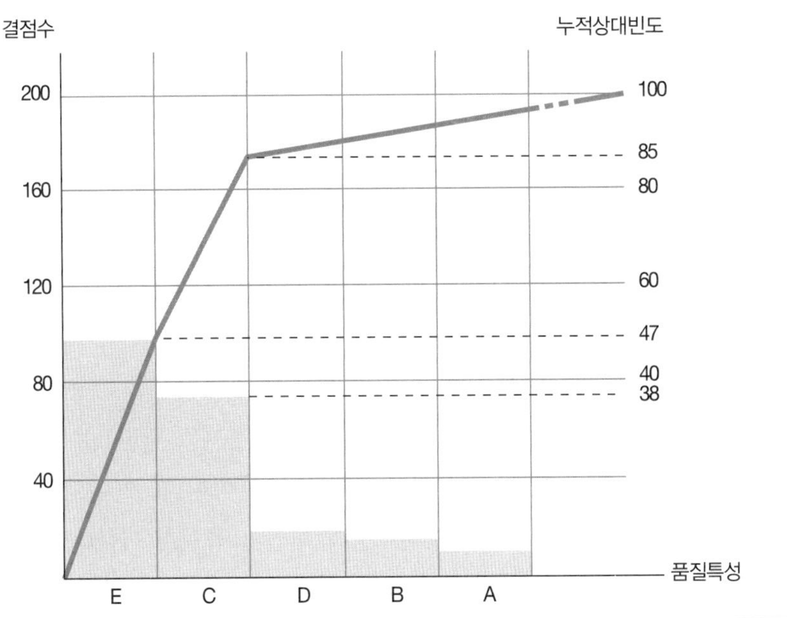

그림 14.5 인과분석도의 예

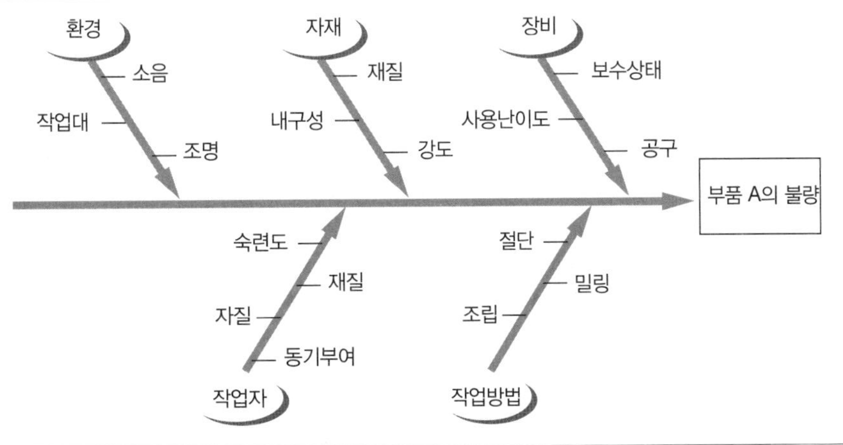

오른쪽 화살표 끝에 표시되고 화살표 중심선을 중심으로 위 아래로 문제의 요인들이 표시되어 인과분석도는 생선뼈와 비슷한 모양을 갖는다. 그림 14.5는 인과분석도의 예를 보여 주고 있다.

5 통계적 품질관리

통계적 품질관리(SQC ; statistical quality control)란 제품의 품질특성을 관리하기 위하여 통계적 기법을 사용하는 것을 말한다. 통계적 기법은 제품의 품질관리를 위하여 품질순환과정을 통하여 다양하게 적용될 수 있으나 검사시점으로 보아 제품의 수입 또는 출하시에 로트의 합격 불합격 여부를 판별하는 표본검사법(acceptance sampling)과 제조공정 중의 품질통제를 위한 관리도(control chart)를 그 대상으로 한다.

표본검사법은 원자재나 완제품의 로트로부터 표본을 추출하여 그 검사결과에 의하여 로트의 합격 또는 불합격을 결정하는 통계적 방법으로 수입품에 대하여는 구매자가, 완제품에 대하여는 공급자가 시행한다. 표본검사법은 품질을 감사(auditing)하는 도구이며 품질수준의 개선이 목적이 아니다. 표본검사법은 품질특성이 계수치인가 계량치인가에 따라 계수치 표본검사법(acceptance sampling for attributes)과 계량치 표본검사법(acceptance sampling for variables)으로 분류된다. 계수치 표본검사법에는 이항분포나 푸아송 분포 등 이산적 분포가 적용되며 계량치 표본검사에는 정규분포가 적용된다.

이에 반하여 관리도는 생산공정상의 품질특성을 대상으로 시간의 경과에 따른 품질수준을 표본으로 추출 · 측정하여 공정변동의 가능성이나 유무를 통계적으로 결정하는 방법이다. 만약 품질특성에 변화가 없으면 그 공정은 계속되고 변화가 있으면 그 공정은 중단되고 원인이 규명되어 시정조치되어야 한다. 관리도도 품질특성에 따라 계량치 관리도(variables control chart)와 계수치 관리도(attributes control chart)로 구분된다. 계량치 관리도는 품질특성의 평균에 관한 $\bar{X}$관리도($\bar{X}$-chart)와 분산에 관한 R관리도(R-chart)가 있으며, 계수치 관리도는 불량률을 통제하는 p관리도(p-chart)와 결점수를 관리하는 c관리도(c-chart)가 있다.

6 표본검사법

수입품이나 완제품의 합격 · 불합격 판정에는 다음과 같이 3가지 방법이 있다.

① **전수검사(total inspection) :** 대상이 되는 모든 제품을 검사하는 방법으로 소요되는 시간과 비용이 높아 실패비용이 매우 큰 경우를 제외하고는 비실용적이다.

② **무검사(no inspection) :** 검사를 아예 하지 않는 방법으로 실패비용에 비하여 평가비용이 크거나 과거의 경험 등에 의하여 불량품이 전혀 없다고 보장되는 경우에 적용될 수 있다.

③ **표본검사(sampling inspection) :** 전수검사에 소요되는 과다한 비용과 시간 이외에도 까다로운 검사절차, 파괴검사, 과다한 검사품목, 납품업자의 높은 신뢰성 등 다양한 이유에서 많이 이용된다.

1. 계수형 표본검사법

1) 1회 표본검사법

1회 표본검사법(single sampling plan)은 주어진 로트로부터 일정한 크기의 표본을 1회 무작위추출(random sampling)하여 불량품의 수를 검사하고 이를 설정된 허용불량개수(acceptance number)와 비교하여 로트의 합격 · 불합격을 결정하는 방법이다.

n : 표본크기
x : 불량품의 수
c : 허용불량개수

위와 같이 정의할 때 $x \le c$이면 그 로트를 합격시키고, $x > c$이면 불합격시킨다.

여기에서 로트를 합격시킨다는 것은 표본으로 추출된 제품 이외에는 검사를 하지 않고 받아들인다는 의미이며 불합격시킨다는 것은 로트를 반환하든지, 폐기시키든지, 등급을 떨어뜨려 받아들이든지, 또는 표본 이외의 것을 모두 검사하고 불량품을 불량이 아닌 것으로 교체하는 것 등을 의미한다.

그러므로 1회 표본검사법을 설계한다는 것은 주어진 로트에 대하여 표본크기 n과 허용불량개수 c를 결정함을 의미한다. 1회 표본검사법은 다음의 4가지 개념의 상호 작용에 의하여 결정된다.

① **합격품질수준**(AQL ; acceptance quality level) : 합격 가능한 품질수준, 즉 좋은 품질수준을 표시한다.

② **로트허용불량률**(LTPD ; lot tolerance percent defecrive) : 불합격되어야 할 품질수준, 즉 나쁜 품질수준을 의미한다.

③ **생산자 위험**(α ; producer's risk) : 제1종 오류라고도 하며 좋은 품질수준을 갖는 로트가 표본검사에 의하여 불합격될 확률이다. α가 커질수록 생산자의 위험부담이 높아진다.

④ **소비자 위험**(β ; consumer's risk) : 제2종 오류라고도 하며 나쁜 품질의 로트가 표본검사에 의하여 합격될 확률이다. β가 커질수록 소비자의 위험부담이 높아진다.

AQL, α, LTPD, β는 생산자, 소비자, 경제성이 고려되어 결정된다. 일반적으로 β를 α보다 크게 한다. 즉 나쁜 로트를 합격시킬 확률을 좋은 로트를 불합격시키는 확률보다 크게 한다. 이는 법에 있어서 증거제일주의(burden of proof)와 같은 원리이다. 또한 좋은 로트를 불합격시키는 비용이 크면 α를 적게 하고 나쁜 로트를

그림 14.6 1회 표본검사법의 통계적 접근

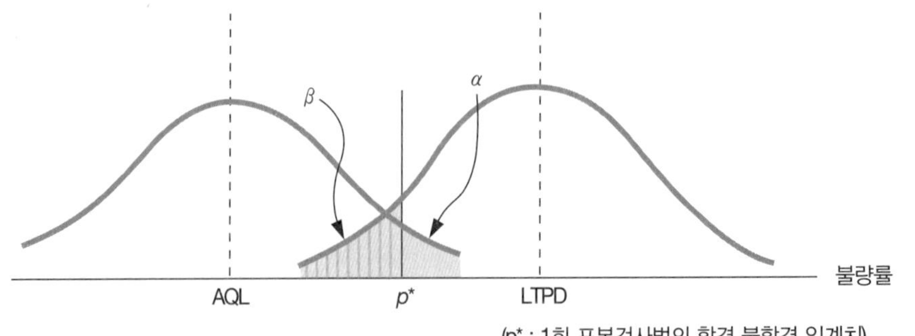

합격시키는 비용이 크면 β를 적게 할 수 있다.

예를 들어 보자. 어느 회사의 품질관리자는 AQL = 0.02, LTPD = 0.05, $\alpha = 0.05$, $\beta = 0.1$로 결정하였다. 만약 특정제품의 로트크기가 500개일 때 로트에 포함된 불량품의 수가 $500 \times$ AQL $= 500 \times 0.02 = 10$개 이하이면 그 로트는 받아들여져야 할 좋은 로트이고 불량품의 수가 $500 \times$ LTPD $= 500 \times 0.05 = 25$개 이상이면 그 로트는 불합격 처리되어야 할 로트이다. 그러나 표본검사법을 적용하여 로트의 일부인 n개의 표본을 추출하여 표본 중의 불량품의 수와 허용불량개수를 비교하여 로트를 합격 또는 불합격 처리하는 경우에는 좋은 로트가 불합격, 나쁜 로트가 합격될 확률이 존재하며 좋은 로트가 불합격될 확률이 5%, 나쁜 로트가 합격될 확률이 10%를 초과하여서는 안 된다는 것이다.

1회 표본검사법은 AQL, LTPD, α, β 모두를 만족시키도록 표본개수 n과 허용불량개수 c가 설계되어야 하며 이는 통계적 방법에 의하여 쉽게 결정될 수 있다. 또한 통계적 방법의 결과를 이용하여 작성된 표를 이용할 수 있다. 표 14.3에는 일반적으로 가장 많이 적용되는 $\alpha = 0.05$, $\beta = 0.1$인 경우의 n과 c값이 제시되어 있다.

예를 들어 보자. 불량률 0.04인 로트에 대하여는 $\alpha = 0.05$를 만족시키고 불량률

표 14.3 $\alpha = 0.05$, $\beta = 0.1$인 경우의 1회 표본검사법의 n과 c의 값

LTPD(%) / AQL(%)	4.51 ~ 5.60		5.61 ~ 7.10		7.11 ~ 9.00		9.01 ~ 11.2		11.3 ~ 14.0		14.1 ~ 18.0		18.1 ~ 22.4	
	n	c	n	c	n	c	n	c	n	c	n	c	n	c
0.451 ~ 0.560	80	1	60	1	60	1	50	1	15	0	15	0	10	0
0.561 ~ 0.710	100	2	80	1	50	1	50	1	40	1	10	0	10	0
0.711 ~ 0.900	100	2	80	2	50	1	40	1	40	1	30	1	7	0
0.901 ~ 1.12	120	3	80	2	60	2	40	1	30	1	30	1	25	1
1.13 ~ 1.40	150	4	100	3	60	2	50	2	30	1	25	1	25	1
1.41 ~ 1.80	200	6	120	4	80	3	50	2	40	1	25	1	20	1
1.81 ~ 2.24	300	10	150	6	100	4	60	3	40	2	30	2	20	1
2.25 ~ 2.80			250	10	120	6	70	4	50	3	30	2	25	2
2.81 ~ 3.55					200	10	100	6	60	4	40	3	25	2
3.56 ~ 4.50							150	10	80	6	50	4	30	3
4.51 ~ 5.60									120	10	60	6	40	4

0.12인 로트에 대하여는 $\beta = 0.1$이 만족되도록 1회 표본검사법을 설계하고자 한다. 이 경우 AQL = 0.04, LTPD = 0.12로 해석될 수 있으므로 표 14.3의 AQL이 3.56 ~ 4.5%와 LTPD가 11.3 ~ 14.0%가 서로 교차되는 곳에서 표본개수 $n = 80$, 허용불량개수 $c = 6$으로 설계되어야 함을 알 수 있다. 그러므로 설계된 1회 표본검사법은 80개의 표본을 추출하여 이중 불량품의 수가 6개 이하이면 로트를 합격시키고 6개를 초과하면 불합격시키는 것으로 규정된다. 이때 적용되는 임계불량률은 6/80 = 0.075가 되며 이는 AQL과 LTPD 사이에 존재하며 로트의 불량률이 증가할수록 로트의 합격확률은 감소한다. 이와 같이 주어진 로트에 대하여 표본검사법이 주어져 있을 때 불량률에 따른 로트의 합격확률을 표시한 도표를 검사특성곡선(OC curve ; operating characteristic curve)이라고 한다.

2) 2회 표본검사법 및 다회 표본검사법

검사가 수행되는 표본의 수를 1회 표본검사보다 줄이기 위하여 2회 표본검사법(double sampling plan) 및 다회 표본검사법(multiple sampling plan)이 고안되었다. 여기에서는 다회 표본검사법 중 가장 기본이 되는 2회 표본검사법을 설명한다.

2회 표본검사법은 1회 또는 2회에 걸쳐 표본을 추출한다. 첫 번째 표본에 의하여 로트를 합격 또는 불합격시킬 수 있으며 이 경우에는 한 번의 표본검사만이 필요하다. 만약 첫 번째 표본에 의하여 로트가 합격 또는 불합격 판정이 나지 않는 경우에는 두 번째 표본을 추출하여 최종판단을 내린다. 2회 표본검사법은 보통 첫 번째 표본과 관련하여 n_1, c_1, r_1, 그리고 두 번째 표본과 관련하여 n_2, $c_2(c_1 < r_1 \le c_2)$로 규정된다. 이를 설명하면 주어진 로트에 대하여 표본크기 n_1인 첫 번째 표본을 뽑아 이 중 불량품의 수가 c_1개 이하이면 로트를 합격시키고 불량품이 r_1개 이상이면 로트는 불합격 판정을 받는다. 만약 첫 번째 표본의 불량품의 수가 c_1과 r_1 사이에 있으면 판정은 유보되고 두 번째 표본에 의하여 로트를 최종판단한다. 즉 두 번째 표본검사 후 누적표본개수 $n_1 + n_2$개 중에서 누적불량품의 수가 c_2개 이하이면 로트를 합격시키고 그렇지 않으면, 즉 $c_2 + 1$개 이상이면 로트를 불합격시킨다.

예를 들어 보자. 표 14.4의 2회 표본검사법은 첫 번째 표본으로 20개를 추출하고 이중 불량품이 0개나 1개이면 로트를 합격시키고 3개 이상이면 로트를 불합격시킨다. 만약 불량품이 2개이면 다시 두 번째 표본으로 20개를 추출한다. 만약 두

번째 표본에서 불량품의 수가 0개나 1개이면 누적불량품의 수가 3개 이하가 되어 로트는 합격되나 두 번째 표본에서 불량품의 수가 2개 이상이면 불합격된다.

다회 표본검사법은 2회 표본검사법의 연장이다. 예를 들어 5회 표본검사법은 5회까지 표본을 추출할 수 있다. 4회까지는 매회마다 합격, 불합격, 또는 판정이 다음 회로 유보되며 5회에서는 최종적으로 합격 또는 불합격을 판정한다. 그러므로 다회 표본검사법에서는 매회마다 누적불량개수로 판정되는 합격허용 불량개수와 불합격 불량개수가 존재하고 마지막 표본에 있어서는 합격허용 불량개수만 존재하며 불합격 불량개수는 자동적으로 합격허용 불량개수에 1을 더한 값이 된다.

표 14.4 2회 표본검사법

표본	표본수	누적표본수	합격허용 불량개수	불합격 불량개수
1회	20	20	1	3
2회	20	40	3	

2. 계량형 표본검사법

표본검사는 계수치 표본검사가 더 일반적으로 사용되나 품질특성이 길이, 무게, 온도, 부피, 강도 등과 같이 연속적인 계량치로 표시되며 파괴검사, 검사비용이 높은 경우 등에는 계량형 표본검사가 적용된다. 계량형 표본검사법도 계수형 표본검사법과 같은 원리에 의하여 설계되나 여기에서는 생략하기로 한다.

3. 검사특성 곡선

검사특성(OC) 곡선은 검사 대상이 되는 로트와 적용될 표본검사법이 주어져 있을 때 로트의 품질수준, 즉 불량률이 변함에 따른 로트의 합격확률을 도표로 표시한 것이다. 로트에 불량품이 하나도 없으면(불량률 = 0) 로트는 어떠한 표본검사법에서도 당연히 합격되며 이때의 합격확률은 1이다. 불량률이 증가하면 로트의 합격확률은 감소하고 로트가 모두 불량품이면(불량률 = 1) 로트는 항상 불합격되어 합격확률은 0이 된다. 그러므로 OC 곡선은 불량률에 대하여 비증가(감소)함수가 된

그림 14.7 OC 곡선

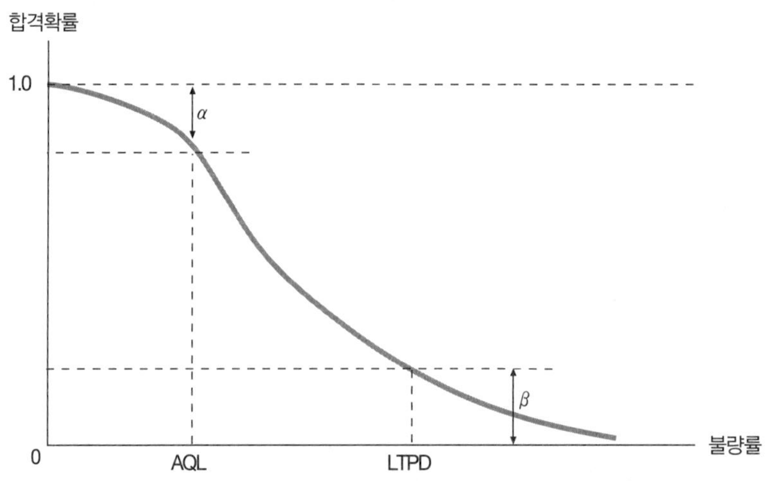

다. OC 곡선이 주어지면 OC 곡선으로부터 주어진 불량률에 대한 합격확률, 불합격확률을 바로 알 수 있다. 그러므로 주어진 표본검사법의 OC 곡선으로부터 AQL에서의 불합격확률 α와 LTPD에서의 합격확률 β가 바로 판명된다.

1회 표본검사법에 있어서 OC 곡선은 표본검사법, 즉 표본개수 n과 허용불량개수 c에 의하여 결정되며 OC 곡선의 일반적인 형태는 그림 14.7과 같다.

이를 설명하기 위하여 먼저 다음을 정의한다.

n : 표본크기
c : 허용불량개수
d : 표본에 포함된 불량품의 수
P_a : 로트의 합격확률
p : 로트의 불량률

로트의 크기가 적은 경우에는 로트의 합격확률 P_a는 이항분포를 적용하여 구할 수 있으며 이항분포를 적용하는 경우의 합격확률 P_a는 다음과 같이 계산된다.

$$p_a = \sum_{d=0}^{c} \binom{n}{d} p^d (1-p)^{n-d} \tag{14.1}$$

간단한 예를 들어 설명해 보자. 표본개수 $n=10$, 허용불량개수 $c=1$인 1회 표본검사법에 있어서 불량률 p에 대한 합격확률 P_a를 식(14.1)의 이항분포를 적용하면 다음 식과 같다.

$$p_a = \binom{10}{0} p^0(1-p)^{10} + \binom{10}{1} p^1(1-p)^9 \tag{14.2}$$

그러므로 주어진 불량률에 대한 합격확률을 계산하면 표 14.5와 같이 정리된다.

표 14.5 합격확률의 계산

불량률(p)	계산절차	합격확률(p_a)
0.0	$1 \times 0.0^0 \times 1.0^{10} + 10 \times 0.0^1 \times 1.0^9$	1.0
0.1	$1 \times 0.1^0 \times 0.9^{10} + 10 \times 0.1^1 \times 0.9^9$	0.736
0.2	$1 \times 0.2^0 \times 0.8^{10} + 10 \times 0.2^1 \times 0.8^9$	0.375
0.3	$1 \times 0.3^0 \times 0.7^{10} + 10 \times 0.3^1 \times 0.7^9$	0.149
0.4	$1 \times 0.4^0 \times 0.6^{10} + 10 \times 0.4^1 \times 0.6^9$	0.046
0.6	$1 \times 0.6^0 \times 0.4^{10} + 10 \times 0.6^1 \times 0.4^9$	0.002
0.8	$1 \times 0.8^0 \times 0.2^{10} + 10 \times 0.8^1 \times 0.2^9$	0.000
1.0	$1 \times 1.0^0 \times 0.0^{10} + 10 \times 1.0^1 \times 0.0^9$	0.000

위의 결과를 이용하여 $n=10$, $c=1$인 1회 표본검사법의 OC 곡선이 도출될 수 있으며 그림 14-8과 같다. 만약 AQL = 0.1, LTPD = 0.2라고 하면 $\alpha = 1 - 0.736 = 0.264$, $\beta = 0.375$임은 그림 14.8의 OC 곡선에 표시된 바와 같다.

OC 곡선이 주어지면 표본검사법의 판별력을 평가할 수 있다. 이상적인 표본검사법은 좋은 로트와 나쁜 로트를 완전히 구별할 수 있는 표본검사법으로 OC 곡선이 급격한 경사를 이룰수록 적은 불량률의 차이에도 불구하고 합격확률에 많은 차이가 나며 판별력이 높다. 예를 들어 로트크기가 1,000개인 경우에 불량률이 0.02 이하이면 로트를 합격시키고 그렇지 않으면 불합격시키는 전수검사를 적용한다고 하자. 이는 1,000개의 제품을 모두 검사하고 불량품이 20개 이하가 나오면 합격시키고 20개를 초과하면 불합격시킴을 의미한다. OC 곡선은 그림 14.9와 같다. 전수검사는 불량률이 0.02 이하이면 전부 합격되며 그렇지 않은 경우에는 불합격되

그림 14.8 n = 10, c = 1인 경우의 OC 곡선

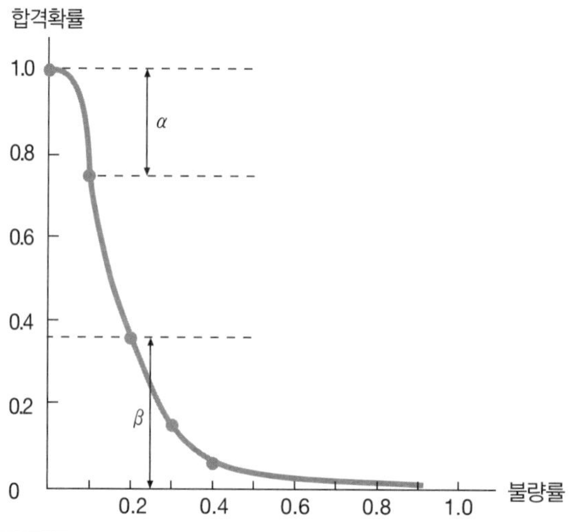

그림 14.9 전수검사의 OC 곡선

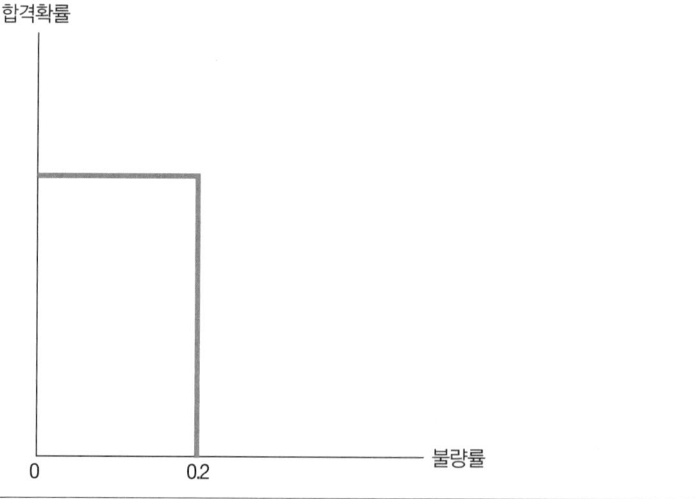

어 OC 곡선은 가장 급격한 경사를 이루고 판별력 또한 가장 높다.

이제 주어진 로트에 대하여 허용불량률이 0.02인 전수검사, 1회 표본검사로서 $n = 100$, $c = 2$인 경우와 $n = 50$, $c = 1$인 경우 OC 곡선은 그림 14.10과 같다. 주어진 결과로부터 전수검사, $n = 100$, $c = 2$, $n = 50$, $c = 1$의 순서로 경사가 완만하

그림 14.10 표본크기에 따른 OC 곡선비교

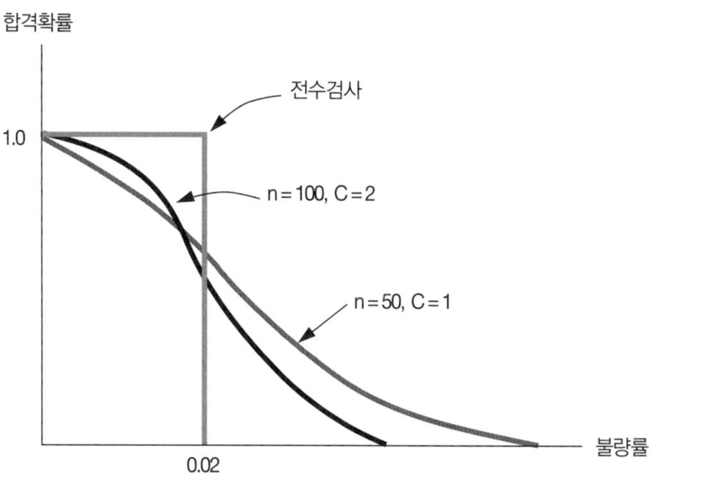

여지며 판별력이 낮아짐을 알 수 있다. 이는 표본의 크기가 작아질수록 표본분포의 분산이 커지기 때문이다.

4. 평균 출검품질

평균 출검품질(AOQ ; average outgoing quality)은 표본검사를 마친 후의 변화된 로트의 평균 불량률을 의미한다. 교정검사(rectifying inspection)의 예로 이를 설명하기로 한다. 교정검사란 로트가 불합격된 경우에는 전수검사를 하고 불량품을 모두 양품으로 교체하는 경우를 말한다. 그러므로 교정검사를 시행하는 경우 검사 후의 로트크기는 원래의 로트크기와 같으며 로트가 합격인 경우에는 표본 내의 불량품만 모두 양품으로 교체되고 표본 외의 불량품은 그대로 로트에 포함되나 불합격되는 경우 로트에는 불량품이 하나도 포함되지 않는다. 그러므로 출검 후 불량품의 수는 로트가 합격될 확률 P_a를 가지고 불량품의 수는 $p(N-n)$이 되며 로트가 불합격될 확률 $1-P_a$로 불량품의 수는 0이 된다. 여기에서 N은 로트크기를 의미한다. 그러므로 출검 후 총불량품의 수는 $P_a \times p(N-n)+(1-P_a)\times 0$이 되며 AOQ는 다음과 같이 계산된다.

$$AOQ = P_a \frac{p(N-n)}{N} \tag{14.3}$$

만약 로트크기가 매우 크면, 즉 $N \to \infty$이면 $\frac{(N-n)}{N} \to 1$이 되며 AOQ는 다음과 같이 간략화된다.

$$AOQ = P_a p \tag{14.4}$$

예를 들어 로트크기가 100개인 경우 표본개수 $n = 10$, 허용불량개수 $c = 1$인 1회 표본검사법을 적용하여 AOQ를 계산해 보자. 만약 이항분포를 적용한다고 가정하면 표 14.5에 주어진 로트의 합격확률 p_a의 계산결과를 이용하여 AOQ를 쉽게 계산할 수 있다. 계산결과는 표 14.6과 같다.

표 14.6에 주어진 계산결과를 이용하여 불량률에 따른 AOQ를 도표화하면 그림 14.11과 같다.

표 14.6 AOQ 계산

불량률 (p)	로트크기 (N)	표본크기 (n)	합격확률 (p_a)	N − n	AOQ ($p_a p(N-n)/N$)
0.0	100	10	1.0	90	0.0
0.1	100	10	0.736	90	0.066
0.2	100	10	0.375	90	0.068
0.3	100	10	0.149	90	0.040
0.4	100	10	0.046	90	0.017
0.6	100	10	0.002	90	0.001
0.8	100	10	0.0	90	0.0
1.0	100	10	0.0	90	0.0

그림 14.11에서 보는 바와 같이 불량률이 증가하면 AOQ도 증가하지만 어느 수준이 넘으면 AOQ는 점차 감소하게 된다. 이는 로트에 포함된 불량품, 합격확률, 불합격확률에 따른 전수검사와의 관계에 의한 결과로서 불량률이 0이면 출검 후 불량률도 0이나 불량률이 증가하면 출검 후 불량품의 수도 증가하여 AOQ도 어느 수준까지 증가하나 최대점에 도달한 후에는 전수검사에 의하여 불량품이 모두 양

그림 14.11 불량률과 AOQ

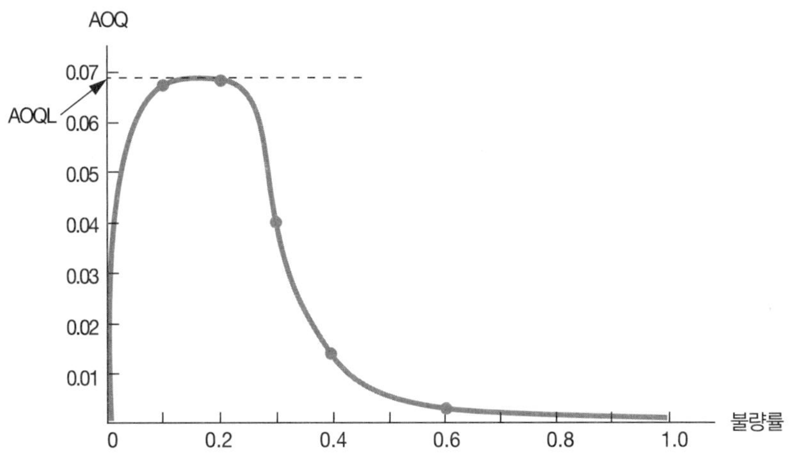

품으로 교체될 확률이 높아져 AOQ가 감소한다. 이와 같이 최대가 되는 AOQ를 평균 출검품질한계(AOQL ; average outgoing quality limit)이라 한다.

AOQL은 주어진 표본검사법이 시행될 경우에 있어서 출하품질의 최하위품질수준, 즉 최대불량률을 의미한다. 그림 14.11에서의 AOQL은 개략적으로 0.068 즉 6.8%가 되며 주어진 표본검사후 출검품질수준은 아무리 나빠도 불량률이 6.8%를 초과하지 않음을 의미한다.

7 관리도

생산공정 중에 제조되는 제품의 품질특성은 변동을 수반한다. 이러한 변동은 우연(보통)변동과 이상(특별)변동으로 구분된다. 우연변동은 원자재, 작업환경, 작업방법, 기계상태 등의 미미한 변화와 종업원의 사기, 감독상태 등의 관리 문제에 기인하는 피할 수 없는 변동으로서 통제할 수 없는 변동이다.

이에 반하여 이상변동은 마모된 공구, 기계장비의 불량, 작업자의 실수 또는 교체, 불량원자재 등 잘못되거나 수정되어야 할 원인에 의하여 발생되는 변동으로 통제되어야 할 변동이다. 그러므로 이상변동은 발견되어 그 원인이 규명되고 제거하기 위한 조치가 강구되어 다시는 이러한 변동이 발생되지 않도록 시정되어야 한다.

관리도는 공정에서 생산하는 제품의 품질특성이 설계규격에 적합한지를 지속적으로 검토하여 시간이 경과함에 따라 발생하는 이상원인에 의한 공정상의 변화를 찾아내는 데 목적을 두는 통계적 기법으로 이상원인에 의한 공정상의 변동을 감지하는 데 효과적이다. 이를 위하여 관리도에서는 고려되는 품질특성의 평균을 중심선(CL ; central line)으로 하고 중심선을 중심으로 관리상한선(UCL ; upper control line)과 관리하한선(LCL ; lower control line)이 설정되며 관리한계선은 주어진 공정의 우연변동에 대한 범위로 적용된다.

관리도의 CL, UCL, LCL을 결정하는 방법은 다음과 같다. 언급된 바와 같이 공정에서 생산되는 제품의 품질특성값 하나하나는 우연변동에 의하여 시간이 경과함에 따라 변화하며 이러한 우연변동을 갖는 품질특성값은 정규분포를 갖는다고 가정된다. 주어진 공정으로부터 일정한 크기의 표본이 주기적으로 추출되어 관리도의 CL, UCL, LCL을 결정하는 데 기본자료가 된다. 생산되는 제품의 품질특성값의 기대치가 μ이고 표준편차가 σ인 경우 주어진 공정에서 크기 n인 표본을 추출하여 얻은 품질특성의 표본평균은 또한 정규분포인 표본분포를 이루며 기대치는 모집단과 같이 μ이며 표준편차는 $\sigma/\sqrt{n}$가 된다.

정규분포에 있어서는 기대치를 중심으로 $3 \times$ 표준편차 내에 99.7%의 값이 존재한다. 그러므로 품질특성값의 기대치에 해당되는 관리도의 CL은 추출된 총표본평균으로 추정되며 우연변동의 범위가 되는 관리한계선은 $\text{CL} \pm 3 \times (\sigma/\sqrt{n})$으로 설정되어 우연변동의 99.7%가 관리한계선 내에 존재함을 알 수 있다.

관리도를 이용하여 품질특성에 의한 공정을 통제하기 위해서는 주어진 공정으로부터 크기 n인 무작위표본을 주기적으로 추출하여 시간에 따른 표본평균값을 관리도에 표시하고 공정변동이 관리한계선 내부에 존재하는지 그렇지 않는지 파악한다. 만약 관리한계선 밖에 존재하는 경우가 발생하면 관리한계선 밖에 존재하는 이유가 이상원인에 의한 것인지 우연원인에 의한 것인지를 규명한다.

또한 관리한계선 내부에 존재하는 경우에도 그 값이 계속해서 증가하거나 또는 계속해서 감소하는 패턴(pattern)이나 작위성(nonrandomness)을 보이는 경우에는 공정에 이상변동이 발생하고 있음을 의미하며 그 원인이 규명되어야 한다. 품질특성값이 관리선 내부에 존재하고 무작위성(randomness)을 유지하는 경우에는 그 공

그림 14.12 안정상태의 공정

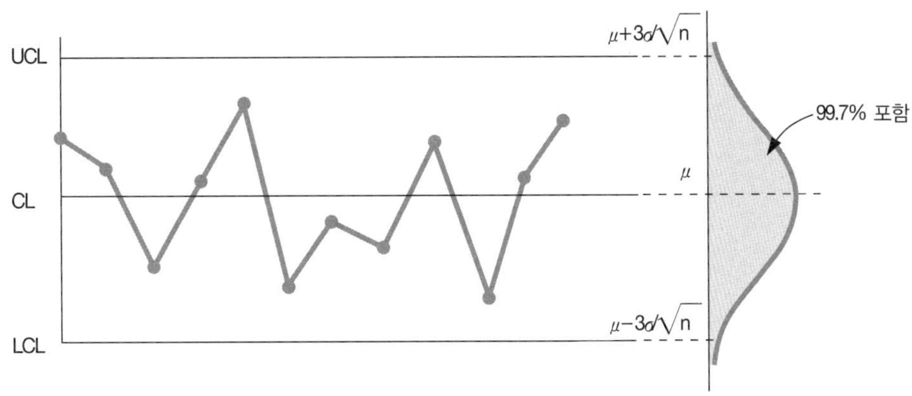

그림 14.13 불안정상태의 공정

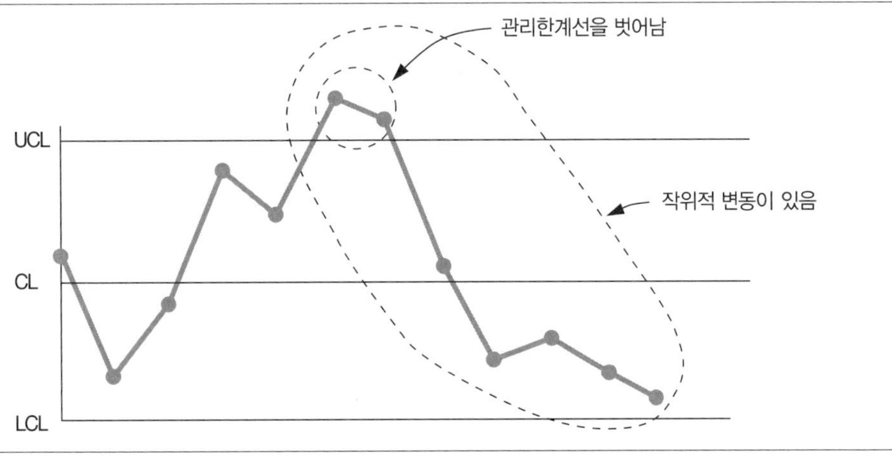

정은 통계적으로 안정상태에 있다고 하고 그렇지 않은 경우에는 불안정상태에 있다고 한다.

1. 계수치 관리도

계수치는 합격 또는 불합격으로 구별될 수 있는 품질특성에 관한 것으로 불량률, 불량품의 수, 결점수 등으로 표시된다. 계수치 관리도에는 불량률 관리도(p관리도)

와 결점수 관리도(c관리도)가 있다. p관리도는 표본에 주어진 불량률의 변동을 파악하고 c관리도는 결점수의 변동을 파악하는 데 이용된다.

1) 불량률 관리도(p관리도)

p관리도는 공정에서 생산되는 제품의 불량률을 통제하기 위한 관리도이다. 그러므로 p관리도는 주기적으로 추출된 일정크기의 표본에 포함된 불량품의 비율에 기초하여 작성되고 주기적으로 추출된 표본의 불량률이 관리도상에 표시되어 공정상의 변동을 파악한다. 이를 설명하기 위하여 다음을 정의한다.

n : 표본크기	k : 표본의 수
p_i : i번째 표본의 불량률($i = 1, \cdots k$)	$\bar{p}$: 전체 표본의 평균불량률
$\sigma_{\bar{p}}$: 표본불량률의 표준편차	

p관리도의 CL은 총표본의 평균 불량률 $\bar{p}$로 추정되며 $\bar{p}$는 다음과 같이 계산된다.

$$\bar{p} = \frac{1}{k} \sum_{i=1}^{k} p_i = \frac{1}{nk} \sum_{i=1}^{k} n p_i \tag{14.5}$$

식 (14.5)에서 nk는 총표본수이며 np_i는 표본 $i(i = 1, \cdots, k)$에 포함된 불량품의 수이다. 그러므로 식 (14.5)의 두 번째 식은 총불량품 수를 전체표본수로 나눈 값이다.

또한 표본불량률의 표준편차 $\sigma_{\bar{p}}$는 다음과 같이 계산된다.

$$\sigma_{\bar{p}} = \sqrt{\frac{\bar{p}(1-\bar{p})}{n}} \tag{14.6}$$

그러므로 p관리도의 CL, UCL, LCL은 다음과 같다.

$$\begin{aligned} \text{CL} &= \bar{p} \\ \text{UCL} &= \bar{p} + 3\sqrt{\frac{\bar{p}(1-\bar{p})}{n}} \\ \text{LCL} &= \bar{p} - 3\sqrt{\frac{\bar{p}(1-\bar{p})}{n}} \end{aligned} \tag{14.10}$$

표 14.7 서일기업 모터공정 표본조사 결과

날짜	표본크기	불량품수	불량률	날짜	표본크기	불량품수	불량률
10월 1일	100	3	0.03	10월 16일	100	2	0.02
2일	100	6	0.06	19일	100	5	0.05
5일	100	2	0.02	20일	100	3	0.03
6일	100	4	0.04	21일	100	4	0.04
7일	100	3	0.03	22일	100	1	0.01
8일	100	5	0.05	23일	100	2	0.02
9일	100	1	0.01	26일	100	11	0.11
12일	100	6	0.06	27일	100	10	0.10
13일	100	3	0.03	28일	100	2	0.02
14일	100	2	0.02	29일	100	1	0.01
15일	100	1	0.01	30일	100	4	0.04

여기에서 LCL이 음수값을 가지면 음수의 불량률은 존재하지 않으므로 LCL = 0으로 놓는다.

예를 들어 보자. 헤어드라이어를 생산하는 서일기업에서는 모터생산공정의 안정성을 검토하기 위한 방법의 하나로 지난달 작업이 수행된 22일 동안 생산공정에서 100개의 표본을 추출하여 이에 근거하여 관리도를 작성하려고 한다. 조사결과를 정리하면 표 14.7과 같았다.

주어진 결과로부터 p관리도의 CL은 전체표본 평균불량률로 추정되어 다음과 같이 계산된다.

$$\bar{p} = \frac{\sum_{i=1}^{22} p_i}{22} = \frac{0.81}{22} = 0.0368$$

또는

$$\bar{p} = \frac{\text{총불량품수}}{\text{전체표본수}} = \frac{81}{22 \times 100} = 0.0368$$

그러므로 p관리도의 CL은 0.0368이 된다.

이제 관리한계선을 구하기 위하여 표본불량률의 표준편차 $\sigma_{\bar{p}}$를 다음과 같이 계산한다.

$$\sigma_{\bar{p}} = \sqrt{\frac{\bar{p}(1-\bar{p})}{n}} = \sqrt{\frac{0.0368(1-0.0368)}{100}} = 0.0188$$

그러므로 UCL과 LCL은 다음과 같다.

$$\text{UCL} = \bar{p} + 3\ \sigma_{\bar{p}} = 0.0368 + 3 \times 0.0188 = 0.0932$$
$$\text{LCL} = \bar{p} - 3\ \sigma_{\bar{p}} = 0.0368 - 3 \times 0.0188 = -0.0196 \Rightarrow 0$$

LCL < 0이므로 LCL = 0으로 놓는다.

주어진 결과를 이용하여 p관리도를 규정하고 관찰된 불량률을 관리도 상에 표시하면 그림 14.14와 같다.

주의하여야 할 점은 주어진 결과를 관리도로 확정하기 위해서는 관측된 표본값들이 관리한계선 내에 존재해야 한다는 것이다. 그림 14.14에서 보면 26일과 27일의 불량률의 관측치가 각각 0.11과 0.10으로 벗어나 있으므로 그 원인을 규명하고 이들 관측치들이 제거된 나머지 표본값들로 다시 CL과 관리한계선을 설정해야 한다. 여기에서 주어진 비정상적인(abnormal)인 관측치는 기계공의 결근에 따른 비규격 공구 사용에 기인하여 불량률이 증대되었음이 판명되었다. 그러므로 이를 제외한 나머지 표본으로 CL, UCL, LCL이 다시 다음과 같이 계산되었다.

$$\text{CL} = \bar{p} = \frac{\sum_{i=1}^{20} p_i}{20} = \frac{0.6}{20} = 0.03$$

$$\text{UCL} = 0.03 + 3\sqrt{\frac{0.03(1-0.03)}{100}} = 0.03 + 0.051 = 0.081$$

$$\text{LCL} = 0.03 - 3\sqrt{\frac{0.03(1-0.03)}{100}} = 0.03 - 0.051 = -0.021 \quad \Rightarrow \quad 0$$

수정된 관리도에 표본관측치들을 표시하면 그림 14.14와 같다. 10월 26일과 27일의 불량률을 제외하면 관리도상에 표시된 관측치들은 모두 관리한계선 내에 존재하며 작위성의 변동이 없으므로 주어진 관리도는 더 이상의 수정이 필요 없이 확정 가능하다. 또한 검토된 공정은 안정되어 있다고 할 수 있다. 그러므로 주어진 관

그림 14.14 서일기업 모터공정의 p관리도

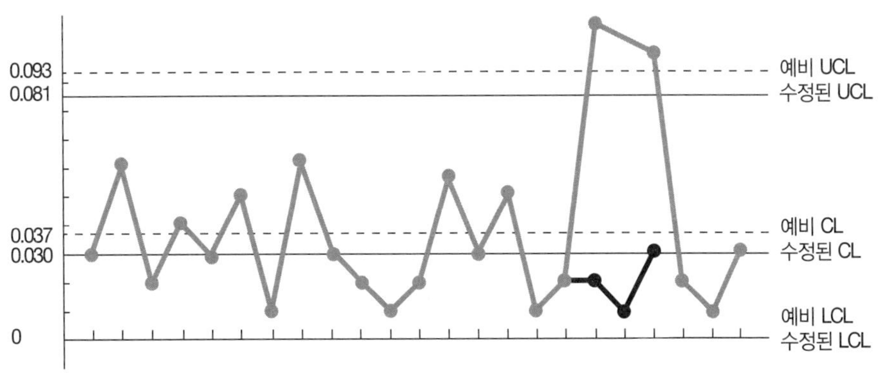

리도상에 공정에서 주기적으로 추출된 표본의 관측치를 표시해 감으로써 공정이 안정 상태에 있는지 또는 변하고 있는지 검토할 수 있다.

2) 결점수 관리도(c관리도)

결점이란 설정된 품질수준에 못미치는 품질특성을 말한다. 하나의 불량품은 몇 개의 결점으로 이루어질 수 있다. 예를 들면 타이핑된 서류는 몇 개의 오자를 포함할 수 있다. 여기에서 오자는 결점으로, 오자가 포함된 페이지는 불량페이지로 볼 수 있다. 서울 시내에서 발생하는 화재를 보자. 매일매일 화재는 몇 건씩 발생하지만 화재발생률은 계산하기 곤란하다. 이는 화재가 발생할 총기회, 즉 분모를 알 수 없기 때문이다. 그러므로 결점수는 일반적으로 일정단위당 발생건수로 표시된다. 이러한 일정단위로는 단위기간, 단위길이, 단위면적, 단위제품, 단위지역 등 다양하게 적용될 수 있다. c관리도는 결점수는 파악할 수 있으나 불량률과 같은 비율을 파악할 수 없는 경우에 일정단위당 발생하는 결점수를 통제하는 데 적합하다.

c관리도에서 일정단위당 결점수는 푸아송(poission) 분포에 의한다고 가정한다. 푸아송 분포의 일정단위당 발생건수의 기대치를 c라고 하면 분산 역시 c이며 표준편차는 $\sqrt{c}$가 된다. 이제 다음을 정의하자.

> k : 관측된 표본수, 즉 일정단위의 횟수
> c_i : i번째 단위의 결점수($i = 1, \cdots, k$)
> $\bar{c}$: 결점수의 전체표본평균

$\bar{c}$는 다음과 같이 계산된다.

$$\bar{c} = \frac{1}{k} \sum_{i=1}^{k} c_i \tag{14.11}$$

푸아송 분포의 기대치 c는 전체표본평균 $\bar{c}$로서 추정될 수 있다. 그러므로 c관리도의 CL, UCL, LCL은 다음과 같다.

$$\begin{aligned} \text{CL} &= \bar{c} \\ \text{UCL} &= \bar{c} + 3\sqrt{\bar{c}} \\ \text{LCL} &= \bar{c} - 3\sqrt{\bar{c}} \end{aligned} \tag{14.12}$$

이 경우에도 계산된 LCL의 값이 0보다 작으면 LCL = 0으로 한다.

예를 들어 보자. 부산시는 교통정책을 수립하는 기본자료로 사용하기 위해 교통사고 건수가 가장 많은 매주 토요일의 부산 시내 교통사고 건수를 c관리도로 작성하고자 한다. 지난 15주 동안의 교통사고 건수는 표 14.8과 같다.

표 14.8 부산시내 교통사고 건수

일자	사고건수	일자	사고건수	일자	사고건수
5월 2일	25	6월 6일	22	11일	23
9일	12	13일	13	18일	27
16일	39	20일	28	25일	19
23일	18	27일	39	8월 1일	31
30일	33	7월 4일	15	8일	21

c관리도의 CL, UCL, LCL은 다음과 같다.

$$\begin{aligned} \text{CL} &= \bar{c} = \frac{1}{15} \sum_{i=1}^{15} c_i = 24.3 \\ \text{UCL} &= \bar{c} + 3\sqrt{\bar{c}} = 24.3 + 3 + 4.93 = 39.09 \\ \text{LCL} &= \bar{c} - 3\sqrt{\bar{c}} = 24.3 - 3 \times 4.93 = 9.51 \end{aligned}$$

이를 c관리도로 작성하면 그림 14.15와 같다.

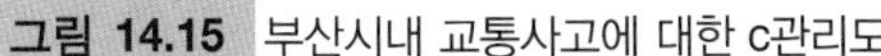

그림 14.15 부산시내 교통사고에 대한 c관리도

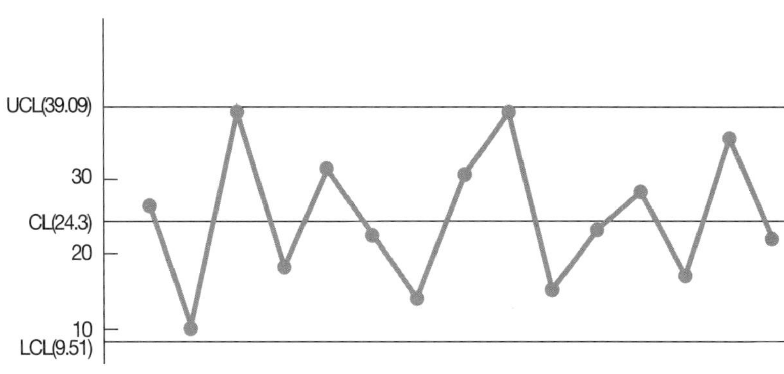

2. 계량치 관리도

계량치 관리도는 무게, 길이, 강도, 온도, 부피 등과 같이 연속적인 값을 갖는 품질 특성을 통제하는 데 사용되며 공정에서 생산되는 품질특성치의 평균을 통제하는 데 사용되는 평균치 관리도($\overline{X}$관리도)와 분산을 통제하는 데 사용되는 범위 관리도 (R관리도)가 있다. 품질특성치의 분산은 평균치와 더불어서 품질특성의 변화를 파악하는데 매우 유용하다. 표 14.9를 보자.

표 14.9 두 표본의 관찰값

구분	관찰치				표본 평균
표본 1	15.4	15.1	15.8	15.2	15.35
표본 2	14.0	17.0	15.5	14.9	15.35

두 표본의 평균값은 모두 15.35이나 표본 1의 관찰치들이 표본 2의 관찰치보다 훨씬 균일하여 더 품질수준이 높다고 할 수 있다. 그러므로 공정의 평균을 관리하기 위해서는 $\overline{X}$관리도가, 분산을 관리하기 위해서는 R관리도가 사용된다.

1) $\overline{X}$관리도

$\overline{X}$관리도는 품질특성의 표본평균을 이용하여 이상원인에 의한 공정의 품질변동을 파악하는 데 이용된다. $\overline{X}$관리도를 작성하는 데 요구되는 다음을 정의한다.

n : 표본크기	k : 표본개수
$\overline{X}_i$: 표본 i의 평균($i = 1, \cdots, k$)	$\overline{X}$: 전체표본평균

$$\overline{X} = \frac{1}{k}\sum_{i=1}^{k}\overline{X}_i \tag{14.13}$$

또한 표본평균 $\overline{X}_i$의 관리한계를 설정하고 R관리도를 작성하는 데 필요한 다음을 정의한다.

R_i : 표본의 범위, 즉 표본의 관찰치 중 가장 큰 값과 가장 작은 값의 차이($i = 1, \cdots, k$)
$\overline{R}$: 전체표본 평균범위

$$\overline{R} = \frac{1}{k}\sum_{i=1}^{k}R_i \tag{14.14}$$

전체표본 평균범위 $\overline{R}$가 클수록 주어진 품질특성치의 분산이 크다고 할 수 있다. 그러므로 공정의 분산은 $\overline{R}$를 이용하여 추정한다.

$\overline{X}$관리도의 CL, UCL, LCL은 다음과 같이 계산된다.

$$\begin{aligned} \text{CL} &= \overline{X} \\ \text{UCL} &= \overline{X} + 3\frac{\sigma}{\sqrt{n}} \\ \text{LCL} &= \overline{X} - 3\frac{\sigma}{\sqrt{n}} \end{aligned} \tag{14.15}$$

여기에서 주어진 공정의 표준편차 σ는 $\overline{R}$와 통계적 계산에 의하여 작성된 표 14.10에 주어진 값을 이용하여 쉽게 추정할 수 있다. 표 14.10에는 각각의 표본크기에 있어서 다음을 성립시키는 값들이 주어져 있다.

$$\sigma = \frac{\overline{R}}{d_2}, \quad A_2 = \frac{3}{d_2\sqrt{n}}$$

$$3\frac{\sigma}{\sqrt{n}} = 3\frac{\overline{R}/d_2}{\sqrt{n}} = A_2\overline{R} \tag{14.16}$$

표 14.10 $\bar{X}$관리도와 R관리도를 위한 계수표

표본크기 \ 구분	$\bar{X}$관리도		R관리도		표본크기 \ 구분	$\bar{X}$관리도		R관리도	
	d_2	A_2	D_3	D_4		d_2	A_2	D_3	D_4
2	1.128	1.88	0	3.27	11	3.173	0.29	0.26	1.74
3	1.683	1.02	0	2.57	12	3.258	0.27	0.28	1.72
4	2.059	0.73	0	2.28	13	3.336	0.25	0.31	1.69
5	2.326	0.58	0	2.11	14	3.407	0.24	0.33	1.67
6	2.534	0.48	0	2.00	15	3.472	0.22	0.35	1.65
7	2.704	0.42	0.08	1.92	16	3.532	0.21	0.36	1.64
8	2.847	0.37	0.14	1.86	17	3.588	0.20	0.38	1.62
9	2.970	0.34	0.18	1.82	18	3.640	0.19	0.39	1.61
10	3.078	0.31	0.22	1.78	19	3.689	0.19	0.40	1.60
					20	3.735	0.18	0.41	1.59

그러므로 $\bar{X}$관리도의 CL, UCL, LCL은 다음과 같이 계산된다.

$$\begin{aligned} \text{CL} &= \bar{X} \\ \text{UCL} &= \bar{X} + A_2\,\bar{R} \\ \text{LCL} &= \bar{X} - A_2\,\bar{R} \end{aligned} \tag{14.17}$$

예를 들어 보자. 음료수 제조회사인 한국음료에서는 16리터 음료의 용량을 관리하기 위하여 $\bar{X}$관리도를 작성하고자 한다. 5개의 제품을 하나의 표본으로 10일 간 추출한 결과는 표 14.11과 같다.

전체표본평균 $\bar{X}$와 전체표본평균범위 $\bar{R}$은 다음과 같다.

$$\bar{X} = \frac{160.1}{10} = 16.01$$

$$\bar{R} = \frac{14.7}{10} = 1.47$$

그러므로 표 14.10의 계수를 이용하면 $\bar{X}$관리도의 CL, UCL, LCL은 다음과 같이 계산된다.

표 14.11 한국음료의 음료수 용량에 대한 자료

표본	관측치				합계	평균	범위
1	15.4	16.3	15.9	16.2	63.8	15.95	0.9
2	17.1	16.7	15.0	17.2	66.0	16.5	2.2
3	15.9	16.3	14.9	16.1	63.2	15.8	1.4
4	16.3	16.8	15.4	16.1	64.6	16.15	1.4
5	15.8	15.1	15.5	16.2	62.6	15.65	1.1
6	15.9	16.3	15.5	15.9	63.6	15.9	0.8
7	16.8	17.3	15.6	15.9	65.6	16.4	1.7
8	17.2	16.3	15.2	14.9	63.6	15.9	2.3
9	16.3	14.9	15.5	16.1	62.8	15.7	1.4
10	16.5	15.8	16.9	15.4	64.6	16.15	1.5
합계						160.1	14.7

그림 14.16 한국음료의 $\overline{X}$ 관리도

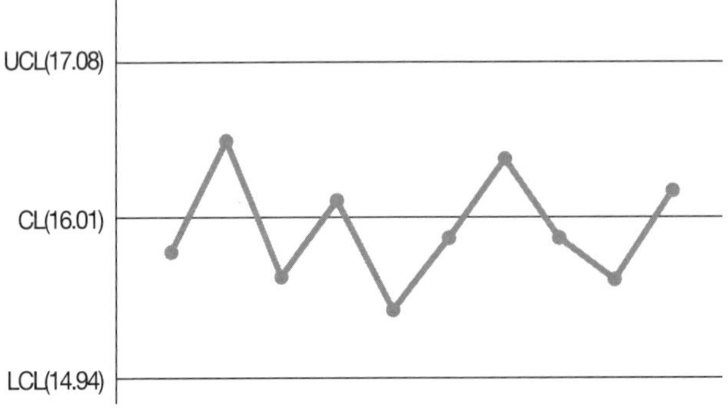

$$CL = \overline{X} = 16.01$$

$$UCL = \overline{X} + A_2\overline{R} = 16.01 + 0.73 \times 1.47 = 17.08$$

$$LCL = \overline{X} - A_2\overline{R} = 16.01 - 0.73 \times 1.47 = 14.94$$

2) R관리도

공정분산은 R관리도에 의하여 관리될 수 있다. R관리도의 CL은 전체표본 평균범

그림 14.17 한국음료의 R관리도

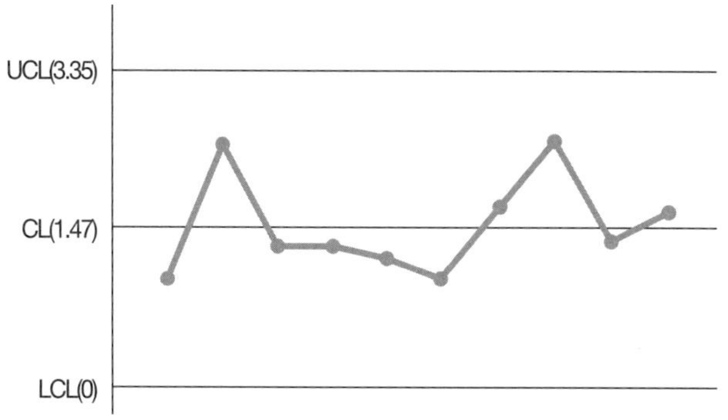

위로 추정되며 관리한계선도 표 14.10에 주어진 표본크기에 대한 계수를 이용하여 다음과 같이 계산된다.

$$\begin{aligned} CL &= \bar{R} \\ UCL &= D_4 \bar{R} \\ LCL &= D_3 \bar{R} \end{aligned} \qquad (14.18)$$

$\bar{X}$관리도에 적용되었던 한국음료에 대하여 R관리도를 작성하면 다음과 같다.

$$\begin{aligned} CL &= \bar{R} = 1.47 \\ UCL &= D_4\bar{R} = 2.28 \times 1.47 = 3.35 \\ LCL &= D_3\bar{R} = 0 \times 1.47 = 0 \end{aligned}$$

연습문제

1. 품질에 대한 세 가지 정의를 비교하시오.
2. 품질비용을 정리하시오.
3. 총괄적 품질관리와 총괄적 품질경영을 대비하시오.
4. 통계적 품질관리에 사용되는 네 가지 기법을 구분하시오.

5. 1회 표본검사법의 기본이 되는 네 가지 개념 AQL, LTPD, 생산자 위험부담, 소비자 위험부담의 관계를 설명하시오.

6. 1회 표본검사법을 설계한다는 것을 구체적으로 설명하시오.

7. 전수검사와 무검사를 시행하는 경우를 구분하시오.

8. 교정검사란 무엇인지 설명하시오.

9. OC 곡선이란 무엇인지 설명하시오.

10. AOQ와 AOQL의 의미를 기술하시오.

11. $p = 0.2$인 베르누이 시행을 나타내는 확률변수 X로부터 추출된 25개의 표본의 평균, $\bar{p}$의 표본분포에 있어서 $\bar{p}$의 기대치와 분산을 구하시오.

12. AQL = 0.05, $\alpha = 0.05$, LTPD = 0.1, $\beta = 0.1$을 만족시키는 표본개수와 임계치를 구하시오.

13. AQL = 0.02, $\alpha = 0.05$, LTPD = 0.06, $\beta = 0.1$일 때 표본개수와 허용불량개수를 구하시오.

14. 로트크기 100에 대하여 표본수는 4, 허용불량개수는 0인, 즉 4개의 표본을 뽑아 불량품이 없는 경우 로트를 받아들이는 표본검사법이 있다. 불량률 0, 0.2, 0.4, 0.6, 0.8, 1에 대하여
    1) OC곡선을 그리시오.
    2) AQL = 0.05, LTPD = 0.1인 경우 α와 β를 OC곡선에 표시하시오.
    3) 교정검사를 실시할 때 AOQL을 구하시오.

15. 크기 20인 로트에서 2개의 표본을 뽑아 불량품이 없으면 합격시키는 표본검사법이 있다. 불량률 $p = 0, 0.2, 0.4, 0.6, 0.8, 1$을 기준으로 하여
    1) OC 곡선을 그리시오.
    2) AOQ를 도표로 표시하고 AOQL을 구하시오.

16. 특정제품의 제조공정의 안정성을 조사하기 위하여 매일 100개의 표본을 10일간 추출하여 불량품의 수를 조사하였다. 매일매일의 불량품의 수는 다음과 같다. p관리도의 CL, UCL, LCL을 설정하시오.

일시	1	2	3	4	5	6	7	8	9	10
불량품수	5	7	3	1	4	7	2	5	2	4

17. K도금회사에서의 도금공정에서는 관리도를 사용하여 생산공정을 검사하고자 한다. 시료의 크기가 200개인 24개의 표본군으로 부터 조사된 불량률은 아래와 같다.

일시	1	2	3	4	5	6	7	8	9	10	11	12
불량률(P)	0.05	0.025	0.05	0.06	0.055	0.045	0.11	0.02	0.06	0.12	0.105	0.075
일시	13	14	15	16	17	18	19	20	21	22	23	24
불량률(P)	0.04	0.07	0.02	0.05	0.055	0.055	0.13	0.065	0.05	0.045	0.055	0.06

1) p관리도의 CL, UCL, LCL을 설정하시오.
2) p관리도를 작성하시오.
3) 작성된 p관리도에 의하여 주어진 공정이 통제되고 있는지 논의하시오.

18. 특정제품의 강도를 관리하기 위하여 5개의 표본을 8회 추출하여 정리하여 본 결과가 다음과 같다.
1) X관리도와 R관리도의 CL과 관리한계선을 설정하시오.
2) 관리도를 작성하고 공정상의 이상유무를 논의하시오.

표본번호	강도				
1	26.4	32.1	31.3	29.1	28.2
2	29.4	26.9	33.1	28.6	32.1
3	31.6	30.1	27.9	29.9	31.2
4	28.4	32.5	29.9	28.7	30.3
5	30.7	32.1	30.4	29.1	28.7
6	28.4	30.2	28.9	33.1	31.4
7	30.9	32.6	30.7	28.9	29.7
8	27.9	30.1	31.2	32.1	29.5

19. 어느 타자수의 페이지당 오자수는 다음과 같다. c관리도를 작성하시오.

일자	1	2	3	4	5	6	7	8	9	10
오자수	3	6	3	2	5	4	3	5	6	3

20. 인쇄된 서류의 페이지당 결점수를 조사한 결과 3, 7, 1, 4, 3, 7, 3 이였다. c관리도를 작성하시오.

21. 청주시내 고속도로 교통감시반에서 국제공항과 연결되는 15mile 고속도로상의 교통사고를 분석한 자료는 다음과 같다.

월	1	2	3	4	5	6	7	8	9	10	11	12	계
사건수	5	3	4	2	1	4	3	6	5	12	4	3	52

1) c관리도를 작성하시오.

2) c관리도가 속성관리도에 속함에도 불구하고 p관리도와 특성상 차이가 있다. 그 차이점을 기술하시오.

제 15 장

설비보전과 신뢰도 분석

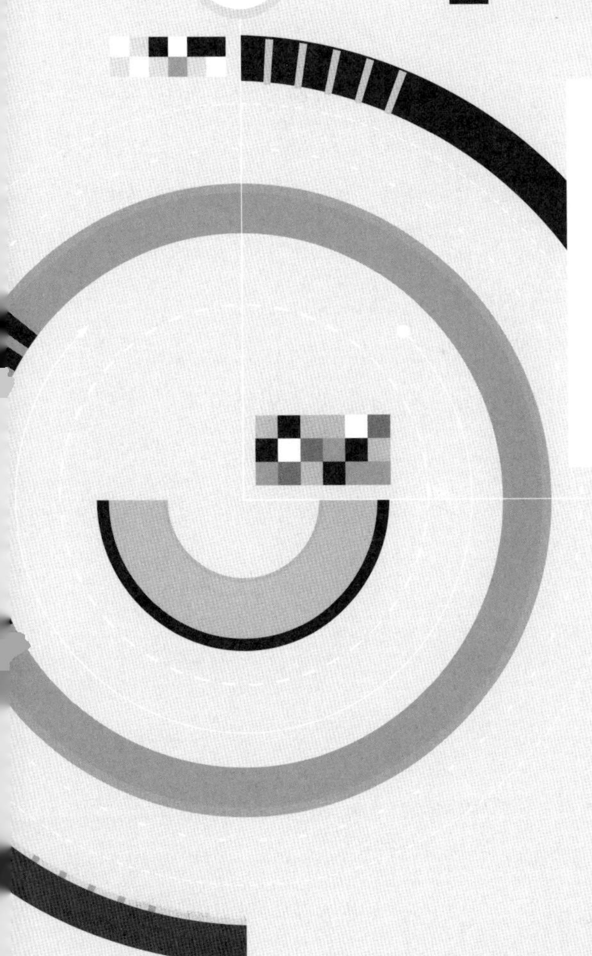

1. 설비보전
2. 예방보전과 교정보전
3. 설비보전비용
4. 설비보전모형
5. 신뢰도 분석

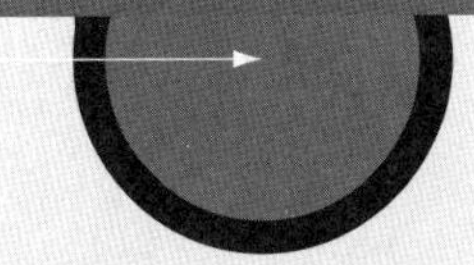

설비는 기업의 생산성을 결정짓는 중요한 자원이다. 생산시스템의 자동화, 자본집약화, 최근의 기술혁신의 가속화는 설비의 중요성을 증대시켰을 뿐만 아니라 이의 효율적 관리를 요구하고 있다. 설비관리는 설비의 계획, 설계, 배치, 활용, 보전, 대체의 전 과정을 통하여 체계적으로 수행되어야 한다. 본 장에서는 보전관리와 설계단계에서 고려되어야 할 신뢰도에 대하여 다룬다.

1 설비보전

설비보전은 설비의 성능을 보존하여 정상적인 상태를 유지하고 가용성을 높이기 위해 수행되는 제반활동을 말하며 생산시스템에서 제조활동을 보완하는 중요한 기능이 된다. 부품의 마모나 고장 등에 의하여 초래되는 설비의 비정상적인 상태는 공정지연, 품질저하, 사기저하, 안전사고, 산업공해를 유발하며 이는 노무비, 수리비, 자본비용의 증대, 고객불만의 원인이 된다.

설비는 장기적으로 사용되는 유형 고정자산의 총칭으로 토지, 건물, 건물부대설비, 생산설비, 운반설비, 사무실설비 등 그 대상의 범위가 넓고 다양하나 본 장에서는 생산설비를 주 대상으로 한다. 보전의 관점에서 보면 인적자원도 그 대상이 된다. 인적자원도 생산성의 요구를 만족시키기 위해서는 휴식, 교육, 훈련, 여가활동을 통한 보전활동이 필요하기 때문이다.

2 예방보전과 교정보전

보전활동은 설비의 고장시점을 기준으로 보전활동이 고장 전에 이루어지는가 고장 후에 이루어지는가에 따라 예방보전(preventive maintenance)과 교정보전(corrective or remedial maintenance)으로 구분된다. 예방보전은 설비의 고장을 방지하기 위하여 수행되는 교육, 주기적 검사 등을 말하며 설비의 상태를 사전에 검사하여 부분적인 정비를 수행하고 기록하여 잠재적인 고장을 예방하고 설비가 정상적인 상태를 유지하도록 계획해 나가는 것을 말한다. 교정보전(고장보전)은 고장에 의하여 비정상적인 상태에 있는 설비를 정상적인 상태로 복원시키기 위하여 수

행하는 수리, 대체 등의 활동을 말한다. 설비의 고장은 전체 생산공정에 영향을 줄 수 있는 만큼 신속한 수행이 요구된다.

보전활동은 숙련된 보전관리자에 의하여 보전의 표준이 설정되고 예산, 인원, 일정, 자재 등에 대한 계획이 수립되어 주기적인 검사가 수행되고 기록으로 유지되어 설비의 상태에 대한 예측이 가능하도록 체계적으로 관리되어야 한다. 기록은 설비에 따른 검사항목, 검사일자, 검사내용, 고장시간, 수리시간, 수리완료시간, 소요비용, 부품재고 등의 내용이 포함되어야 한다.

3 설비보전비용

설비보전비용은 보전활동에 따라 예방보전비용과 교정보전비용으로 구분된다. 예방보전비용은 설비보전을 위한 교육, 주기적 검사, 부분적 정비, 기록유지 등에 소요되는 비용을 말하며 교정보전비용은 설비의 수리, 대체 등에 소요되는 비용과 고장으로 기인한 생산손실에 따른 비용을 말한다. 일반적으로 예방보전비용과 교정보전비용은 서로 역의 관계가 성립되며 총보전비용은 두 비용의 합으로 표시된다.

그림 15.1 보전비용

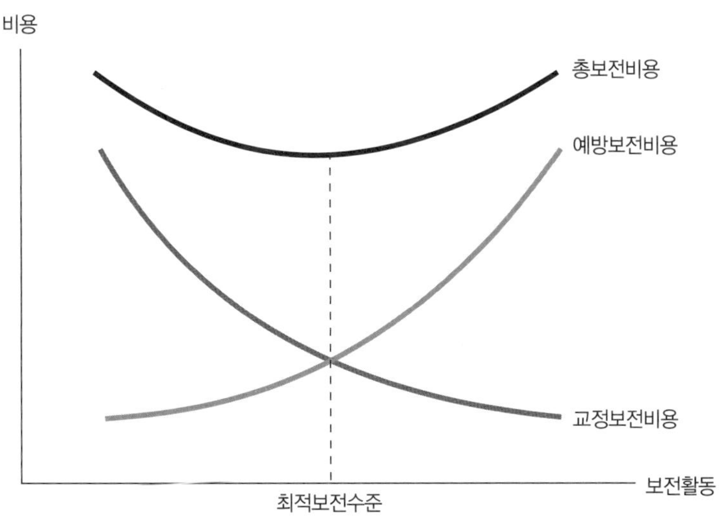

보전활동은 총보전비용이 최소가 되도록 계획되어야 하며 이는 그림 15.1과 같다.

그런데 예방보전비용이나 교정보전비용의 산정은 쉬운 일이 아니다. 수리비용이나 교체비용뿐만 아니라 생산손실에 의한 비용도 포함되어야 하기 때문이다. 보전내용과 관련된 모든 내용에 대하여 데이터베이스가 구성되고 충실하게 유지되어야 함은 설비보전에 매우 중요하다.

4 설비보전모형

총설비보전비용을 최소화하는 최적 설비보전계획을 수립하는 일은 많은 어려움을 수반하지만 전술된 예방보전비용과 교정보전비용을 이용하면 보전활동을 계획하는 데 매우 유용하다. 여기에서는 설비보전과 관련된 다양한 모형들 중에서 기본적인 몇 가지를 소개하여 이해를 돕고자 한다. 설비고장은 확률적 현상이므로 확률적 모형에 중점을 두기로 하겠다.

1. 모의실험모형

설비보전을 효율적으로 실행하는 데는 설비고장시점, 수리완료시점, 수리소요시간 등 과거의 설비보전활동에 대한 자료가 필요하며 모의실험(simulation)은 이러한 자료에 기초하여 실제 현상을 묘사하고 이에 대한 실험을 수행함으로써 'what if' 형태의 질문에 그 결과를 제시하는 방법이다. 그러므로 모의실험을 통하여 고려되는 보전활동에 대한 결과를 어느 정도 예측할 수 있으며 여러 가지 보전정책을 비교해 볼 수 있다. 모의실험을 수행하려면 과거의 자료로부터 분포를 추정하고 매개변수에 따른 동적인 실제상황을 묘사하며 결과를 분석하는 과정이 필요하나 여기에서는 가장 기본적인 예를 들어 설명한다.

성일기업에서는 1명의 기술자가 보전활동을 수행하고 있다. 하루 8시간 동안의 기계의 고장시간과 수리소요시간을 기록하여 표 15.1과 같은 결과를 얻었다. 근무시간은 08:00부터 17:00까지이며 12:00부터 13:00까지는 점심시간이다. 현재 기술자에 지급되는 하루 임금은 10만원이며 기계유휴시간(idle time)당 생산손실비용

표 15.1 기계보전활동에 관한 기록

기계고장신고	8:30	9:30	10:00	11:30	12:00~13:00	14:00	14:30
수리소요시간	1:30	1:00	2:00	0:30	점심시간	1:30	1:00

은 3만원이다. 이때 설비보전과 관련된 총비용을 모의실험하고자 한다.

총설비보전비용은 기술자의 임금과 생산손실비용의 합으로 계산된다. 생산손실비용은 기계유휴시간에 대한 함수로 표시되므로 표 15.1에 주어진 자료를 이용하여 수리시작시간과 수리완료시간이 먼저 계산되어야 한다. 예를 들어 첫 번째 기계고장은 8:30에 발생하는데 기술자는 바로 수리를 시작할 수 있으며 수리소요시간 후인 10:00가 수리완료시간이다. 두 번째 고장은 9:30에 발생하였으나 첫 번째 고장의 수리가 완료된 10:00에 수리가 시작되며 수리소요시간 후인 11:00에 완료된다. 이와 같은 방법으로 실제상황을 묘사하면 그 결과가 표 15.2와 같이 정리된다.

표 15.2의 결과에 의하여 총기계유휴시간은 12시간 30분이며 총생산손실비용은 다음과 같다.

표 15.2 기계유휴시간 계산

기계고장시간 (a)	수리시작시간 (b)	수리소요시간 (c)	수리완료시간 (d=b+c)	기계유휴시간 (d−a)	비고
8:30	8:30	1:30	10:00	1:30	
9:30	10:00	1:00	11:00	1:30	
10:00	11:00	2:00	14:00	3:00	점심시간
11:30	14:00	0:30	14:30	2:00	점심시간
14:00	14:30	1:30	16:00	2:00	
14:30	16:00	1:00	17:00	2:30	
계				12:30	

$$\begin{aligned}\text{총생산손실비용} &= \text{총기계유휴시간} \times \text{생산손실비용(단위유휴시간)} \\ &= 12{,}5 \times 30{,}000 = 375{,}000\text{원}\end{aligned} \quad (15.1)$$

그러므로 하루의 총보전비용은 기술자의 임금 100,000원을 더하여 475,000원이 된다.

예에서는 모의실험의 기본접근방법을 설명하기 위해서 하루를 기준으로 하였으나 더 긴 기간을 대상으로 하여야 하며, 컴퓨터의 적용이 필수적이다. 또한 모의실험을 통하여 여러 가지 대안을 평가할 수 있다. 성일기업에서 1명의 기술자를 더 고용하는 안을 검토한다면 추가된 기술자에 의하여 수리가 수행되므로 수리시작시간과 완료시간이 수정되어 총보전비용이 새로이 계산되며 기술자가 한 명일 때의 총보전비용과 비교한 뒤 기술자를 추가로 고용할 것인가 아닌가를 결정할 수 있다.

2. 대안평가모형

대안평가모형은 설비보전에 관한 몇 가지 대안을 비교함으로써 총보전비용을 최소로 하는 대안을 선택하는 모형이다. 여기에서는 총비용의 확률적 현상을 도입하여 기대치 모형의 예를 제시한다.

한국조선에서는 엔진공장의 레이저절단기계의 월간고장횟수를 조사하여 표 15.3과 같은 결과를 얻었다.

표 15.3 레이저절단기계의 월간고장현황

고장횟수/월	0	1	2	3	4	5
월수	4	6	5	3	1	1

레이저절단기계의 수리는 대한레이저기기회사에서 담당하며 1회 수리비용은 50만원이다. 대한레이저기기회사는 예방보전도 수행하며 매월 180만원을 지불하면 예방보전을 철저히 수행하고 불의의 고장에 대하여도 긴급수리를 수행한다. 그러므로 한국조선은 레이저절단기계의 보전활동을 대한레이저회사에 의뢰해야 하는지 자체적으로 수행해야 하는지를 검토하고 있다.

주어진 두 가지 대안을 평가하기 위해서는 먼저 레이저절단기계의 월간 고장횟수에 대한 확률분포를 추정하고 월간 기대고장횟수를 계산해야 한다. 이에 대한 계산 절차는 표 15.4와 같다.

표 15.4에서 월간 레이저절단기계의 기대고장횟수는 4.4회가 되며 한국조선이

표 15.4 월간 기대고장횟수 계산

고장횟수 (x)	고장빈도/월 ($f(x)$)	확률 ($p(x)$)	$xp(x)$
0	4	0.2	0.8
1	6	0.3	1.8
2	5	0.25	1.25
3	3	0.15	0.45
4	1	0.05	0.05
5	1	0.05	0.05
계	20	1.0	(기대고장횟수) 4.4

교정보전정책을 취하는 경우 월간 기대교정보전비용은 다음과 같이 계산된다.

$$\begin{aligned} \text{월간 기대보전비용} &= \text{기대고장횟수/월} \times \text{수리비용/회} \\ &= 4.4\text{회/월} \times 50\text{만원/회} = 220\text{만원/월} \end{aligned} \tag{15.2}$$

예방보전을 시행하는 경우 월간 보전비용은 1,800,000원이 되므로 대한레이저 회사에 예방보전을 의뢰함으로써 보전비용을 월간 400,000원 절약할 수 있다.

3. 마코브모형

설비는 시간이 경과함에 따라 성능이 저하된다. 성한기업에서는 설비의 상태를 정상상태, 정비가 필요한 상태, 가동불능상태의 3가지로 분류하고 매주말 기계의 상태를 점검하여 기계가 어느 상태에 있는가를 파악한다. 과거의 기록에 따르면 기계의 상태는 표 15.5와 같은 상태전이확률(state transition probability)행렬을 갖는 마코브 과정(markov process)에 의한다.

성한기업은 기계보전정책을 결정하기 위하여 다음과 같은 두 가지 대안을 고려하고 있다.

① **대안 1 :** 기계가 가동불능상태에 이르는 경우에 새 기계로 대체한다.

② **대안 2 :** 기계가 성비상태에 있을 경우 수리를 하고, 가동불능상태에 있을 경

표 15.5 기계의 상태전이확률행렬

주초상태 \ 주말상태	정상(1)	정비(2)	가동불능(3)
정상(1)	1/3	1/2	1/6
정비(2)	0	2/3	1/3
가동불능(3)	0	0	1

우에는 새 기계로 대체한다.

주말에 기계가 정비상태인 경우 수리를 하거나 가동불능상태에서 대체를 하는 경우에는 수리나 대체에 소요되는 일정한 시간 후 다음주 초에 기계의 상태는 정상상태가 된다. 그러므로 각 대안에 대한 기계상태의 상태전이확률행렬은 표 15.6과 같다.

표 15.6 상태전이확률행렬

(1) 대안 1의 상태전이확률행렬

주초 \ 주말	1	2	3
1	1/3	1/2	1/6
2	0	2/3	1/3
3	1	0	0

(2) 대안 2의 상태전이확률행렬

주초 \ 주말	1	2	3
1	1/3	1/2	1/6
2	1	0	0
3	1	0	0

각 기계의 상태에서 발생하는 비용은 표 15.7과 같다.

표 15.7 기계상태의 기대보전비용

기계 상태	보전활동	품질저하비용	수리비용	생산손실비용	총보전비용
정상상태	보전활동 없음	0	0	0	0
정비상태	보전활동 없음	5만원	0	0	5만원
	수리	0	5만원	5만원	10만원
가동불능상태	기계대체	0	10만원	5만원	15만원

대안을 평가하기 위해서는 마코브 과정의 안정상태확률(steady state probability)을 구해야 한다. 다음을 정의한다.

π_1 : 기계가 정상상태에 존재할 안정상태확률
π_2 : 기계가 정비상태에 존재할 안정상태확률
π_3 : 기계가 가동불능상태에 존재할 안정상태확률

안정상태확률을 구하기 위해서는 상태전이확률행렬로부터 일련의 연립방정식을 유도해야 한다. 먼저 대안 1의 경우에는 다음을 유도할 수 있다.

$$\pi_1 = \frac{1}{3}\pi_1 + \pi_3$$

$$\pi_2 = \frac{1}{2}\pi_1 + \frac{2}{3}\pi_2$$

$$\pi_3 = \frac{1}{6}\pi_1 + \frac{1}{3}\pi_2 \tag{15.3}$$

그러나 식 (15.3)에 주어진 방정식은 서로 종속적이므로 다음을 추가한다.

$$\pi_1 + \pi_2 + \pi_3 = 1 \tag{15.4}$$

이제 식 (15.3)에서 임의로 2개의 방정식과 식 (15.4)를 풀면 안정상태확률 $\pi_1 = 6/19$, $\pi_2 = 9/19$, $\pi_3 = 4/19$가 된다. 그러므로 대안 1의 기대보전비용은 다음과 같이 계산된다.

$$0 \times \frac{6}{19} + 50{,}000 \times \frac{9}{19} + 150{,}000 \times \frac{4}{19} = 55{,}263\text{원}$$

대안 2의 경우에도 같은 방법으로 다음의 연립방정식이 성립한다.

$$\pi_1 = \frac{1}{3}\pi_1 + \pi_2 + \pi_3$$

$$\pi_2 = \frac{1}{2}\pi_1$$

$$\pi_3 = \frac{1}{6}\pi_1$$

$$\pi_1 + \pi_2 + \pi_3 = 1$$

그러므로 $\pi_1 = 3/5$, $\pi_2 = 3/10$, $\pi_3 = 1/10$이 되며 대안 2의 기대보전비용은 다음과 같다.

$$0 \times \frac{3}{5} + 100{,}000 \times \frac{3}{10} + 150{,}000 \times \frac{1}{10} = 45{,}000\text{원}$$

대안 2의 기대보전비용이 대안 1의 기대보전비용보다 적으므로 성한기업의 보전 정책은 대안 2를 택하여 기계가 정비상태에 있으면 수리하고 가동불능상태에 있으면 대체하도록 결론지을 수 있다.

4. 대기행렬모형

대기행렬모형(queueing model)은 서비스를 제공하는 서버(server)와 서비스를 제공받기 위해 도착하는 고객(customer)이 존재할 때 발생하는 체증(waiting)현상을 분석하는 이론이다. 보전활동도 서비스활동의 하나로서 대기행렬로 모형화될 수 있다. 대기행렬 모형은 도착과정의 분포, 서비스과정의 분포, 서버의 수, 대기공간의 수, 서비스규칙 등의 투입요소가 주어지면 평균 대기고객의 수, 평균 대기시간, 이용률 등의 결과를 제시한다. 대기행렬 모형은 투입요소에 따라 매우 다양하게 모형화되나 여기에서는 하나의 예로서 대체한다.

성일기업사의 밀링공정에는 3대의 밀링기계가 제품을 생산하고 있으며 기계고장수리를 위하여 1명의 기술자가 근무하고 있다. 각 기계는 평균 10시간마다 고장이 나며 고장사이시간은 지수분포를 갖는다고 한다. 기술자의 수리소요시간은 평균 3시간으로 지수분포를 갖는다. 회사는 평균 고장기계의 수, 기계의 고장시점부터 수리완료시점까지의 평균 소요시간, 근무시간 중 실제 수리에 소요되는 시간의 비율(이용률) 등을 분석하고자 한다.

주어진 문제에 있어서 서버는 기술자가 되고 고객의 도착은 기계의 고장이 되며 1명의 기술자는 단일서버를, 3대의 기계는 도착과정이 상태 종속적으로 대기 공간의 크기 또한 셋으로 제한됨을 의미한다. 지수분포의 특성에 의하여 고장난 기계가 하나도 없는 경우에는 상태가 0, 도착률은 $3 \times (1/10)$, 고장난 기계가 하나인 경우에는 상

태는 1, 도착률은 $2 \times (1/10)$, 그리고 하나의 기계만 정상상태인 경우에는 상태는 2, 도착률은 $1 \times (1/10)$이 되며 서비스율은 항상 1/3이다. 대기시스템은 그림 15.2와 같이 표시된다.

그림 15.2 대기시스템

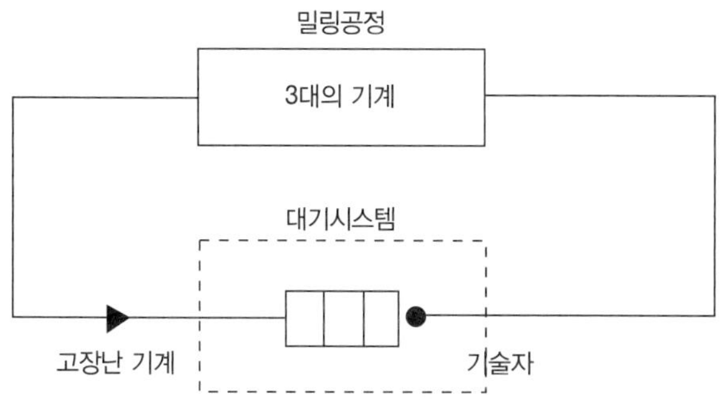

주어진 대기시스템은 그림 15.3과 같은 상태전이도표(state transition diagram)를 갖는다.

그림 15.3 상태전이도표

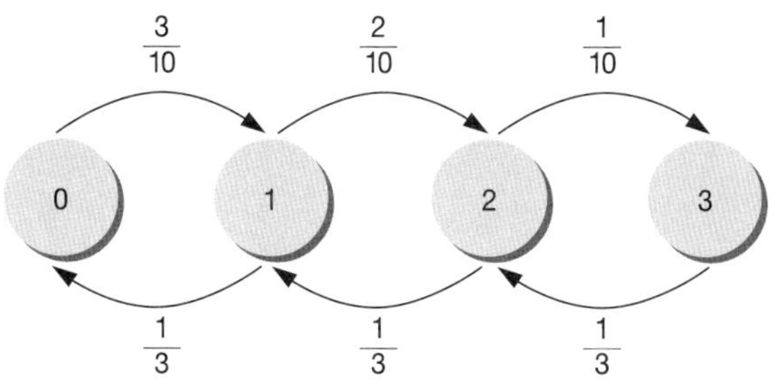

상태전이도표로부터 상세균형방정식을 유도할 수 있다. 이를 위하여 다음을 정의한다.

> π_n : 상태확률, 즉 고장난 기계가 n대일 확률($n = 0, 1, 2, 3$)

그러므로 상세균형방정식은 다음과 같다.

$$\frac{3}{10}\pi_0 = \frac{1}{3}\pi_1$$

$$\frac{2}{10}\pi_1 = \frac{1}{3}\pi_2$$

$$\frac{1}{10}\pi_2 = \frac{1}{3}\pi_3$$

그러므로 다음과 같이 정리된다.

$$\pi_1 = \frac{9}{10}\pi_0$$

$$\pi_2 = \frac{3}{5}\pi_1 = \frac{27}{50}\pi_0$$

$$\pi_3 = \frac{3}{10}\pi_2 = \frac{81}{500}\pi_0 \qquad (14.5)$$

그러므로 $\pi_1 + \pi_2 + \pi_3 = 1$에서 $\pi_0 = 500/1301$, $\pi_1 = 450/1301$, $\pi_2 = 270/1301$, $\pi_3 = 81/1301$이 된다.

다음을 정의한다.

> L : 평균 고장난 기계의 수로서 수리를 기다리는 기계와 수리 중인 기계의 합
> L_q : 수리를 위해서 대기 중인 평균 고장난 기계수
> W : 평균 체제시간, 즉 고장난 시점부터 수리가 완료된 시점까지의 평균 시간
> W_q : 평균 대기시간, 즉 고장난 시점부터 수리가 시작된 시점까지의 평균 시간

시스템 내에 평균 고장난 기계의 수 L은 다음과 같다.

$$L = \sum_{n=0}^{3} n\,\pi_n$$

$$= 0 \times \frac{500}{1301} + 1 \times \frac{450}{1301} + 2 \times \frac{270}{1301} + 3 \times \frac{81}{1301}$$

$$= \frac{1233}{1301} = 0.948\text{대} \qquad (15.6)$$

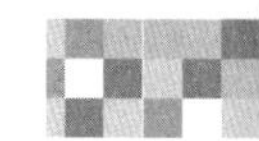

수리를 기다리는 평균 기계수는 평균 고장난 기계수에서 기술자의 이용률, $1 - \pi_0$를 감한 값이 된다.

$$L_q = L - (1 - \pi_0) = \frac{432}{1301} = 0.322\text{대} \tag{15.7}$$

평균 체제시간, W는 리틀(Little) 이론, $L = (1/10)(3 - L)W$를 적용하여 쉽게 구할 수 있다. $(3 - L)/10$은 실제 도착률로서 기계 1대 당 고장률 1/10에 상태 종속적인 도착률을 고려하여 고장이 나지 않은 기계수의 평균값을 곱한 것이다.

$$W = \frac{L}{(3 - L)/10} = \frac{411}{89} = 4.62\text{시간} \tag{15.8}$$

$$W_q = W - \frac{1}{1/3} = \frac{144}{89} = 1.62\text{시간} \tag{15.9}$$

5 신뢰도 분석

지금까지는 설비보전에 대하여 다루었다. 설비보전의 목적은 궁극적으로 생산성의 요구를 만족시키기 위하여 설비의 가용성을 높이 유지하기 위한 활동이다. 그러나 설비의 가용성은 보전성과 더불어서 신뢰도에 영향을 받는다. 설비의 설계와 제작 단계에서 고장이 나기 어려운 제품을 만드는 것도 설비의 가용성을 높이는 방법의 하나이며 이와 관련된 개념을 신뢰도(reliability)로 정의한다. 신뢰도는 주어진 설비가 특정한 환경 하에서 일정한 기간이나 주기 동안 고장 없이 특정한 기능을 수행할 확률로 일반적으로 시간의 함수로 표시된다. 설비의 신뢰도는 각 구성품의 개별 신뢰도를 측정하고 이의 함수로서 전체의 신뢰도가 결정된다. 특히 설비의 체계가 복잡하고 대규모인 경우에 신뢰도는 더욱 중요하다. 예를 들어 아폴로의 성공적 임무수행에 있어서 모든 구성품의 신뢰도는 매우 중요하며 전체 설비의 신뢰도의 기본이 된다.

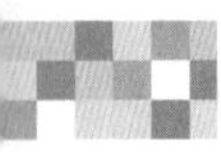

1. 고장의 기본개념

시간이 경과함에 따라 설비는 정상상태에서 비정상상태로 변화되며 가동불능상태로 되는 현상을 고장(failure)이라 한다. 설비의 고장은 일반석으로 초기고장, 우발고장(random failure), 마모고장(wearout failure)의 세 가지로 분류한다.

① **초기고장 :** 설비의 수명의 초기단계에서 발생하는 고장을 말하며 보통불량부품, 부적절한 조립, 부정확한 조정 등 제작 과정의 결함에 의한다. 설비수명의 초기단계에서 비교적 많은 고장이 발생하나 시간이 경과함에 따라 감소한다.

② **우발고장 :** 설비를 정상적으로 사용하는 도중에 발생하는 고장으로 과부하 등의 원인에 의하여 한두 개의 부품이 제 기능을 발휘하지 못함으로써 발생한다. 설비의 신뢰도는 우발고장이 발생하는 정상가동기간을 대상으로 하여 정의된다.

③ **마모고장 :** 설비의 수명말기에 부품의 노후화에 의하여 발생하는 고장으로 시간이 지남에 따라 발생빈도가 증가한다. 설비가 마모고장기에 다다르면 처음 주어진 설비수에 대하여 고장이 나는 설비의 수의 비율은 정규분포를 갖는다.

설비의 초기고장, 우발고장, 마모고장을 고장밀도곡선과 고장률곡선으로 표시하면 그림 15.4와 같다. 고장밀도곡선은 처음에 주어진 설비에 대하여 시간이 경과함에 따라 고장이 발생한 기계의 수의 비율을 도표로 표시한 것이고 고장률곡선은 주어진 시점에 정상상태로 가동 중에 있는 기계에 대하여 고장난 기계의 비율을 도표화한 것이다. 고장밀도곡선은 그 모양에 의하여 욕조곡선(bathtub curve)라고도 불린다.

2. 고장률과 고장사이시간

정상가동기간 내에 발생하는 우발고장현상을 분석하는 데 기본이 되는 개념은 고장률(failure rate)과 고장사이시간(MTBF ; mean time between failure)이다. 고장률은 전체 설비수와 가동시간의 두 가지 관점에서 정의된다.

그림 15.4 고장곡선

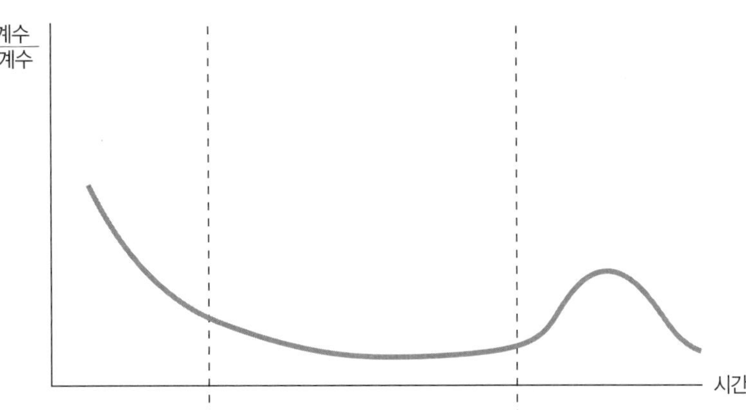

(2) 고장률곡선

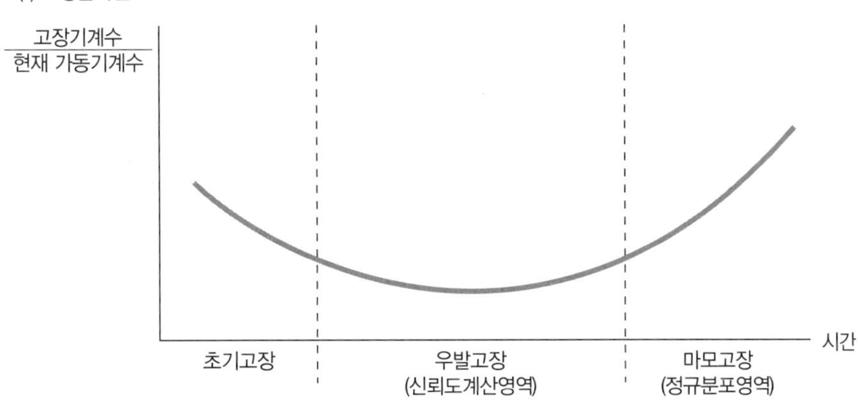

$$\text{고장률(비율)} = \frac{\text{고장난 설비수}}{\text{전체 설비수}}$$

$$\text{고장률(단위시간)} = \frac{\text{고장횟수}}{\text{전체 가동시간}} \tag{15.10}$$

예를 들어 보자. 100대의 기계가 1,000시간 동안 가동된 후에 30대의 기계가 고장이 발생하여 사용하지 못하고 있다. 이때의 고장률은 다음과 같다.

$$\text{고장률(비율)} = \frac{30}{100} = 0.3$$

또한 100대의 기계는 1,000시간 동안 30번의 고장이 발생하였으며 고장난 기계를 수리하는 데 소요되는 시간은 50시간일 때 단위시간당 고장률은 다음과 같이 산정된다.

$$\text{고장률(단위시간)} = \frac{30}{100 \times 1{,}000 - 30 \times 50} = \frac{30}{98{,}500} = 0.0003\text{고장/개}\cdot\text{시간}$$

그러므로 고장률(비율)은 고장밀도곡선과 관련된 개념으로 신뢰도를 측정하는 데 유용한 개념이며 고장률(단위시간)은 MTBF의 역수로서 설비보전이나 신뢰도 분석을 확률적으로 모형화하는 데 유용하게 활용된다.

MTBF는 다음과 같이 적용된다.

$$\text{MTBF} = \frac{\text{전체 가동시간}}{\text{고장횟수}} = \frac{1}{\text{고장률(단위시간)}} \tag{15.11}$$

그러므로 주어진 예에서 MTBF는 다음과 같이 계산된다.

$$\text{MTBF} = \frac{98{,}500}{30} = 3{,}283\text{시간/고장}$$

3. 신뢰도 분석

신뢰도는 설비가 주어진 기간 동안 고장 없이 가동할 확률로서 시간에 주어진 설비의 신뢰도는 다음과 같이 정의된다.

T : 설비의 수명
$R(t)$: 시간에 있어서 설비의 신뢰도

$$R(t) = p(T > t) \tag{15.12}$$

신뢰도 $R(t)$는 1 − 고장률(비율)로도 추정할 수 있다. 즉 처음에 여러 대의 기계를

동시에 가동하여 주어진 전체 기계 중 시간 t까지 정상 가동하는 기계의 비율로 추정될 수 있다.

$$R(t) = \frac{\text{전체 설비수} - \text{고장난 설비수}}{\text{전체 설비수}} = 1 - \text{고장률(비율)} \qquad (15.13)$$

설비의 신뢰도는 구성품의 신뢰도의 함수로 표시됨을 이미 언급하였다. 그러므로 설비의 설계에 있어서 각 부품의 신뢰도를 향상시키고 이를 체계화하여 전체 설비의 신뢰도를 개선할 수 있다. 특히 이와 관련하여 직렬구조(serial structure)와 병렬구조(parallel structure)가 관심의 대상이 된다. 구성품 $i(i = 1, \cdots, n)$의 신뢰도를 R_i라고 하면 직렬구조와 병렬구조는 그림 15.5와 같이 도표화된다.

전체 설비의 신뢰도를 R_s라고 하면 직렬구조와 병렬구조의 신뢰도 R_s는 각 구성품의 신뢰도에 대한 함수로서 다음과 같다.

$$R_s(\text{직렬}) = R_1 \times R_2 \times R_3$$
$$R_s(\text{병렬}) = 1 - (1 - R_1)(1 - R_2)(1 - R_3) \qquad (15.14)$$

결과적으로 주어진 구조에 구성품을 병렬로 추가하면 신뢰도는 항상 증가하나

그림 15.5 직렬구조와 병렬구조

(1) 직렬구조

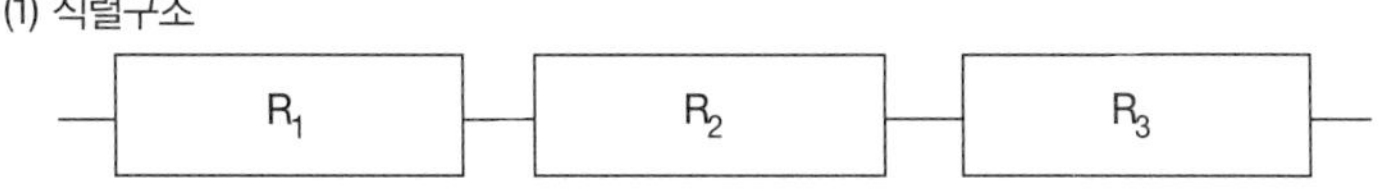

(2) 병렬구조

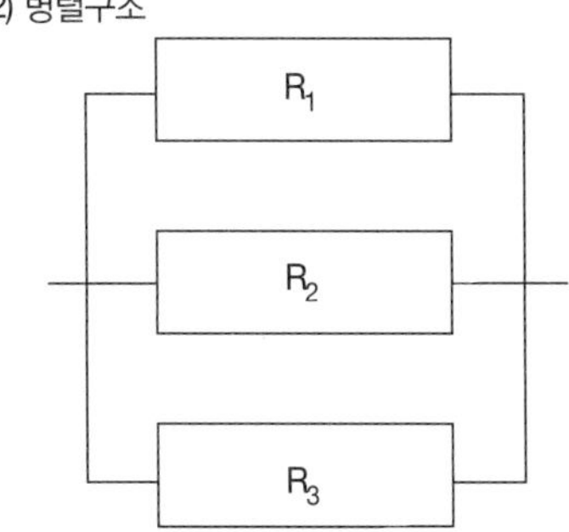

그림 15.6 시스템구조

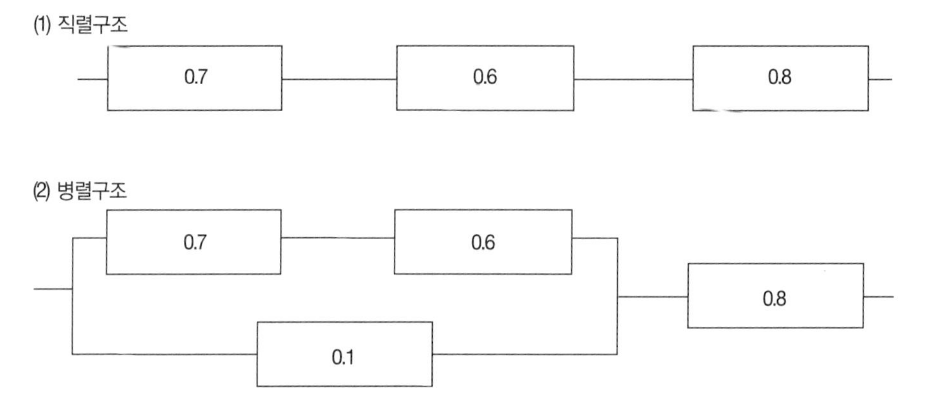

비용이 그만큼 추가되므로 안전이나 성능이 중요시되는 고가의 설비에 적용된다.

예를 들어 보자. 그림 15.6에 주어진 2가지 구조에 있어서 처음의 구조는 직렬구조이며 두 번째 구조는 병렬로 구성품을 추가한 경우이다. 각각의 신뢰도는 다음과 같으며 병렬구조에서 신뢰도가 증가함을 알 수 있다.

$$R_s(1) = 0.7 \times 0.6 \times 0.8 = 0.336$$

$$R_s(2) = \{1 - (1 - 0.7\times0.6)(1 - 0.1)\}\times0.8 = 0.3824$$

연습문제

1. 예방보전과 교정보전을 비교하시오.
2. 설비보전모형에서 모의실험모형의 장단점을 생각하시오.
3. 설비보전모형에서 마코브모형과 대기행렬모형의 적용상의 차이점을 구분하시오.
4. 고장의 종류에 따른 특성과 이에 따른 분포를 연관지으시오.
5. 고장밀도곡선과 고장률곡선의 차이점을 구분하시오.
6. 제품의 수명주기와 관련하여 고장률을 나타내는 욕조곡선을 그리고 고장의 종류와 특성을 연관지으시오.

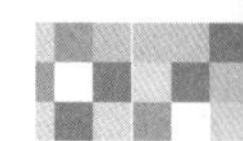

7. 신뢰도를 개선할 수 있는 방법들을 생각해 보시오.

8. 어느 회사의 설비 A의 특정 달에 있어서의 고장횟수에 대한 확률은 아래와 같다.

고장횟수	0	1	2	3	4	5
확률	0.1	0.2	0.3	0.2	0.1	0.1

고장이 나면 평균 25,000원의 수리비용이 소요되나 매월 30,000원을 지불하고 정비를 의뢰할 경우에는 정비회사가 1회를 초과하는 고장에 대하여 무료로 책임을 진다. 주어진 두 보존정책 중 어느 것이 유리한지 생각하시오.

9. 기계상태가 새 것과 같은 상태를 0, 부분적인 보수를 요하는 상태를 1, 대보수를 요하는 상태를 2라고 분류할 때 주어진 보수정책에 따른 상태전이확률행렬은 다음과 같다. 기계가 상태 0, 1, 2에 존재할 안정상태확률을 각각 π_0, π_1, π_2라고 하자.

$$\begin{array}{c} \\ 0 \\ 1 \\ 2 \end{array} \begin{bmatrix} 0 & 1 & 2 \\ 1/2 & 1/4 & 1/4 \\ 0 & 2/3 & 1/3 \\ 1 & 0 & 0 \end{bmatrix}$$

1) 균형상태확률 π_0, π_1, π_2를 구하시오.
2) 단위기간당 상태 1에서의 불량품에 의한 비용은 1,000원, 상태 2에서는 생산손실과 기계보수에 의한 비용 3,000원이 발생할 때, 단위기간 당 발생하는 기대비용을 산출하시오.

10. 설비의 상태를 새것과 같은 상태를 0, 보수를 요하는 상태를 1, 생산불능상태를 2라 하자. 정책 1은 설비가 상태 2인 경우에만 전면보수를 시행하는 것이며, 정책 2는 상태 1에서 부분보수, 상태 2에서 전면보수를 시행하는 것이다. 상태 0에서 소요되는 비용은 0이며, 상태 1에서 소요되는 비용은 400, 상태 1에서 부분보수에 소요되는 비용은 600, 상태 2에서 전면보수에 소요되는 비용은 1,000이다. 설비상태의 변화는 보수정책에 따라서 다음과 같은 상태전이확률행렬을 갖는다.

고려되는 2가지 정책 중에서 더 좋은 정책은 어느 것인지 생각하시오.

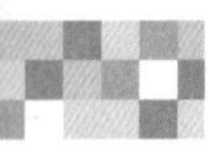

<정책 1>

	0	1	2
0	1/8	3/4	1/8
1	0	3/4	1/4
2	1	0	0

<정책 2>

	0	1	2
0	1/8	3/4	1/8
1	1	0	0
2	1	0	0

11. 경영연구소 복사기의 상태는 새 것과 같은 상태(상태 1), 약간 성능이 떨어진 상태(상태 2), 작동불능상태(상태 3)으로 분류된다. 현재는 복사기가 상태 3의 경우에 전면보수를 시행하며 보수 후에는 상태 1로 전이된다(정책 1). 연구소는 상태 2와 상태 3에서 모두 전면보수를 시행하는 것을 고려 중이다(정책 2). 각 정책 하에서 상태변이확률과 관련되는 비용은 아래와 같다.

<정책 1>

	1	2	3
1	2/3	1/6	1/6
2	0	3/4	1/4
3	1	0	0

<정책 2>

	1	2	3
1	2/3	1/6	1/6
2	1	0	0
3	1	0	0

<관련비용>

복사기 상태	비용/단위기간	비고
1	0	
2	4,000	종이손실 및 기타 재비용
2(보수)	5,000	보수 및 복사불능에 따른 비용
3(보수)	5,000	

각각의 정책에 의한 기대 비용을 구하고 두 정책을 비교하시오.

12. 작업장은 3대의 기계로 구성되었다. 각 기계의 단위시간당 고장횟수는 기대치 0.5인 푸아송 분포에 의한다. 대기 중인 1명의 수리공은 단위시간당 평균 2대를 수리하며 수리소요시간은 지수분포에 의한다. 평균 고장대수를 구하시오.

13. 머플러정비소에는 단위시간당 평균 도착률이 4대인 푸아송 분포에 의하여 머플러를 수리하려는 차가 도착한다. 2명의 기계공이 고장난 머플러를 교체하며 각 기계공의 작업소요시간은 평균 작업소요시간이 1/3시간인 지수분포를 갖는다. 정비소에는 5대의 차까지 대기할 수 있다. 정비소에 n대의 차가 존재할 상태확률을 π_n이라 하자.

1) 상태전이도표를 그리시오.
2) 상세균형방정식을 유도하시오.
3) 상태확률 π_0, π_1, $\pi_2\pi_3$, π_4, π_5를 구하시오.
4) 평균 대기길이를 구하시오.
5) 작업을 기다리는 차의 평균 대수를 구하시오.
6) 평균 대기시간을 구하시오.
7) 작업을 기다리는 평균 대기시간을 구하시오.

14. 백화점에는 짐을 싣고 내리는 도크(dock)에는 한 트럭씩 작업이 진행된다. 트럭은 단위시간에 평균 3대로 도착하고 도크에서는 평균 4대가 작업(서비스)이 수행된다. 도착률과 서비스율은 모두 푸아송 분포를 갖는다.

1) 주어진 도크의 이용률을 구하시오.
2) 상태확률을 구하시오.
3) 도크 내의 평균 트럭수를 구하시오.
4) 작업을 기다리는 평균 트럭수를 구하시오.
5) 리틀법칙을 적용하고 설명하시오.

15. 신뢰도의 의미를 기술하고 다음 병렬로 구성된 시스템의 신뢰도를 구하시오. 주어진 수치는 해당 구성품의 신뢰도를 나타낸다.

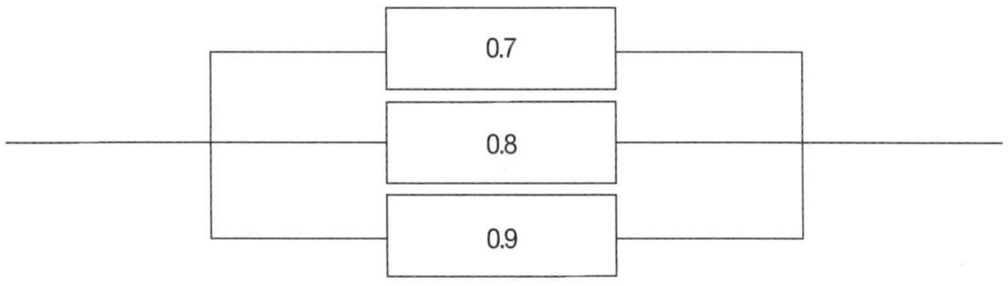

16. 다음과 같이 구성된 시스템의 신뢰도를 구하시오.

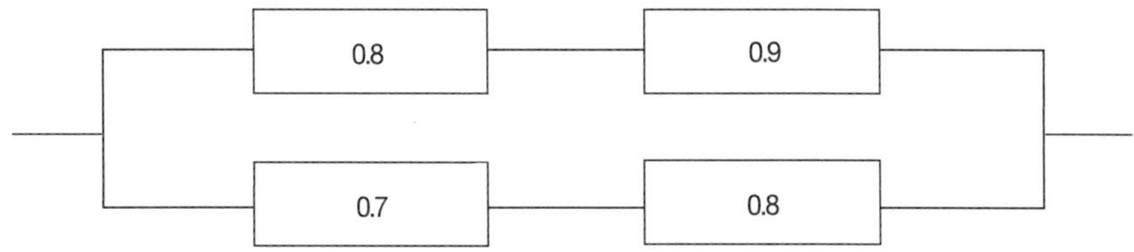

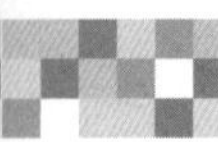

17. 주어진 시스템의 신뢰도를 구하시오.

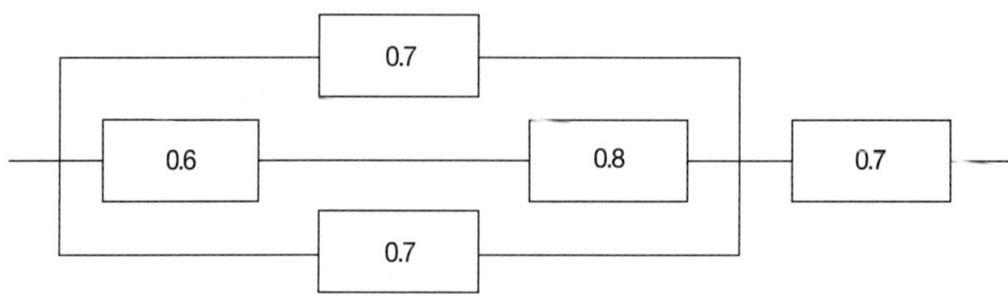

제 16 장

적시생산시스템

1. 설비배치 및 보전
2. 가동준비시간의 단축
3. 균등부하
4. 다기능작업자
5. 적시부품조달
6. 무결점
7. 칸반시스템
8. JIT시스템의 실행

JIT(just-in-time production)시스템은 일본의 도요다자동차회사에서 체계화시킨 생산방식으로 필요한 제품을 필요한 때에 필요한 양만큼 생산하여 공급하는 것을 그 이념으로 한다. JIT시스템에 있어서는 제품의 가치에 기여하지 않는 모든 것을 낭비라고 보고 낭비의 근원을 모두 제거하여 지속적인 원가절감, 무결점, 무재고, 무한한 제품 다양성을 목표로 완벽을 추구한다. 그러므로 JIT시스템은 대량생산체제 하에서의 합격품질수준, 안전재고 및 최대재고량, 표준화된 제품의 범위 등과는 완전히 다른 개념에 기초하여 수립된 생산방식이다.

JIT시스템은 제2차 세계대전 후 일본이 처한 열악한 환경에서 생성된 린(lean) 생산시스템의 부품조달 및 제조방식이다. 린 생산방식은 시장조사, 제품설계, 부품조달, 공장운영, 마케팅, 사후관리를 포괄하는 제조시스템의 기능을 통합하는 개념으로 구미의 대량생산방식과 대비하여 MIT연구소에서 일본식 제조기업의 경영방식에 부여한 명칭으로 대량생산방식에 비하여 적은(lean) 것을 의미한다. 이는 대량생산방식에 비하여 제조되는 제품의 종류는 더 다양하나 소요되는 노동력, 공장규모, 설비투자, 제품개발시간 등은 반감될 뿐만 아니라 결점부품수, 재고 등이 현저하게 감소함을 의미한다. 린 생산방식은 신제품개발, 제조방식, 판매유통체계, 경영관리방식의 제 분야에서 대량생산방식과 상이한 접근방법이 적용되고 있으나 여기에서는 JIT생산방식으로 대별되는 제조방식에 관한 내용만을 설명한다.

JIT시스템을 구성하는 요소로는 GT, 총괄적 예방보전(total preventive maintenance), 가동준비시간의 단축(reduced setup times), 균등부하(uniform workload), 다기능작업자(multi-functional workers), 적시부품조달(just-in-time delivery of purchased parts), 칸반(kanban)시스템 등이 있다.

1 설비배치 및 보전

JIT의 설비배치에는 작업물이 한 작업장에서 다음 작업장으로 원활히 흘러갈 수 있도록 GT가 적용된다. 이러한 라인흐름에 의한 설비배치는 JIT시스템에 있어서 가동준비시간, 로트크기, 재공품재고를 줄이는 데 기본이 된다. 또한 작업자들의 이동과 대화가 가능하도록 공장면적을 좁게 할 뿐만 아니라 신제품개발에서 완제품생산까지 필요한 모든 활동을 동일한 장소에서 수행하도록 하여 모든 정보를 공유하고 높은 효율과 품질, 융통성을 추구한다. 부품업체도 가능한한 동일지역 내에 위치한다. 작업자는 다기능화되고 설비는 자동화되어 항상 최상의 상태로 보전되며 고장이 발생시에는 다기능작업자들에 의하여 즉시 수리된다.

2 가동준비시간의 단축

가동준비시간은 최대한으로 단축된다. 가동준비시간은 설비의 가동을 중단하지 않고서는 불가능한 내부 가동준비작업과 설비의 가동과 무관한 외부 가동준비작업으로 구분되는 데 가동준비시간을 단축하기 위해서는 설비가동과 무관한 외부 준비작업을 철저히 하여 기계가동이 중단되는 시간을 최소화한다. 이는 표준화된 공구와 NC 기계, 작업방법개선, 다기능작업자 등을 통하여 이루어진다.

EPQ 모형에 의하면 가동준비비용이 감소하면 EPQ가 감소하며 로트크기가 감소하면 재고가 감소한다. 대량생산에서는 작업의 작업소요시간을 줄이는 데만 노력하여 왔으며 긴 가동준비시간은 결과적으로 로트크기를 증대시켰다. 가동준비시간의 단축은 제품구성과 생산량의 변동에 유연성을 높이고 로트크기와 재고를 감소시킬 뿐만 아니라 혼류생산을 가능케 한다. 혼류생산이란 계획된 제품별 생산량을 가장 작은 생산단위 비율로 지속적으로 반복생산하는 생산방식으로, 하루에 제품 A가 200단위, 제품 B가 100단위 계획되어 있는 경우에는 제품 A가 2단위, 제품 B가 1단위씩 반복적으로 생산된다. 혼류생산은 모든 작업장과 부품조달업체의 부하를 균일하게 하여 적시부품조달을 가능하게 하는 방법이 된다. 또한 혼류생산은 제품단위당 생산비용을 절감시킨다. 이는 재고를 발생시키지 않으므로 재고유지비용이 절감되며, 모든 공정에서 각 구성품이 소량으로 제조되므로 품질이 매우 중요하게 인식되고, 공정상의 하자는 즉시 발견되어 완제품에서 발생되는 높은 수리비용이나 폐기처분비용을 방지할 수 있기 때문이다.

3 균등부하

JIT시스템은 수요가 안정되어 있을 때 적절하다. 급격한 수요변화는 부품업체에 안정된 납품물량을 확보해 주지 못하며 제조시스템 내의 원활한 작업물의 흐름을 저해하여 필요한 제품을 적시에 적량생산할 수 없게 한다. 그러므로 안정된 수요를 확보하기 위한 방법으로 시장이 불황일 경우에는 판매가격을 인하하는 등의 적극적 판매방식(push sales)으로 생산평준화를 추구한다. 마찬가지로 MPS는 매일매일의 부하가 일정하도록 수립된다. 생산계획은 생산능력과 비교되고 작업자, 부품업체에 통보되며, 생산계획이 변경되는 경우에는 상호협의하여 문제점을 보완한다.

4 다기능작업자

작업자는 모든 설비를 가동할 수 있어야 할 뿐만 아니라 가동준비, 정비, 품질검사, 청소 등의 추가적 기능까지도 수행할 수 있는 다기능을 보유해야 한다. 특히 JIT시스템에 있어서 의사결정과 문제해결은 계층적이기 보다는 수평적인 다직능그룹의 팀워크를 기반으로 한다. 대부분의 의사결정과 문제해결은 자체수행되며 위로부터의 명령이 하달되거나 아래로부터 정보가 위로 전달되는 일이 많지 않다.

반면에 경영자는 회사 내 모든 부문간의 기능을 통합조정하고 부품업체와 생산공장을 연결하는 기능을 수행한다. 그러므로 작업자는 정보를 공유하고 문제해결능력과 적극적 의지를 가지고 최대한 업무를 책임져야 한다. 품질분임조 및 공정개선 제안제도도 활용하며 생산현장에서 발생하는 문제를 스스로 해결한다.

5 적시부품조달

필요한 부품은 조달업체로부터 때로는 시간마다 또는 하루에 대여섯 번씩 조달되어 재고를 최소화하며 납품된 부품은 일반적으로 품질검사 없이 직접 라인에 투입된다. 부품업체와 모회사는 원가 및 생산기술에 대한 정보를 공유하고 원가절감 및 품질향상을 위하여 지속적으로 상호협력하며 적정이윤을 서로 공유한다. 대규모 설비가 필요한 경우에는 부품업체를 하나의 업체로 제한하나 일반적으로는 동일부품의 부품업체들로 이루어진 자사부품협력회를 구성하고 이에 속한 둘 이상의 업체에 나누어 주문된다. 부품협력회에 속하는 부품업체들은 생산기술과 성과를 높이기 위하여 함께 노력하며 모회사는 부품업체의 노력에 대한 대가를 지불한다. 대규모 설비를 요하는 예를 자동차산업에서 보면 트랜스 액슬, 전자식 연료분사장치,

엔진제어용 컴퓨터 등이 있다. 모회사는 부품업체의 결함부품수, 납기준수여부, 원가절감, 개선의지 등을 항상 평가한다.

6 무결점

JIT시스템에서는 재고가 유지되지 않으므로 제품의 불량은 매우 심각하게 인식되고 발견 즉시 개선된다. 또한 그 원인이 끝까지 추적되어 동일한 문제가 재발되지 않도록 강구된다. 예를 들어 보자. 불량이 발견되면 작업은 바로 중단되고 불량이 발생한 원인을 탐색한다. 작업자의 훈련부족이 그 원인으로 판명되면 다시 훈련부족의 원인을 찾는다. 작업자들이 자주 이직하여 새로운 작업자가 기계를 조작하였기 때문에 훈련이 부족하였다고 하면 다시 이직률이 높은 이유가 탐색된다. 작업이 단조롭고 소음 때문에 이직률이 높다고 판명되면 작업공정을 재설계한다.

7 칸반시스템

JIT시스템에 있어서는 다음 생산단계가 필요로 할 때에만 전 단계에서의 작업이 진행된다. 즉 주어진 단계는 다음 단계에서 필요한 때에만 생산하여 공급하고 다음 단계에서 수요가 발생하지 않으면 자동적으로 생산을 중단하며 이러한 과정을 통하여 재공품재고를 최소화한다. 이와 같이 다음 단계의 수요에 의하여 생산이 허가되고 작업물이 이동하는 제조방식을 끌어당기기(pull) 방식이라 한다. 대량생산방식에서는 주어진 단계에서 작업이 완료된 작업물은 다음 단계에 대기공간이 존재하면 바로 다음 단계로 이동되는데 이러한 방법을 밀어내기(push) 방식이라 하여 끌어당기기 방식과 대별된다.

끌어당기기 방식은 칸반시스템으로 특징지어진다. 칸반시스템은 JIT시스템에서 작업물들이 중간단계에서 멈추거나 적체되지 않고 원활한 흐름을 가짐으로써 재고를 최소화할 뿐만 아니라 생산율, 생산량, 생산시기 등에 더욱 효율적인 통제를 할 수 있는 정보시스템이다. 일본어로 칸반은 각 작업장에서의 생산과 작업장 간의 작업물의 이동을 통제하는 카드를 의미하는데 제조시스템 내의 작업물에는 항상 하나의 칸반이 부착되며 하나의 작업장에서 부착된 칸반은 다음 작업장으로 진입할 때에는 작업물에서 이탈되고 다음 작업장에 존재하는 새로운 칸반이 부착된다. 사용되는 칸반의 종류에 따라 칸반시스템은 단일칸반시스템(single kanbnan system)과 이중칸반시스템(dual kanban systen)으로 구분된다. 이중칸반시스템에서는 생산칸반(production kanban)과 이동칸반(withdrawal kanban)의 2종류의 칸반이 각 작업장에 일정수로 존재하며 생산칸반은 작업물의 생산허가를, 이동칸반은 작업물의 작업장간의 이동을 통제한다. 반면에 단일칸반시스템에 있어서는 각 작업장에 동일 종류의 칸반(conveyance kanban)이 일정수 존재하며 작업물의 생산과 이동을 모두 통제한다.

예로서 라인생산시스템에 있어서 단일칸반시스템을 보자. 생산시스템은 몇 개의 작업장이 라인형태로 배치되어 있으며 각 작업장에는 일정수의 칸반이 존재하여 재공품의 수 및 작업물의 흐름을 통제한다. 주어진 작업장에 배치된 일정수의 칸반은 3종류의 기능을 수행한다.

① 작업을 기다리는 작업물에 부착되어 작업물의 작업수행을 기다린다. 이는 작업중에 있는 작업물까지 포함한다.

② 작업이 완료되었으나 다음 단계에 여분의 칸반이 존재하지 않아 다음 단계로의 진입이 봉쇄된 작업물에 부착되어 다음 단계의 작업장으로의 진입을 기다린다. 그러므로 주어진 단계에 작업을 완료한 작업물이 존재한다는 것은 다음

그림 16.1 칸반시스템

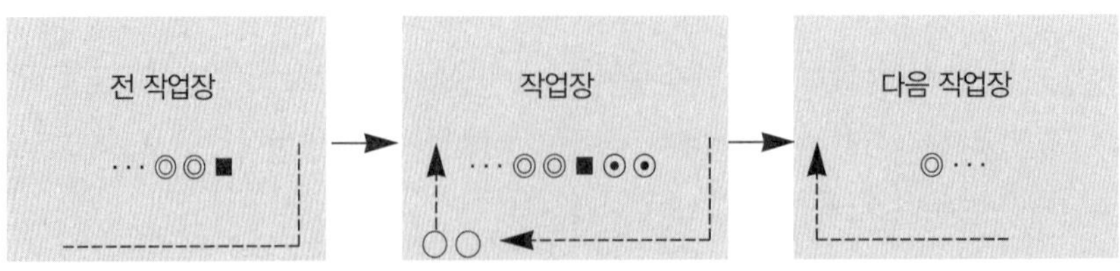

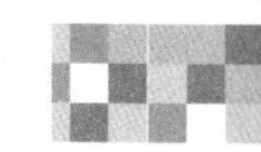

단계에 여분의 칸반이 존재하지 않음을 의미한다. 만약 다음 단계에서 작업을 완료한 하나의 작업물이 새로운 칸반을 부여받고 그 다음 단계로 진입하면 그 작업물에서 떼어낸 칸반을 부여받고 바로 다음 단계로 진입한다. 이때 주어진 단계에서 작업물로부터 떼어내진 칸반은 여분의 칸반이 되거나 또는 전 단계에서 작업을 완료하고 진입이 봉쇄된 작업물에 부여되어 작업물을 주어진 단계로 진입시킨다.

③ 여분의 칸반으로 존재할 수 있다. 주어진 작업장에 여분의 칸반이 존재한다는 것은 전 단계에 작업이 완료한 작업물이 없음을 의미한다. 만약 전 단계의 작업장에서 작업물이 작업을 완료하면 즉시 전 단계의 칸반이 작업물에서 떨어지고 여분의 칸반은 그 작업물에 부착되어 작업물을 주어진 작업장으로 진입시킨다.

즉 작업물이 하나의 단계에서 다음 단계로 이동해가는 동안 각 단계에 비치된 칸반은 항상 주어진 단계에 존재하면서 하나의 작업물에 부착되어 작업물을 주어진 단계로 진입시켜 작업의 수행을 기다리며, 작업이 완료되어 작업물이 다음 단계의 칸반을 부여받아 다음 단계로 옮겨지면 다시 전 단계에서 작업을 완료한 작업물에 부착되거나 여분의 칸반으로 존재한다.

그러므로 칸반시스템에서는 최종 작업장으로부터 전 단계의 수요를 계속적으로 유발하여 작업물을 연속적으로 끌어당겨 작업을 수행하며, 각 작업장에서의 칸반은 인접한 단계들간의 작업물의 이동을 조정하여 재공품재고를 최소화시키고 모든 작업물이 어느 중간 단계에 멈추거나 봉쇄되지 않고 원활한 흐름을 갖는 데 기여한다.

8 JIT시스템의 실행

지금까지는 JIT시스템의 다양한 구성요소와 더불어 대량생산방식과의 차이를 보았다. JIT시스템은 좋은 품질의 다양한 제품을 보다 저렴한 가격으로 공급함으로써 가장 효과적인 생산방식 중의 하나임이 입증되어 왔다. 또한 인간중심적인 면에서도 작업자들에게 동기가 더 부여되고 만족스러운 일거리를 제공하게 된다. 그러나 JIT시스템을 적용한 공장들이 모두 동일한 효율성을 보이는 것은 아니며 이를 적용하기 위해서는 많은 노력과 고통이 뒤따른다. 그러므로 효율적인 JIT시스템을 실행하기 위하여 필수적인 몇 가지 내용을 기술하기로 한다.

① 상당기간 안의 교육과 경험이 필요하다.
② 작업내용, 품질, 재고 등에 관한 작업자의 절대적인 의식 전환이 필요하다.
③ 관리자, 작업자, 부품업체가 상호간의 의무와 책무를 다하며 모두가 능동적 참여로 계속적인 향상을 주도해가야 한다.
④ 개인적인 전문화된 기술에 가치가 부여되지 않고 습득된 다기능이 팀의 조직 속에서 활용될 수 있어야 한다.

연습문제

1. 밀어내기 시스템과 끌어당기기 시스템을 대비하시오.
2. JIT의 구성요소를 적으시오.
3. JIT에서 혼류생산이 가능한 조건은 무엇이며 이의 적용시 이점을 적으시오.
4. JIT와 구미시스템에서의 의사결정과정을 비교하시오.
5. 수요의 안정성과 관련하여 JIT와 MRP를 비교하시오.
6. JIT와 MRP의 차이점을 대별하시오.
7. 린 생산방식과 구미 생산방식에 있어서 신제품설계, 공장운영, 부품조달체계, 판매유통체계, 기업경영방식의 차이점을 조사하시오.

부록

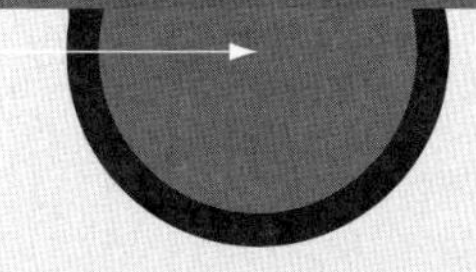

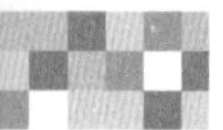

부록 1 난수표

63271	59986	71744	51102	15141	80714	58683	93108	13554	79945
88547	09896	95436	79115	08303	01041	20030	63754	08459	28364
55957	57243	83865	09911	19761	66535	40102	26646	60147	15702
46276	87453	44790	67122	45573	84358	21625	16999	13385	22782
55363	07449	34835	15290	76616	67191	12777	21861	68689	03263
69393	92785	49902	58447	42048	30378	87618	26933	40640	16281
13186	29431	88190	04588	38733	81290	89541	70290	40113	08243
17726	28652	56836	78351	47327	18518	92222	55201	27340	10493
36520	64465	05550	30157	82242	29520	69753	72602	23756	54935
81628	36100	39254	56835	37636	02421	98063	89641	64953	99337
84649	48968	75215	75498	49539	74240	03466	49292	36401	45525
63291	11618	12613	75055	43915	26488	41116	64531	56827	30825
70502	53225	03655	05915	37140	57051	48393	91322	25653	06543
06426	24771	59935	49801	11082	66762	94477	02494	88215	27191
20711	55609	29430	70165	45406	78484	31639	52009	18873	96927
41990	70538	77191	25860	55204	73417	83920	69468	74972	38712
72452	36618	76298	26678	89334	33938	95567	29380	75906	91807
37042	40318	57099	10528	09925	89773	41335	96244	29002	46453
53766	52875	15987	46962	67342	77592	57651	95508	80033	69828
90585	58955	53122	16025	84299	53310	67380	84249	25348	04332
32001	96293	37203	64516	51530	37069	40261	61374	05815	06714
62606	64324	46354	72157	67248	20135	49804	09226	64419	29457
10078	28073	85389	50324	14500	15562	64165	06125	71353	77669
91561	46145	24177	15294	10061	98124	75732	00815	83452	97355
13091	98112	53959	79607	52244	63303	10413	63839	74762	50289
73864	83014	72457	22682	03033	61714	88173	90835	00634	85169
66668	25467	48894	51043	02365	91726	09365	63167	95264	45643
84745	41042	29493	01836	09044	51926	43630	63470	76508	14194
48068	26805	94594	47907	13357	38412	33318	26098	82782	42851
54310	96175	97594	88616	42035	38093	36745	56702	40644	83514
14877	33095	10924	58013	61439	21882	42059	24177	58739	60170
78295	23179	02771	43464	59061	71411	05697	67194	30495	21157
67524	02865	39593	54278	04237	92441	26602	63835	38032	94770
58268	57219	68124	73455	83236	08710	04284	55005	84171	42596
97158	28672	50685	01181	24262	19427	52106	34308	73685	74246
04230	16831	69085	30802	65559	09205	71829	06489	85650	38707
94879	56606	30401	02602	57658	70091	54986	41394	60437	03195
71446	15232	66715	26385	91518	70566	02888	79941	39684	54315
32886	05644	79316	09819	00813	88407	17461	73925	53037	91904
62048	33711	25290	21526	02223	75947	66466	06232	10913	75336

부록 2 표준정규분포표

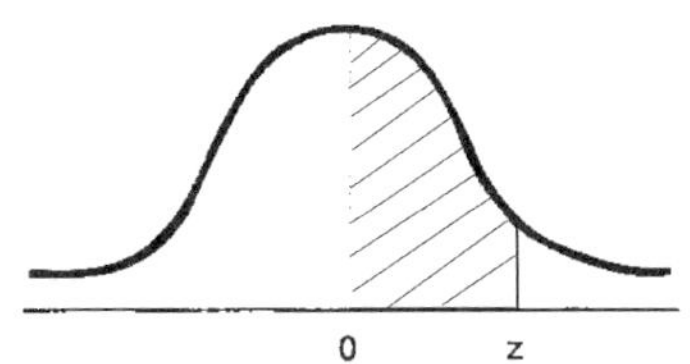

z	.00	.01	.02	.03	.04	.05	.06	.07	.08	.09
0.0	.0000	.0040	.0080	.0120	.0160	.0199	.0239	.0279	.0319	.0359
0.1	.0398	.0438	.0478	.0517	.0557	.0596	.0636	.0675	.0714	.0753
0.2	.0793	.0832	.0871	.0910	.0948	.0987	.1026	.1064	.1103	.1141
0.3	.1179	.1217	.1255	.1293	.1331	.1368	.1406	.1443	.1480	.1517
0.4	.1554	.1591	.1628	.1664	.1700	.1736	.1772	.1808	.1844	.1879
0.5	.1915	.1950	.1985	.2019	.2054	.2088	.2123	.2157	.2190	.2224
0.6	.2257	.2291	.2324	.2357	.2389	.2422	.2454	.2486	.2518	.2549
0.7	.2580	.2612	.2642	.2673	.2704	.2734	.2764	.2794	.2823	.2852
0.8	.2881	.2910	.2939	.2967	.2995	.3023	.3051	.3078	.3106	.3133
0.9	.3159	.3186	.3212	.3238	.3264	.3289	.3315	.3340	.3365	.3389
1.0	.3413	.3438	.3461	.3485	.3508	.3531	.3554	.3577	.3599	.3621
1.1	.3643	.3665	.3686	.3708	.3729	.3749	.3770	.3790	.3810	.3830
1.2	.3849	.3869	.3888	.3907	.3925	.3944	.3962	.3980	.3997	.4015
1.3	.4032	.4049	.4066	.4082	.4099	.4115	.4131	.4147	.4162	.4177
1.4	.4192	.4207	.4222	.4236	.4251	.4265	.4279	.4292	.4306	.4319
1.5	.4332	.4345	.4357	.4370	.4382	.4394	.4406	.4418	.4429	.4441
1.6	.4452	.4463	.4474	.4484	.4495	.4505	.4515	.4525	.4535	.4545
1.7	.4554	.4564	.4573	.4582	.4591	.4599	.4608	.4616	.4625	.4633
1.8	.4641	.4649	.4656	.4664	.4671	.4678	.4686	.4693	.4699	.4706
1.9	.4713	.4719	.4726	.4732	.4738	.4744	.4750	.4756	.4761	.4767
2.0	.4772	.4778	.4783	.4788	.4793	4798	.4803	.4808	.4812	.4817
2.1	.4821	.4826	.4830	.4834	.4838	4842	.4846	.4850	.4854	.4857
2.2	.4861	.4864	.4868	.4871	.4875	4878	.4881	.4884	.4887	.4890
2.3	.4893	.4896	.4898	.4901	.4904	4906	.4909	.4911	.4913	.4916
2.4	.4918	.4920	.4922	.4925	.4927	4929	.4931	.4932	.4934	.4936
2.5	.4938	.4940	.4941	.4943	.4945	4946	.4948	.4949	.4951	.4952
2.6	.4953	.4955	.4956	.4957	.4959	4960	.4961	.4962	.4963	.4964
2.7	.4965	.4966	.4967	.4968	.4969	4970	.4971	.4972	.4973	.4974
2.8	.4974	.4975	.4976	.4977	.4977	4978	.4979	.4979	.4980	.4981
2.9	.4981	.4982	.4982	.4983	.4984	4984	.4985	.4985	.4986	.4986
3.0	.4987	.4987	.4987	.4988	.4988	.4989	.4989	.4989	.4990	.4990
4.0	4999685									

(예 : z = 1.24일 때 빗금친 부분의 확률은 0.3925임.)

부록 3 t-분포표

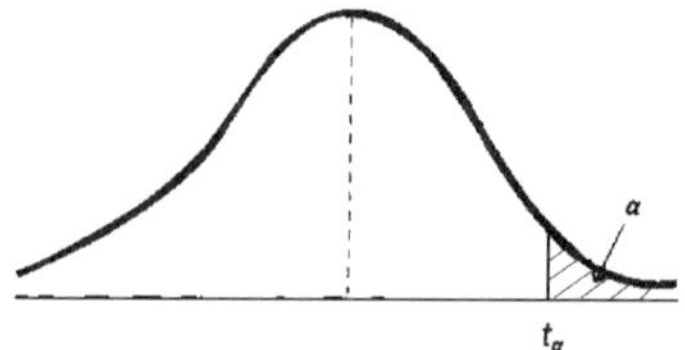

자유도	α=0.4	0.25	0.1	0.05	0.025	0.01	0.005
1	0.325	1.000	3.078	6.314	12.706	31.821	63.657
2	.289	0.816	1.886	2.920	4.303	6.965	9,925
3	.277	.765	1.638	2.353	3.182	4.541	5.841
4	.271	.741	1.533	2.132	2.776	3.747	4.604
5	0.267	0.727	1.476	2.015	2.571	3.365	4.032
6	.265	.718	1.440	1.943	2.447	3.143	3.707
7	.263	.711	1.415	1.895	2.365	2.998	3.499
8	.262	.706	1.397	1.860	2.306	2.896	3.355
9	.261	.703	1.383	1.833	2.262	2.821	3.250
10	0.260	0.700	1.372	1.812	2.228	2.764	3.169
11	.260	.697	1.363	1.796	2.201	2.718	3.106
12	.259	.695	1.356	1.782	2.179	2.681	3.055
13	.259	.694	1.350	1.771	2.160	2.650	3.012
14	.258	.692	1.345	1.761	2.145	2.624	2.977
15	0.258	0.691	1.341	1.753	2.131	2.602	2.947
16	.258	.690	1.337	1.746	2.120	2.583	2.921
17	.257	.689	1.333	1.740	2.110	2.567	2.898
18	.257	.688	1.330	1.734	2.101	2.552	2.878
19	.257	.688	1.328	1.729	2.093	2.539	2.861
20	0.257	0.687	1.325	1.725	2.086	2.528	2.845
21	.257	.686	1.323	1.721	2.080	2.518	2.831
22	.256	.686	1.321	1.717	2.074	2.508	2.819
23	.256	.685	1.319	1.714	2.069	2.500	2.807
24	.256	.685	1.318	1.711	2.064	2.492	2.797
25	0.256	0.684	1.316	1.708	2.060	2.485	2.787
26	.256	.684	1.315	1.706	2.056	2.479	2.779
27	.256	.684	1.314	1.703	2.052	2.473	2.771
28	.256	.683	1.313	1.701	2.048	2.467	2.763
29	.256	.683	1.311	1.699	2.045	2.462	2.756
30	0.256	0.683	1.310	1.697	2.042	2.457	2.750
40	.255	.681	1.303	1.684	2.021	2.423	2.704
60	.254	.679	1.296	1.671	2.000	2.390	2.660
120	.254	.677	1.289	1.658	1.980	2.358	2.617
∞	.253	.674	1.282	1.645	1.960	2.326	2.576

(예 : 자유도가 15일 때 t값이 2.602면 오른쪽 끝의 빗금친 부분의 확률은 1%임.)

부록 4 누적이항확률표

누적이항확률표 : $p[x \le c] = \sum_{x=0}^{c} \binom{n}{x} p^x (1-p)^{n-x}$

	c	.05	.10	.20	.30	.40	.50	.60	.70	.80	.90	.95
$n=1$	0	.950	.900	.800	.700	.600	.500	.400	.300	.200	.100	.050
	1	1.000	1.000	1.000	1.000	1.000	1.000	1.000	1.000	1.000	1.000	1.000
$n=2$	0	.902	.810	.640	.490	.360	.250	.160	.090	.040	.010	.002
	1	.997	.990	.960	.910	.840	.750	.640	.510	.360	.190	.097
	2	1.000	1.000	1.000	1.000	1.000	1.000	1.000	1.000	1.000	1.000	1.000
$n=3$	0	.857	.729	.512	.343	.216	.125	.064	.027	.008	.001	.000
	1	.993	.972	.896	.784	.648	.500	.352	.216	.104	.028	.007
	2	1.000	.999	.992	.973	.936	.875	.784	.657	.488	.271	.143
	3	1.000	1.000	1.000	1.000	1.000	1.000	1.000	1.000	1.000	1.000	1.000
$n=4$	0	.815	.656	.410	.240	.130	.063	.026	.008	.002	.000	.000
	1	.986	.948	.819	.652	.475	.313	.179	.084	.027	.004	.000
	2	1.000	.996	.973	.916	.821	.688	.525	.348	.181	.052	.014
	3	1.000	1.000	.998	.992	.974	.938	.870	.760	.590	.344	.185
	4	1.000	1.000	1.000	1.000	1.000	1.000	1.000	1.000	1.000	1.000	1.000
$n=5$	0	.774	.590	.328	.168	.078	.031	.010	.002	.000	.000	.000
	1	.977	.919	.737	.528	.337	.188	.087	.031	.007	.000	.000
	2	.999	.991	.942	.837	.683	.500	.317	.163	.058	.009	.001
	3	1.000	1.000	.993	.969	.913	.813	.663	.472	.263	.081	.023
	4	1.000	1.000	1.000	.998	.990	.969	.922	.832	.672	.410	.226
	5	1.000	1.000	1.000	1.000	1.000	1.000	1.000	1.000	1.000	1.000	1.000
$n=6$	0	.735	.531	.262	.118	.047	.016	.004	.001	.000	.000	.000
	1	.967	.886	.655	.420	.233	.109	.041	.011	.002	.000	.000
	2	.998	.984	.901	.744	.544	.344	.179	.070	.017	.001	.000
	3	1.000	.999	.983	.930	.821	.656	.456	.256	.099	.016	.002
	4	1.000	1.000	.998	.989	.959	.891	.767	.580	.345	.114	.033
	5	1.000	1.000	1.000	.999	.996	.994	.953	.882	.738	.469	.265
	6	1.000	1.000	1.000	1.000	1.000	1.000	1.000	1.000	1.000	1.000	1.000
$n=7$	0	.698	.478	.210	.082	.028	.008	.002	.000	.000	.000	.000
	1	.956	.850	.577	.329	.159	.063	.019	.004	.000	.000	.000
	2	.996	.974	.852	.647	.420	.227	.096	.029	.005	.000	.000
	3	1.000	.997	.967	.874	.710	.500	.290	.126	.033	.003	.000
	4	1.000	1.000	.995	.971	.904	.773	.580	.353	.148	.026	.004
	5	1.000	1.000	1.000	.996	.981	.938	.841	.671	.423	.150	.044
	6	1.000	1.000	1.000	1.000	.998	.992	.972	.918	.790	.522	.302
	7	1.000	1.000	1.000	1.000	1.000	1.000	1.000	1.000	1.000	1.000	1.000
$n=8$	0	.663	.430	.168	.058	.017	.004	.001	.000	.000	.000	.000
	1	.943	.813	.503	.255	.106	.035	.009	.001	.000	.000	.000

(예 : $n=6012$, $p=0.40$일 때 x가 2보다 작거나 같을 확률은 0.544임.)

		p										
		.05	.10	.20	.30	.40	.50	.60	.70	.80	.90	.95
	c											
	2	.994	.962	.797	.552	.315	.145	.050	.011	.001	.000	.000
	3	1.000	.995	.944	.806	.594	.363	.174	.058	.010	.000	.000
	4	1.000	1.000	.990	.942	.826	.637	.406	.194	.056	.005	.000
	5	1.000	1.000	.999	.989	.950	.855	.685	.448	.203	.038	.006
	6	1.000	1.000	1.000	.999	.991	.965	.894	.745	.497	.187	.057
	7	1.000	1.000	1.000	1.000	.999	.996	.983	.942	.832	.570	.337
	8	1.000	1.000	1.000	1.000	1.000	1.000	1.000	1.000	1.000	1.000	1.000
$n=9$	0	.630	.387	.134	.040	.010	.002	.000	.000	.000	.000	.000
	1	.929	.775	.436	.196	.071	.020	.004	.000	.000	.000	.000
	2	.992	.947	.738	.463	.232	.090	.025	.004	.000	.000	.000
	3	.999	.992	.914	.730	.483	.254	.099	.025	.003	.000	.000
	4	1.000	.999	.980	.901	.733	.500	.267	.099	.020	.001	.000
	5	1.000	1.000	.997	.975	.901	.746	.517	.270	.086	.008	.001
	6	1.000	1.000	1.000	.996	.975	.910	.768	.537	.262	.053	.008
	7	1.000	1.000	1.000	1.000	.996	.980	.929	.804	.564	.225	.071
	8	1.000	1.000	1.000	1.000	1.000	.998	.990	.960	.866	.613	.370
	9	1.000	1.000	1.000	1.000	1.000	1.000	1.000	1.000	1.000	1.000	1.000
$n=10$	0	.599	.349	.107	.028	.006	.001	.000	.000	.000	.000	.000
	1	.914	.736	.376	.149	.046	.011	.002	.000	.000	.000	.000
	2	.988	.930	.678	.383	.167	.055	.012	.002	.000	.000	.000
	3	.999	.987	.879	.650	.382	.172	.055	.011	.001	.000	.000
	4	1.000	.998	.967	.850	.633	.377	.166	.047	.006	.000	.000
	5	1.000	1.000	.994	.953	.834	.623	.367	.150	.033	.002	.000
	6	1.000	1.000	.999	.989	.945	.828	.618	.350	.121	.013	.001
	7	1.000	1.000	1.000	.998	.988	.945	.833	.617	.322	.070	.012
	8	1.000	1.000	1.000	1.000	.998	.989	.954	.851	.624	.264	.086
	9	1.000	1.000	1.000	1.000	1.000	.999	.994	.972	.893	.651	.401
	10	1.000	1.000	1.000	1.000	1.000	1.000	1.000	1.000	1.000	1.000	1.000
$n=11$	0	.569	.314	.086	.020	.004	.000	.000	.000	.000	.000	.000
	1	.898	.697	.322	.113	.030	.006	.001	.000	.000	.000	.000
	2	.985	.910	.617	.313	.119	.033	.006	.001	.000	.000	.000
	3	.998	.981	.839	.570	.296	.113	.029	.004	.000	.000	.000
	4	1.000	.997	.950	.790	.533	.274	.099	.022	.002	.000	.000
	5	1.000	1.000	.988	.922	.753	.500	.247	.078	.012	.000	.000
	6	1.000	1.000	.998	.978	.901	.726	.467	.210	.050	.003	.000
	7	1.000	1.000	1.000	.996	.971	.887	.704	.430	.161	.019	.002
	8	1.000	1.000	1.000	.999	.994	.967	.881	.687	.383	.090	.015
	9	1.000	1.000	1.000	1.000	.999	.994	.970	.887	.678	.303	.102
	10	1.000	1.000	1.000	1.000	1.000	1.000	.996	.980	.914	.686	.431
	11	1.000	1.000	1.000	1.000	1.000	1.000	1.000	1.000	1.000	1.000	1.000

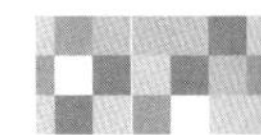

		p										
	c	0.05	.10	.20	.30	.40	.50	.60	.70	.80	.90	.95
$n=12$	0	.540	.282	.069	.014	.002	.000	.000	.000	.000	.000	.000
	1	.882	.659	.275	.085	.020	.003	.000	.000	.000	.000	.000
	2	.980	.889	.558	.253	.083	.019	.003	.000	.000	.000	.000
	3	.998	.974	.795	.493	.225	.073	.015	.002	.000	.000	.000
	4	1.000	.996	.927	.724	.438	.194	.057	.009	.001	.000	.000
	5	1.000	.999	.981	.882	.665	.387	.158	.039	.004	.000	.000
	6	1.000	1.000	.996	.961	.842	.613	.335	.118	.019	.001	.000
	7	1.000	1.000	.999	.991	.943	.806	.562	.276	.073	.004	.000
	8	1.000	1.000	1.000	.998	.985	.927	.775	.507	.205	.026	.002
	9	1.000	1.000	1.000	1.000	.997	.981	.917	.747	.442	.111	.020
	10	1.000	1.000	1.000	1.000	1.000	.997	.980	.915	.725	.341	.118
	11	1.000	1.000	1.000	1.000	1.000	1.000	.998	.986	.931	.718	.460
	12	1.000	1.000	1.000	1.000	1.000	1.000	1.000	1.000	1.000	1.000	1.000
$n=13$	0	.513	.254	.055	.010	.001	.000	.000	.000	.000	.000	.000
	1	.865	.621	.234	.064	.013	.002	.000	.000	.000	.000	.000
	2	.975	.866	.502	.202	.058	.011	.001	.000	.000	.000	.000
	3	.997	.966	.747	.421	.169	.046	.008	.001	.000	.000	.000
	4	1.000	.994	.901	.654	.353	.133	.032	.004	.000	.000	.000
	5	1.000	.999	.970	.835	.574	.291	.098	.018	.001	.000	.000
	6	1.000	1.000	.993	.938	.771	.500	.229	.062	.007	.000	.000
	7	1.000	1.000	.999	.982	.902	.709	.426	.165	.030	.001	.000
	8	1.000	1.000	1.000	.996	.968	.867	.647	.346	.099	.006	.000
	9	1.000	1.000	1.000	.999	.992	.954	.831	.579	.253	.034	.003
	10	1.000	1.000	1.000	1.000	.999	.989	.942	.798	.498	.134	.025
	11	1.000	1.000	1.000	1.000	1.000	.998	.987	.936	.766	.379	.135
	12	1.000	1.000	1.000	1.000	1.000	1.000	.999	.990	.945	.746	.487
	13	1.000	1.000	1.000	1.000	1.000	1.000	1.000	1.000	1.000	1.000	1.000
$n=14$	0	.488	.229	.044	.007	.001	.000	.000	.000	.000	.000	.000
	1	.847	.585	.198	.047	.008	.001	.000	.000	.000	.000	.000
	2	.970	.842	.448	.161	.040	.006	.001	.000	.000	.000	.000
	3	.996	.956	.698	.355	.124	.029	.004	.000	.000	.000	.000
	4	1.000	.991	.870	.584	.279	.090	.018	.002	.000	.000	.000
	5	1.000	.999	.956	.781	.486	.212	.058	.008	.000	.000	.000
	6	1.000	1.000	.988	.907	.692	.395	.150	.031	.002	.000	.000
	7	1.000	1.000	.998	.969	.850	.605	.308	.093	.012	.000	.000
	8	1.000	1.000	1.000	.992	.942	.788	.514	.219	.044	.001	.000
	9	1.000	1.000	1.000	.998	.982	.910	.721	.416	.130	.009	.000
	10	1.000	1.000	1.000	1.000	.996	.971	.876	.645	.302	.044	.004
	11	1.000	1.000	1.000	1.000	.999	.994	.960	.839	.552	.158	.030
	12	1.000	1.000	1.000	1.000	1.000	.999	.992	.953	.802	.415	.153
	13	1.000	1.000	1.000	1.000	1.000	1.000	.999	.993	.956	.771	.512
	14	1.000	1.000	1.000	1.000	1.000	1.000	1.000	1.000	1.000	1.000	1.000

						p					
		.05	.10	.20	.30	.40	.50	.60	.70	.80	.90	.95
	c											
$n=15$	0	.463	.206	.035	.005	.000	.000	.000	.000	.000	.000	.000
	1	.829	.549	.167	.035	.005	.000	.000	.000	.000	.000	.000
	2	.964	.816	.398	.127	.027	.004	.000	.000	.000	.000	.000
	3	.995	.944	.648	.297	.091	.018	.002	.000	.000	.000	.000
	4	.999	.987	.836	.515	.217	.059	.009	.001	.000	.000	.000
	5	1.000	.998	.939	.722	.403	.151	.034	.004	.000	.000	.000
	6	1.000	1.000	.982	.896	.610	.304	.095	.015	.001	.000	.000
	7	1.000	1.000	.996	.950	.787	.500	.213	.050	.004	.000	.000
	8	1.000	1.000	.999	.985	.905	.696	.390	.131	.018	.000	.000
	9	1.000	1.000	1.000	.996	.966	.849	.597	.278	.061	.002	.000
	10	1.000	1.000	1.000	.999	.991	.941	.783	.485	.164	.013	.001
	11	1.000	1.000	1.000	1.000	.998	.982	.909	.703	.352	.056	.005
	12	1.000	1.000	1.000	1.000	1.000	.996	.973	.873	.602	.184	.036
	13	1.000	1.000	1.000	1.000	1.000	1.000	.995	.965	.833	.451	.171
	14	1.000	1.000	1.000	1.000	1.000	1.000	1.000	.995	.965	.794	.537
	15	1.000	1.000	1.000	1.000	1.000	1.000	1.000	1.000	1.000	1.000	1.000
$n=16$	0	.440	.185	.028	.003	.000	.000	.000	.000	.000	.000	.000
	1	.811	.515	.141	.026	.003	.000	.000	.000	.000	.000	.000
	2	.957	.789	.352	.099	.018	.002	.000	.000	.000	.000	.000
	3	.993	.932	.598	.246	.065	.011	.001	.000	.000	.000	.000
	4	.999	.983	.798	.450	.167	.038	.005	.000	.000	.000	.000
	5	1.000	.997	.918	.660	.329	.105	.019	.002	.000	.000	.000
	6	1.000	.999	.973	.825	.527	.227	.058	.007	.000	.000	.000
	7	1.000	1.000	.993	.926	.716	.402	.142	.026	.001	.000	.000
	8	1.000	1.000	.999	.974	.858	.598	.284	.074	.007	.000	.000
	9	1.000	1.000	1.000	.993	.942	.773	.473	.175	.027	.001	.000
	10	1.000	1.000	1.000	.998	.981	.895	.671	.340	.082	.003	.000
	11	1.000	1.000	1.000	1.000	.995	.962	.833	.550	.202	.017	.001
	12	1.000	1.000	1.000	1.000	.999	.989	.935	.754	.402	.068	.007
	13	1.000	1.000	1.000	1.000	1.000	.998	.982	.901	.648	.211	.043
	14	1.000	1.000	1.000	1.000	1.000	1.000	.997	.974	.859	.485	.189
	15	1.000	1.000	1.000	1.000	1.000	1.000	1.000	.997	.972	.815	.560
	16	1.000	1.000	1.000	1.000	1.000	1.000	1.000	1.000	1.000	1.000	1.000
$n=17$	0	.418	.167	.023	.002	.000	.000	.000	.000	.000	.000	.000
	1	.792	.482	.118	.019	.002	.000	.000	.000	.000	.000	.000
	2	.950	.762	.310	.077	.012	.001	.000	.000	.000	.000	.000
	3	.991	.917	.549	.202	.046	.006	.000	.000	.000	.000	.000
	4	.999	.978	.758	.389	.126	.025	.000	.000	.000	.000	.000
	5	1.000	.955	.894	.597	.264	.072	.011	.001	.000	.000	.000
	6	1.000	.999	.962	.775	.448	.166	.035	.003	.000	.000	.000
	7	1.000	1.000	.989	.895	.641	.315	.092	.013	.000	.000	.000
	8	1.000	1.000	.997	.960	.801	.500	.199	.040	.003	.000	.000

		p										
		.05	.10	.20	.30	.40	.50	.60	.70	.80	.90	.95
	c											
	9	1.000	1.000	1.000	.987	.908	.685	.359	.105	.011	.000	.000
	10	1.000	1.000	1.000	.997	.965	.834	.552	.225	.038	.001	.000
	11	1.000	1.000	1.000	.999	.989	.928	.736	.403	.106	.005	.000
	12	1.000	1.000	1.000	1.000	.997	.975	.874	.611	.242	.022	.001
	13	1.000	1.000	1.000	1.000	1.000	.994	.954	.798	.451	.083	.009
	14	1.000	1.000	1.000	1.000	1.000	.999	.988	.923	.690	.238	.050
	15	1.000	1.000	1.000	1.000	1,000	1.000	.998	.981	.882	.518	.208
	16	1.000	1.000	1.000	1.000	1.000	1.000	1.000	.998	.997	.833	.582
	17	1.000	1.000	1.000	1.000	1.000	1.000	1.000	1.000	1.000	1.000	1.000
$n=18$	0	.397	.150	.018	.002	.000	.000	.000	.00	.000	.000	.000
	1	.774	.450	.099	.014	.001	.000	.000	.000	.000	.000	.000
	2	.942	.734	.271	.060	.008	.001	.000	.000	.000	.000	.000
	3	.989	.902	.501	.165	.033	.004	.000	.000	.000	.000	.000
	4	.998	.972	.716	.333	.094	.015	.001	.000	.000	.000	.000
	5	1.000	.994	.867	.534	.209	.048	.006	.000	.000	.000	.000
	6	1.000	.999	.949	.722	.374	.119	.020	.001	.000	.000	.000
	7	1.000	1.000	.984	.859	.563	.240	.058	.006	.000	.000	.000
	8	1.000	1.000	.996	.940	.737	.407	.135	.021	.001	.000	.000
	9	1.000	1.000	.999	.979	.865	.593	.263	.060	.004	.000	.000
	10	1.000	1.000	1.000	.994	.942	.760	.437	.141	.016	.000	.000
	11	1.000	1.000	1.000	.999	.980	.881	.626	.278	.051	.001	.000
	12	1.000	1.000	1.000	1.000	.994	.952	.791	.466	.133	.006	.000
	13	1.000	1.000	1.000	1.000	.999	.985	.906	.667	.284	.028	.002
	14	1.000	1.000	1.000	1.000	1.000	.996	.967	.835	.499	.098	.011
	15	1.000	1.000	1.000	1.000	1.000	.999	.992	.940	.729	.266	.058
	16	1.000	1.000	1.000	1.000	1.000	1.000	.999	.986	.901	.550	.226
	17	1.000	1.000	1.000	1.000	1.000	1.000	1.000	.998	.982	.850	.603
	18	1.000	1.000	1.000	1.000	1.000	1.000	1.000	1.000	1.000	1.000	1.000
$n=19$	0	.377	.135	.014	.001	.000	.000	.000	.000	.000	.000	.000
	1	.755	.420	.083	.010	.001	.000	.000	.000	.000	.000	.000
	2	.933	.705	.237	.046	.005	.000	.000	.000	.000	.000	.000
	3	.987	.885	.455	.133	.023	.002	.000	.000	.000	.000	.000
	4	.998	.965	.673	.282	.070	.010	.001	.000	.000	.000	.000
	5	1.000	.991	.837	.474	.163	.032	.003	.000	.000	.000	.000
	6	1.000	.998	.932	.666	.308	.084	.012	.001	.000	.000	.000
	7	1.000	1.000	.997	.818	.488	.180	.035	.003	.000	.000	.000
	8	1.000	1.000	.993	.916	.667	.324	.088	.011	.000	.000	.000
	9	1.000	1.000	.998	.967	.814	.500	.186	.033	.002	.000	.000
	10	1.000	1.000	1.000	.989	.912	.676	.333	.084	.007	.000	.000
	11	1.000	1.000	1.000	.997	.965	.820	.512	.182	.023	.000	.000
	12	1.000	1.000	1.000	.999	.988	.916	.692	.334	.068	.002	.000
	13	1.000	1.000	1.000	1.000	.997	.968	.837	.526	.163	.009	.000

		p										
		.05	.10	.20	.30	.40	.50	.60	.70	.80	.90	.95
	c											
	14	1.000	1.000	1.000	1.000	.999	.990	.930	.718	.327	.035	.002
	15	1.000	1.000	1.000	1.000	1.000	.998	.977	.867	.545	.115	.013
	16	1.000	1.000	1.000	1.000	1.000	1.000	.995	.954	.763	.295	.067
	17	1.000	1.000	1.000	1.000	1.000	1.000	.999	.990	.917	.580	.245
	18	1.000	1.000	1.000	1.000	1.000	1.000	1.000	.999	.986	.865	.623
	19	1.000	1.000	1.000	1.000	1.000	1.000	1.000	1.000	1.000	1.000	1.000
$n=20$	0	.358	.122	.012	.001	.000	.000	.000	.000	.000	.000	.000
	1	.736	.293	.069	.008	.001	.000	.000	.000	.000	.000	.000
	2	.925	.677	.206	.035	.004	.000	.000	.000	.000	.000	.000
	3	.984	.867	.411	.107	.016	.001	.000	.000	.000	.000	.000
	4	.997	.957	.630	.238	.051	.006	.000	.000	.000	.000	.000
	5	1.000	.989	.804	.416	.126	.021	.002	.000	.000	.000	.000
	6	1.000	.998	.913	.608	.250	.058	.006	.000	.000	.000	.000
	7	1.000	1.000	.968	.772	.416	.132	.021	.001	.000	.000	.000
	8	1.000	1.000	.990	.887	.596	.252	.057	.005	.000	.000	.000
	9	1.000	1.000	.997	.952	.765	.412	.128	.017	.001	.000	.000
	10	1.000	1.000	.999	.983	.872	.588	.245	.048	.003	.000	.000
	11	1.000	1.000	1.000	.995	.943	.748	.404	.113	.010	.000	.000
	12	1.000	1.000	1.000	.999	.979	.868	.584	.228	.032	.000	.000
	13	1.000	1.000	1.000	1.000	.994	.942	.750	.392	.087	.002	.000
	14	1.000	1.000	1.000	1.000	.998	.979	.874	.584	.196	.011	.000
	15	1.000	1.000	1.000	1.000	1.000	.994	.949	.762	.370	.043	.003
	16	1.000	1.000	1.000	1.000	1.000	.999	.984	.893	.589	.133	.016
	17	1.000	1.000	1.000	1.000	1.000	1.000	.996	.965	.794	.323	.075
	18	1.000	1.000	1.000	1.000	1.000	1.000	.999	.992	.931	.608	.264
	19	1.000	1.000	1.000	1.000	1.000	1.000	1.000	.999	.988	.878	.642
	20	1.000	1.000	1.000	1.000	1.000	1.000	1.000	1.000	1.000	1.000	1.000
$n=25$	0	.277	.072	.004	.000	.000	.000	.000	.000	.000	.000	.000
	1	.642	.271	.027	.002	.000	.000	.000	.000	.000	.000	.000
	2	.873	.537	.098	.009	.000	.000	.000	.000	.000	.000	.000
	3	.966	.764	.234	.033	.002	.000	.000	.000	.000	.000	.000
	4	.993	.902	.421	.090	.009	.000	.000	.000	.000	.000	.000
	5	.999	.967	.617	.193	.029	.002	.000	.000	.000	.000	.000
	6	1.000	.991	.780	.341	.074	.007	.000	.000	.000	.000	.000
	7	1.000	.998	.891	.512	.154	.022	.001	.000	.000	.000	.000
	8	1.000	1.000	.953	.677	.274	.054	.004	.000	.000	.000	.000
	9	1.000	1.000	.983	.811	.425	.115	.013	.000	.000	.000	.000
	10	1.000	1.000	.994	.902	.586	.212	.034	.002	.000	.000	.000
	11	1.000	1.000	.998	.956	.732	.345	.078	.006	.000	.000	.000
	12	1.000	1.000	1.000	.983	.846	.500	.154	.017	.000	.000	.000
	13	1.000	1.000	1.000	.994	.922	.655	.268	.044	.002	.000	.000
	14	1.000	1.000	1.000	.998	.966	.788	.414	.098	.006	.000	.000

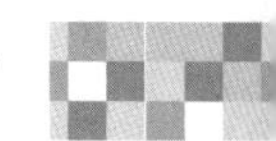

						p					
	.05	.10	.20	.30	.40	.50	.60	.70	.80	.90	.95
c											
15	1.000	1.000	1.000	1.000	.987	.885	.575	.189	.017	.000	.000
16	1.000	1.000	1.000	1.000	.996	.946	.726	.323	.047	.000	.000
17	1.000	1.000	1.000	1.000	.999	.978	.846	.488	.109	.002	.000
18	1.000	1.000	1.000	1.000	1.000	.993	.926	.659	.220	.009	.000
19	1.000	1.000	1.000	1.000	1.000	.998	.971	.807	.383	.033	.001
20	1.000	1.000	1.000	1.000	1.000	1.000	.991	.910	.579	.098	.007
21	1.000	1.000	1.000	1.000	1.000	1.000	.998	.967	.766	.236	.034
22	1.000	1.000	1.000	1.000	1.000	1.000	1.000	.991	.902	.463	.127
23	1.000	1.000	1.000	1.000	1.000	1.000	1.000	.998	.973	.729	.358
24	1.000	1.000	1.000	1.000	1.000	1.000	1.000	1.000	.996	.928	.723
25	1.000	1.000	1.000	1.000	1.000	1.000	1.000	1.000	1.000	1.000	1.000

부록 5 누적푸아송확률표

$$P(x \le c) = \sum_{x=0}^{c} \frac{e^{-\mu}\mu^{x}}{x!}$$

	μ 또는 np′							
c	0.01	0.05	0.10	0.20	0.30	0.40	0.50	0.60
0	0.990	0.951	0.904	0.818	0.740	0.670	0.606	0.548
1	0.999	0.998	0.955	0.982	0.963	0.938	0.909	0.878
2		0.999	0.999	0.998	0.996	0.992	0.985	0.976
3				0.999	0.999	0.999	0.998	0.996
4					0.999	0.999	0.999	0.999
5							0.999	0.999

	μ 또는 np′							
c	0.70	0.80	0.90	1.00	1.10	1.20	1.30	1.40
0	0.496	0.449	0.406	0.367	0.332	0.301	0.272	0.246
1	0.844	0.808	0.772	0.735	0.699	0.662	0.626	0.591
2	0.965	0.952	0.937	0.919	0.900	0.879	0.857	0.833
3	0.994	0.990	0.986	0.981	0.974	0.966	0.956	0.946
4	0.999	0.998	0.997	0.996	0.994	0.992	0.989	0.985
5	0.999	0.999	0.999	0.999	0.999	0.998	0.997	0.996
6		0.99	0.999	0.999	0.999	0.999	0.999	0.999
7				0.999	0.999	0.999	0.999	0.999
8							0.999	0.999

	μ 또는 np′							
c	1.50	1.60	1.70	1.80	1.90	2.00	2.10	2.20
0	0.233	0.201	0.182	0.165	0.149	0.135	0.122	0.110
1	0.557	0.524	0.493	0.462	0.433	0.406	0.379	0.354
2	0.808	0.783	0.757	0.730	0.703	0.676	0.649	0.622
3	0.934	0.921	0.906	0.891	0.874	0.857	0.838	0.819
4	0.981	0.976	0.970	0.963	0.955	0.947	0.937	0.927
5	0.995	0.993	0.992	0.989	0.986	0.983	0.979	0.975
6	0.999	0.998	0.998	0.997	0.996	0.995	0.994	0.992
7	0.999	0.999	0.999	0.999	0.999	0.998	0.998	0.998
8	0.999	0.999	0.999	0.999	0.999	0.999	0.999	0.999
9			0.999	0.999	0.999	0.999	0.999	0.999
10							0.999	0.999

	μ 또는 np′							
c	2.30	2.40	2.50	2.60	2.70	2.80	2.90	3.00
0	0.100	0.090	0.082	0.074	0.067	0.060	0.055	0.049
1	0.330	0.308	0.287	0.267	0.248	0.231	0.214	0.199
2	0.596	0.569	0.543	0.518	0.494	0.469	0.445	0.423
3	0.799	0.778	0.757	0.736	0.714	0.691	0.669	0.647
4	0.916	0.904	0.891	0.877	0.862	0.847	0.831	0.815

(예 : μ 또는 np′ 이 1.50일 때 x가 2보다 작거나 같을 확률은 0.808임.)

c	2.30	2.40	2.50	2.60	2.70	2.80	2.90	3.00
				μ 또는 np				
5	0.970	0.964	0.957	0.950	0.943	0.934	0.925	0.916
6	0.990	0.988	0.985	0.982	0.979	0.975	0.971	0.966
7	0.997	0.996	0.995	0.994	0.993	0.991	0.990	0.988
8	0.999	0.999	0.998	0.998	0.998	0.997	0.996	0.996
9	0.999	0.999	0.999	0.999	0.999	0.999	0.999	0.998
10	0.999	0.999	0.999	0.999	0.999	0.999	0.999	0.999
11			0.999	0.999	0.999	0.999	0.999	0.999
12							0.999	0.999

c	3.10	3.20	3.30	3.40	3.50	4.00	4.50	5.00
				μ 또는 np'				
0	0.045	0.041	0.037	0.033	0.030	0.018	0.011	0.006
1	0.185	0.171	0.159	0.147	0.135	0.091	0.061	0.040
2	0.401	0.380	0.359	0.340	0.320	0.238	0.173	0.124
3	0.625	0.603	0.580	0.558	0.536	0.433	0.342	0.265
4	0.798	0.781	0.763	0.744	0.725	0.628	0.532	0.440
5	0.906	0.895	0.883	0.871	0.857	0.785	0.702	0.615
6	0.961	0.955	0.949	0.942	0.934	0.889	0.831	0.762
7	0.986	0.983	0.980	0.977	0.973	0.948	0.913	0.866
8	0.995	0.994	0.993	0.992	0.990	0.978	0.959	0.931
9	0.999	0.998	0.998	0.997	0.996	0.991	0.982	0.968
10	0.999	0.999	0.999	0.999	0.998	0.997	0.993	0.986
11	0.999	0.999	0.999	0.999	0.999	0.999	0.997	0.994
12	0.999	0.999	0.999	0.999	0.999	0.999	0.999	0.997
13					0.999	0.999	0.999	0.999
14						0.999	0.999	0.999
15								0.999
16								0.999

c	5.50	6.00	6.50	7.00	7.50	8.00	8.50	9.00
				μ 또는 np'				
0	0.004	0.002	0.001	0.000	0.000	0.000	0.000	0.000
1	0.026	0.017	0.011	0.007	0.004	0.003	0.001	0.001
2	0.088	0.061	0.043	0.029	0.020	0.013	0.009	0.006
3	0.201	0.151	0.111	0.081	0.059	0.042	0.030	0.021
4	0.357	0.285	0.223	0.172	0.132	0.099	0.074	0.054
5	0.528	0.445	0.369	0.300	0.241	0.191	0.149	0.115
6	0.686	0.606	0.526	0.449	0.378	0.313	0.256	0.206
7	0.809	0.743	0.672	0.598	0.524	0.452	0.385	0.323
8	0.894	0.847	0.791	0.729	0.661	0.592	0.523	0.455
9	0.946	0.916	0.877	0.830	0.776	0.716	0.652	0.587
10	0.974	0.957	0.933	0.901	0.862	0.815	0.763	0.705

c	μ 또는 np' 5.50	6.00	6.50	7.00	7.50	8.00	8.50	9.00
11	0.989	0.979	0.996	0.946	0.920	0.888	0.848	0.803
12	0.995	0.991	0.983	0.973	0.957	0.936	0.909	0.875
13	0.998	0.996	0.992	0.987	0.978	0.965	0.948	0.926
14	0.999	0.998	0.997	0.994	0.989	0.982	0.972	0.958
15	0.999	0.999	0.998	0.997	0.995	0.991	0.986	0.977
16	0.999	0.999	0.999	0.999	0.998	0.996	0.993	0.988
17	0.999	0.999	0.999	0.999	0.999	0.998	0.997	0.944
18		0.999	0.999	0.999	0.999	0.999	0.998	0.997
19			0.999	0.999	0.999	0.999	0.999	0.998
20				0.999	0.999	0.999	0.999	0.999
21					0.999	0.999	0.999	0.999
22						0.999	0.999	0.999
23							0.999	0.999

c	μ 또는 np' 9.50	10.00	15.00	20.00
0	0.000	0.000	0.000	0.000
1	0.000	0.000	0.000	0.000
2	0.004	0.002	0.000	0.000
3	0.014	0.010	0.000	0.000
4	0.040	0.029	0.000	0.000
5	0.088	0.067	0.002	0.000
6	0.164	0.130	0.007	0.000
7	0.268	0.220	0.018	0.000
8	0.391	0.332	0.037	0.002
9	0.521	0.457	0.069	0.005
10	0.645	0.583	0.118	0.010
11	0.751	0.696	0.184	0.021
12	0.836	0.791	0.267	0.039
13	0.898	0.846	0.363	0.066
14	0.940	0.916	0.465	0.104
15	0.966	0.951	0.568	0.156
16	0.982	0.972	0.664	0.221
17	0.991	0.985	0.748	0.297
18	0.995	0.992	0.819	0.381
19	0.998	0.996	0.875	0.470
20	0.999	0.988	0.917	0.559
21	0.999	0.999	0.946	0.643
22	0.999	0.999	0.999	0.720
23	0.999	0.999	0.999	0.787
24	0.999	0.999	0.988	0.843
25		0.999	0.993	0.887

c	μ 또는 np' 9.50	10.0	15.0	20.0
26			0.996	0.922
27			0.998	0.947
28			0.999	0.965
29			0.999	0.978
30			0.999	0.986
31			0.999	0.991
32			0.999	0.995
33			0.999	0.997
34				0.998

연습문제 해답

제3장

15.

1) 의사결정수

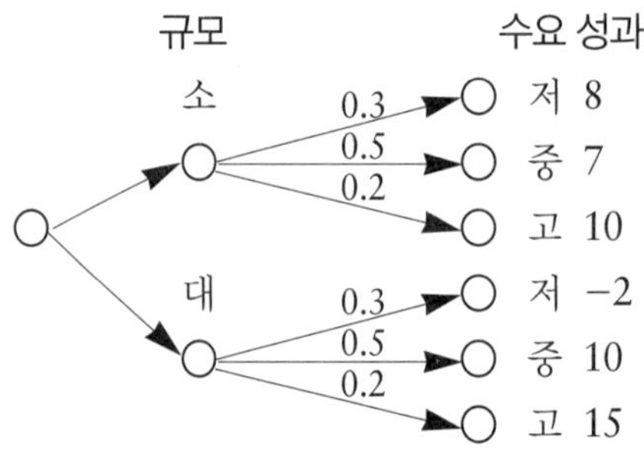

2) 대안 소 : $0.3 \times 8 + 0.5 \times 7 + 0.2 \times 10 = 7.9$

대 : $0.3 \times (-2) + 0.5 \times 10 + 0.2 \times 15 = 7.4$

소를 선택

16. 대안 소 : $0.4 \times 1{,}000 + 0.5 \times 800 + 0.1 \times 500 = 850$

중 : $0.4 \times 600 + 0.5 \times 1{,}200 + 0.1 \times 300 = 870$

대 : $0.4 \times (-400) + 0.5 \times 300 + 0.1 \times 1{,}500 = 140$

중을 선택

제4장

5.

1)

	x_i	y_i	x_iy_i	x_i^2	y_i^2
1	164	64	10,469	26,896	4,096
2	157	60	9,420	24,649	3,600
3	172	75	12,900	29,584	5,625
4	165	57	9,405	27,225	3,249

	x_i	y_i	x_iy_i	x_i^2	y_i^2
5	180	78	14,040	32,400	6,084
6	152	55	8,360	23,104	3,025
계	990	389	64,621	163,858	25,679

$$b = \frac{6 \times 64{,}621 - 990 \times 389}{6 \times 163{,}858 - 990^2} = \frac{2{,}616}{3{,}048} = 0.8583$$

$$a = \frac{389 - 0.8583 \times 990}{6} = -76.783$$

$$\hat{y} = -76.783 + 0.8583x$$

2) $$\gamma = \frac{6 \times 64{,}621 - 990 \times 389}{\sqrt{(6 \times 163{,}858 - 990^2)(6 \times 25{,}679 - 389^2)}} = \frac{2.616}{2{,}896.75} = 0.903$$

$$\gamma^2 = 0.815$$

그러므로 몸무게가 신장에 의하여 결정되는 비율은 88.5%이다.

6.

1) $$F_{05 \cdot 1/4} = \frac{52 + 66 + 126 + 48}{4} = 73$$

2)

이동분기수요	1/4	2/4	3/4	4/4
2003			64	64.75
2004	68	72		
계절지수	0.76	0.92	1.59	0.62
조정계절지수	0.79	0.95	1.62	0.65

$$b = \frac{4 \times 685.5 - 10 \times 268.75}{4 \times 30 - 100} = 2.725$$

$$a = \frac{268.75 - 2.725 \times 10}{4} = 60.375$$

$$\hat{y}_t = 60.375 + 2.725t$$

$$F_{05 \cdot 1/4} = 0.79 \times \{60.375 + 2.725 \times 7\} = 62.76$$

3) $F_{04 \cdot 4/4} = 73$

$\alpha = 0.3$인 경우

$F_{05 \cdot 1/4} = 0.3 \times 48 + 0.7 \times 73 = 65.5$

$\alpha = 0.7$인 경우

$F_{05 \cdot 1/4} = 0.7 \times 48 + 0.3 \times 73 = 55.5$

α가 클수록 실제수요가 더 많이 반영됨.

7.

1) 이동평균 분기수요

번호	1	2	3	4	5	6	7	8	9	10	11	12
기간	02/1	/2	/3	/4	03/1	/2	/3	/4	04/1	/2	/3	/4
이평수요			57.4	58.5	59.5	62.5	66.0	68.4	71.3	75.5		

2) 계절지수

	1/4	2/4	3/4	4/4	계
2002			0.958	1.709	
2003	0.588	0.735	0.894	1.754	
2004	0.603	0.755			
평균	0.596	0.746	0.926	1.732	4.0

3) 추세선

$$b = \frac{8 \times 2{,}446.4 - 36 \times 519.1}{8 \times 204 - 36^2} \quad \frac{883.6}{336} = 2.629$$

$$a = \frac{519.1 - 2.629 \times 36}{8} = 53.053$$

$$\hat{y}_t = 53.053 + 2.629t$$

4) $F_{05 \cdot 1/4} = 0.596 \times \{53.053 + 2.629 \times 11\} = 48.8$

8.

1) 이동평균 분기수요

번호			1	2	3	4	5	6	7	8	9	10
기간	02/1	/2	/3	/4	03/1	/2	/3	/4	04/1	/2	/3	/4
이평수요			163.625	166.625	170.25	175.25	180.125	186.25	194.0	198.75		

2) 계절지수

	1/4	2/4	3/4	4/4	계
2002			1.161	0.75	
2003	0.717	1.335	1.166	0.779	
2004	0.727	1.328			
평균	0.722	1.332	1.164	0.765	3.983
수정후	0.726	1.336	1.168	0.769	

3) 추세선

$$b = \frac{8 \times 6{,}674.75 - 36 \times 1{,}434.875}{8 \times 204 - 36^2} = 5.186$$

$$a = \frac{1{,}434.875 - 5.86 \times 36}{8} = 156.022$$

$$\hat{y}_t = 156.022 + 5.186t$$

$$\mathrm{F}_{05 \cdot 1/4} = 0.726 \times \{156.022 + 5.186 \times 11\} = 155$$

9.

$$\mathrm{F}_{\text{다음주}} = 0.3 \times 20{,}000 + 0.7 \times 19{,}000 = 19{,}300$$

10.

1) $F_{t+1} = \alpha D_t + (1-\alpha)F_t$ 에서

2) 판매량에 추세가 존재하면 α가 클수록 추세가 더 많이 반영되어 상대적으로 예측이 더 실제수요에 접근함.

기간		2	3	4	5	6	7
예측치	α = 0.3	115.2	121.4	123.0	129.6	139.3	153.9
	α = 0.7	108.8	127.8	127.9	139.9	155.4	178.2

제5장

7.

1) $t_2 = 2 \times 2^{-0.32193} = 2 \times \frac{1}{2^{0.32193}} = \frac{2}{1.25} = 1.6$시간

2) $t_{10} = 2 \times 10^{-0.32193} = 2 \times \frac{1}{10^{0.32193}} = \frac{1}{2.0986} = 0.953$시간

제6장

5.

$E(X) = 3 \times 0.1 + 6 \times 0.3 + 9 \times 0.5 + 12 \times 0.1 = 7.8$

$E(X^2) = 3^2 \times 0.1 + 6^2 \times 0.3 + 9^2 \times 0.5 + 12^2 \times 0.1 = 66.6$

$V(X) = E(X^2) - \{E(X)\}^2 = 66.6 - 7.8^2 = 5.76$

7. 베루누이 확률변수는 시행횟수(n)이 1인 이항 확률변수임

8.

$E(\bar{X}) = p = 0.3$

$V(\bar{X}) = \frac{p(1-p)}{100} = 0.0021$

9.

$정상시간 = \frac{측정소요시간 \times 평정계수}{100} = \frac{25 \times 120}{100} = 30분$

$표준시간 = \frac{30}{1 - 0.25} = 40분$

10.

$$\text{정상시간} = \frac{480\text{분} \times 0.7 \times (90/100)}{200} = 1.512\text{분}$$

$$\text{표준시간} = \frac{1.512}{1-0.2} = 1.89\text{분}$$

11.

$$n = \left(\frac{Z_{\alpha/2}}{E}\right)^2 p(1-p) = \left(\frac{1.645}{0.05}\right)^2 \times 0.88 \times 0.12 = 114.3 \Rightarrow 115$$

12.

1) $n = \left(\frac{1.645}{0.04}\right)^2 \times 0.8 \times 0.2 = 270.6 \Rightarrow 271$

2) $\text{정상시간} = \frac{100 \times 0.75 \times 1.2}{1{,}000} = 0.09\text{시간}$

$$\text{표준시간} = \frac{0.09}{1-0.1} = 0.1\text{시간}$$

제7장

5.

입지 A의 예상수익 : (40 – 30) × 22,000 – 200,000 = 20,000

입지 B의 예상수익 : (40 – 20) × 18,000 – 300,000 = 60,000

입지 C의 예상수익 : (40 – 15) × 10,000 – 200,000 = 50,000

그러므로 입지 B를 선택

6.

수요량의 중위수 = 5

x좌표	3	8	10	y좌표	2	4	6
수요량	1	5	3	수요량	3	1	5

그러므로 $(x^*, y^*) = (8, 6)$

7.

$\underset{x,\ y}{Min}.\ 5\{|x-5|+|y-3|\}+3\{|x-1|+|y-7|\}+2\{|x-8|+|y-2|\}+6\{|x-6|+|y-4|\}$

8.

1) $\underset{x,\ y}{Min}.\ 3\{|x-4|+|y-4|\}+2\{|x-2|+|y-11|\}+2\{|x-7|+|y-2|\}$

2) $\underset{x}{Min}\ 3|x-4|+2|x-2|+2|x-7|$

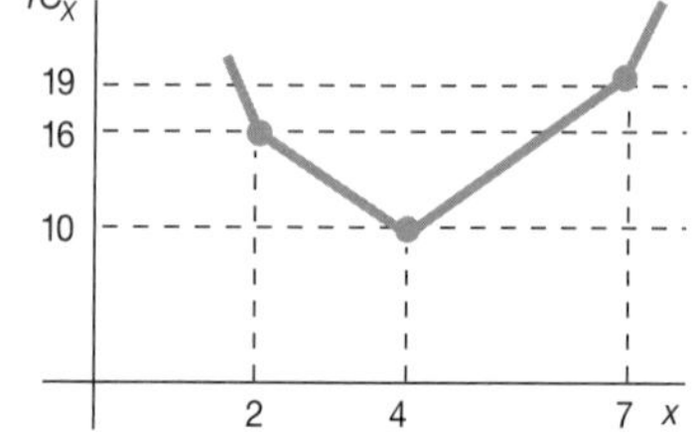

$x \le 2$이면 $TC_x = 30-7x(x=2$에서 $16)$,

$2 < x \le 4$이면 $TC_x = 22-3x(x=4$에서 $10)$,

$4 < x \le 7$이면 $TC_x = -2+3x(x=7$에서 $19)$,

$7 < x$이면 $TC_x = 7x-30$

그러므로 $x^* = 4$

$\underset{y}{Min}\ 3|y-4|+2|y-1|+2|y-2|$

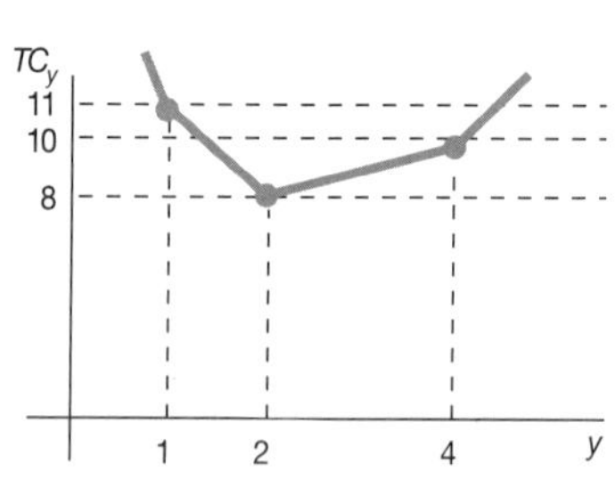

$y \le 1$이면 $TC_y = 18-7y(y=1$에서 $11)$,

$1 < y \le 2$이면 $TC_y = 14-3y(y=2$에서 $8)$,

$2 < y \le 4$이면 $TC_y = y+6(y=4$에서 $10)$,

$4 < y$이면 $TC_y = 7y-18$

그러므로 $y^* = 2$

9. 1) 수요량의 중위수 좌표를 이용하여

$(x_1^*, y_1^*) = (6, 5),\ (x_2^*, y_2^*) = (6, 10)$

2) ① 유통센터 1과 2에 대하여 각각 독립적인 SFL 문제로

$(x_1^*, y_1^*) = (6, 5),\ (x_2^*, y_2^*) = (6, 10)$

② 유통센터 2를 (6, 10)에 입지하고 유통센터 1의 입지설정

$(x_2^*, y_2^*) = (6, 5)$

③ 유통센터 1을 (6, 5)에 입지하고 유통센터 2의 입지설정

$(x_1^*, y_1^*) = (6, 5)$

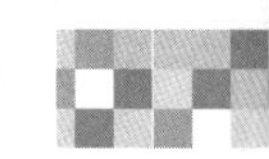

④ 유통센터 2를 (6, 5)에 입지하고 유통센터 1의 입지설정

$(x_1^*, y_1^*) = (6, 5)$

그러므로

$(x_1^*, y_1^*) = (6, 5), (x_2^*, y_2^*) = (6, 5)$

10.

$$Min.\ x_A + x_B + x_C + x_D$$

$$\text{s.t}\quad x_A + x_B \geq 1$$

$$x_C + x_D \geq 1$$

$$x_A + x_C \geq 1$$

$$x_B + x_C + x_D \geq 1$$

여기에서 $j =$ A, B, C, D에 대하여 $x_j = 1$ 만약 경찰서가 세워지면

0 그렇지 않으면

11.

1) $Min.\ 14X_{11} + 10\ X_{12} + 12\ X_{13} + 8\ X_{21} + 10\ X_{22} + 6\ X_{23}$

$$\begin{aligned} \text{s.t}\quad & X_{11} + X_{12} + X_{13} \leq 30 \\ & X_{21} + X_{22} + X_{23} \leq 30 \\ & X_{11} + X_{21} = 20 \\ & X_{12} + X_{22} = 20 \\ & X_{13} + X_{23} = 20 \\ & \text{모든 } X_{ij} \geq 0 \end{aligned}$$

2) 초기해

20	10	⑥
㊀6	10	20

⇒

10	20	⓪
10	⑥	20

그러므로 $X_{11}^* = 10, X_{12}^* = 20, X_{13}^* = 0, X_{21}^* = 10, X_{22}^* = 0, X_{23}^* = 20$

12.

1) $Min.\ 3X_{11} + 4\ X_{12} + 9\ X_{13} + X_{21} + 5\ X_{22} + 4\ X_{23}$

$$\text{s.t}\quad X_{11} + X_{12} + X_{13} \leq 800$$

$$
\begin{aligned}
&& X_{21}+X_{22}+X_{23} &\le 600 \\
X_{11} && +X_{21} &= 500 \\
X_{12} && +X_{22} &= 500 \\
X_{13} && +X_{23} &= 400 \\
&& \text{모든 } X_{ij} &\ge 0
\end{aligned}
$$

2) 초기해

500	300	(6)
(-3)	200	400

⇒

300	500	(3)
200	(3)	400

그러므로 $X_{11}{}^* = 300$, $X_{12}{}^* = 500$, $X_{13}{}^* = 0$, $X_{21}{}^* = 200$, $X_{22}{}^* = 0$, $X_{23}{}^* = 400$

13.

① 대전에 신설하는 경우

200	(0)	(80)
50	300	(50)
(-60)	-110	200

⇒

200	(0)	(80)
50	100	250
(50)	200	(110)

총비용 $= 5 \times 200 + 45 \times 50 + 70 \times 100 + 10 \times 200 + 10 \times 250 = 14{,}750$

② 천안에 신설하는 경우

200	(0)	(-45)
50	300	(-125)
(30)	50	200

⇒

200	(0)	(80)
50	100	200
(35)	250	(125)

총비용 $= 5 \times 200 + 45 \times 50 + 70 \times 100 + 10 \times 200 + 15 \times 250 = 16{,}000$

그러므로 대전에 신설하는 것이 유리

제8장

10. 기계 – 부품행렬

기계 \ 부품	1	2	3	4	5
A		1		1	
B	1		1		
C		1			1
D	1				

기계 \ 부품	1	3	2	4	5
B	1	1			
D	1				
A			1	1	
C			1		1

기계그룹 (B, D) ⇒ 부품가족 (1, 3)

기계그룹 (A, C) ⇒ 부품가족 (2, 4, 5)

11.

주기시간 8분

1 라인에서 생산량 $\dfrac{8 \times 60}{8} = 60$

필요 라인수 $\dfrac{240}{60} = 4$ 라인

12.

$\dfrac{60}{4} \times 8 = 120$ 단위/라인

1라인, 주기시간 4분, 3개의 작업장

13.

① 직각거리

거리도표

	A	B	C	D
A		14.5	6	11.5
B	14.5		11.5	6
C	6	11.5		17.5
D	11.5	6	17.5	

비용도표

	A	B	C	D	합계
A		14.5	18	23	55.5
B	72.5		11.5	24	108
C	12	11.5		35	58.5
D	11.5	18	35		64.5
총계					286.5

② 유클리드거리

거리도표

	A	B	C	D
A		10.97	6	10.11
B	10.97		10.11	6
C	6	10.11		12.5
D	10.11	6	12.5	

비용도표

	A	B	C	D	합계
A		10.97	18	20.22	49.19
B	54.85		10.11	24	88.96
C	12	10.11		25	47.11
D	10.11	18	25		53.11
총계					238.37

14.

1)

거리도표

	1	2	3	4
1		20	10	30
2	20		30	10
3	10	30		20
4	30	10	20	

비용도표

	1	2	3	4	합계
1		60	70	150	280
2	40		30	40	110
3	30	30		100	160
4	150	20	80		250
총계					800

2)

거리도표

	1	2	3	4
1		10	20	30
2	10		30	20
3	20	30		10
4	30	20	10	

비용도표

	1	2	3	4	합계
1		30	140	150	320
2	20		30	80	130
3	60	30		50	140
4	150	40	40		230
총계					820

15.

1)

거리도표

	A	B	C	D
A		20	15	35
B	20		35	15
C	15	35		20
D	35	15	20	

비용도표

	A	B	C	D	합계
A		120	45	70	235
B	100		140	30	270
C	60	70		60	190
D	140	30	60		230
총계					925

2)

거리도표

	A	B	C	D
A		20	35	15
B	20		15	35
C	15	35		20
D	35	15	20	

비용도표

	A	B	C	D	합계
A		120	105	30	255
B	100		60	70	230
C	140	30		60	230
D	60	70	60		190
총계					905

16.

1) 18점

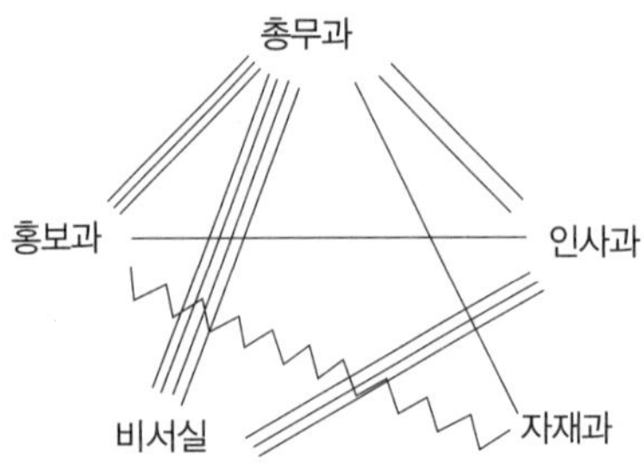

2) 예를 들어 19점

비서실	인사과	자재과
총무과	홍보과	

제9장

8.

1)

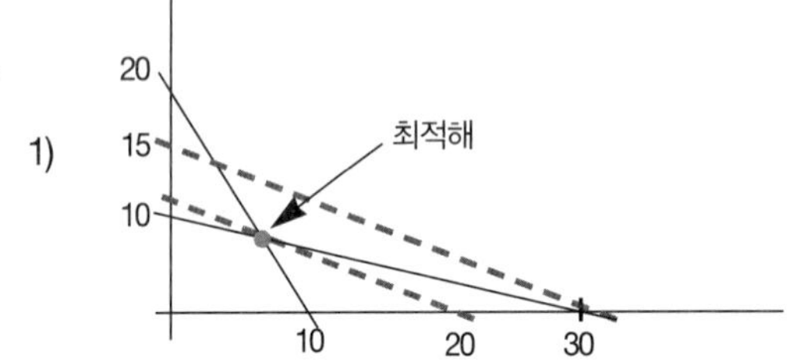

그러므로 $X_1 + 3X_2 = 30$

$$2X_1 + X_2 = 20$$

에서 $X_1^* = 6,\ X_2^* = 8$

2) ⇓ (진입변수)

$Z = 10X_1 + 20X_2 + 0S_1 + 0S_2$

$S_1 = 30 - X_1 - 3X_2$ $X_2 \le 10$ ⇒ (진출변수)

$S_2 = 20 - 2X_1 - X_2$ $X_2 \le 20$ ⇓

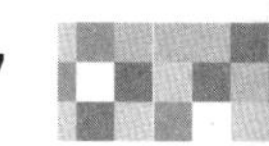

$$\Downarrow$$

$$Z = 10X_1 + 20\left(10 - \frac{1}{3}X_1 - \frac{1}{3}S_1\right) = 200 + \frac{10}{3}X_1 - \frac{20}{3}S_1$$

$$X_2 = 10 - \frac{1}{3}X_1 - \frac{1}{3}S_1 \qquad X_1 \le 30$$

$$S_2 = 20 - 2X_1 - \left(10 - \frac{1}{3}X_1 - \frac{1}{3}S_1\right) = 10 - \frac{5}{3}X_1 + \frac{1}{3}S_1, \;\; X_1 \le \frac{30}{5} \Rightarrow$$

$$Z = 220 - 6S_1 - 2S_2$$

$$X_2 = 8 - \frac{2}{3}S_1 + \frac{1}{5}S_2$$

$$X_1 = 6 + \frac{1}{5}S_1 - \frac{3}{5}S_2$$

진입변수가 없으므로 최적해에 도달함. 그러므로 $X_1^* = 6,\; X_2^* = 8,\; Z = 220$

9.

X_1 : 탁자 생산량, X_2 : 의자 생산량

$Max.\ 10X_1 + 8X_2$

s.t. $40X_1 + 10X_2 \le 300$

$15X_1 + 20X_2 \le 275$

$X_1, X_2 \ge 0$

10.

X_1 : 사료 1의 양(kg), X_2 : 사료 2의 양(kg)

$Min.\ 30X_1 + 20X_2$

s.t. $5X_1 + X_2 \ge 10$

$2X_1 + 2X_2 \ge 12$

$X_1 + 4X_2 \ge 12$

$X_1, X_2 \ge 0$

11.

X_{1n} : 기간 n에 정규시간에 의한 생산량(n = 1, 2)

X_{2n} : 기간 n에 잔업에 의한 생산량

I_n : 기간 n에서 기간 $n+1$로의 재고량

$Min.\ 80(X_{11} + X_{12}) + 100(X_{21} + X_{22}) + 5\,(I_1 + 10)$

s.t. $X_{11} \le 50$

$X_{21} \le 20$

$X_{12} \le 40$

$X_{22} \le 30$

$I_1 = 5 + (X_{11} + X_{21}) - 60$

$10 = I_1 + (X_{12} + X_{22}) - 80$

모든 n에 대하여 $X_{1n}, X_{2n} \ge 0,\ I_1 \ge 0$

12.

$Min.\ 3(X_1 + X_2 + X_3) + \mathrm{I}_1 + \mathrm{I}_2$

s.t. $X_1 \le 50$

$X_2 \le 60$

$X_3 \le 40$

$I_1 = X_1 - 30$

$I_2 = I_1 + X_2 - 70$

$0 = I_2 + X_3 - 50$

$X_1, X_2, X_3, I_1, I_2 \ge 0$

최적해는 $X_1^* = 50,\ X_2^* = 60,\ X_3^* = 40,\ I_1^* = 20,\ I_2^* = 10$

13.

1) $Min.\ 10\,X_{11} + 15\,X_{21} + 20\,X_{12} + 25\,X_{22} + 2\,I_1$

s.t. $X_{11} \le 10$

$X_{21} \le 5$

$X_{12} \le 20$

$X_{22} \le 10$

$I_1 = (X_{11} + X_{21}) - 12$

$$0 = I_1 + (X_{12} + X_{22}) - 25$$

모든 n에 대하여 $X_{1n}, X_{2n} \geq 0,\ I_1 \geq 0$

2)

생산기간		수요기간 1	수요기간 2	생산능력
1	정규시간	[10] 10	[12]	~~10~~ 0
	잔업	[15] 2	[17] 3	~~5~~ ~~3~~ 0
2	정규시간	[M]	[20] 20	~~20~~ 0
	잔업	[M]	[25] 2	~~10~~ 8
수요		~~12~~	~~25~~	
		~~2~~	~~22~~	
		0	~~2~~	
			0	

그러므로 $X_{11}{}^* = 10, X_{12}{}^* = 20, X_{21}{}^* = 5, X_{22}{}^* = 2, I_1{}^* = 3$

14.

생산/수요		1	2	3	생산능력
초기재고		[0] 20	[5]	[10]	~~20~~ 0
1	정규시간	[80] 40	[85] 10	[90]	~~50~~ ~~10~~ 0
	잔업	[100]	[105]	[110]	~~20~~
	하청	[110]	[115]	[120]	500
2	정규시간	[M]	[80] 50	[85]	~~50~~ 0
	잔업	[M]	[100] 20	[105]	~~20~~ 0
	하청	[M]	[110]	[115]	500
3	정규시간	[M]	[M]	[80] 50	~~50~~ 0
	잔업	[M]	[M]	[100] 20	~~20~~ 0
	하청	[M]	[M]	[110] 40	~~500~~ 460
수요		60	80	110	
		~~40~~	~~30~~	~~60~~	
		0	~~20~~	~~40~~	
			0	0	

제10장

6.

FCFS : 2 − 1 − 3 − 4 − 5

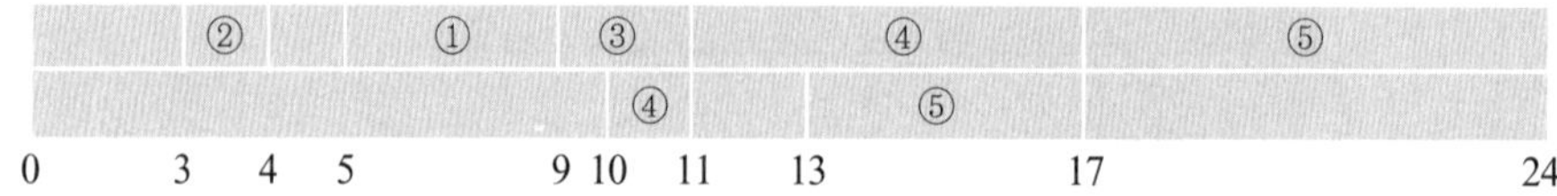

1) 총완료시간 : 24

2) 흐름시간 : 1 + 4 + 2 + 7 + 11 = 25

3) 평균 완료시간 : $\frac{1}{5}(4 + 9 + 11 + 17 + 24) = 13$

4) 평균 작업물수 : $\frac{1}{21}(0 \times 1 + 1 \times 15 + 2 \times 5) = \frac{25}{21}$

7. 작업순서 : 5 − 4 − 2 − 3 − 1 − 6

총완료시간 : 40

8. C − A − B − D − E

9.

1)

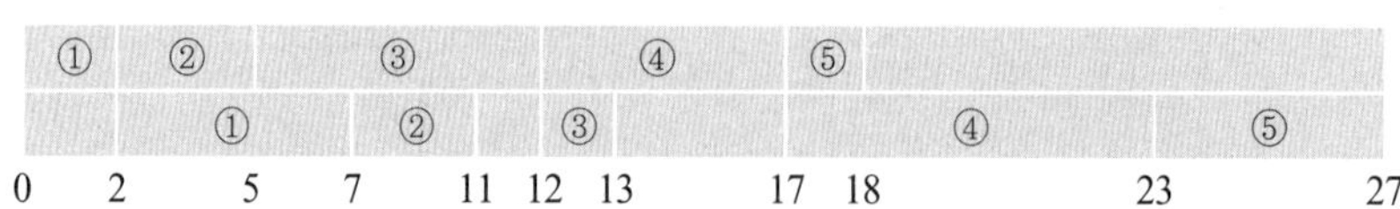

2) 5 − 1 − 2 − 4 − 3

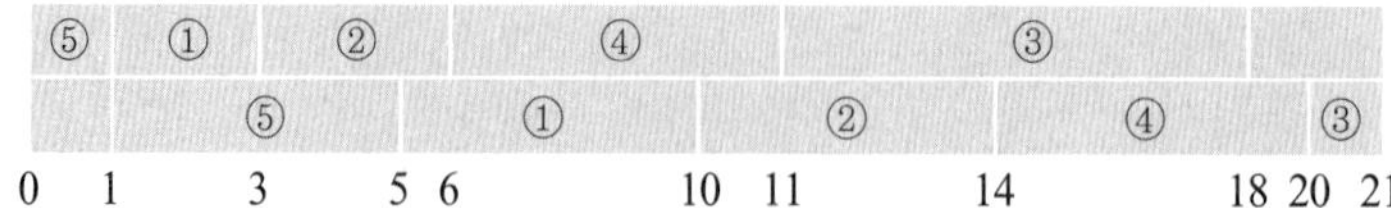

10. 제품 1 : $\frac{1}{9}$ $(17 - 10) = 0.77$

제품 2 : $\frac{1}{6}$ $(20 - 10) = 1.66$

제품 3 : $\frac{1}{5}$ $(18 - 10) = 1.6$

그러므로 제품 1 − 제품 3 − 제품 2

11.

1) 최장작업 소요시간 규칙 : 2 − 5 − 3 − 1 − 4 − 6

총완료시간 : 42

흐름시간 : 171

평균 완료시간 : 28.5

평균 작업물수 : 4.07

2) 최단작업 소요시간 규칙 : 6 − 4 − 1 − 3 − 5 − 2

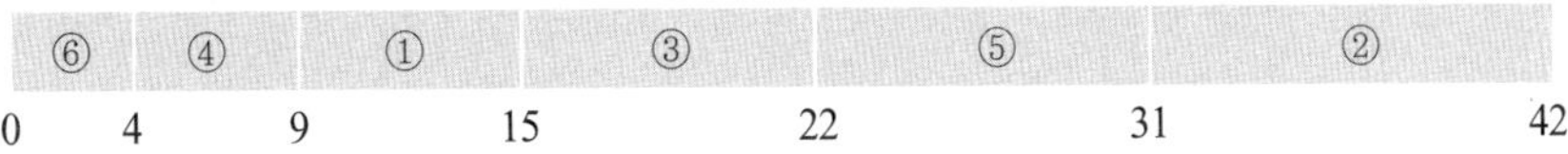

총완료시간 : 42

흐름시간 : 123

평균 완료시간 : 20.5

평균 작업물수 : 2.93

12.

1) $Min.\ 15X_{11} + 20X_{12} + 18X_{13} + 22X_{14} + 14X_{21} + 16X_{22} + 21X_{23} + 17X_{24}$

$+ 25X_{31} + 20X_{32} + 23X_{33} + 20X_{34} + 17X_{41} + 18X_{42} + 18X_{43} + 16X_{44}$

s.t. $\sum_{i=1}^{4} X_{ij} = 1 (j = 1, 2, 3, 4)$

$$\text{s.t.} \ \sum_{j=1}^{4} X_{ij} = 1 (i = 1, 2, 3, 4)$$

$$\text{모든 } X_{ij} \geq 0$$

2)

	1	2	3	4
A	0	5	3	7
B	0	2	7	3
C	5	0	3	0
D	1	2	2	0

행연산

	1	2	3	4
A	0	5	①	7
B	0	2	5	3
C	5	0	1	0
D	1	2	0	0

열연산

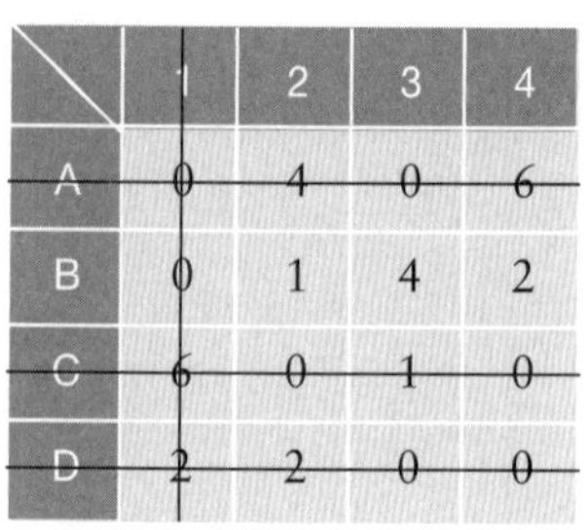

	1	2	3	4
A	0	4	0	6
B	0	1	4	2
C	6	0	1	0
D	2	2	0	0

그러므로 A → 3, B → 1, C → 2, D → 4

13. EDD(earliest due date) 작업순서 : B – A – D – C – E

B	A	D	C	E
due date :	B	A, D	C	E

0 2 3 4 6 7 9 12 15

$$\text{평균 늦음} : \frac{1}{5}\{(2-4)^{+} + (3-6)^{+} + (7-6)^{+} + (12-9)^{+} + (15-12)^{+}\}$$

$$= \frac{1}{5} \times 7 = 1.4$$

14.

제품	현재		2주 말		3주 말	
	재고	소진기간	재고	소진기간	재고	소진기간
A	6,000	2주	12,000	4주	9,000	
B	5,000	2.5주	1,000	0.5주	4,000	
C	12,000	4주	8,000	2주	4,000	

15.

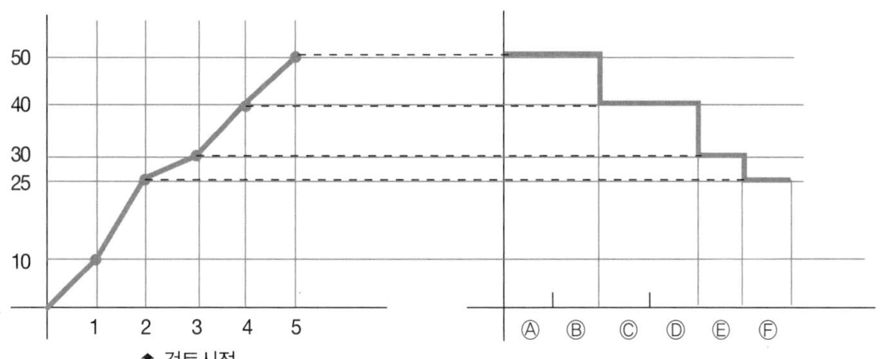

16.

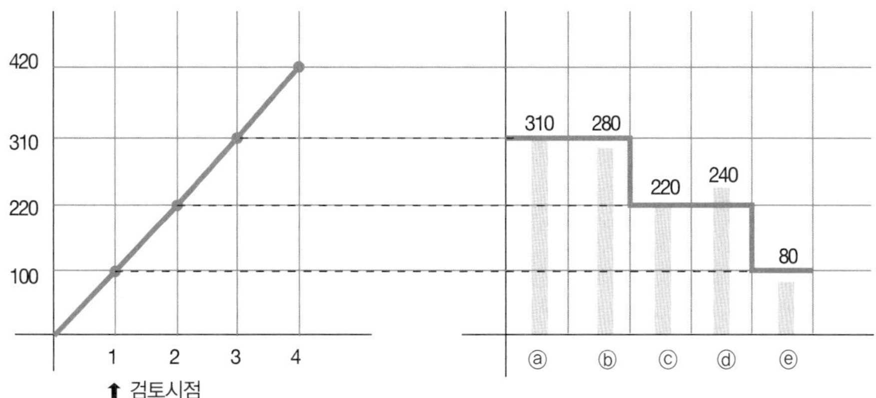

제11장

7. $X \sim N(5, 4)$

$$p(5 \le X \le 9) = p\left(\frac{5-5}{2} \le Z \le \frac{9-5}{2}\right) = p(0 \le Z \le 2) = 0.4772$$

8. 중심극한정리에 의하여

$\sum_{i=1}^{100} X_i \sim N(15 \times 100,\ 1 \times 100) = N(150,\ 100)$이 된다.

$$p\left(\sum_{i=1}^{100} X_i \le 140\right) = p(Z \le -1) = 0.1587$$

9.

$E(X) = 1 \times 0.2 + 2 \times 0.2 + 3 \times 0.4 + 4 \times 0.2 = 2.6$

$E(X^2 - 1) = E(X^2) - 1 = 7.8 - 1 = 6.8$

$V(X) = E(X^2) - (E(X))^2 = 1.04$

10.

1) ① − ② − ④ − ⑤ : 9

① − ③ − ④ − ⑤ : 16

① − ③ − ⑤ : 18 ⇐ 주공정

2) $Max.\ 2X_{12} + 3X_{24} + 4X_{45} + 5X_{13} + 7X_{34} + 13X_{35}$

s.t. $X_{12} + X_{13} = 1$

$X_{12} - X_{24} = 0$

$X_{13} - (X_{34} + X_{35}) = 0$

$X_{24} + X_{34} - X_{45} = 0$

$X_{45} + X_{35} = 1$

3) (T_E, T_L, S)

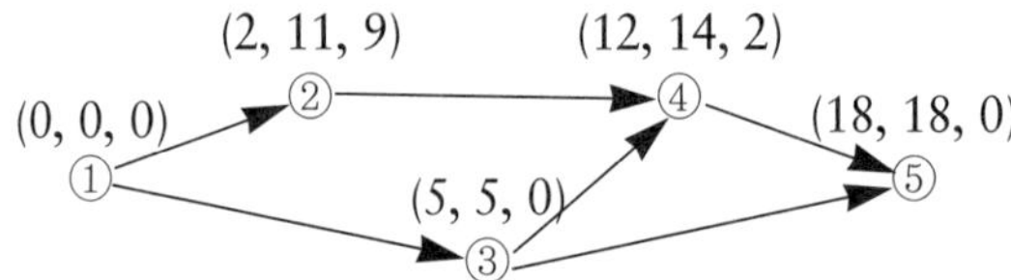

4) 완료시간 18에서 공정(3, 5)를 2단위 줄여 최소 비용일정을 완료시간을 16으로 단축하며 비용 또한 100만큼 적어짐. 완료시간이 15가 되기 위해서는 (3, 4)와 (3, 5)를 같이 단축시키거나 (1, 2)와 (1, 3)을 동시에 단축시켜야 하므로 비용이 증대됨.

11.

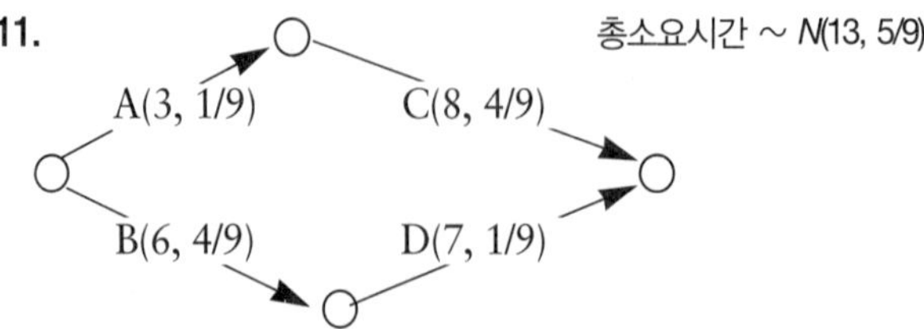

총소요시간 ~ $N(13, 5/9)$

12.

1)

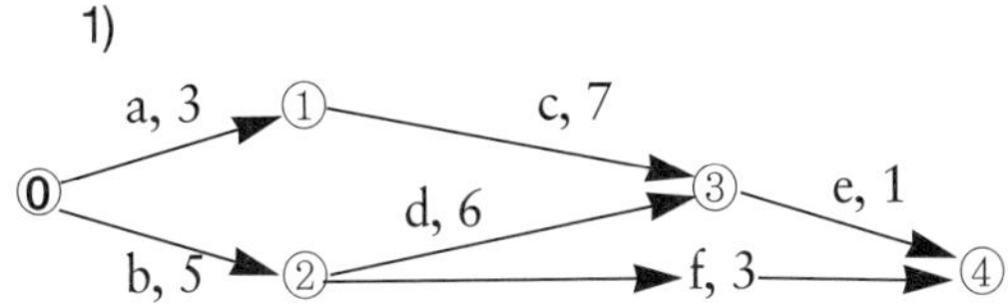

2)

a − c − e : 11

b − d − e : 12 ⇐ 주공정

b − f : 8

3)

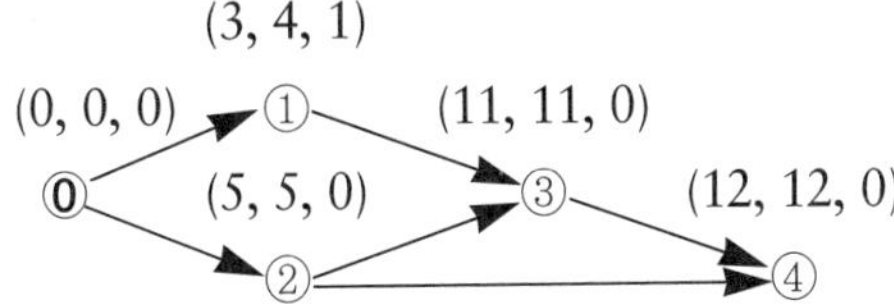

4) $Max.\ 3X_a + 5X_b + 7X_c + 6X_d + X_e + 3X_f$

s.t. $X_a + X_b = 1$

$X_a - X_c = 0$

$X_b - (X_d + X_f) = 0$

$X_c + X_d - X_e = 0$

$X_e + X_f = 1$

모든 $X_k = (0, 1)$ (k = a, b, c, d, e, f)

13.

(25/6, 1/4) ② (37/6, 1/4)

① ④

(23/6, 1/4) ③ (29/6, 1/4)

1) 주공정 : ① − ② − ④

2) $T \Rightarrow N\,(10\frac{1}{3},\ 1/2)$

3) $p(T \leq 12) = p(Z \leq \dfrac{5\sqrt{2}}{3}) = p(Z \leq 2.357) = 0.099$

14.

1)

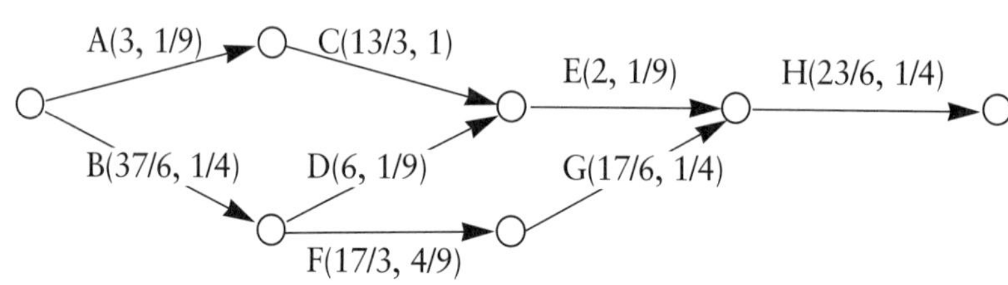

2)

A − C − E − H : $13\dfrac{1}{6}$

B − D − E − H : 18

B − F − G − H : $18\dfrac{1}{2}$ ⇐ 주공정

3) $T \Rightarrow (18\dfrac{1}{2},\ 1\dfrac{7}{36})$

4) $p(T \leq 19) = p(Z \leq 0.46) = 0.6772$

15.

(3, 1/9)
(29/6, 1/4) ② → ④ (13/6, 1/4)
① (2, 1/9) ⑤
(37/6, 1/4) ③ (3, 4/9)

1)

① − ② − ④ − ⑤ : 10

① − ③ − ④ − ⑤ : $10\dfrac{1}{3}$ ⇐ 주공정, $T \Rightarrow (10\dfrac{1}{3},\ \dfrac{11}{18})$

①－③－⑤ : $9\frac{1}{6}$

2) $p(T \geq 11) = p(Z \leq 0.85) = 0.8023$

제12장

7.

1) $1 \times 0.1 + 2 \times 0.2 + 3 \times 0.3 + 4 \times 0.4 = 3$

2) $3 \times 0.1 + 2 \times 0.2 + 1 \times 0.3 = 1$

9.

1) $TC = 5{,}000 \times \frac{1{,}000}{Q} + 1{,}000 \times \frac{Q}{2}\ (+ 12{,}500 \times 1{,}000)$

2) $Q^* = \sqrt{\frac{2 \times 1{,}000 \times 5{,}000}{1{,}000}}$ =100단위/회

3) $r = 1{,}000 \times \frac{5}{365} = 13.7$단위

4) $N^* = \frac{1{,}000}{100} = 10$회/년

5) $T^* = \frac{1}{10} \times 365 = 36.5$일

10.

1) $TC = 1{,}000 \times \frac{20{,}000}{Q} + 800 \times \frac{Q(40{,}000 - 20{,}000)}{2 \times 40{,}000}$

2) $Q^* = \sqrt{\frac{2 \times 20{,}000 \times 10{,}000 \times 40{,}000}{800(40{,}000 - 20{,}000)}} = 1{,}000$

3) $I_{\max} = \frac{1{,}000 \times 20{,}000}{40{,}000} = 500$단위

4) $N^* = \frac{20{,}000}{1{,}000} = 20$회/년

5) $T^* = \frac{1}{20}$ 년

11.

1) $Q^* = \sqrt{\frac{2 \times 500 \times 800 \times 1{,}000}{5(1{,}000 - 500)}} = 565.6 = 566$단위

2) $TC = \frac{800}{566} \times 500 \times 250 + \frac{5 \times 250 \times 566}{2 \times 1{,}000} \times 500 = 176{,}678.45 + 176{,}875 = 353{,}553.45$

3) $I_{max} = \frac{566 \times 500}{1{,}000} = 283$

4) $T^* = \frac{566}{500} = 1.132$일

5) $t_p = \frac{566}{1{,}000} = 0.566$일

12.

1) $10 \times 0.1 + 11 \times 0.2 + 12 \times 0.2 + 13 \times 0.3 + 14 \times 0.1 + 15 \times 0.1 = 12.4$

2) $\hat{p}(Q) \geq \frac{25{,}000}{20{,}000 + 25{,}000} = 0.555$

그러므로 $Q^* = 12$

3) $10 \times 0.1 + 11 \times 0.2 + 12 \times 0.7 = 11.6$

13.

$\hat{p}(Q) \geq \frac{50}{100 + 50} = 0.333$

$Q^* = 130$

14.

1) $100 \times \{50 \times 0.2 + 51 \times (0.3 + 0.2 + 0.3)\} - 150 \times 1 \times 0.2 = 5{,}050$

2) $\hat{p}(Q) = \frac{150}{100 + 150} = 0.6$

$Q^* = 51$

15.

$$\hat{p}(Q) = \frac{500}{1,000 + 500} = \frac{1}{3}$$

$Q^* = 100 + 0.43 \times 30 = 112.9 \Rightarrow 113$단위

16.

1) $1,000 + 1.28 \times 100 = 1,128$

2) 안전재고 = 128

17.

$20 + 10 \times 1.645 = 36.45$단위

18.

제품	단가	수요	연간 사용액	품목수 백분률	품목수 누적백분률	연간사용액 백분률	연간사용액 누적백분률	유형
2	700	800	560,000	34.6	34.6	62.2	62.2	A
7	500	300	150,000	13.0	47.6	16.7	78.9	B
1	300	400	120,000	17.3	64.9	13.3	92.2	B
5	100	600	60,000	26.0	90.9	6.7	98.9	C
6	60	100	6,000	4.3	95.2	0.7	99.6	C
3	50	80	4,000	3.5	98.7	0.4	100.0	C
4	20	30	600	1.3	100.0	0.1	100.1	C
계		2,310	900,600					

제13장

7.

구분/일	기초재고	1	2	3	4	5	6
총수요량		(5)	(15)	(24)	(12)	(1)	(4)
예정된 수취량		(15)					
순소요량				9	12	1	4
계획된 수취량				9	12	1	4
기말 재고량	(20)	30	15	0	0	0	0
주문량			9	12	1	4	

8.

품목	구분	기초재고	주				
			1	2	3	4	5
A	총수요량					(200)	(300)
	예정된 수취량		(100)				
	현재고량	(200)	300	300	300	100	
	순소요량						200
	계획된 수취량						200
	계획된 발주량					200	200 × 2
B	총수요량		(100)	(100)		400	
	예정된 수취량						
	현재고량	(100)	0	50	50	100	100
	순소요량			100		350	
	계획된 수취량			150		450	
	계획된 발주량	150		450			

9.

품목	구분	기초 재고량	기간(주)					
			1	2	3	4	5	6
D	총수요량		(20)	(40)	(60)	(50)	(80)	(80)
	예정된 수취량		(30)	(10)	(40)			
	현재고량	(100)	110	80	60	10		
	순소요량						70	80
	계획된 수취량						70	80
	계획된 발주량				70	80	80 × 2	
K	총수요량			70 × 2	140	160		
	예정된 수취량		(40)	(20)				
	현재고량	(40)	80	100		70 × 3	80 × 3	
	순소요량				40	160		
	계획된 수취량				40	160		
	계획된 발주량			40	160			
P	총수요량				210	240		
	예정된 수취량		(100)	(80)				
	현재고량	(100)	200	280	70			
	순소요량					170		
	계획된 수취량					170		
	계획된 발주량			170				

제14장

11.

$$\bar{p} = \frac{1}{25}\sum_{i=1}^{25} X_i \quad , \quad X_i = \begin{cases} 1 & \text{w.p. } 0.2 \\ 0 & \text{w.p. } 0.8 \end{cases}$$

$E(\bar{p}) = 0.2,\ V(\bar{p}) = 0.0064$

12.

$$0.05 + Z_{0.05}\sqrt{\frac{0.05 \times 0.95}{n}} = 0.1 - Z_{0.1}\sqrt{\frac{0.1 \times 0.9}{n}}$$

그러므로 $\sqrt{n} = 14.85,\ n = 220.5 \Rightarrow 221$

$p^* = 0.05 + 1.645\sqrt{\dfrac{0.05 \times 0.95}{221}} = 0.07412,\ c = 221 \times 0.07412 = 16.38 \Rightarrow 17$단위

13.

$$0.02 + Z_{0.05}\sqrt{\frac{0.02 \times 0.98}{n}} = 0.06 - Z_{0.1}\sqrt{\frac{0.06 \times 0.94}{n}}$$

그러므로 $\sqrt{n} = 13.357,\ n = 178.4 \Rightarrow 179$단위

$p^* = 0.02 + 1.645\sqrt{\dfrac{0.02 \times 0.98}{179}} = 0.0372,\ c = 179 \times 0.0372 = 6.66 \Rightarrow 7$단위

또한 표로부터 구하면 $n = 150$단위, $c = 6$단위

14.

1) $P_a = \binom{4}{0} p^0(1-p)^4 = (1-p)^4$

p	0	0.2	0.4	0.6	0.8	1.0
P_a	1	0.4096	0.1296	0.0256	0.0016	0

2) $p = 0.05 \Rightarrow P_a = 0.8145 \qquad \alpha = 1 - 0.8145 = 0.1855$

$p = 0.1 \Rightarrow P_a = 0.6561 \qquad \beta = 0.6561$

3) $\text{AOQ} = P_a \times \dfrac{p(N-n)}{N}$

p	0	0.2	0.4	0.6	0.8	1.0
AOQ	0	0.0786	0.0498	0.0148	0.0012	0

AOQL = 0.0786

15.

p	0	0.2	0.4	0.6	0.8	1.0
P_a	0	0.64	0.36	0.16	0.04	0

1) $P_a = p^0(1 - p)^2$

2) $\text{AOQ} = P_a \times \dfrac{p(20 - 2)}{20}$

P	0	0.2	0.4	0.6	0.8	1.0
AOQ	0	0.1152	0.1296	0.0864	0.0288	0

AOQL = 0.1296

16.

일시	1	2	3	4	5	6	7	8	9	10
불량률	0.05	0.07	0.03	0.01	0.04	0.07	0.02	0.05	0.02	0.04

$$\text{CL} = \bar{p} = \frac{0.4}{10} = 0.04$$

$$\sigma_{\bar{p}} = \sqrt{\frac{0.04 \times 0.96}{100}} = 0.0196$$

$$\text{UCL} = 0.04 + 3 \times 0.0196 = 0.0988$$

$$\text{LCL} = 0.04 - 3 \times 0.0196 = -0.0188 \Rightarrow 0$$

17.

1) $\text{CL} = \bar{p} = \dfrac{1.47}{24} = 0.06125$

$$\sigma_{\bar{p}} = \sqrt{\frac{0.06125 \times 0.93875}{200}} = 0.017$$

$$\text{UCL} = 0.06125 + 3 \times 0.017 = 0.11225$$

$$\text{LCL} = 0.06125 - 3 \times 0.0017 = 0.01025$$

18.

표본	1	2	3	4	5	6	7	8
표본평균	29.42	30.02	30.14	29.96	30.2	30.4	30.56	30.16
범위	5.7	6.2	3.7	4.1	3.4	4.7	3.7	3.3

$\bar{X} = 30.11$, $\bar{R} = 4.35$

$\bar{X}$ 관리도

CL = 30.11

UCL = 30.11 + 0.58 × 4.35 = 32.63

LCL = 30.11 − 0.58 × 4.35 = 27.59

R 관리도

CL = 4.35

UCL = 2.11 × 4.35 = 9.18

LCL = 0

19.

CL = 4

$[UCL, LCL] \Rightarrow 4 \pm 3\sqrt{4} \Rightarrow [10, 0]$

20.

CL = 4

$[UCL, LCL] \Rightarrow 4 \pm 3\sqrt{4} \Rightarrow [10, 0]$

21.

$CL = \dfrac{52}{12} = 4.333$

$UCL = 4.333 + 3\sqrt{4.333} = 4.33 + 3 \times 2.08 = 10.57$

LCL = 0

제15장

8.

평균 고장횟수 : 1 × 0.2 + 2 × 0.3 + 3 × 0.2 + 4 × 0.1 + 5 × 0.1 = 2.5

① 사후보전

수리비용 : 2.5 × 25,000 = 62,500

② 예방보전

수리비용 : 30,000 + (1 − 0.1) × 25,000 = 52,500

그러므로 예방보전이 유리

9.

1) $\pi_0 = \frac{1}{2}\pi_0 + \pi_2$

$\pi_1 = \frac{1}{4}\pi_0 + \frac{2}{3}\pi_1$

$\pi_2 = \frac{1}{4}\pi_0 + \frac{1}{3}\pi_1$

$\pi_0 + \pi_1 + \pi_2 = 1$

그러므로 $\pi_0 = \frac{4}{9},\ \pi_1 = \frac{1}{3},\ \pi_2 = \frac{2}{9}$

2) 기대비용 = $\frac{1}{3} \times 1{,}000 + \frac{2}{9} \times 3{,}000 = 1{,}000$

11.

① 정책 1

$\pi_1 = \frac{2}{3}\pi_1 + \pi_3$

$\pi_2 = \frac{1}{6}\pi_1 + \pi_2$

$\pi_3 = \frac{1}{6}\pi_1 + \frac{1}{4}\pi_2$

$\pi_1 + \pi_2 + \pi_3 = 1$

$\pi_1 = \frac{1}{2},\ \pi_2 = \frac{1}{3},\ \pi_3 = \frac{1}{6}$

기대비용 = $\frac{1}{3} \times 4{,}000 + \frac{1}{6} \times 5{,}000 = 2{,}166.66$

② 정책 2

$\pi_1 = \frac{2}{3}\pi_1 + \pi_2 + \pi_3$

$\pi_2 = \frac{1}{6}\pi_1$

$\pi_3 = \frac{1}{6}\pi_1$

$\pi_1 + \pi_2 + \pi_3 = 1$

$\pi_1 = \frac{3}{4}, \pi_2 = \frac{1}{8}, \pi_3 = \frac{1}{8}$

기대비용 $= \frac{1}{8} \times 4{,}000 + \frac{1}{8} \times 5{,}000 = 1{,}125$

12.

$$⓪ \underset{2}{\overset{1.5}{\rightleftarrows}} ① \underset{2}{\overset{1.0}{\rightleftarrows}} ② \underset{2}{\overset{0.5}{\rightleftarrows}} ③$$

$1.5\ \pi_0 = 2\pi_1$

$\pi_1 = 2\pi_2$

$0.5\ \pi_2 = 2\pi_3$

$\pi_0 + \pi_1 + \pi_2 + \pi_3 = 1$

그러므로 $\pi_0 = \frac{32}{17}, \pi_1 = \frac{24}{71}, \pi_2 = \frac{12}{71}, \pi_3 = \frac{3}{71}$

평균 고장대수 $= \frac{24}{71} \times 1 + \frac{12}{71} \times 2 + \frac{3}{71} \times 3 = \frac{57}{71}$

13.

1) $$⓪ \underset{3}{\overset{4}{\rightleftarrows}} ① \underset{6}{\overset{4}{\rightleftarrows}} ② \underset{6}{\overset{4}{\rightleftarrows}} ③ \underset{6}{\overset{4}{\rightleftarrows}} ④ \underset{6}{\overset{4}{\rightleftarrows}} ⑤$$

2) $4\pi_0 = 3\pi_1$

$4\pi_1 = 6\pi_2$

$4\pi_2 = 6\pi_3$

$4\pi_3 = 6\pi_4$

$4\pi_4 = 6\pi_5$

3) $\pi_0 + \pi_1 + \pi_2 + \pi_3 + \pi_4 + \pi_5 = 1$에서

$$\pi_0 = \frac{243}{1087},\ \pi_1 = \frac{324}{1087},\ \pi_2 = \frac{216}{1087},\ \pi_3 = \frac{144}{1087},\ \pi_4 = \frac{96}{1087},\ \pi_5 = \frac{64}{1087}$$

4) $L = \frac{1}{1087}(1 \times 324 + 2 \times 216 + 3 \times 144 + 4 \times 96 + 5 \times 64) = \frac{1892}{1087}$

5) $L_q = \frac{1}{1087}(1 \times 144 + 2 \times 96 + 3 \times 64) = \frac{528}{1087}$

6) $W = \frac{L}{\lambda(1 - \pi_5)} = \frac{473}{1023}$

15.

$$R_S = 1 - (1 - 0.7)(1 - 0.8)(1 - 0.9) = 0.994$$

17.

$$R_S = \{1 - (1 - 0.7)(1 - 0.6 \times 0.8)(1 - 0.7)\} \times 0.7 = 0.66724$$

참고문헌

제1장

1. Aaker, D. A., *Developing Business Strategies*, New York, John Wiley, 1988.
2. Adam, E. E., Jr. and R. J. Ebert, *Production and Operations Management*, 2nd ed., Prentice-Hall, Englewood Cliffs, New Jersey, 1982.
3. Amrine, H. T., J. A. Ritchey and O. S. Hulley, *Manufacturing Organization and Management*, Prentice-Hall, Englewood Cliffs, New Jersey, 1966.
4. Anderson, D. R., D. J. Sweeney and T. A. Williams, *An Introduction to Management Science*, 3rd ed., West Publishing Co., St. Paul, 1982.
5. Babbage, C., *On the Economy of Machinery and Manufacturers*, Charles Knight, London, 1832.
6. Blanchard, B. B. and E. E. Lowery, *Maintainability: Principles and Practice*, McGraw-Hill, New York, 1969.
7. Buffa, E. S., *Meeting the Competitive Challenge*, Irwin, Homewood, Ill., 1984.
8. Buffa, E. S., *Modern Production/Operations Management*, 7th ed., Wiley, New York, 1983.
9. Caskey, C. C., *The Flexible Manager*, Cody Publications, Inc., Kissimmee, Fla., 1980.
10. Chase, R. B., and N. J. Aquilano, *Production and Operations Management*, 4th ed., Richard D. Irwin, Homewood, Ill., 1985.
11. Chase, R. B., *Where Does the Customer Fit in a Service Operation?*, *Harvard Business Review*, 1978.
12. Constable, C. J. and C. C. New, *Operations Management*, Wiley, New York, 1976.
13. Crosby, P. B., *Quality Is Free*, McGraw-Hill, New York, 1979.
14. Dervitsiotis, K. N., *Operations Management*, McGraw-Hill, New York, 1981.
15. DeWitt, F., "*Productivity and the Industrial Engineer*", Industrial Engineering, 8, 1976, pp. 20~27.

16. Digman, L. A., "*Strategic Management*", 2nd ed., Homewood, Ill. Irwin, 1990.

17. Dilworth, J. B., *Production and Operations Management*, 3rd ed., Random House, New York, 1986.

18. Evans, J. R., D. R. Anderson, D. J. Sweeney, and T. A. Williams, *Applied Production and Operations Management*, West Publishing Co., St. Paul, 1984.

19. Fesmier, R. J., "*Productivity and Manufacturing Control*", Production and Inventory Management, 1978, pp. 37~46.

20. Fitzsimmons, J. A. and R. S. Sullivan, *Service Operations Management*, McGraw-Hill, 1982.

21. George, C. S., Jr., *The History of Management Thought*, Prentice-Hall, Englewood Cliffs, N. J., 1986.

22. Gunn, T. G., 21st *Century Manufacturing: Creating Winning Business Performance*, Harper Business, New York, 1991.

23. Hayes, R. H. and S. C. *Wheelwright, Restoring Our Competitive Edge: Competing through Manufacturing*, Wiley, New York, 1984.

24. Hayes, R. H., "Strategic Planning-Forward in Reverse?", Harvard Business Review, 1985, pp. 111~119.

25. Hill, T., *Manufacturing Strategy Text and Cases*, 2nd ed., Homewood Ill., Dow Jones-Irwin, 1994.

26. Hill, T., *The Essence of Operations Management*, Prentice Hall, Englewood Cliffs, N. J., 1993.

27. Holt, D. H., *Management: Principles and Practices*, 2nd ed., Prentice-Hall, Englewood Cliffs, N. J., 1990.

28. Houlden, B., *Understanding Company Strategy*, Basil Blackwell, 1990.

29. Johnson, L. A., and D. C. Montgomery, *Operations Research in Production Planning, Scheduling, and Inventory Control*, Wiley, New York, 1974.

30. Kantrow, A. M., "The Strategy-Technolgy Connection," Harvard Business Review, 58, 4, 1980, pp. 6~21.

31. Lee, S. M. and M. C. Schniederjans, *Operations Management*, Houghton

Mifflin, MA, 1994.

32. Lubar, R., "Rediscovering the Factory," Fortune, 13, 1981, pp. 52~64.

33. Mayer, R. R. , *Production and Operations Management*, 4th ed., McGraw-Hill, New York, 1982.

34. Meredith, J. R., and T. E. Gibbs , *The Management of Operations*, Wiley, New York, 1980.

35. Monks, J. G. , *Operations Management*, 3rd ed., McGraw-Hill, New York, 1987.

36. Moore, F. G., and T. E. Hendrick, *Production & Operations Management*, 8th ed., Richard D. Irwin, Homewood, Ill., 1980.

37. Porter, M. E., *Competitive Strategy: Techniques for Analyzing Industries and Competitors*, Free Press, New York, 1980.

38. Riggs, J. L., *Production Systems : Planning, Analysis, and Control*, Wiley, New York, 1970.

39. Ross, J. E., *Managing Productivity*, Reston, Reston, Va., 1977.

40. Samson, D., *Manufacturing and Operations Strategy*, Prentice Hall, Englewood Cliffs, N. J., 1991.

41. Satir, A. and G. S. Goyal, "Undergraduate Curriculum for Production and Operation Management", Production and Inventory Management, 1987, pp. 10~14.

42. Schonberger, R. J., *Operations Management*, 2nd ed., Business Publication, Plano, Texas, 1985.

43. Schonberger, R. J., *World Class Manufacturing: The Lessons of Simplicity Applied*, The Free Press, New York, 1985.

44. Slack, N., *The Manufacturing Advantage*, Mercury Books, London, 1991.

45. Schroeder, R. G., *Operations Management*, 3rd ed., McGraw-Hill, New York, 1989.

46. Skinner, W., *Manufacturing: The Formidable Competitive Weapon*, Wiley, New York, 1985.

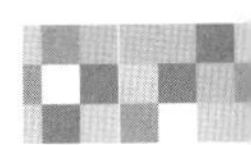

47. Stobaugh, R. P. T, "Match Manufacturing Policies and Product Strategies", Harvard Business Review, 2, 1983, pp. 113~120.
48. Sumanth, D. J., "Productivity Indicators Used by Major U. S. Manufacturing Companies : The Results of a Survey", Industrial Engineering, 13, 5, 1981, pp. 70~73.
49. Voss, C. A., *Manufacturing Strategy*, Chapman & Hall, London, 1992.
50. Wheelwright, S. C. and H. Hayes, "Competing through Manufacturing," Harvard Business Review, 1985, pp. 99~109.

제2장

1. Ayres, R. U., "Technology Forecast for CIM", Manufacturing Review, 2, 1989, pp 43~52.
2. Brooks, H., "Technology, Evolution and Purpose," Proc. of Am. Academy of Arts and Sciences, 1980, 109, 1, pp. 65~81.
3. Economic Commision for Europe, *Recent Trends in Flexible Manufacturing*, United Nations, 1986.
4. Edquist, C. and S. Jacobsson, *Flexible Automation: The Global Diffusion of New Technology in the Engineering Industry*, Basil Blackwell, Oxford, UK. 1988.
5. Eversheim, W. and P. Herrmann, "Recent Trends in Flexible Automated Manufacturing," Journal of Manufacturing Systems, 1, 2, 1982, pp. 139~147.
6. Forrester, J. W., "Productivity as Affected by Long-Term Economic Changes," Proc., Manufacturing Productivity Solutions Conference, Society of Manufacturing Engineers, Washington D. C., 1979, pp. 9~38.
7. Gershwin, S. B., R. R. Hilderbrant, R. Suri, and S. K. Mitter, "A Control Theorist's Perspectives on Recent Trends in Manufacturing Systems," IEEE Control Systems Magazine, 6, 1986, pp 3~15.
8. Gerwin, D., "Manufacturing Flexibility: A Strategic Perspective," Management

Science, 39, 4, 1993, pp. 395~410.

9. Gold, B., "CAM Sets New Rules for Production," Harvard Business Review, 1982, pp. 88~94.
10. Goldhar, J. D. and M. Jelinek, "Plan for Economics of Scope," Harvard Business Review, 1983, pp. 141~148.
11. Groover, M. P. and E. W. Zimmers, Jr., *Computer Aided Design and Manufacturing*, Prentice Hall, Englewood cliffs, N. J., 1984.
12. Hyer, N. L. and U. Wemmerlöv, "MRP/GT : A Framework for Production Planning and Control of Cellular Manufacturing," Decision Sciences, 13, 1982, pp. 681~695.
13. Jaikumar, R., "Postindustrial Manufacturing," Harvard Business Review, 1986, pp. 69~76.
14. Kaplan, R. S., "Must CIM Be Justified by Faith Alone?", Harvard Business Review 1986, pp. 87~95.
15. Mansfield, E., "The Diffusion of Flexible Manufacturing Systems in Japan, Europe and the United States", Management Science, 39, 2, 1993, pp. 149~159.
16. Miltenburg, G. J. and I. Krinsky, "Evaluating Flexible Manufacturing Systems", IIE Transactions 19, 2, 1987, pp. 222~233.
17. Stout, D. K., "The Impact of Technology on Economic Growth in the 1980's," Proc. of Am. Academy of Arts and Sciences, 109, 1, 1980, pp. 159~167.
18. Taylor, F. W., *The Principles of Scientific Management*, Harper, New York, 1911.
19. Tchijov, I., "FMS World Data Bank", Working Paper, International Institute for Applied Systems Analysis, 1989.
20. U.S. Department of Commerce, *A Competitive Assessment of the U.S. FMSs Industry*, Government Printing Office, Washington D.C., 1985.
21. Wakefield, R. and P. Stafford, "Appropriate Technology, What Is It and Where Is It Going?" The Futurist, 1977, pp. 72~77.
22. White, J. A., "Factory of Future Needs Bridges between Its Islands of Automation," Industrial Engineering, 1982, pp. 61~68.

제3장

1. Ahrens, R., "Basics of Capacity Planning and Control," American Production and Inventory Society Conference Proceedings, 1981, pp. 232~235.
2. Baker, N. R., E. P. Winkofsky, L. Langmeyer, and D. J. Sweeney, "Idea Generation, A Procrustean Bed of Variables, Hypotheses, Implications," TIMS Studies in the Management Sciences, 15, 1980, pp. 33~51.
3. Chase, R. B. and R. H. Haynes, "Beefing up Operations in Service Firms," Sloan Management Review, 33, 1, 1991, pp. 15~26.
4. Clark, K. B. and T. F. Winkofsky, "The Power of Product Integrity," Harvard Business Review, 68, 6, 1990, pp. 107~118.
5. DiSylvester, B., "Value Analysis Aids Managers in Search of Most Effective Office Procedures," Industrial Engineering, 1981, pp. 72~77.
6. French, G. H. "Linking Design, Marketing and Shipping for Success, A Case Study in Integration," Production and Inventory Management Journal, 33, 3, 1992, pp. 44~48.
7. Goslin, L. N., *The Product Planning System*, Irwin, Homewood, Ill., 1967.
8. Hazeltine, F. W. "Zeroing in on Time-Based Competition", APICS-The Performance Advantage, 2, 11, 1992, pp. 34~36.
9. Heskett, J. L. and A. S. Leonard, "The Service-Driven Service Company," Harvard Business Review, 69, 5, 1991, pp. 71~81.
10. Hise, Richard and M. A. McGinnis, "Product Elimination: Practices, Policies and Ethics," Business Horizons, 1975, pp. 25~32.
11. Levitt, T., "Exploit the Product Life Cycle," Harvard Business Review, 43, 1965, pp. 81~94.
12. Sachs, W. S. and G. Benson, *Product Planning and Management*, Penwell Publishing Co., Tulsa, Okla., 1981.
13. Uman, D. B., "New-Product Programs: Their Planning and Control," American Management Association, 1969.

14. Utterback, J. and W. J. Abernathy, "A Dynamic Model of Process and Product Innovation," *Omega*, 3, 6, 1975, pp. 639~656.

제4장

1. Abraham, B. and J. Ledolter, *Statistical Methods for Forecasting*, Wiley, New York, 1983.
2. Adam, E. E., Jr., "Individual Item Forecasting Model Evaluation," Decision Sciences, 4, 1973, pp. 458~470.
3. Armstrong, J. S., "Forecasting by Extrapolation, Conclusions from 25 Years of Research," Interfaces, 14, 6, 1984, pp. 52~66.
4. Bopp. A. E., "On Combining Forecasts, Some Extensions and Results," Management Science, 31, 12, 1985, pp. 1492~1498.
5. Box, G. E. P. and G. M. Jenkins, *Time Series Analysis, Forecasting and Control*, Holden-Day, San Francisco, 1970.
6. Chambers, J. C., S. K. Mullick, and D. C. Smith, "Selecting the Best Forecasting Technique," Harvard Business Review, 1971, pp. 10~15.
7. Chambers, J. C., K. M. Satinder, and D. D. Simth, "How to Choose the Right Forecasting Technique," Harvard Business Review, 1971, pp. 45~74.
8. Chow, W. M., "Adaptive Control of the Exponential Smoothing Constant," Journal of Industrial Engineering, 1965.
9. D-Salvia, D. N., "Exponential Smoothing, A Pragmatic Approach to Production Planning," Production and Inventory Management, 1968, pp. 15~29.
10. Elton, E. J. and M. J. Gruber, "Earnings Estimates and the Accuracy of Exponential Data," Management Science, 18, 8, 1972, pp. 409~424.
11. Fusfold, A. R. and R. N. Foster, "The Delphi Technique: Survey and Coment," Business Horizons, 14, 3, 1971, pp. 63~74.
12. Gardner, E. S. and D. G. Eannenbring, "Forecasting with Exponential Smoothing,

Some Guidelines for Model Selection," Decision Sciences, 11, 2, 1980, pp. 370~383.

13. Gardner, E. S., "Box-Jenkins vs. Multiple Regression, Some Adventures in Forecasting for Blood Tests," Interfaces, 9, 4, 1979, pp. 49~54.

14. Gardner, E. S., "Exponential Smoothing, The State of The Art," Journal of Forecasting, 3, 1984, pp. 23~27.

15. Georgoff, D. M. and R. G. Murdick, "Manager's Guide to Forecasting," Harvard Business Review, 1986. pp. 110~123.

16. Hoff, J. C., *A Practical Guide to Box-Jenkins Forecasting*, Lifetime Learning Publications, CA, 1983.

17. Johnston, J., *Econometric Methods*, 2nd ed., McGraw-Hill, New York, 1972.

18. Mahmoud, E., "Accuracy in Forecasting : A Survey," Journal of Forecasting, 3, 1984, pp. 139~159.

19. Makridakis, S., *Handbook of Forecasting*, 2nd ed., Wiley, New York, 1987.

20. Nelson, C. L., *Applied Time Series Analysis*, Holden-Day, San Francisco, 1973.

21. Newbold, P. and T. Bos, *Introductory Business Forecasting*, South Western Publishing, Cincinnati, 1990.

22. _____ and S. Makridakis, *Forecasting Methods for Management*, 4th ed., Wiley, New York, 1985.

23. Thomopoulos, N. T., *Applied Forecasting Methods*, Prentice-Hall, Englewood Cliffs, N. J., 1980.

24. Trigg, D. W. and A. G. Leach, "Exponential Smoothing with an Adaptive Response Rate," Operational Research Quarterly, 18, 1, 1967, pp. 53~59.

25. Wheelwright, S. and A. G. Clarke, "Corporate Forecasting, Promise and Reality," Harvard Business Review, 1976, pp. 40~60.

26. Winkler, R. and S. Makridakis, "The Combination of Forecasts, Some Empirical Results," Journal of the Royal Statistical Society, 146, 1983, pp. 150~157.

27. Winters, P. R., "Forecasting Sales by Exponentially Weighted Moving Average," Management Science, 1960, pp. 324~342.

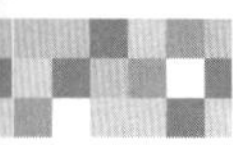

제5장

1. Abernathy, W. J. and K. Wayne, "Limit of the Learning Curve," Harvard Business Review, 52, 5, 1974, pp. 109~119.
2. Bagby, J., "The Value of High Speed Motion Analysis," Manufacturing Systems, 8, 3, 1990, pp. 57.
3. Barnes, R. M., *Motion and Time Study, Design and Measurement of Work*, 6th ed., Wiley, New York, 1968.
4. Bell, R. R. and J. M. Burnham, *Managing Productivity and Change*, South-Western Publishing, Cincinnati, 1991.
5. Champagne, P. J. and B. R. McAfee, *Motivating Strategies for Performance and Productivity, A Guide to Human Resource Development*, Quorum Books, New York, 1989.
6. Cunninham, J. B. and T. Eberle, "A Guide to Job Enrichment and Redesign." Personnel, 67, 2, 1990, pp. 56~61.
7. Davis, L. E. and J. C. Taylor, *Design of Jobs*, 2nd ed., Goodyear Publishing, Santa Monica, CA, 1979. 1
8. Fein, M., "Job Enrichment: A Reevaluation", Sloan Management Review, 15, 2, 1974, pp. 69~88.
9. Ghemawat, P., "Building Strategy on the Experience Curve," Harvard Business Review, 1985, pp. 143~149.
10. Globerson, S., "The Influence of Job-Related Variables on the Predictability Power of Three Learning Curve Models," AIIE Transactions, 12, 1, 1980, pp. 64~69.
11. Heiland, R. and R. Wallace, *Work Sampling*, McGraw-Hill, New York, 1957.
12. Herzberg, F., "One More Time, How Do You Motivate Employee?", Harvard Business Review, 1968, pp. 53~62.
13. Hettenhaus, J. R., "A Case Study on Integrating Job Redesign and CIM, International Bio Synthetics, Inc.", CIM Review, 5, 3 1989, pp. 3~18.
14. Huchingson, R. D., *New Horizons for Human Factors in Design*, McGraw-Hill,

New York, 1981.

15. Krick, E. V., *Method Engineering*, Wiley, New York, 1962.
16. Larson, C. E. and M. LaFastoFrank, *Teamwork, What Must Go Right/What Can Go Wrong*, Sage, Newbury Park, Calif., 1989.
17. Miles, R. E., *Theories of Management, Implications for Organizational Behavior and Development*, McGraw-Hill, New York, 1975.
18. Mundel, *M. E., Motion and Time Study*, 5th ed., Prentice-Hall, Englewood Cliffs, N. J., 1978.
19. Niebel, B. W., *Motion and Time Study*, 8th ed., Irwin, Homewood, Ⅲ., 1988.
20. Reif, W. E., D. N. Ferrazzi and R. J. Evans, Jr., "Job Enrichment, Who Uses It and Why?" Business Horizons, 1974, pp. 73~78.
21. Rice, R. S., "Survey of Work Measurement and Wage Incentives," Industrial Engineering, 9, 7, 1977, 18~31.
22. Sanders, M. A. and E. J. McCormack, *Human Factors in Engineering and Design*, 6th ed., McGraw-Hill, New York, 1987.
23. Saraph, J. V. and R. J. Seatian, "Human Resource Strategies for Effective Introduction of Advanced Manufacturing Technologies(AMT)", Production Inventory Management Journal, 33, 1, 1992, pp. 64~70.
24. Taylor, F. W., *Scientific Management*, Harper, New York, 1911.
25. Van Cott, H. P. and R. G. Kinkade, eds., *Human Engineering Guide to Equipment Design*, U.S. Government Printing Office, 1972.
26. Van Der Zwaan, A. H., "The Sociotechnical System Approach: A Critical Evaluation", International Journal of Production Research, 13, 2, 1975, pp. 149~163.
27. Vasilash, G. S., "Designing Better Place to Work", Production, 102, 2, 1990.
28. Walloon, R. E. and G. I. Susan, "People Police for New Machines," Harvard Business Review, 65, 1987, pp. 98~106.

제6장

1. Beltrami, E. J., *Models for Public Systems Analysis*, Academic Press, New York, 1977.
2. Brown, P. A. and D. F. Gibson, "A Quantified Model for Facility Site Selection, Application to a Multiplant Location Problem," AIIE Transactions, 4, 1, 1972, pp. 1~10.
3. Fulton, M., "New Factors in Plant Location," Harvard Business Review, 1971, pp. 4~17.
4. Geoffrion, A. M., "Better Distribution Planning with Computer Models," Harvard Business Review, 1976, pp. 92~99.
5. Geoffrion, A. M., "A Guide to Computer-Assisted Methods for Distribution Systems Planning," Sloan Management Review, 16, 1975, pp. 17~41.
6. Heskett, J. L., "Logistics-Essential to Strategy," Harvard Business Review, 55, 1977, pp. 85~96.
7. Huff, D. L., Determination of Intra-Urban Retail Trade Areas, UCLA Graduate School of Management, Los Angeles, 1962.
8. Khumawala, B. M. and D. C. Waybark, "A Comparison of Some Recent Warehouse Location Techniques," The Logistics Review, 7, 1971, pp. 3~19.
9. Markland, R. F., "Analyzing Geographically Discrete Warehousing Net-works by Computer Simulation," Decision Sciences, 4, 1973, pp. 216~236.
10. Schmenner, R. W., "Before You Build a Big Factory," Harvard Business Review, 1976, pp. 100~104.
11. Schmenner, R. W., "Look Beyond the Obvious in Plant Location," Harvard Business Review, 57, 1979, pp 126~132.
12. Smith, D. M., *Industrial Location, An Economic Geographical Analysis*, Wiley, New York, 1971.

제7장

1. Baybars, I., "A Survey of Exact Algorithms for the Simple Assembly Line Balancing Problem," Management Science, 32, 8, 1986, pp. 909~932.
2. Buffa, E. S. and J. G. Miller, *Production-Inventory Systems, Planning and Control*, 3rd ed., Irwin, Homewood, 1979.
3. Chase, R. B., "Survey of Paced Assembly Lines", Industrial Engineering, 6, 2, 1974, pp. 14~18.
4. Choi, M. J. and W. G. Riggs, "GT Coding and Classification for Manufacturing Cell Design", Production and Inventory Management Journal, 32, 1, 1991, pp. 28~33.
5. Choobineh, F., "A Framework for the Design of Cellular Manufacturing Systems", International Journal of Production Research, 26, 7, 1988, pp. 1161~1172.
6. Fillmore, W. E., "Material Handling Analysis Is Approached from Traditional Points of View," Industrial Engineering, 13, 4, 1981, pp 52~57.
7. Francis, R. L. and J. A. White, *Facility Layout and Location*, An Analytical Approach, Prentice-Hall, Englewood Cliffs, N. J., 1974.
8. Francis, R. L., L. F. McGinnis, and J. White, *Facility Layout and Location, An Analytical Approach*, 2nd ed., Prentice Hall, Englewood Cliffs, N. J., 1992.
9. Helgeson, W. B. and D. P. Birnie, "Assembly Line Balancing Using the Ranked Positional Weight Technique," Journal of Industrial Engineering, 12, 6, 1961, pp. 394~398.
10. Ignall, E., "A Review of Assembly Line Balancing," Journal of Industrial Engineering, 16, 4, 1965, pp. 244~252.
11. Lee, R. C. and J. M. Moore, "CORELAP-Computerized Relationship Layout Planning," Journal of Industrial Engineering, 18, 3, 1967, pp. 195~218.
12. Menifield, D. B., "FMS in USA, The New Industrial Revolution", Managing Automation, 1988, pp. 66~70.
13. Moore, J. M., Plant Layout and Design, Macmillan, New York, 1962.

14. Robert, J. F., "A Layout Planning System with Multiple Criteria and a Variable Representation", Management Science, 33, 8, 1987, pp. 1020~1034.
15. Rogers, E., "Ten Nontraditional Aspects of Facility Planning", Industrial Engineering, 24, 2, 1992, pp. 18~19.
16. Seehof, J. M. and W. O. Evans, "Automatic Layout Design Program", Journal of Industrial Engineering, 18, 12, 1967, pp. 690~695.
17. Sugiura, H., "How Honda Localizes Its Global Strategy", Sloan Management Review 32, 1, 1990, pp. 77~82.
18. Talbot, F. B. and W. V. Gehrlein, "A Comparative Evaluation of Heuristic Line Balancing Techniques", Management Science, 32, 4, 1986, pp. 430~454.
19. Teng, S. and J. T. Black, "An Expert System for manufacturing Cell Control", Computers and Industrial Engineering, 17, 1, 1989, pp. 18~23.
20. Vollmann, T. E. and E. S. Buffa, "The Facilities Layout Problem in Perspective", Management Science, 12, 10, 1966, pp. B450~B458.
21. Webster, D. B., "From Receiving to Shipping-An Overview of In-Process Material Handling Systems", Industrial Engineering, 13, 4, 1981, 72~79.

제8장

1. Berry, W. L., T. G. Schmitt, and T. E. Vollman, "Capacity Planning Techniques for Manufacturing Control Systems, Information Requirements and Operational Features," Journal of Operations Management, 3, 1, 1982, pp. 13~25.
2. Bowman, E. H., "Production Scheduling by the Transportation Method of Linear Programming", Operations Research, 4, 1, 1956, pp. 100~103.
3. Bradley, P., "A Glimpse of Logistics of the Future", Purchasing, 21, 1991, pp. 50~55.
4. Bruggeman, J. J. and S. Haythornthwaite, "The Maste Schedule", APICS-The Performance Advantage, 1991, pp. 44~46.
5. DuBois, F. L. and M. D. Oliff, "Aggregate Production Planning in Practice",

Production and Inventory Management Journal, 32, 3, 1991, pp. 26~30.

6. Eilson, S., "Five Approaches to Aggregate Production Planning", AIIE Transactions, 7, 2, 1975, pp. 118~131.

7. Freeland, J. R. and R. D. Landel, *Aggregate Production Planning*, Reston Publishing Company, Reston, Va., 1984.

8. Hanssmann, F. and S. W. Hess, "A Linear Programming Approach to Production and Employment Scheduling," Manangement Technology, 1, 1960, pp. 46~52.

9. Holt, C., F. Modigliani, and J. Muth, "Deviation of a Linear Decision Rule for Production and Employment," Management Science, 2, 2, 1956, pp. 159~177.

10. Holt, C., F. Modigliani and H. Simon, "A Linear Decision Rule for Production and Employment Scheduling", Management Science, 2, 1, 1955, pp. 1~30.

11. Holt, C., F. Modigliani, J. Muth, F. Modigliani, and H. Simon, *Planning Production Inventories and Work Force*, Prentice-Hall, Englewood Cliffs, N. J., 1960.

12. Jones, C. H., "Parametric Production Planning", Management Science, 13, 11, 1967, pp. 843~866.

13. Kelly, J. G. and A. V. Roth, "Manufacturing Strategies, Executive Summary of the North America Manufacturing Futures Survey", Boston University Research Report, 1988.

14. Lee, W. B. and B. M. Khumawala, "Simulation Testing of Aggregate Production Planning Models in an Implementation Methodology," Management Science, 20, 1974, pp. 903~911.

15. Mangiameli, P. and L. Krajew, "The Effects of Workforce Strategies on Manufacturing Operations", Journal of Operations Management, 3, 4, 1983, pp. 183~196.

16. McLeavey, D. W. and S. L. Narasimham, Production Planning and Inventory Control, Allyn & Bacon, Boston, Mass., 1985.

17. Oliff, M. D. and G. K. Leong, "A Discrete Production Switching Rule for Aggregate Planning", Decision Sciences, 18, 4, 1987, pp. 582~597.

18. Peterson, R. and E. A. Silver, *Decision Systems for Inventory Management and Production Planning*, Wiley, New York, 1979.
19. Schwartz, L. B. and E. J. Robert, "An Appraisal of the Empirical Performance of Linear Decision Rule for Aggregate Planning", Management Science, 24, 8, 1978, pp. 844~849.
20. Shafer, S. M., "A Spreadsheet Approach to Aggregate Scheduling", Production and Inventory Management Journal, 32, 4, 1991, pp. 4~10.
21. Silver, E. A., "A Tutorial on Production Smoothing and Work Force Balancing", Operations Research, 1967, pp. 985~1011.
22. Taubert, W. H., "A Search Decision Rule for the Aggregate Scheduling Problem", Management Science, 14, 6, 1968, pp. B343~B359.
23. Volman, T. E., W. L. Berry, and D.D. Whybark, *Manufacturing Planning and Control Systems*, Irwin, Homewood, Ill., 1992.
24. Zipkin, P. H., "Does Manufacturing Need a JIT Revolution?", Harvard Business Review, 69, 1, 1991, pp. 40~50.

제9장

1. Aley, P. N., "Priority Scheduling Reduces Inventory", Industrial Engineering, 8, 1, 1976, pp 14~18.
2. Bulkin, M. L., J. L. Colley, and H. W. Jr. Steinhoff, "Load Forecasting, Priority Sequencing, and Simulation in a Job Shop Control System", Management Science, 13, 2, 1966, pp. B29~B51.
3. Campbell, H. G., R. A. Dudek, and M. L. Smith, "A Heuristic Algorithm for the n Job m Machine Sequencing Problem", Management Science, 16, 10, 1970, pp. B630~B637.
4. Castaldi, J., "The State-of-the-Art: Automated Storage and Retrieval Systems", Production and Inventory Management Review and APICS News, 1982, pp. 20.
5. Clarke, G. and J. Wright, "Scheduling of Vehicles from a Central Depot to a

Number of Delivery Points," Operations Research, 12, 4, 1964, pp. 568~581.

6. Conway, R. W., W. L. Maxwell, and L. W. Miller, *Theory of Scheduling*, Addison-Wesley, Reading, Mass, 1967.
7. Coyle, J. J. and E. J. Bardi, *The Management of Business Logistics*, 2nd ed., West Publishing Co., St. Paul, 1980.
8. Dar-El, E. M. and R. A. Wysk, "Job Shop Scheduling-A Systematic Approach," Journal of Manufacturing System, 1, 1, 1962, pp. 77~88.
9. Dean, B., Y. Y. and J. J. Schniederjans, "A Goal Programming Approach to Planning For Flexible Manufacturing Systems", Journal of Engineering and Technology Management, 6, 1990, pp. 207~220.
10. Forgarty, D. W. and T. R. Hoffmann, *Production and Inventory Management*, South-Western Publishing Co., Cincinnati, Ohio, 1983.
11. Fox, M. S. and S. F. Smith, "ISIS, A Knowledge-based System for Factory Scheduling", Expert Systems, 1, 1, 1984, pp. 25~49.
12. Garwood, D., and J. Civerolo, "A Checklist for a Dispatch List," Production and Inventory Management Review, 1, 10, 1981.
13. Graves, S. C., "A Review of Production Scheduling", Operations Research, 29, 4, 1981, pp. 646~675.
14. Hutchings, H. V., "Shop Scheduling & Control", Production and Inventory Management, 17, 1, 1976, pp. 64~93.
15. Johnson, S. M., "Optimal Two-Stage and Three-Stage Production Schedules with Setup Times Included", Naval Research Logistics Quarterly, 1, 1, 1954, pp. 61~68.
16. Jones, C. H., "An Economic Evaluation of Job Shop Dispatching Rules", Management Science, 20, 3, 1973, pp. 293~307.
17. Lee, S. M. and L. J. Moore, "A Practical Approach to Production Scheduling", Production and Inventory Management, 15, 2, 1974, pp. 79~92.
18. New, C. C., "Job Shop Scheduling, Who Needs a Computer to Sequence Jobs?", Production and Inventory Management, 16, 4, 1975, pp. 38~45.
19. Riggs, J. L., *Production Systems, Planning, Analysis and Control*, Wiley, New

York, 1970.

20. Russell, R. S. and B. T. Taylor, "An Evaluation of Sequencing Rules for an Assembly Shop", Decision Sciences, 16, 2, 1985, pp. 196~212.
21. Shachter, H. I., "Shop Floor Control, How Much Is Enough", Production and Inventory Management Review, 1, 12, 1982.

제10장

1. Badiru, A. B., *Project Management in Manufacturing and High Technology Operations*, Wiley, New York, 1988.
2. Bubshait, K. A. and W, "Project Characteristics That Influence the Implementation of Project Management Techniques, A Survey", Project Management Journal, 13, 2, 1992, pp. 43~46.
3. Burris, R., "Five Essential Project Management Skills", APICS-The Performance Advantage, 1994, pp. 22~24.
4. Cleland, D. I., D. F. Kocaoglu, *Engineering Management*, McGraw Hill, New York, 1981.
5. Davis, E. W., "Project Scheduling under Resource Constraints Historical Review," AILE Transactions, 5, 4, 1973, pp. 297~311.
6. Goodman, L. J. and N. L. Ralph, *Project Planning and Management: An Integrated Approach*, Pergamon Press, New York, 1980.
7. Holt, D. H., *Management*, Prentice-Hall, Englewood Cliffs, N. J., 1990.
8. Johnson, J. R., "Advanced Project Control", Journal of System Management, 1977, pp. 24~27.
9. Kelly, J. E., Jr. and M. R. Walker, "Critical Path Planning and Scheduling", Proceedings of the Eastern Joint Computer Conference, Boston, Mass., 1959, pp. 160~173.
10. MacCrimmon, K. R. and C. A. Ryavec, "Analytic Studies of the PERT Assumptions", Operations Research, 12, 1, 1964, pp. 16~37.

11. Malcolm, D. G. "Applications of a Technique for Research and Development Program Evaluation", Operations Research, 7, 5, 1959, pp. 646~669.

12. Meredith, J. R. and S. J. Mantel, Jr., *Project Management, A Managerial Approach*, 2nd ed., Wiley, New York, 1989.

13. Miller, W. B., "Fundamentals of Project Management", Journal of Systems Management, 1978, pp. 22~29.

14. Peterson, P., "Project Management Softward Survey", PMNET work, 8, 5, 1994, pp. 33~41.

15. Roger, T., "Project Management, Emerging as a Requisite for Success", Industrial Engineering, 25, 1993, pp. 42~43.

16. Skelton, T. M. and H. J. Thamhain, "Concurrent Project Management, A Tool for Technology Transfer, R&D-to-Market," Project Management Journal, 24, 4, 1993, pp. 41~48.

17. Troutt, M. D., "On the Generality of PERT Average Time Formula", Decision Science, 20, 2, 1989, pp. 410~412.

18. Wiest, J. D. and K. L. Ferdinand, *A Management Guide to PERT/CPM*, 2nd ed., Prentice-Hall, Englewood Cliffs, N. J., 1977.

제11장

1. Berry, W. L., T. E. Vollmann, and D. C. Whybark, Master *Production Scheduling, Principles and Practice*, American Production and Inventory Control Society, 1979.

2. Brown, R. G., *Decision Rules for Inventory Management*, Holt, New York, 1967.

3. Burch, J. D., "*Cycle Counting and Inventory Accuracy*", Production & Inventory Management Review and APICS News, 1, 9, 1981.

4. Chentnik, C. G., "Inventory, Controlling Its Costs", Transportation and Distribution Management, 1976.

5. Dickie, H. F., "ABC Inventory Analysis Shoots for Dollars, Not Pennies", Factory Management and Maintenance, 1951.

6. Enrick, N. L., *Inventory Management*, Chandler Publishing Co., San Francisco, 1968.
7. Peterson, R. and E. A. Silver, *Decision Systems for Inventory Management and Production Planning*, Wiley, New York, 1979.
8. Green, J. H., *Production and Inventory Control Handbook*, 2nd ed., McGraw-Hill, New York, 1987.
9. Hadly, G. and T. M. Whitin, *Analysis of Inventory Systems*, Prentice Hall, Englewood Cliffs, N. J., 1963.
10. Johnson, L. A., and D. C. Montgomery, *Operations Research in Production Planning Scheduling and Inventory Control*, Wiley, New York, 1974.
11. Peterson, R. and E. A. Silver, *Decision Systems for Inventory Management and Production Planning*, Wiley, New York, 1979.
12. Schonberger, R. J. and M. J. Schniederjans, "Reinventing Inventory Control", Interfaces, 14, 3, 1984, pp. 76~83.
13. Silver, E. A. and R. Peterson, *Decision Systems for Inventory Management and Production Planning*, Wiley, New York, 1985.
14. Wight, O. W., *Production and Inventory Management in the Computer Age*, Cahners Publishing Co., Boston, 1974.
15. Woolsey, R. E. D., "A Requiem for the EOQ, An Editorial", Production and Inventory Management, 29, 3, 1988, pp. 68~72.

제12장

1. Bevis, G. E., "A Management Viewpoint of the Implementation of a MRP System", Production and Inventory Management, 17, 1, 1976, pp. 105~116.
2. Blasingame, J. W. and J. K. Weeks, "Behavioral Dimensions of MRP Change, Assessing Your Organization's Strengths and Weaknesses", Production and Inventory Management, 22, 1, 1981, pp. 81~95.
3. Blumberg, D. F., "Factors Affecting the Design of a Successful MRP System",

Production and Inventory Management, 21, 4, 1980, pp. 50~62.

4. Byrne, M. D. and R. J. Jackson, "A Study of Bottlenecks in a MRP Environment Using Simulation", International Journal of Production Economics, 35, 1994, pp. 115~120.
5. Campbell, R. J. and T. M. Porcano, "The Contributions of Materials Requirements Planning (MRP) to Budgeting and Cost Control", Production and Inventory Management, 20, 2, 1979, pp. 63~71.
6. Cerveney, R. P. and L. W. Scott, "A Survey of MRP Implementation", Production and Inventory Management Journal, 30, 3, 1989, pp. 31~34.
7. Chin, L. and B. A. Rafuse, "A Small Manufacturer Adds JIT Techniques to MRP", Production and Invnentory Management Journal, 34, 4, 1993, pp. 18~21.
8. Cox, J. F. and R. R. Jesse, Jr., "An Application of Material Requirements Planning in Higher Education", Decision Science, 12, 2, 1981, pp. 240~260.
9. Ding, F. and M. Yuen, "A Modified MRP for a Production System with the Coexistence of MRP and Kanbans", Journal of Operations Management, 10, 2, 1991, pp. 267~277.
10. Donelson, W. S., "MRP-Who Needs It?", Datamation, 1979, pp. 185.
11. Flapper, S. D. P., G. J. Miltenburg, and J. Wijngaard, "Embedding JIT into MRP", International Journal of Production Research, 29, 2, 1991, pp. 329~341.
12. Higgins, M. J., "Material Requirements Planning, What Is It and Why Use It?", Distribution, 1980.
13. Higgins, M. J., J. C. Anderson, S. E. Tupy, and E. M. White, "A Study of MRP Benefits and Costs", Journal of Operations Management, 2, 1, 1981, pp. 1~9.
14. Lee, C. Y., "A Recent Development of the Integrated Manufacturing System, A Hybrid of MRP and JIT", International Journal of Operations & Production Management, 13, 4, 1993, pp. 3~17.
15. Mehra, S. and M. J. Reid, "MRP Implementation Using an Action Plan," Interfaces, 12, 1, 1982, pp. 69~73.

16. Monden, Y., "What Makes the Toyota Production System Really Tick?", Industrial Engineering, 13, 1, 1981, pp. 36~46.
17. Olicky, J., *Material Requirements Planning*, McGraw Hill, New York, 1975.
18. Rao, A., "A Survey of MRP Software Suppliers Trends in Support of Just-In-Time", Production and Inventory Management Journal, 30, 3, 1989, pp. 14~17.
19. Richardson, D. W., "A Call for Action: Integrating CIM and MRP", Production and Inventory Management Journal, 29, 2, 1988, pp. 32~35.
20. Smolik, D. P., *Material Requirements of Manufacturing*, Van Nostrand Reinhold, New York, 1983.
21. Sohal, A. S. and G. M. H. Sykes, "Integrating MRP and JIT, A Management Rather Than a Technical Challenge", International Journal of Operations & Production Management, 13, 4, 1993, pp. 18~31.
22. Turnipseed, D. L., O. M. Burns, and W. E. Riggs, "An Implementation Analysis of MRP System, A Focus on the Human Variable", Production and Inventory Management Journal, 33, 1, 1992, pp. 1~6,
23. Walker, J. and F. Hills, "The Key to Success or Failure of MRP, Overcoming Human Resistance", Production and Inventory Management, 18, 4, 1977, pp. 7~16.
24. Wallace, T. F., "MRP and MRP Ⅱ, The First 25 Years", Manufacturing Systems, 1989, pp. 14~16.
25. Wasco, W. C., R. E. Stonehocker, and L. H. Feldman, "Success with JIT and MRP in a Service Organization", Production and Inventory Management Journal, 32, 4, 1991, pp. 15~21.
26. Wilson, F., J. Desmond and H. Roberts, "Success and Failure of MRP Implementations", British Journal of Management, 5, 3, 1994, pp. 221~240.

제13장

1. Barker, J. A., *The Business of Discovering The Future*, A Division of Haper Collins, Publishers, Paradigms, 1992.

2. Berry, L. L., V. A. Veithaml, and A. Parasuraman. "Five Imperatives for Improving Service Quality", Sloan Management Review, 31, 4, 1990, pp. 29~38.

3. Case, K. E. and L. L. Jones, "Profit Through Quality: Quality Assurance Programs for Manufacturers", AIIE Monograph QC&RE-78-2, Norcross, Georgia, AIIE, 1978.

4. Cheng, P. C., "Managerial Control of Maintenance Cost", Industrial Management, 1979, pp. 12~15.

5. Cook, B. M., "In Search of Six Sigma: 99.9997 Defect-Free", Industry Week, 1, 1990, pp. 60~62.

6. DeSouza, G. "Now Service Business Must Manage Quality", Journal of Business Strategy, 1989, pp. 21~25.

7. Dhavale, D. G. and G. L. Otterson, Jr., "Maintenance by Priority", Industrial Engineering, 12, 2, 1980, pp. 24~27.

8. Duncan, A. J., *Quality Control and Industrial Statistics*, 3rd ed., Richard D. Irwin, Homewood, Ill., 1965.

9. Farmer, J. H., "A Conceptual Model of Service Quality", International Journal of Operations and Production Management, 8, 6, 1988, pp. 19~29.

10. Flynn, B. B., "Managing for Quality in the U.S. and in Japan", Interfaces, 22, 5, 1992, pp. 69~80.

11. George, S. and A. Weimerskirch, *Total Quality Management: Strategies and Techniques Proven at Today's Most Successful Companies*, Wiley, New York, 1994.

12. Gilmore, H. L., "Continuous Incremental Improvement: An Operations Strategy for Higher Quality, Lower Costs and Global Competitiveness", Advanced Management Journal, 55, 1990, pp. 21~25.

13. Grant, E. L. and R. S. Leavenworth, *Statistical Quality Control*, 5th ed., McGraw-Hill, New York, 1980.

14. Green, A. H., "ISO 9000: Globalizing Quality Standards", Production and Inventory Management, 11, 9, 1991, pp. 12~15.

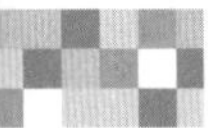

15. Groocock, R. J., *The Chain of Quality*, Wiley, New York, 1986.

16. Gunn, T. G., 21st *Century Manufacturing: Creating Winning Business Performance*, Harper Business, New York, 1991.

17. Halpern, S., *The Assurance Science*, Prentice Hall, Englewood Cliffs, N. J., 1978.

18. Hart, M. K., "Quality Control Training for Manufacturing", Production and Inventory Management Journal, 32, 3, 1991, pp. 35~40.

19. Hodgetts, R. M., F. Luthans and S. M. Lee, "New Paradigm Organizations: From Total Quality to Learning, to World-Class", Organizational Dynamics, 22, 3, 1994, pp. 5~19.

20. Huang, P. Y., L. J. Moore, and S. Shin, "World-Class Manufacturing in the 1990's: Integrating TQC, JIT, FA and TPM with Worker Participation", Manufacturing Review, 4, 2, 1991, pp. 87~95.

21. Imai, K. K., *The Key to Japan's* Competitive Success, Random House, New York, 1986.

22. Juran, J. M., *Quality-Control Handbook*, McGraw-Hill, New York, 1951.

23. Peterson, C., "Selecting a Product Quality Level", Industrial Engineering, 2, 8, 1970, pp. 23~26.

24. Ramsay, M. "ISO: The Myths and Misconceptions", APICS-The Performance Advantage, 2, 6, 1992, pp. 55~57.

25. Schonberger, R. J., *World Class Manufacturing: The Lessons of Simplicity Applied*, The Free Press, New York, 1986.

26. Shecter, E. S., *Managing for World-Class Quality: A Printer for Executive and Manager*, Marcel Dekker, Inc, 1992.

27. Stein, R. E., "Beyond Statistical Process Control", Production and Inventory Management Journal, 32, 1, 1991, pp. 7~10.

28. Tally, D. J., *Total Quality Management, Performance and Cost Measures: The Strategy for Economic Survival*, ASQC Quality Press, 1991.

29. Thomas, S., "Six Sigma: Motorola's Quest for Zero Defects", APICS-The Performance Advantage, 1, 1, 1991, pp. 36~41.

30. Thurow, L. C., "Who Owns the Twenty-First Century?," Sloan Management Review. 33, 3, 1992, pp. 5~17.

31. Weaver, C. N., *Total Quality Control: A Step-by-Step Guide to Implementation*, ASQC Quality Press, Milwaukee, W. I., 1991.

제15장

1. Goddard, W. E., "Kanban versus MRP Ⅱ-Which Is Best for You?", Modern Material Handling, 1982, pp. 40~48.

2. Hall, R. W., "The Toyota Kanban System", In *Management by Japanese Systems*, ed., Lee, S. M. and G. Schwendiman, Praeger Publications, New York, 1982, pp. 144~151.

3. Moden, Y. "Adaptable Kanban System Helps Toyota Maintain Just-in-Time Production", Industrial Engineering, 1981, pp. 29~46.

4. Pegels, C. C., "The Kanban Production Management Information System", In *Management by Japanese Systems*, ed., Lee, S. M. and G. Schwendiman, Praeger Publications, New York, 1982, pp. 144~151.

5. Rice, J. W. and T. Yoshikawa, "A Comparison of Kanban and MRP Concepts for the Control of Repetitive Manufacturing System", Production and Inventory Management, 23, 1, 1982, pp. 1~14.

6. Schonberger, R. J., *Japanese Manufacturing Techniques: Nine Hidden Lessons in Simplicity*, Free Press, New York, 1982.

7. Sugimori, Y., K. Kusunoki, F. Cho, and S. Uchikawa, "Toyota Production System and Kanban System Materialization of Just-in-Time and Respect for Human System", International Journal of Production Research, 15, 6, 1977, pp. 553~564.

8. Zangwill, W. I., "From EOQ Towards ZI," Management Science, 33, 10, 1987, pp. 1209~1223.

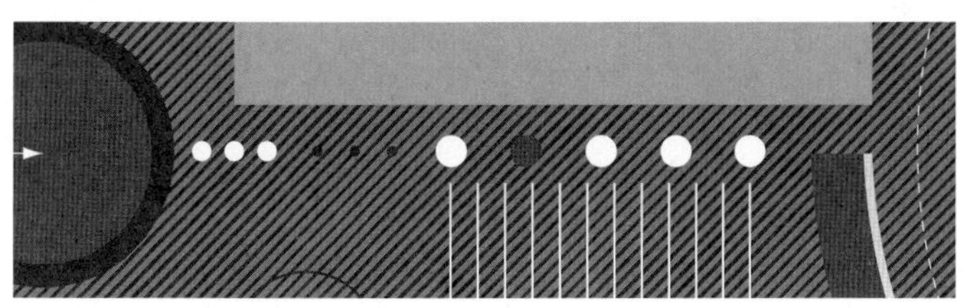

찾아보기

ㄱ

ㅅ

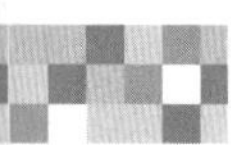

S

T

U

W

X

Z

기타

저자소개

김 성 철

서울공대를 졸업하고 컬럼비아대학교에서 산업공학을 전공하였으며 현재 덕성여자대학교 경영학과 교수로 재직하고 있다. 덕성여자대학교에서 학장, 기획실장, 처장을, 학회에서 이사, 편집위원 등을 역임하였다. 다수의 논문이 있고 학회에서 논문상을 수상하기도 하였으며, 저서로는 '정보화시대의 경영이야기', '제조시스템 분석론', '자동화생산시스템 분석을 위한 생산관리' 등이 있다.